A・バディウ

出来事、空-集合、真理の成起

A・バディウ

Alain Badiou

中田光雄
NAKATA Mitsuo

水声社

目次

第一章　存在

第二章　思惟

第三章　生起

第四章　成起

第五章　真理

第六章　主体

第七章　創造

【凡例】

本書で使用するバディウのテクストはほぼ以下のとおりである（引用略記号アルファベット順）。

AMP: *Abrégé de métapolitique*, Ed. du Seuil, 1998.
Aut: *Autour de* Logiques des mondes *d'Alain Badiou*, Ed. AC, 2011.
Av: *L'Aventure de la philosophie française, depuis les années 1960*, La Fablique, 2012.
B: *Beckett, l'increvable désir,* Hachette, 1995.
CM: *Le Concept de modèle*, Fayard, 2007.
CW: *Cinq leçons sur le 'cas' Wagner,* Nous, 2010.
Cond: *Conditions*, Ed. du Seuil, 1992.
DCE: *Deleuze, « la clameur de l'être »,* Hachette, 1997.
DO: *D'un désastre obscure. 'Droit, État, Politique'* , Ed. de l'Aube, 1991.
EA: *Éloge de l'amour*, Flammarion, 2009.
EE: *L'Être et l'événement*, Ed du Seuil, 1988.
EM: *Éloge des mathématiques*, Flammarion, 2015.
Eth: *L'Éthique, essai sur la conscience du Mal,* Hatier, 1993.
HC: *L'Hypothèse communiste*, Lignes, 2007.
IV: *L'Immanence des vérités, l'être et l'événement, 3*, Fayard, 2018.
LM: *Logiques des mondes, l'être et l'événement, 2,* Ed. du Seuil, 2006.

MPhI: *Manifeste pour la philosophie*, Ed. du Seuil, 1989.
MPhII: *Second manifeste pour la philosophie*, Fayard, 2009.
OT: *Court traité d'ontologie transitoire*, Ed. du Seuil, 1998.
PMI: *Petit manuel d'inesthétique*, Ed. du Seuil, 1998.
RRP: *À la recherche du réel perdu*, Fayard, 2015.
SeL: *Séminaire. Lacan. L'antiphilosophie 3, 1994-1995*, Fayard, 2013.
SeU: *Séminaire. L' Un. Descartes, Platon, Kant, 1983-1984*, Fayard, 2016.
Siec: *Le Siècle*, Ed. du Seuil, 2005.
SP: *Saint Paul, La foundation de l'universalisme*, PUF, 1997.
ThS: *Théorie du sujet*, Ed. du Seuil, 1982.
V: « Six propriétés de la vérité », *Onicar*, n° 32, janvier mars, 1985, pp. 36-67.

最近は邦訳もかなり多く刊行されるようになってきた。

メイン・テクストの第一というべきEEの藤本一勇氏邦訳は拝見する余裕がなかった。訳語の違いで読者諸氏を困らせることのないよう祈る。ただし、藤本氏のバディウとの対談、Cond中の幾つかの論稿訳、を拝読するかぎりではほとんど違和感はなかったので、あまり心配することはないだろうとは期待しうる。

EAとHCは、原著なきまま市川崇氏訳を使用させていただいた。

Vは雑誌論文であり、今回は引用はないが、前著『現代を哲学する：時代と意味と真理——A・バディウ、ハイデガー、ウィトゲンシュタイン』では多く引用し、バディウ真理概念の要約ともなっているので、御参考までに、提示しておく。


バディウ思惟は「存在、真理、主体」をメイン・テーマとするが、古臭い旧哲学の蒸し返しではない。ポスト構造主義・ポストモダニズムを超えて、未来に向かって一歩踏み出す思想である。真剣に検討してみよう。

まえがき——プラトンにはじまる

プラトンはその雄大な主著『国家』（第二巻、三六一B—三六二A）でおおむね次のようなことを記している。われわれのこの本稿用に簡潔に取意訳すると、「ギリシャ的正義は正方形によって象徴されるが、正方形に重要なのは、肉眼に見えている正方形というよりも、むしろその四個の内角の二つずつを結んで内部から正方形を支えている、（肉眼では見えず）心眼にしか見えない十字交叉線なのだ」。思い出してもらいたいが、青年期プラトンが師と敬愛したソクラテスは、アテネ政治権力の（自称）正義に裁かれ抹殺された。これを契機に政治家出自の青年プラトンは哲学へと転身し、真の正義の何かをめぐって肉眼にも見える正方形と肉眼には見えない（が、心眼には見える）内角十字交叉線の考察を進めることになった[1]。

この肉眼には見える現象と見えないいわば原-象とのほとんどすべての哲学が前提する区別は、われわれのA・バディウでは現前態からの〈soustraction〉（控除、脱去、等）として重視されるが、ここではもうすこし具体的なところから考察しておこう。

三つの問題を取り上げる。とりあえず大雑把に列挙し、詳細は本論に委ねる。

I　正義とアガペー

　プラトン哲学がその一翼を担った最盛期ギリシャ古典時代が終わり、やがて、ヘレニズム期の数世紀を通じて世界が広がり、ギリシャ市民ならぬより多種多様な人間集団が登場・交錯するとともに、新たな諸問題も出来するにいたり、ついにギリシャ的正義も失効してキリスト教的アガペーの時代となる。別言すれば、正方形が崩壊して、正方形によって内部閉塞を余儀なくされていた内角交叉十字線が正方形枠を破って独立・前景化しはじめ、ついにあの十字架の時代となる。S・ヴェイユの『前キリスト教的直観[2]』の力説するように、古典期までのギリシャとて、正方形の内部は虚ろでもなければ義人ソクラテスの死を抱えていただけでもなかった。プラトン自身やアイスキュロス等の精神人たちは北方由来のギリシャ人たちがオリュンポス神をもって正方形正義を打ち立てる以前から東地中海世界一帯に広がっていた人類に生の糧を与えつつ自らは死して犠牲となる種子の運命に哀惜と謝意をささげるエレウシス教・オルペウス教等のいわゆる霊性の密儀に帰依していた。古代エジプトの太陽神だとて、アメンホテップ四世が北方印欧語族ミタンニ王国から導入した一時期の昼間の太陽神を別とすれば、昼間の太陽無き夜の恐怖のなかでピラミッドに眠る王たちを守護してくれるはずの夜の太陽であり、それ以上に圧倒的な数の民衆たちが敬虔の念をささげるのは、死して犠牲となった弟‐種子神オシリスを慈しみ自らの腕に抱いて再生・新生させる姉‐神イシスであり、そのイシス神殿はエジプト本土に威容を誇るとともに、やがては近代ヨーロッパにもマリアとならんで顕著な霊感を与えるものとなった。これらに、天空神・超越神・父神なき素朴・幼稚な大地母神・自然豊饒神宗教のみを見ることは正しくない。イエスの磔刑はもともと犯罪者用の丁字架であったが、それが十字架となったとき、丁字は上方へとも伸びて天地を包摂するものとなった。プラトンは、エレウシス密儀に心していたばかりではない。ピュタゴラス教団の宇宙論にもひとかたならぬ敬意と賛意を抱いていた。北方由来のオリュンポス神話・ギリシャ人たちの正方形＝正義論とて、G・デュメジルのいう印欧語族‐三神・三種社会機能論[3]からすれば、後者からのひとつの脱皮として、普遍的世界への開放の一段階だったといえないこともない。近代末から現代初頭にかけて神の死が宣告され、キリスト教が相対化され、そのニヒリズムを埋めるべく、たとえばG・ユング[4]が曼陀羅発想の人類史的遍在を指摘し、ハイデガーが老荘思想にも根ざす天地神人の四交遊舞[5]（Geviert）を試考するのも、単なる児戯の類ではない。要するに正方形‐正義は自らの内包する十字架アガペーを単に忘失・看過・黙過していただけで、後者の賦活・現勢化と前者の開放性、両者の内実ある相互異相的‐相補化が、プラトンあるいはそれ以前から今日・今後へのひとつの方途を示唆しているということである

II　幾何学と集合論

数を数えるという、おそらく他の諸動物にはない人類に固有の営みがいつから始まったか、言語行為の場合と同様、推定のしようはないが、汎人類的なこのいわば算数[6]営為から、古代ギリシャは、あるいは古代ギリシャだけが、これもプラトンにやや先立つ時代から、別途、いわゆる幾何学を成立させた。

なぜ、近代西欧において（のみ）資本主義が成立したのか、と同じく、なぜ、（古代）ギリシャにおいてのみ幾何学が、は、有名な問いであるが、とりあえず、こう応えておくことができる。

算数営為はおおむね、とくに簡潔・端正・自然な合理的‐基本態を好む古代ギリシャでは、自然数・整数・有理数をもってなされ、上記のピュタゴラス宇宙論すら十個の点表記で示されるいわゆる「テトラクテュス」（tetractyus〔四つ組〕）すなわち自然数〈1＋2＋3＋4＝10〉からなる完全‐正三角形[7]をもって象徴的に語られた。しかし、やがてあの有名な大事件に逢着する。形・有‐形体性を好むギリシャ人たちにとって最も基本的な

つまり最小数の辺から成る形象は三角形であるが、その三角形のうちいわゆる直角三角形は、三辺が〈3：4：5〉比のケースをまったくの例外とすれば（二桁以上の場合はもう少し多くなるが、とにかく希少である）[8]、斜辺が合理数（自然数・整数・有理数）とならず、要するにいわゆる無理数・非-合理数・$\sqrt{n}$にならざるをえない、ということであった。この発見によって生じたピュタゴラス教団内部の困惑・混乱はここでは捨象しよう。われわれにとってここで重要なのは、ギリシャ幾何学は、一方では他地域（オリエント・アジア）社会の無数の実務・実用上の算数行為の知らなかった無理数・非合理数を発見すると同時に、それを形体-合理性のなかに吸収・止揚・昇華・隠蔽する営みだったのではないかということである[9]。

上記のヴェイユは、これをこう解釈・説明する。幾何学は相異なる最少二つの自然数を（図形をもって）仲介・仲保するに機能・存在する。古代オリエントの神殿はその異様なまでの巨大さをもって民衆を畏怖させ、両者の間に絶対的な二元-対立関係あるいはむしろ非-関係を成立させるが、ギリシャでは神殿と人間はある種の相互調和関係にあり、そこにひとびとは人間主義文化のはじまりを指摘してきたが、ギリシャ的にはこれは神殿と人間の間にA：B＝B：Cの比例関係が創設され成立しているということであり、問題の核心はAやCよりむしろ、Aに関係すると同時にCとも関係し、それによってAとCを親和関係に置くBの御仲人さん的な仲介・仲保-機能にある。神殿と人間の間のどのような建築物がそれなのか、神と人間の間のどのような存在者がそれなのか、前者については今日の建築状況では特定しがたく、後者については古代オリエント・ヘブライ・エホバ的な超絶神は（ギリシャには）見られず、ゼウスもまた超絶神とも仲保者とも言い難い存在であるが、しかし、それは大したことではない。それより、とりあえずはギリシャ人たちのみが日々の知的生活のなかでほぼ常に接触しつづけている直角三角形の斜辺、それが仲保機能を果たしつづけているという事態のほうが重要である。加えて、その斜辺は、それが果たす仲介・仲保機能というポジティヴ作働によって、もはやたんなる無理数・非-合理数などとネガティヴに呼称さるべき筋合いのものではなく、逆に、たんなる合理数をすらも超える、超-合理数・超‐合理態・超‐合理働とでも見なさなければならない筋合いのものとなる。ヴェイユはこうして、仲保態に欠けむしろそれを排斥しているヘブライ・ユダヤ・旧約にではなく、仲保態を潜勢的ながら本質核心的に抱懐する幾何学ギリシャにこそ、仲保者キリストと新約の誕生の場を指摘したのであった(10)。

このことは、同じく上記のプラトン発想にも指摘しうるところであろう。ギリシャ的正方形が孕む原‐十字架もさることながら、正方形を一本でであれ二本でであれ内部対角線によって分断するところに成立する二個であれそれ以上の数であれとにかく直角三角形は、勝れて無理数・非‐合理数・超‐合理数（$\sqrt{n}$）の斜辺を随伴する形象態であり(11)、原‐十字架が正方形と同じくそのまま幾何学態（の一辺）であることを証示している。別言すれば、正方形の内なる正三角形、幾何学の内なる幾何学は、勝義的には、たんなる幾何学を超え、正義からアガペーへの移行をも超え、そのまま正義かつアガペーでもありうることになる。

ヴェイユはギリシャが実務上の算数行為を家内奴隷の仕事として嫌悪・侮蔑したかのように論じているが、ギリシャとて算数操作なき幾何学のみで現実世界に対応できたわけではないだろう。たしかに、続くローマ時代と中世キリスト教時代には幾何学の主流はアラビア・イスラム知識層へと流離・流浪したであろうが、やがて近代西欧の開闢とともに代数幾何学として西欧へと戻ってきた(12)。

だが、ここでは数学史のフォローが主題ではない。バディウ思想の考察のための準備作業をおこなっているのであって、われわれはここから一挙にもっと先まで進んでおかなければならない。これも概略列挙すれば、（1）近代初頭のデカルト・コギトによる代数幾何学、というより、むしろ、近代中興の祖であるカントの超越論的主観によるその捉え直し、を前提として、（2）十九世紀初頭から中半にかけての非ユークリッド幾何学の成立、（3）十九世紀末期から二十世紀初頭における集合論・代数学の現出、（4）二十世紀前半におけるドイツ系‐新カント学派哲学とフランス・エピステモロジー・グループの活動、（5）二十世紀前中半におけるいわゆる「幾何学の起源」という問題意識、……。バディウ思想は、この（1）（2）（4）（5）を踏まえて、特に（3）から、数学的思惟を超えて哲学的思惟へと入っていく。

概略ポイントを説明しよう。

（i）われわれはすでに（5）については『現代思想と〈幾何学の起源〉――超越論的主観から超越論的客観へ[13]』を上梓し、フッサールの遺稿に見られる「幾何学の起源」という発想・問題意識・問題提起に、M・メルロ＝ポンティ、J・デリダ、M・セール、が、どのように対応しているかを、仔細に考察した。①上記のヴェイユの幾何学論が入っていないのは、ヴェイユの考察がこのフッサール遺稿に直接対応するものではなく、加えて、ヴェイユ自身が、一九六〇年代にA・カミュによって世に紹介され大反響を呼び起こすまでは、無名、というよりもすでに若くして（三十三歳）死去しており、上記の幾何学論もわれわれ（筆者）が（ヴェイユの）遺稿から取り出すまでは、フランス思想界ですら言及されることなどなかった、問題意識そのものが、「幾何学の起源」論として極めて重要でありながら、むしろ「キリスト教の起源」論に帰属させられてしまいうるものだった、……等の理由による。筆者自身としては、この種の世情とは関係なく、修士論稿で扱い[14]、邦訳[15]も刊行しているのであるから、上記拙著に組み込んでもよかった、むしろそうすべきだった、といまにして思うが、当時は他の多くの問題・哲学思想に関わって、本件に想いを致す余裕がなかった。②他方、上記四名、すくなくとも三名の直接の論者たち（メルロ＝ポンティ、デリダ、セール）にも、一抹の欠落感を拭えない。「幾何学の起源」のような学知の本質・成立・当否をめぐる諸問題は、ドイツでは新カント学派、とくにフランスでは直前のエコール・ノルマル・シューペリウール哲学科の秀才たちが関与していたエピステモロジー（科学認識論・批判主義的‐学術認識論）・グループが（近代的）学知の危機とその（現代的）再建の問題としてなんらかのかたちで論じあっていたはず（ヴェイユも兄のアンドレが新しい数学理念グループ・ブルバキのリーダー格として、彼らと思想的近縁にあった。目下のわれらのバディウも、その末期のメンバーだった[16]）であるのに、その先行思潮・運動への配慮が足りない。ただ一カ所でメルロ＝ポンティかデリダが「エコール・ノルマルのイポリット教授の学生たちが、〔近代的エゴ主観を超える、純粋-学的思惟の自己展開する〕主観・主体なき超越論的客観の地平、なるものを語りはじめ、……〕[17]と言及するだけであるが、ただし、ここにこそ目下の問題の核心がある。③すなわち、われわれ（筆者）のこの『現代思想と〈幾何学の起源〉』が上記四論者の「幾何学の起源」論議から共通の結論として取り出したのは、上記（1）の近代カントのいう超越論的主観ならぬ、超越論的客観なる概念・地平をこそ、「幾何学の起源」なる発想・問題意識は今後に期待・目途《もくと》しているということであった。ただし、バディウ思想に関しては、問題はさらにその先にある。もう少し予備考察しておこう。

（ii）上記（1）の近代カント的な超越論的（先験的）主観[18]は現代思想（哲学というより広義の「思想」としておく[19]）では後退し、二つの別概念が前景化してくる。まず、①上記拙著の四思想家はこれをおのおの別の言葉で論ずるが、詳しくは上記拙著を参照していただくことにして、ここでは焦点を絞ってしまえば、「イポリット教授の学生たちのいう主体なき超越論的地平」（champ transcendental sans sujet）（先述）、セール・グループのJ・ラドリエール／A・クラヘイのいう「超越論的客観[20]」（transcendantal objectivity）、という発想。他方、②バディウ自身はこの語は多用せず、しかし、主著の一である『存在と生起[21]』は序文で、こう宣言する。カント的には思考対象は幾何学そのものを含めて「超越論的（先験的）主観」の統覚による構成の所産であるが、われわれ（バディウ）は、「主体はいかにして対象を構成するか。ではなく、主体はいかにして構成されるか、を問う」（EE. p. 9, 12）と。この問いへの回答は追って詳論していくが、ここにいう「主体がそこにおいて構成される場」とは、「幾何学の起源」なる発想も含意するその成立の原-場[22]であるとともに、これも追って主題化するが、ここであえて一言で示唆してしまえば、「存在」（Être）、というより、「ジェネリックな生起態」（événement générique）の謂いである。〈générique〉はこれこそバディウ語であるとバディウ自身が語り、多義的ゆえ、とりあえず、あるいは最後まで、日本語化せずに「ジェネリック」とするにとどめるほかないが、追って再説・詳論する。

（iii）上記（2）のいうユークリッド幾何学と非-ユークリッド幾何学の異同の問題は、バディウは多言するわけではないが、一点のみは、決定的に重要である。周知のとおり、ユークリッド幾何学は二千年にわたって普遍妥当的な真理の表明とされてきたが、十九世紀における非‐ユークリッド幾何学の登場は、前者が一定の（あの時代にのみ妥当する）公理を前提にしての発想であり、別の公理を前提すれば別のつまり非‐ユークリッド的な幾何学が可能であることを、宣言するものであった。バディウにおいては、これが認識一般の問題となる。認識とは、事象・実在・存在との一致や言表命題の無矛盾性の謂いではなく、通常の対象化的認識を超える不可識別態（l'indiscernable）という未・非‐決定態（l'indécidable）への、可能な限り主観的恣意を排除しての、公理（論）的‐思惟・判断・決定（décision axiomatique）の成果以外ではありえない、と。同じく現代思想としてのハイデガー存在思惟は、古代ギリシャ・プラトンから近代科学的思考へといたる合理主義的認識に抗して初期ギリシャ・イオニア流の詩的思惟の必要を主張したが、バディウはその〈poème〉（詩的思惟）に抗して、これまたハイデガーに次ぐ存在論的転回をはかりながらも新たな合理性の回復をも目途《もくと》するメルロ＝ポンティの「感性界のロゴス」に準ずるかのように、プラトン流の〈mathème〉（数理素思惟）の概念をもって、この公理的‐決定による思惟に賭けることになる。これがカント的‐観念論と異同するのは、〈mathème〉が、プラトンも私淑していたピュタゴラス学派流の無理数・非‐合理数の系譜上で、超‐合理数として、〈ジェネリック生起態〉に属しているからである。カントとバディウの異同は今後とも何度か触れる。

（iv）上記（3）の、非‐ユークリッド幾何学と相前後して登場してくる集合論‐数理学は、幾何学ではなく代数学に属し、バディウは、上記ヴェイユとは逆に、ここで、幾何学ではなく代数学に、その哲学思惟を立脚させることになる。上記の「ジェネリックな生起態」は、集合論のいう「空集合」、バディウのいう「空の被‐昇天」（assomption du vide）、われわれがさらに言い換える「空‐起（成）‐動」（vide générique）に対応することになろう。幾何学についてはほとんど語らないが、ヴェイユが幾何学に仲保・統一機能を見出したとすれば、バディウは、われわれの前著[23]が主題化したG・ドゥルーズ思惟と同じく、反‐統一・散開動としての〈nomadologie〉（遊牧-動）の側にあり、ただし、後者が同時代の分子生物学を参照しつつ主体をもそこへと分解・解体（開態）するとすれば、バディウはこれまた同時代の数理-集合論を参照しつつ、いわば空集合としての不可視の不可識別態（l'indiscernable）・未（非）-決定態（l'indécidable）（先述）、別言すれば「純粋-多」（multiple pur）・無限-多（infini）・無-元-態の生起-動（événement générique）から、主体の再建・新（真）建に向かう。幾何学はその純粋-多・無限-多・空-起（成）-動の（バディウ流にいえば）「一化-算定操作」（compte-pour-un）による派生態に過ぎず、他方、主体には古典的・近代的な統一性（unité）・同一性（identité）とは相似て相異なる「ウルトラ-ワン」（ultra-Un. 超-一-動）としての位置が要請・約束されることになる。

（v）さて、くどいようだが、これらをもう一度、再整理すれば、ポイントは次の二点の重合にあるといってよい。（a）われわれの佳く識る古代ギリシャ幾何学の、東-地中海・オリエント・アジアに広がる実用-算数術の散漫な無際限性を克服しようとする統一化的-秩序形象と、ピュタゴラス派が（ひょっとすると北伊植民地-外の異民族の数-神秘・宗教から刺激を受けて[24]）見出した非-合理数（$\sqrt{n}$）を可視的-図形のなかに吸収・隠蔽しようとするいささか偏狭な合理主義は、バディウにおいては、現代-数理学における集合論の、一方では帰属（appartenance）-元《げん》によって成立する無限に多様な部分・下位-集合群と、他方では無-元《げん》ゆえに排除（ex-clusion）ならぬ内除・含有（inclusion）される無限-多・非-可算数・空-集合へと、再-吸収・新-秩序化される。（b）プラトンの心眼が正方形-正義の奥底に見据えた内角-十字態によって苦吟する真正の正義者は、バディウによっては見定められないまま、中世においては正方形を内破して十字架とアガペーという巨大な宗教的-実体性において自律化し、近世においては自我コギトと数学的〈∞〉（無限）へと分離するが、やがてこれがバディウにおける後述の存在と生起の相反-相伴・動態である公理論的-思惟・決定（pensée-décision axiomatique）の動的-主体と新たなより深甚な合理主義の展開となる。（a）（b）おのおのの後半分は、後述の本論部分を先取り、しすぎているかもしれないが、生産的な予告と受け取っていただければ有難い。

Ⅲ　真理と新‐真理

バディウ思惟の究極の目途《もくと》は、どうやら旧来の真理概念の刷新と新たな真理概念の創出にある。「奇妙に思われるかもしれないが、〈真理〉(vérité) はヨーロッパでは（また他処でも）新しい単語・概念 (un mot neuf) である」(EE. p. 9)。われわれが「奇妙」(étrange) に「思う」のは、古代ギリシャにおける哲学の発祥が、ソフィストたちの御都合主義の詭弁に抗して「真実」を語ろうとしたところにあることを知っているからだ。その後の西欧さらには世界の教育課目としての哲学も、無数の知識人たち・理性者たちが自らの志操を賭した哲学も、同様であった。ただし、よく再考してみれば、ここにいう真実・真理とは、おおむね言表上の真理・真実 (véridicité, vérité véridique) であって、充分にそれ以上の範域に及ぶものではなかったともいえるかもしれない。これにたいしてバディウは自らのいう「真理」(vérité, vérité générique) は、人間のさまざまの活動・事象に、むしろそこにこそ、もっぱらそこにこそ、生起・出没するという。この人間事象・活動は大きく四種に分けられる。学術・科学 (science)、芸術 (art)、政治 (politique)、愛 (amour)、である。哲学のいう「真理」とは、哲学が自らに独自の真理を抱懐することをいうのではなく、これら大別四種活動の核心が〈vérités〉であることを指摘するその包摂概念としてにすぎない (MPhII. p. 123)。われわれの日本語ではこれらすべての活動・事象に「真理」を指摘・要請するのは不自然に思われるかもしれないが、バディウ・フランス語の〈vérité〉を、学術・科学領域では「真理」でよいとして、愛においてはたとえば「真実」、芸術においては「真正さ」、政治においては「真諦、真（信）義」等へと置き換えてみれば、それなりに納得可能なものとなるだろう。これら「真理、真実、真義、真正さ」の本質・構造・機能・現実的意義を問うことは、哲学の通俗化を放任することではなく、脱・超‐哲学として事象・万象の全容を配視・配慮するというその（哲学の）本源的任務を、遂行・貫徹・成就するということにほかならない。

ちなみに、ここで〈véridicité〉（言表真理、思考と事象の一致・合致の精確性としての真理）と〈vérités, Vérité〉（真理）を区別し、追ってわれわれのバディウ存在論理解が、バディウ自身のいう「状況」（situation）からのその「存在」（Être）「真理」（vérités〔真態〕）の「控除・脱去」（soustraction）から出発するところからして、バディウ哲学とは常識のいう「現象と本体・本質」の二元論の一変種にすぎない、独創性も新鮮味もない、という印象を与えるかもしれないので、あらかじめ一点、確認しておこう。この種の二元論の哲学版として有名なのは、近代哲学カントの「現象と物自体」、現代哲学ハイデガーの「存在者と存在そのもの」、であろうが、バディウはこう見る。カントは現象は可知的だが物自体は不可知、というが、カントの時代より後の時代に成立してきた数理‐集合論は、ギリシャ以来の数学的‐存在論の伝統を承けつつカントのいう「物自体」を数学‐存在論的に（純粋‐多、無限‐多、空、と）定義可能であることを証示した。カント二元論は今日では通用しない。ハイデガーは存在者・実存の存在了解を深めて解釈学的に「存在そのもの」にアプローチしようとした。しかし、解釈学は所詮主観性の域を突破できず、ギリシャ以来の客観的な数学‐存在論の伝統から外れる。ニーチェ／ハイデガーのギリシャ＝イオニア／ヘラクレイトスからプラトンのいうギリシャ＝エレア／パルメニデスの伝統に戻って再出発しなければならない。結局、バディウは「現象と物自体」も「存在者と存在そのもの」も、つまり常識のいう「現象と本体・本質」の二元論を、数学的‐存在論としての数理‐集合論のなかに収め込んでしまう。ただし、（バディウは）ハイデガーはむろんカント以上にすら「主体」を重要視する。「現象と本体・本質」の二元論にかわって、かくて「存在と生起（さらには、成起）」の二元論が主題として登場してくることになる。「生起・成起」とは何かを語ることは難しい。もともと言表を超える事態なのであるから。詳論は後述に委ねて、とりあえず、数理‐集合論的に、$\{\neg(\alpha \in \alpha)\}$ に対する $\{(\alpha \in \alpha)\}$ と示唆しておくほかない。

「神々も、神も、世界から永久に去った。哲学は、生起、ジェネリック、純粋‐多、空‐集合、無限数、をもって、世界にその正当性の回復をはかる営みである。」(PMI. p. 74)

「この空っぽの空の下、為すべき闘いがあり、俺はそれを為そう。」(J.-P. Sartre)[25]

われわれ(筆者)は前著[26]末尾で、真理の「発見」ではなく「真理の創造」といった。このパラドクスはバディウ思惟を予測・予定して言表したものではなかったが、ここでは多分にその方途を進んでいることになる。

序章　哲学の再開

I　バディウと時代背景

バディウは一九三七年生まれであり、あの六八年革命[1]のときには三十歳前後、いまだ哲学著作はなく、大学・学生側で職員として革命実務に従事・奔走していたらしいが、やがて、『モデルの概念』（一九六九年）、『主体の理論』（一九八二年）、『政治を哲学することは可能か』（一九八五年）、ついには最初の主要著作・大冊『存在と生起』（一九八八年）、ここでのわれわれにとって重要な『哲学宣言Ⅰ』（一九八九年）、……へと、旺盛な執筆活動期に入っていく。

背景としては、これは簡単に要約しうる・すべきものではないが、あえていってしまえば、六八年革命の活況、というより、それが政権交代とそれによる改革に回収されてしまったという、とりわけ哲学界の失意・挫折感があったらしい。フランス哲学＝第三黄金期[2]としての、二十世紀の、ベルクソン、サルトル、メルロ＝ポンティ、レヴィ＝ストロース、フーコー、デリダ、ドゥルーズ、……つまり、実存主義、構造主義、ポスト構造主義、……の、世界的大スターたちに比べれば、こういってしまっては不当・失礼にもなるかもしれないが、巨大なスター哲学者に欠けていた。私事ながら、筆者は一九六九—一九七四年、政府給費留学生としてソルボンヌ・パンテオン大学に在籍していたが、講義には何とパリ・フランスのど真中であるのにニーチェ／ハイデガーが多く、筆者個人としては、関心領域の焦点を絞るために当面の学位申請論文に専念し、いまから考えるとまったく惜しかったことに、コレージュ・ド・フランスや高等研究《オート・エテュッド》所の諸講義に出席することすら禁欲し、同時代の哲学思潮全般に関心-薄になっていた。この時期の背景理解としては、したがって、西川長夫氏の『パリ五月革命・私論』[3]を参照するのが最適と思われるが、バディウ自身には、とにかく、哲学退潮の指摘が多い。二文のみ引用してみよう。（やや長文になるため、適宜、省略・補足・傍点を含めて、文言を取意・変更する。）

（i）「哲学は、ごく最近まで、〔つまりバディウが宣揚するまで〕、資本主義の逆説的な意味での高み、つまり、神なき空っぽの空の下での、恥じらうことなき市場経済価値体系の専横という高みにまで、達したことがなかった。自らに残されている自由の領域を、聖なるものへの徒《あだ》なるノスタルジーや、神の子の地上における現存という憑依や、詩的思惟のあやふやな遍在や、自ら自身の正当性への疑念へと、引き渡してきたということである。人間は不可避的に〈自然の主人にして所有者〉になったのだ、そこには喪失も忘失もなく、自らに固有の至高の使命・運命（sa plus haute destination）があるだけなのだ、という事実を、思考〔哲学〕へと変換するすべを知らなかったのだ。哲学はフッサールのいう〈デカルト的省察〉を、未完のままに放置している。意志の美化や完遂のパトスや、忘失の運命や、痕跡の喪失、といった思念のなかをふらつきながらである。哲学は、窮極的一者ならぬ多の絶対性（absoluité du multiple）や共同体の絆の不在（non-être du lien）をそのままに認容することを欲しなかった。言語や、文学や、エクリチュールに、あたかもそれらが経験をア・プリオリに規定すること可能な代替象や、存在の光のために保護された唯一の場であるかのように、しがみついてきた。ニーチェ以来、プラトンとともに始まったものは衰退期に入っていると宣言しているが、この高慢な宣言はプラトンにおけるあの始まりの継承は不可能だという無力を隠蔽するだけのものである。哲学は、〈現代ニヒリズム〉を告発したり、宣揚したりしているが、それは、今日におけるポジティヴなもの(positivité actuelle)がどこに向かっていくか、その把握にあたっての非力さの露呈としてであり、われわれがそれと気づかぬままに、窮極的一者なき多(multiple-sans-Un)、あるいは無限にして不可識別的な断片的全体(des totalités fragmentaires, infinies et indiscernables)という真理論の新たな段階に入ったということの、自覚の欠如としてのそれにすぎない。〈ニヒリズム〉とは、ひとつの意味ありげの穴埋め作業(un signifiant bouche-trou)なのだ。真の問いは残る。ひとつの聖なき時代が差し出す自由と力をいじけた手つきで拒否するとは、哲学よ、いったい、どうなっているのだ?という。」(MPhl. pp. 39-40. 傍点、引用者、以下同様)

(ii)「一九八九年においても、たしかに、哲学が立脚すべき超越論態[4](transcendantal)の次元は、旧来の超越(transcendant)概念と混同されて怪訝の目で扱われていた。確認しておけば、一九五〇年/六〇年代以来、伝統的諸学の権威、とりわけ大学のそれは、既存体制のいかがわしい価値体系に帰属するものとしか見なされなくなっていた。精神分析学の相続者であるラカンは、哲学的体系化の作業にパラノイア(偏執狂)に直近のものを指摘し、哲学的言説をつねに主人の地位にある者の高慢さと大学側の卑屈さの間に分割し、〈真理への愛〉などというものはノイローゼ以外のいかなる意味も持ちえないものなのだと悪評した。形而上学も〈政治の欠損を埋める〉に役立つだけのものと告発され、マルクス主義的革命政治の諸ヴァリエーションそのものが、哲学を手厳しく政治に従属させていた。アルチュセールはといえば、哲学を唯物論と観念論の抗争というほとんど時代錯誤の武勲詩へと還元し、それをもって〈理論における階級闘争〉とした。分析哲学は、二十世紀初頭以来ウィトゲンシュタインが才気豊かに展開していたところに準じて、哲学を〈意味を剥奪された〉諸命題の全体と見なし、思考は、なによりも、形式論理学をモデルとする文章の統辞論的コントロールと、感覚的明証性であれ、行為論的有効性であれ、それらに帰着する意味論的な配視とを、必要とするだという見解を確立しようと企てていた。一方に経験主義、他方にプラグマティズムというわけである。そして、最後に、ニーチェ解釈を通じて、ハイデガーが形而上学の終焉を宣言し、技術文明による存在の忘失を指弾するとともに、詩人たちの言辞との対話による存在の根源への帰行の必要を説き、哲学の彼方に詩人いう思惟者の形姿を提示した。第二次大戦後、フランスのハイデガー注釈はこの方位をさらに拡充し、思惟を、一方では自由な実存と革命的実践から導出する（サルトル）するとともに、他方また、詩的もしくは演劇的な言語行為から（ボーフレ、シャール、ついでラクー＝ラバルト）、あるいは、言語における、経験の感覚的諸方位における、脱構築作業を通じて（デリダとナンシー）、導出することになる。」（MPhII. pp. 77-78）

長文すぎて、あるいは内容豊饒すぎて、判りにくくなってしまったかもしれないが、あえて、おのおの一点に絞ってしまえば、こうである。

（i）現代世界は「神無（亡）き」世界であるが、残された人間的自由を存分に活用・利用して資本主義が十全に自己確立・自己展開したに対し、哲学はその「唯一神無（亡）き」世界に「唯一神」に代わるなにものか「一」なるものを求めて混迷からニヒリズムへと陥り、まさしく「〈一〉無（亡）き〈多〉」の世界を人間的自由をもって考察・考究・把握するという「哲学の至高の使命」を果たしえていない。「究極的一者なき多（multiple-sans-Un）、あるいは無限にして不可識別的な断片的全体（des totalités fragmentaires, infinies et indiscernables）という真理論の新たな段階」で、哲学は哲学に相応しく哲学しなければならない。

（ii）現代思惟は、旧哲学、近代諸科学、大学教育諸学、を軽侮・嘲笑して、精神分析、マルクス主義、言語遊戯論、詩的‐思惟、脱‐構築、等に依拠・専念し、哲学の終焉をも高唱しているが、彼らはいわばプラトンが哲学の次元として開闢した超越論的客観の副次的な偏向態としての哲学への批判とそこからの脱出を宣揚しているのであり、彼らのそれらの営みがそこにおいてなされているその場を究めることこそが、哲学の「使命」であることに気が付いていない。

（iii）このうち、（i）はともかく、（ii）のとくに後半が判りにくくなっているとすれば、これも既述のところから、具体例をもってこう理解しよう。すなわち、……。ここにいう既成諸学や（旧）哲学の批判者たちは、眼前の正方形を見ながら、その固定的‐閉鎖性を批判しそこからの脱出と新たな多様な形象の造型を説いていることになるが、もともとの正方形は内なる見えざる十字交叉動によって成り立っており、それをソクラテスやキリストと想定するときカント流の超越論的主観を語りうることになるが、さらにその超越論的主観の可能性の条件を問うてカント自身のいう「魂の奥底なる隠れた技術の作動」（eine verborgene Kunst in der manschlichen Seele）にまで達するとき、すでにドゥルーズ＝ガタリのいう「時空‐生起動[5]」（dynamismes spatio-temporels）がその一例であったが、われわれは超越論的客観（既述）へと達する、と。正方形の「内なる、見えざる」とはバディウ的には正方形から〈soustraction〉（控除、脱去）している、にあたり、超越論的主観、その対象としての正方形、さらにその外に展開する諸活動、それらを成立させている超越論的客観の動態性は、バディウ的には〈événement générique〉（ジェネリックな根源生起）として、いずれもバディウ思想の核心をなす。追って詳述が試みられるだろう。

バディウのとりあえずここでの結語は、こうである。

「哲学は終焉〔完了〕などしていない。資本主義という歴史的媒体が、その〔画一性としての〕〈一者の帝国〉（empire de l'Un）の執拗な維持をもって〈一者なき多〉（multiple-sans-Un）を封殺し、反‐ニヒリズムを自称するニヒリストたちの養育をもって〈控除〔脱去〕存在論〉（ontologie soustractive）を閉塞させているが、哲学はたんに〈中断〉（suspendue）されているだけのことである。」（MPhl. p. 38）

「われわれの時代は、技術中心主義でもなければ（表相的にそうであるにすぎない）、ニヒリズム的でもない

（聖なる紐帯の失効は真なるもののジェネリシテ（genericité du vrai）への開口でもあるのだ）。われわれの時代に特有の謎とは、封建主義的‐社会主義へのノスタルジーにすぎないあのヒトラー政治とは逆に、まずは偉大な詩人ヘルダーリンによって企てられ、また否認された、聖なるものの局処性（locale. 後述）の堅持にある。そして、また、いまなおわれわれの眼下で、宗教的残遺（イスラム教に魂を補完すること）、メシア主義的政治（出来合いマルクシズム）、オカルト的‐諸科学（占星術、薬用植物、テレパシー・マッサージ、グル音会話やくすぐり合いによる精神療法）、あるいは、あらゆる種類の、甘いシャンソン付きの、真実性なき、出会いなき、つまりは、愛なき愛が、広範に惰弱な基盤をなしている、擬似的な絆、……それらを結びつけている反‐技術主義と尚古趣味の反動のなかに、〔逆説的にも〕あるのだ。」（Ibid.）

II　『哲学宣言』と『第二・哲学宣言』

こうした思潮動向を背に、バディウは哲学を復権・維持すべく、『哲学宣言』（一九八九年）と『第二・哲学宣言』（二〇〇九年）を上梓した。前者は初期の主要大作『存在と生起』（一九八八年）の翌年、後者は中期の主要大作『諸世界の諸論理』（二〇〇六年）の三年後、いずれも主要大作の一般向け解説を兼ねている。本年にはいわば後期の主要大作『真理の内在性』（二〇二二年）が上梓されたから、『第三・哲学宣言』も刊行されるかもしれない。

とまれ、最初の二巻の異同、同と異、異と同を、「第二宣言」の「結章」（MPhII. pp. 131-145）に準じて整理し、背景思潮からバディウ自身の哲学思惟への橋渡しを試みよう。

バディウは、焦点を五つにしぼって纏めていく。

(1)

「第一宣言」は、ハイデガー思惟のフランス受容に抗するかたちで企てられた。ハイデガーは、伝統的‐形而上学が具体的・歴史的現実を遊離した超越界に世界の原理を求めることを非とし、具体的・歴史的現実としての存在物(Seiende)の境域で、ただし存在物を科学的・存在論的に思考する伝統的な理性・合理主義にも抗して、実存(Existenz)が人間的合理の次元から脱(existe)して存在そのもの(Sein)を思惟するその存在‐思惟(Seins-Denken)に、哲学の本質を指摘し、これをこの期のフランス思惟(デリダ、ラクウ＝ラバルト、ナンシー、リオタール、等)は「形而上学の乗り越え」(dépassement de la métaphysique)としての「脱‐構築」(déconstruction)と「詩的‐思惟」(pensées en poème)として継承・展開した。これに対して、バディウは、彼らの「終焉のパトス」(pathos de la fin)からは身を引き(se soustraire)、そのバディウが現代数学に立脚しながら新たに開拓する新たな合理性の脱去(soustraction)次元(後述再論)で、プラトン以来の哲学の主題である「存在、主体、真理」を今日的状況を踏まえて思惟し[6]、新たな「真理性の概念」を「構築」(construction)する、その「哲学の根源的可能性」を主張(ré-affirmer)した。

「第二宣言」では、デリダ的発想はバディウの敵ではなく、デリダの敵はバディウの敵でもあることを認め、ただし、バディウは、「形而上学の乗り越え」としての「脱‐構築」ではなく、「むしろ」、これはやはりデリダとは逆に、「分析哲学の小さなドグマや、認知科学や、民主主義イデオロギーや、人権概念」等の、新たな捉え直し、「再‐根拠づけ」(reconstitution)に心する。世の科学主義は「精神を自然事象のように扱い、主体の不滅性など意に介しない」、世の道徳尊重癖は「法と秩序の主体しか認めず、根源的選択や創造的暴力の主体など知らない」が、バディウは、「存在、主体、真理」を不抜の前提としつつも、それを今度は(『諸世界の諸論理』においては)「現実的な発現状態(apparition effective)において、世界のなかでの観察可能な行為態において」考察する。

要するに、「第一宣言」は「哲学がこれまでと変わらず存在（existence）しつづける」ための宣言であり、「第二宣言」は、それに続けて、「哲学が、西欧存続のための特許品ではなく、ひとつの革命遂行体（pertinence révolutionnaire）であること」を、宣言する。

（2）

「第一宣言」は、哲学は、世によく難ぜられるようにたんなる抽象的な原理思惟ではなく、大別四種の人間活動すなわち「科学（学術）、芸術、政治、愛」における「真理〔真実、真義、真諦、真正さ、を含む〕のための諸実践」（procédures des vérités）を前提（dépend）として、それらを具体的内実として、成される、そして、「哲学はそれらの二次的な把握（saisie seconde）にすぎない」（MPhII. p. 123）、と主張する。これらを哲学の「条件」（conditions）と呼ぶのは、これらの「諸実践」が「相‐集摂」（con-）して作動（do, ‐ ition）し、発動・駆動させることによってはじめて哲学が成立しうるというその「可能性の条件」（conditions de possibilité）を構成するからである。現代においてもこれらの「条件」は紛れもなく作動している、「レーニンや毛沢東の〈解放の政治〉（politiques d'émancipation）として、カントールの集合論による数理革命として、ヘルダーリンからツェランへの深甚な詩作によって、フロイトからラカンへと展開する精神分析による愛の考察によって」。「ここに真理への実践の現実化と、哲学が真の新しい概念を構築していく方途を、私は見る」（p. 134）。「終焉ではなく、さらにもう一歩（un pas de plus）なのだ」（MPhI, p. 59）。

「第二宣言」もむろんこれを継承するが、事態はより複雑（beaucoup plus obscure）になっている。「科学はテクノロジーとして商業的価値の生産にコミットしすぎている、芸術は、〈マルチメディア〉の過剰な産出活動によって〈コミュニケーション〉理念の稀薄化と文化相対主義による価値基準（norme）の分解に災いされ、政治は、国家レヴェルの共産主義の崩壊とデモクラシーの名において経済と上方からの管理操作の混合態となり、愛はといえば、家族契約主義と性的自由の交錯となっている」。「要するに、技術、文化、管理、性、が、科学、芸術、政治、愛、の創成場（place générique）を占拠するにいたっているのだ」（MPhII. p. 134）。

となれば、おのおのの活動の「創発的な自律性」（autonomie active）を守護する努力をしなければならない（Ibid.）。

科学においては、例えば数学理念の枠組みを変え、B・ラッセルなどのいう（?）「論理学の数学化」から、論理概念と数学概念をプラトン以来の数学・論理概念に立脚して存在論的に開放し意味づけ直さなければならない（後述）。物理学分野では、すべての現象は、現象レヴェルの個別性・独自性（singularité）のなかに、自らの存在レヴェルの諸特性を含有（inclut）（後述）しているとして、相対性原理を一般化する仮説が、フラクタル幾何学とともに、現代数学の成果にも対応して、多くを期待させる（Ibid. pp. 135-136）。

芸術に関して言えば、例えば映画は「二十世紀最高の芸術的発明」であった。「対象事象のないイマージュ群の登場は、異論の余地なく表象問題に関するひとつの新しい画期の出来事であった」。「対象事象のない」ということだけであれば、近代的三次元パースペクティヴを拒んで、第四次元を逆説的にもネガティヴ・二次元の平面画布に表現しようとした抽象絵画についてもいえることだろう。しかし、バディウはやはり、つまりバディウらしく、そのもう一歩先までポジティヴ・ダイナミックに先取りして、いう。「いまや、近代的な外的世界への何十年にもわたる批判的否認（négation critique）のあとで、肯定（affirmation）への回帰がなされつつあると理解しなければならない。芸術は、映画を介して、現実的歴史のなかに場を占め、過ぎ去った〔二十〕世紀の決算をなし、思惟の新たな感覚的諸形態（formes sensibles）を形成することができるのであり、かつそうするのでなければならない。単に、現実世界に反抗（rebelle）する思惟ではなく、感覚性の原理（principes sensibles）と - 呼びうるようなにがしかの肯定（quelques affirmations）の周囲に、統合（unifié）の作用を成立させるような思惟のそれを、である」(Ibid. p. 136)。

政治においては、「〔マルクスの予見していた〕世界市場の〔非欧米地域への〕拡大が、解放活動の超越論的条件を変え、あるいは今日はじめて、国家的でも官僚的でもなく成立しうる、コミュニスト・インターナショナルに必要な諸条件を集結させるかたちになっている」(Ibid. p. 137)。

ここで二点、重要な説明・付記をしておかなければならない。

(ⅰ)解放活動の「超越論的条件」(le transcendantal)とは、いかにも哲学的な表現だが、むろん「超越的」(transcendant)とは異なり(既述)、解放活動を「可能にする」、しかも、カント的な主観論的な、それではなく、われわれが既述のところでも説明不全のままに使用していた、むしろ、メルロ＝ポンティの〈感性界のロゴス〉や、セールの〈ホワイト・ボックス〉に連なる、現代思想にほぼ遍在的にみられる、——ドゥルーズ＝ガタリ的にはカントの「魂の奥底に隠れたかたちで作動する技倆」にもそれが対応していた——、「超越論的客観」の謂いである。ここでは「世界」概念もわれわれの常識のいう単一の「世界」(monde)というより、複数の一定の人間集団が形成する多様・複数の「世界」(mondes)のことで、これら二つの概念はもう、むろん後述はする、中期主要著作『諸世界(mondes)の諸論理』のメイン・タームになっている。「諸論理」(logiques)については後述する。

(ⅱ)「コミュニスト・インターナショナル」(Internationale communiste)の「コミュニスト」だが、バディウはフランス革命の「自由、博愛、平等」のうち、現代フランスの共和主義勢力が「自由(と博愛)」(とくに旧来のカトリック宗教権威からの自由)を信奉するに対し、多くの哲学思想家たちとも同じように「平等(と連帯)」に力点をおき、ここから、共産主義一般、仏普戦争の最後に来襲するプロシャ軍に抗して結集・立ち上がったパリ・コミューン民衆集団、レーニン主義とその一九一七年革命、毛沢東の民衆指導と文化革命、等に共感を表明し、一九八九年のソヴィエト国家の崩壊以後も、「コミュニズム」への「忠誠」(fidélité)を確言していたが、目下のここでも珍しくも全十八行の後注（pp. 153-154）を付し、自らの「コミュニズム」が、「国家」（Etats）や「党」（partis）のそれではないことを強調している。「コミュニズム」とは、バディウにとって、「解放の政治のための多様な諸分野とさまざまの新しい組織を包摂する」、哲学的には、あれこれの事態を産出する構成概念に対してむしろその正当性を検証する規制概念ということをいうが、バディもここで、「コミュニズム」がこの種の「規制仮説」（hypothèse régulatrice）（Ibid. p. 154）であることを主張している。われわれは（も）それゆえ、「共産主義」という語はなるべく避け、「コミュニズム」と表記するか、筆者自身は「協律」「協成」といった自己流の概念・単語を有していることもあって、バディウ用には、やや平凡で恐縮だが、共同体、共同主義、共働、共存、共生、といった語をあてることにしよう。

さて、現状にポジティヴに対応するバディウは、こう記す。「われわれの政治経験は、すでに昨世紀の政治史の決算をはかるとともに、労働者と民衆の現実に立脚して、二点を明示している。まず、国家から距離を置く、つまり、権力を賭け金とせず、議会中心主義を枠とすることもない、政治を展開すること可能であること。つぎに、その政治は、二十世紀の全体を支配した党モデルからは遠く離れたさまざまの形態の組織活動を慫慂しているということ」（p. 137）。

「愛」についても、「ここ二、三十年つづいた精神分析の所説とそれに伴う性関係の味気ない正常化」に抗して、新たな「愛の実践」の形態を案出するのでなければならない（Ibid.）。

（3）

「第一宣言」では、バディウは自らの哲学を、プラトン哲学を「一なるイデア」に向かって上昇する哲学と解する常識からは一見「逆説的」な、「多のプラトン主義」（platonisme du Multiple）と自称した。この「第二宣言」では、プラトンへの依拠は変わらないが、その「方向づけ」（orientation）は別となる。「第一宣言」は、プラトンを、「二十世紀全体に広がっていた反プラトン主義」に抗して、顕揚しようとした。「そのために二つのテーマを動員した。まず、古代・近代のソフィストたちのレトリック・言語論・詩的‐思惟に抗して、数学の存在論的意義を強調すること。つぎに、われわれが〈絶対的〉といいうる諸真理は存在するはずであり、その意味で、古典的形而上学の志向は、今日の形而上学の終焉や乗り超えといったモチーフに抗して、尊重されなければならないこと」(p. 138)。

「第二宣言」においても、両テーマは相互補完的に立ち現われ、プラトンと現代問題との繋がりの強さが理解される。「第一の点についていえば、プラトンはデモクラシー、つまり議論を事とするソフィスト政治の最初の組織的な批判者であったが、われわれも、むろん別の観点からではあるが、この仕事を再開せざるを得ない(acculés à reprendre)。アテネの支配者たちの所為は時に独善的であったが、プラトンが提起した解決案はわれわれコミュニスト型のそれであった。現代世界の根本問題は、こうであろう。〈資本主義的‐議会主義〉(capitalo-parlementarisme)つまり〈デモクラシー〉は戦争にも向かいうるが、他方、コミュニズムの前提・仮説、つまり、国家・党・議会に距離を置く政治が可能であるという、その真諦に向かっても、勝利しうるであろうか、と。第二のテーマは、〈イデア〉(Idée)に関わるそれである。既述のところで私は、真の人生は〈イデア〉のもとにおける生であり、多くの点で、プラトンの弁証法構成はこの私の方式で解釈可能であろう、といった。最終的には、この〈第二宣言〉は、先に次ぐ第二のプラトン的選択をもって、自らの支柱としている。もはや〈多のプラトニズム〉ではなく(もっとも、これも実質、維持されるが)、〈イデア〔理念、真理〕のコミュニズム〉(un communisme de l'Idée)である」(p. 139)。

(4)

「第一宣言」(一九八九年)では、先立つ第一主要著作『存在と生起』(一九八八年)と同じく、根本概念は「ジエネリック」（générique）であった（p. 139）とバディウはいい、この概念についてはわれわれは追って総括的な考察をするが、バディウ自身、ここでも重要な一面を記している。「この語は真理・諸真理の主要な存在論的特色（principale caractéristique ontologique）を指示している〔傍点、引用者。以下同様〕。もし、すべての存在するものと同じく、それら〔真理〕の存在としての存在が純粋な多性（pure multiplicité）であるなら、真理とはジェネリックな多性（multiplicités génériques）の謂いである。ひとつの世界（monde）（当時、私はそれを〈状況〉（situation）と呼んでいた）を合成するさまざまの多のあいだで、それら〔ジェネリックな多〕は、個的特色の不在（absence de caractéristiques）によって特色づけられる。それらは世界全体（monde tout entier）のために証言するが――それゆえそれらは真理なのだ――、どのような個別の術語によっても定義されないことから、それらの存在はこの世界に帰属（appartenir）するという単純な事実に同一のものと思考されうる。マルクスが、プロレタリアートは労働力以外のものは剥奪されているのであるから、ジェネリックとしての人類（humanité génériques）を代表し、まさしくそのことによって、現代の歴史・政治的‐状況の真理（真実）を体現しているのだといったのは、この意味においてだった。私は、真理の普遍性は、個々の世界で創造されるとはいえ、まさしくそれらの個的特色の不在に結びついているといおう。問題の中心は、もろもろのジェネリックな多が存在しうることを示し――このことについては数学者ポール・コーエンの有名な定理〔後述〕が寄与しているが――、真理（vérités）（あるいは、普遍性（universalité）、といっても同じことだが）の産出者（productrice）たることを欲するすべての活動のために、相異なる多様な状況において、それらの状況のジェネリックな下位‐集合（des sous-ensembles）を創出（créer）しうる力能こそが、正当性の基準（norme）であることを示すことにあった」(pp. 139-140)。実のところ、われわれ（筆者）の、近代カントの反省的判断力にみられる「基準の創定」というパラドックスから出発して近現代‐哲学思想史を経巡りながら未来に向かう努力も、すくなくともバディウ思惟に関しては、この辺りに類同していくといってよい。

「第二宣言」（二〇〇九年）は、先行する第二主要著作『諸世界の諸論理』（二〇〇六年）に準じて、デカルト・カント流のコギト・超越論的統覚に対して〈corps subjectivale〉（主体と成りうる身体、身体的‐主体、身体‐主体、有躯的‐主体、しかし、やはり、主体‐身体、くらいに訳出しておこう）を、中心概念とする。ここでも真理が主題であるが、しかし思考される（être pensé）かぎりでのそれではない。「重要なのは、真理の現出（leur apparition）、そのつど一定の世界における真理の現実存在（existence）とその展開（développement）、その物質レヴェルでのプロセスであり、同様に、そのプロセスに随伴する主体のタイプである」、「もしジェネリックな多の本質が（既述したあらゆる述定可能な同一態の不在ということで）ネガティヴな普遍性（universalité négative）にあるとすれば、真理‐身体・有躯的‐真理（corps de vérité）の本質は、さまざまな力能、わけても、現実界（le réel）においてあらゆる〈点〉（points）連結を取り扱う諸能力にある。〈点〉とは何か。身体の展開におけるひとつの決定的なモーメント〔契機〕、自らの運命にかかわるあれではなくこの方位を選択する瞬間（moment）の謂いである。〔キェルケゴール流の〕あれか、これか、全行程の縮約（contraction）としてのひとの単純‐択一（une alternative simple）といってもよい。そのような点を誤りなく処理するには、身体はそれに適合する諸器官を配備しなければならない」。ここでバディウは、いささか突飛な、しかし既述の「哲学の条件」のそれではある、二実例を挙げる（p. 142）。ひとつは、レーニンが、反革命軍の来襲に備えて、自らの革命党を、反革命派の十八番である軍隊組織へと編成するケースであり、もうひとつはJ・ポロックのアクション・ペインティングが、自らの描破挙措と画布を、間に対象事象も主観思惟も入れずに、〈瞬間の飽和〉（saturation de l'instant）において一体化させるケースである。

「最終的には、われわれはこの〈第二宣言〉で、身体、主体的方向づけ、決定の点とその最適器官、その複合体が、〔〈第一宣言〉が現実界ならぬ思考レヴェルで普遍性のネガティヴな地平を切り開いていたとは異なり〕、普遍性の肯定的なヴィジョン（vision affirmative de l'université）を構築しているのを見る。ジェネリック概念が、真理の、他のすべての存在物の〈在る〉とは別の在りようとしての〈在る〉（*est*）〔後述再論〕を指し示しているとすれば、身体とその方向選択は真理を〈為す〉（*fait*）〔後述再論〕ところのものと、その真理が世界の諸物と距離を置きながらもいかに運命を共有していくかを、指し示している。〈第一宣言〉は、真理問題に関して、存在論的‐分離理論（doctrine séparatrices de l'être）を採り、〈第二宣言〉は行為論的‐統合理論（doctrine intégrative du faire）を採る。普遍性‐真理の存在論（ontologie de l'universalité-vraie）に、その生成のプラグマティズム（pragmatique de son devenir）が続くことになる」（pp. 142-143）。

(5)

「第一宣言」（一九八九年）からおそらく一九九〇年代半ばまで、真理の普遍性をめぐって世に（仏国で？ EU内で？）激しい（rage）論争がなされた。バディウの『第一宣言』『聖パウロ――普遍性の成立』（一九九七年）『倫理――悪の意識について』（一九九三年）は「個別性礼賛、個人性の〈民主主義的〉な擁護」と「真理のジェネリックかつ普遍的（générique et universelle）な次元」の対立抗争の只中にあった（p. 143）。「私が〈真理の倫理学〉（éthique des vérités）を語り、人権論議にも文化的相対主義にも対立したのは、この観点からであった」。人権「論議（論騒？）」（logomachie）とやや軽侮の表明になっているのは、人間存在の「権利根拠」はもともとキリスト教の創造神によって保証されていたものだが、神が「去った」（既述）近現代では自然権として「自然」によって保証されるかたちになった、それを、自然主義皆無のバディウが「当然の倫理の問題だよ」と軽くいなしているということであろう。根拠不明問題を、多くの現代思想家のように反‐根拠律でかわすより、ここでは出てこなかったが「公理論的決定」（décision axiomatique）の問題として処理するのがバディウ流儀である。反‐根拠律のハイデガー流儀[7]が存在思惟の静寂主義（quiétisme）に行き着くに対し、バディウは「決定」のいわば存在実践によってそこから脱出する（後述再論）。

「第二宣言」（二〇〇九年）後、『諸世界の諸論理』（二〇〇六年）の一部も示すように、バディウは真理の普遍性より「永遠性」を強調するようになる。「普遍性は（ジェネリックな多の）形式（forme）の問題だが、永遠性はプロセスの現実的な結果（résultat effectif）を含意する」。「私に関心があるのは、真理が、個別的な諸条件によって成立しながら、何千年の時を超え、まったく別の状況のもとでも妥当するということだ」。「〈永遠性〉とは、真理のこの時代横断〔縦断?〕性（transtemporelle）をいう」。「これによって、真理は、未知の大海と暗黒の数千年を超え、それが創出（créées）されたとは異質の世界に、蘇り（ressuscitées）、再活性化（réactivées）することができる。理論は、さまざまの理念的（idéales）な存在が、しばしばあれこれの物体（objets）のなかに物質化（matérialisées）されながらも、同時に、どのようにして、時空の〔他の〕一点において〔再?〕創造（créées）され、この永遠性の形式（forme d'éternité）をもつにいたるかを、明らかにしなければならない」。「デカルトは〈永遠真理の創造〉（création des vérités éternelles）を語った。私はこのプログラムに再着手する。ただし、神による援助なしに……」。比較文明論的には自明の問題であり、「未知の大海と暗黒の数千年」（des océans inconnus et des millénaires obscurs）とはなんとも時代錯誤の言いまわしだが、真理の「発見」ならぬ「創造」をも語りはじめたわれわれ[8]からすれば、このデカルト援用は心強い。ちなみに、このデカルト観念は、今日の若いデカルト研究者たちも、結構、数多く論じている[9]。

この「第二宣言」は、とバディウは結語する。「今日の混迷気味で味気ない現実が、政治、芸術、学術、愛、にも〈永遠なる真理〉が出来《しゅつたい》しうる（il y a）（後述再論）のだ、とわれわれをして言わしめるところに由来する。この確信によってわれわれが自己武装し、われわれが主体‐身体〔有躯的‐主体〕の〈創造プロセスに間断なく参加しつづけることは、生と人生をたんなる永生（survie）を超えるより強力なものにすることなのだと理解するとき、われわれはランボーが『地獄の季節』の末尾でなによりも欲望したことを、自ら所有することになるだろう。いわく、〈魂と身体に、真理そのものを！〉。そのとき、われわれは時間・時代よりもより強力なものと成る」(pp. 144-145)。

Ⅲ　哲学はどうあるべきか

さて、二つの哲学宣言が宣言する哲学とはどのようなものか。むろん、既述のところでも随時語られていたし、今後、以下のところでバディウ哲学の全容もわれわれの視点から提示するわけだが、この、目下の中間点で、二つの哲学宣言が思い描く哲学とはどのようなものか、ひとつの、整理上の便宜のための、両テクストが語るかぎりでの、仮の統一像を、確認しておこう。

「哲学とは、あの、詩、数学素、政治、愛、という四つのジェネリックな条件が、時代の真理を先行規定(prescrit)する生起的躍動形式(forme événementielle)において共可能(compossibles)となる、そのような協成場(configuration)を思惟において構築する営みである。哲学の危機というものがあるとすれば、それは哲学が、共可能性の場を構築する代わりに、自らの機能を一定の条件場に委ね、思惟の全体を一定のジェネリック実践に譲渡してしまう場合である」(MPhl. p. 41. 一部省略・取意訳)。

「われわれの義務(devoir)は、それら四つのジェネリック実践(procédures génériques)のすべてを受け容れる概念上の協成場を産出することである。ポール・コーエン数学のいうジェネリック概念、ラカンのいう愛の理論、六八年五月革命とポーランド連帯運動への忠誠、ツェランにおける詩学刷新の革命、それらは思惟にとって同時に可能なのではあるまいか。それらを全体 - 統合化(totaliser)するのではない。相互異質(hétérogènes)のままに共 - 可能化(simultanément possibles)させるのである」(Ibid., p. 69. 同上)。

『存在と生起』(一九八八年)の中心問題は、ジェネリックな多という概念において思惟される真理の〈存在〉(être)であった。『諸世界の諸論理』(二〇〇六年)においては、中心問題は、真理の身体性、主体 - 真理〔有躯的-真理〕の概念における、真理の〈現出〉(apparition) のそれである」(MPhI. p. 13. 同上)。

哲学は、近代哲学のように科学・テクノロジーに信を置きすぎてはならないし、現代初頭のそれのように詩的思惟に依拠しすぎてもならないし、政治的実践や精神分析の無意識界に埋没してもならない。四種の重要・不可欠なジェネリック実践を同時に可能にするようなかたちで、その本来の主題である「存在、真理、主体」(MPhI. pp. 86-90, MphI. p. 132, OT. p. 54 他)を、「時代への先行的規定性において」、思惟するのでなければならない。

第一章　存在

I　ハイデガー——存在論から存在思惟へ

近代哲学がデカルトの「私は考える」(ego cogito) からはじまり、これが神中心の中世キリスト教哲学[1]から人間主義への、信仰から思考・思惟[2]への転回であったことはよく知られているが、現代哲学も、近代哲学の人間中心主義から、人間が「考える」(cogito) 以前から「存在」[3](existence) しているということの自覚・重視への存在論的‐転回であった、このこともよく知られるようになってきている。その代表的な哲学者[4]であるハイデガー思惟[5]の確認[6]から、バディウ哲学[7]の考察へと入っていこう。

(i) ハイデガーは「存在論的‐差異」(ontologische Differenz)、つまりあれこれ「存在しているもの」(Seiende「存在者」と訳される) と「存在、存在そのもの」(Sein, Sein selbst) を区別する。従来の哲学は両者の区別に欠けていたか十分でなかった。中世人に「最高の存在とは何か」と問えば「神である」との答えが返ってくるだろう。ここでは、「神であるということ」と「神が存在するということ」、つまり「〜である」(Was-sein) と「〜がある」(Daß-sein) が一体化・混同されている。ハイデガーのいう「存在論的‐差異」が「〜である」と「〜がある」の区別・差異であり、ハイデガーのいう「存在、存在そのもの」とは「〜がある」に対応する、といえば、「そんなに単純なことかなあ」と訳知り顔に苦笑してみせる御仁もいるはずだが、そういう御仁は、ハイデガー・テクスト全体と、筆者のハイデガー研究四・五冊とを踏まえて、御自身の「複雑」な答えを提示していただきたい。

（ii）われわれは、通常、あれこれと識別可能な次元に、自分自身の何ものであるかも知悉のうえで、存在者として存在している。ハイデガーはこれを〈man, Mann〉（一般人、通常人）、〈Dasein〉（現存在）、〈Existenz〉（現実存在）と呼称する。

（iii）他方、動植物が周辺の事象を「食べられるもの（である）か、自分に危害を及ぼすもの（である）か」の「である」次元でのみ生息しているに対し、われわれ人間はときに自己喪失に陥り、それとともに周辺事象の「である」への関心も失い、いわゆる「不安」のなかで、「である」以外の事態に直面するかそこへと巻き込まれることがありうる。これは病的状態とはかぎらない。人間が、動植物とは異なり、「である」以外の次元に関わりあうことがありうる（peut）・できる（peut）という可能性・能力を証すものでもありうる。そして、この場合、その「である」以外の事態とは、まずまず、「がある」事態なのだ。何「である」かよく判らない、しかし、何かが、何か「がある」……。人間とは、人間存在とは、たんなる〈Existenz〉（現実存在）、〈Dasein〉（現存在）であるにとどまらず、動植物と異なり、「である」次元から外（Ex）へと脱出（Ex-sistenz）（〈Ek-sistenz〉と書く場合もある）して、「がある」（Sein）が露わ（da）になる・なりはじめる〈Da-Sein〉（存在-現、存在-現成）の境位にいたることもありうる存在・存在者なのである。

（iv）ところで、ハイデガーは「存在論的-差異」「存在者からの存在の差異」を強調するために、「存在」を「無」（Nichts）と言表することがある。このあたりからハイデガーは怪訝の眼で見られるようなったりニヒリストと呼ばれるようにもなるのだが、しかしこれは「存在」が「〜である」では「無」いこと、つまり（人間言語では）規定不可能、その意味での「無‐規定」性のことを言っているのであって、「〜がある」の「無」を言っているわけではない。ただし、ハイデガーという思想家は、ある意味、粗忽、不愛想、独断的、なところがあって、両方の「無」を一緒にしてしまうこともある。動植物は虚無など考えることなどありえず、虚無を考えるのは人間のみであるから、これはこれで、別途、〈Ex（Ek）‐sistenz〉の、たんなる〈man〉性にとどまることのない、自己超越（Ek）の存在論的卓越性を示すものともいえるが。

（v）「不安」とは、「である」次元から、外《は》み出る（ex-, ek-）にせよ、超越する（ex-, ek-）にせよ、「がある」の、無規定性にせよ、虚無にせよ、「無」に直接することであり、いわゆる認識はありえない。カントは、認識（Erkennen）と思考（Denken）を区別した（LM. p. 252 他）。ハイデガーにおいても「存在」についての思考（Denken）はあっても、その認識（Erkennen）はありえず、せいぜいその「理解」（Verstehen）・「解釈」（Auslegung）があるのみである。「存在の真理」なるものは強調し、「理解」とは〈Ver-stehen〉（そこへと出で立つこと）、「解釈」とは〈Aus-legung〉（そこから人間言語という外へと拡げること）、でもあるから、いわゆる認識の理想と、同一視は不可能とはいえ、背馳することはないはずだが、いちおう区別しておかなければならない。

（vi）他方、「がある」は、「である」から漏れ出て逃れるものではあるが、別言すれば、正体不明のまま、出自不明のまま、哲学的には充足理由律無きまま、無言・無表情で立ち現れて来る・来ているもの・事態である。古来、多くの神話や神学がこの創世の由来を語ってきた。ハイデガー的には有名な〈Es gibt Sein〉がこれに当たる。サルトルは「存在は在る（l'Être est）、それだけだ」というが、ドイツ・ゲルマン語は、あたかも「存在の真理」が自己言表化しているかのように、遠い昔から、この言い回しを用いてきた。「それ（Es）が存在を投与してきた・きているのだ」「〈Es〉は形式主語で、実質は〈Es〉＝〈Sein〉なのであるから」存在が自己投与（Sich-Geben）してきているのだ」。ハイデガー的には、これが、上記二面（漏出と現成）を踏まえて、〈Ereignis〉（生起）と〈Enteignis〉（脱去）ともなる。〈Es gibt Sein und Nichts〉といわれることもある。

（vii）そして、この〈Ereignis〉と〈Enteignis〉、「存在」と「無」、を分開‐投与してくる根源的な動態性を、ハイデガーは〈Licht-ung〉（分開‐光与動）と呼ぶが、われわれ（筆者）はここに、ハイデガー存在思惟の究極を見る。窮極などありえない、存在思惟は不断の「途上」（Unterwegs）なのだ、とハイデガーがいうのであれば、それでもよいが、いずれにしてもハイデガーはここから（この存在思惟の静寂主義（quietisme）から）喧騒に満ちた現実世界へと立ち戻ることはしなかった。

II　バディウ――存在論からメタ存在論へ、存‐起‐論、存‐現‐論へ

1　バディウとハイデガー――基本構造

バディウ哲学を考察するにあたってハイデガー的問題設定から出発したのは、前者の自律性・独創性を軽んずるためではない。そうではなく両者の現代思想としての重要性と共通性を踏まえながら、ここでは前者の普遍性・独自性を提示するためである。

なお、バディウ哲学のテクストとしてはわれわれは主に主著『存在と生起』（一九八八年）と『諸世界の諸論理』（二〇〇六年）を使用するが、両者の間には、哲学思想上のではなく、思考主題上の変化がある。前者は存在問題を掘り下げ、後者はそこから戻って、前者の成果を踏まえて、現実事象を論ずる。「『存在と生起』時点では、私は〔現存在（Dasein）ではない〕現‐存在（〔Da-Sein〕, l'être-la〔存在‐現〕）は扱わぬまま、生起[8]（l'événement）の純粋存在論的な性格づけ（une caractérisation purement ontologique）は可能であると考えていた。〔……〕いま、この『諸世界の諸論理』では、〈生起する多性〉（〈multiplicité événementielle〉）とその〈現出場〉（〈site〉）を同一視（identifier）することは可能であると、御示しできるだろう」（LM. p. 381. cf. LM. pp. 48-49, 53,

546)。多少鬱陶しい文章だが、要するに、「〔世界から〕存在へ」から「存在から世界へ」である。これからもっと判りやすく、説明していこう。バディウ自身は、半分、数学者で、ハイデガーと違って（笑）、正真、明快である。

まず、ハイデガーの「存在論的差異」は内容的には独自のものとはいえ、哲学がほぼつねに前提する、現象と本体、事実と本質、等、前者は常識人のもの、後者が哲学の考究するもの、という二元論の一であり、バディウでは、「状況」（situation）、その「住人」（habitant）、それを取り巻く「知の体系連関」（savoirs encyclopédiques）（EE. p. 556, et passim）、現出存在（existence, apparaître）、「世界」（mondes）（LM. p. 612, et passim）、「真理」（vérité）、の、それである。ただ、両者の「間」は、差異、対立、等ではなく、おおよそ、三種、指摘される。①〈soustraction〉（控除、脱去）、②〈le transcendantal〉（超越論的なもの、先験態）、③（「存在」と「真理」の「間」ともいえる）〈événement, événement générique〉（生起、ジェネリックな生起）、である[9]。

①は、他の多くもそうだが、苦肉の訳語である。内容的には、集合論における集合形成の操作・過程を考えよう。ひとつの集合はそれにふさわしい要素つまり複数の元《げん》（éléments）（例えば、自然数の全体、有理数の全体、等）から構成されるが、それ以外のもの（例えば、いまの場合は、それ以外の数、無理数、等）は採用されない。しかし、後者はその集合の外に（非‐数として）排除（ex-clusion）されるのではなく、内に非‐元《げん》として留めおかれ、つまり内除（in-clusion）されるにとどまり、別の規定での元《げん》‐採用ということになれば、それらが元として採用されることもありうる。集合とそれを構成する元《げん》の関係を「帰属」（appartenance）（記号∈）関係というとすれば、後者は集合における「含有」（inclusion）（記号⊂）態（関係）といわれ、この「帰属」できずに控え置かれる事態を、ここでは「控除」（soustraction）という。目下の直接の事例でいえば、「状況」は一切の社会事象のうち、その「状況の住人（たち）とそれを取り巻く知（savoirs）の全体連関」から成り、それ以外の一切の社会事象は、「控除」される。この控除は数学的集合形成においては人為的‐操作の結果であるが、社会事象そ

の他の場合には人為的‐操作によらず、（控除が）自《おの》ずから出来《しゅったい》してくる・してきているように成立する場合も多々ありうる。この非‐人為的な控除、これを自己控除と呼ぶのがあまりにも擬人的であるとすれば、これは別ケースのハイデガー訳語でもあるが、「脱去」とでもいうほかないように思われる。そして、バディウは、この「状況とその知」という「部分」から、控除されるか、脱去する、「全体」あるいはむしろ「全態」としての社会事象の躍動態をその社会のあるいは「状況」の「真理・真実・真態」（vérités）と呼ぶ。われわれの社会・世界は多くのものの控除・脱去から成り立っており、社会学や歴史学が前者を知の対象とするとすれば、哲学は後者を（も）主題化する。数学・数理‐集合論も「帰属‐元《げん》」のほか「含有‐非元《げん》」態、さらには「空‐集合」まで考量するので、現代哲学思想とりわけバディウ哲学思想と、後述するように、全面的にではないが、相当程度、重合することになる。

②の〈le transcendantal〉も、形容詞〈transcendantal〉は「超越論的な」で処理しうるが、定冠詞つきのこの名詞形は「超越論的なもの」等と直訳するのは長たらしく不快であり、「先験態」と訳せれば一番良いのだが、今日の習慣では〈transcendantal〉は「先験的」ではなく「超越論的」と邦訳することになっており、厄介である。結局、「先験態（超越論態）」とでも仮訳しておくことにするが、これを「状況」「世界」と「その真理」「存在」の間に想定しうるのは、バディウの指摘するところ、この「先験態（超越論態）」が「状況」「世界」の諸存在物（existences, savoirs, objets）の可解性・有意味性を成立させているその可能性の条件だからである。既述のところでわれわれは近代カントが「超越論的主観」を持ち出したに対し、現代思想がメルロ＝ポンティの「感性界のロゴス」やセールの「ホワイト・ボックス」によって「超越論的客観」の概念を提示しはじめた[10]と確認したが、バディウはその「先験態（超越論態）」をもってこのことを含意させているのであろうと解される。「どの状況も世界も、ひとつの超越論的‐全態構成動（une organisation transcendantale）を孕んで（contient）いる。〔……〕ここにいう超越論（先験）態は、（カントの場合のように）主観的構成動（constitution subjective）ではなく、状況・

世界のひとつの内在的所与（une donnée immanente）である。〔……〕。存在物・現出態の可解性（intelligibilité）は、主観的構成によってではなく、複数の内在的操作（des opérations immanentes）によって可能となる（rendue possible）。〈先験（超越論）態〉（Transcendantal）とは、それらの操作の名称である」（LM. pp. 111-112. 簡略化のため取意訳。cf. LM. pp. 206-207, 220, 223, 610）。最終的には、カント思惟そのものも、この発想のなかに組み込まれる。「ひとつの世界の超越論（先験）的‐作働態の本質は、その世界に現出しにくるものの相互差異と相互同一性の程度あるいは強度を固定することにある。カントのいう〈直観〉も、〈主観的〉能力を指すものではなく、諸物の現出空間（espace de l'apparaître）、存在の現われがそれによって現われとなる（où ce par quoi l'apparaître de l'être est apparaître）、そのような〔超越論的客観とでもいうべき〕ものとなろう」（LM. p. 248. 同上）。

③バディウの場合、この先、さらに、この超越論（先験）態を通じて「状況」「世界」（さらには「存在」（後述））に作用を及ぼす「生起」の「ジェネリック」な動態、あるいはそれ（「存在」）に先立つメタ存在論的‐動態、われわれのいう存‐起‐論・存‐現‐論の動態も、考量しなければならない。しかも、「控除・脱去」によって「状況・世界」から「消失」したはずのものが、「消失項」（terme évanouissant）として、「欠如の因果（原因）性」（causalité du manque）をもって、作用してくる、という事態とともに、である。われわれ（筆者）もすでに旧著[11]で、状況・住人・世界・現出態における「控除・脱去‐生起」と「到来・帰来‐生起」の「捻転」（torsion）を挟んでの交錯に言及しておいたが。しかし、いまは、その前に、他の多くの問題も処理しなければならない。「生起、ジェネリックな生起」については、もっと先のところで詳論しよう。

2　バディウ、基本概念、幾つか

「状況」「住人」「世界」「現出態」……は、要するに現象問題であるから詳論するまでもないところであるが、とまれバディウ哲学の理解に最低限必要なこの種の基本事項を幾つかあらためて概観しておこう。(1)状況、(2)状況の住人、(3)現出‐世界、(4)その真、(5)論理学と現前性、(6)物象、(7)身体‐有躯性、(8)点‐サイト、(9)歴史‐現実、(10)方向づけ、等である。

(1)状況

「状況」は、社会・歴史的にそのつど一定の「先験(超越論)態」によって成立している「可知的」事態であり、常識のいうところと大差はない。「私は現前(présentes)しているすべて(toute)の多(数)態(multiplicités)を〈状況〉と呼ぶ」(EE. p. 32)。「何であれ、ひとつの現前的な多(数)態(un multiple présente)として事象の一状態(un état des choses)をなしているものを〈状況〉と呼ぼう」(MPhI. p. 17)。引用するまでもない文章にみえるが、〈multiple, multiplicité〉は、むろん、〈présente〉や〈état〉も確認しおくべき重要基本語である。〈présente〉から「控除・脱去」している「真理・存在」は〈imprésente〉(非‐現前)(後述参照)ともいえるかもしれない。〈état〉は上記の文言では「(事象の)状態」であるが(cf. EE. p. 68, 80-81, 92)、これは「現前におけるもうひとつの現前、現前における再(re-)現前」ともいえるから、ひとつの〈re-présentation〉、たとえば「社会」という「現前‐状況」における「国家」というもうひとつの現前態に該当することになるかもしれないが、実際、フランス語では「国家」は(〈état〉ではないが)〈Etat〉である。バディウはいう。「すべての状況は二重に構造化される。〈présentation〉(現前化‐動)と〔それに重ねての、その考察・その再把握としての〕〈représentation〉(再現前化‐動)にである」(EE. p. 110)。「ひとつの状況の構造、ひとつの構造的‐現前化動の構造が、それによって一なるものと算定されるもの(ce par quoi ... est compté pour un)、すなわち一化操作の結果としての一(l'un de l'effet-d'un lui-même)、ヘーゲルが〈一による一〉(Un-Un)と呼ぶものを、私は〔やがて Etat になるものとしての〕〈状況の〔特別〕状態〉(état de la situation)と呼ぼう」(EE. p. 111)。「この種の状態(état)

は、純粋‐多（multiples pur）が、たんに現前的（présente）であるのみならず、再‐現前的（représente.〔重‐現前的?、操作的に再‐現前的?〕）である」（EE. p. 116）。「〔この種の〕状態は、最終的には帰属（appartenance）と含有（inclusion）というあの〔既述の〕存在論的に根本的な関係へと及ぶことになる、ひとつの算定操作態（un opérateur de compte）なのである」（EE. p. 261）。また鬱陶しい言い回しとなってしまった。今後は（も）気をつけるが、ここでバディウが記しているのは、ヘーゲル言及が示すように、たとえば、封建時代の社会が一定の既成の勢力による「帰属」の共同体であったとすれば、近代国家はそこで「排除」されていた集団をもたんなる「控除」態であったものとして、自ら（国家）のなかに「含有」（inclusion）していく、その動き・「操作動」であったということである。むろん、近代国家のこの動きも不十分であったとして現代国家がさらなる新たな「含有」化の操作をおこない、今日はその現代国家の「操作」動にも綻《ほころ》びが見えはじめているということであるが、いまはそれは主題化する必要はない。バディウは国家廃絶論者なのであるか、もともと国家についての論及は少なく、ここでもたんに、「国家」が「状況」の一副産物であること、それが多分に数学‐集合論モデルの発想で、「一化」（compte-pour-un）による「多」の「控除・脱去」、「帰属」と「含有」の弁証法の問題として粗描されていることを押さえておけばよい（cf. EE. pp. 19, 32-33, 110, 116, 119, 121-122, 126, 309 等）。

（２）状況の住人

「（状況の）住人」については、ハイデガーの〈man〉の行状にはそれなりの論述があるが、バディウにはとくにない（cf. EE. p. 229）。やがて「主体」になっていく行程は重要で（cf. LM. pp. 196-197 他）、後述再論するが、「主体」になったからとて、バディウという「平等」主義者（後述）には、それは〈n'importe qui〉（「誰であれ」、後述）であって、ドゥルーズ＝ガタリにおける「エイハブ」や「イジチュール」のような「概念人物」[12]はいない。もっとも、〈n'importe qui〉がそれだというなら別だが（まさか、これを「何某」や「名無しの権兵衛さん」

とはいえまいが（笑））、なにやら、よかれあしかれ、数理‐集合論者が集合構成の「元」を扱っている場合のように、「状況の住人」たちを扱っている観（感）がある。毛沢東やレーニンへの評価は高いが、重要なのは彼らではなく、彼らが「現前化」させた「民衆」、バディウ自身の場合はパリ・コミューンや六八年のそれ、なのである。これらはすでに半分は「主体」であるが。

（3）現出‐世界

「状況」は『存在と生起』の語で、『諸世界の諸論理』では「世界」（mondes）となる。われわれの常識のいう唯一の全体としての世界ではなく、「状況」概念と一貫して、一定の人間集団が一定の先験（超越論）態によって成立させている個々の「世界」、複数の「世界」、別言すれば、社会・歴史レヴェルでの「諸集合」である。ドゥルーズ＝ガタリもバディウも多数性・複数性の思想家であって、彼らにとってはおおむね名詞に〈-s〉をつけるだけですむが、われわれ日本語は単数と複数の区別が判然としないので、わざわざ語頭に「諸」をつけなければならない。むろん、論述上は単数表記の場合もあるが、重要なのは複数態である。まず、いう。「世界は諸物象（corps）と諸言語（langages）の合成からなる唯物論的‐全体である」（MPhII. p. 29）。「状況論的にいって、ひとつの世界は——ニュートンの空間のような——多数の存在者が満たしにくる空っぽ（vide）の場ではない。〔……〕ひとつの世界は、（〔既述の〕超越論（先験）態としての）ひとつの構造化‐操作動（un opérateur structure）の周囲に複数の多（数）態（des multiples）‐整合連関（cohésion）を形成するというかたちで成立している。〔……〕すべての存在者が満たしにくる空っぽ（vide）の場は〈宇宙〉（univers）と呼ばれうるだろうが、内容満杯（〈complète〉）の状況（situation）は〈世界〉（monde）と呼ぶことにしよう。であれば、複数の世界（plusieurs mondes）が存在する（il y ait）ということは、世界（monde）の本質に属するということになる」（LM. p. 112）。文章全体としては平凡な常識論議に見えるだろうが、「世界・状況」がそれらに固有の「先験（超越論）態」という内在原理によって成立しているということから、「世界・状況」の「複数性」が導出されていることを確認しておけばよい。

（4）その真

「（状況の）住人」に『諸世界の諸論理』で対応するのは、〈existence〉や〈l'être-là〉である。〈Existenz〉は、ハイデガーでは、たんなる〈man〉（世人）性から〈脱〉（ex-）して自らの「存在」を思惟するいわゆる「実存」であり、バディウの〈l'être-là〉は、字づら上はハイデガーの（〈Dasein〉ならぬ）〈Da-Sein〉に対応し、後者は「存在」（Sein）がそこにおいて思惟され現成する場（Da）を含意するが、バディウの〈existence〉や〈l'être-là〉は、そうした実存論的な内面性の重みはもたず、むしろ外的（ex-）・客観界における現象・現われの次元の問題である。「ひとつの世界とその現前（apparaître. 現われ）がその世界の先験（超越論）態において成立しているとして、われわれはその世界に〈exister〉現われるひとつの存在者X（un étant x）を〈existence〉と呼ぶことにしよう。〈existence〉は、この定義からは、存在のカテゴリー（catégorie de l'être）（［……］）ではなく現われ・現象・現前のカテゴリー（catégorie de l'apparaître）（［……］）に属する。〈exister〉は自律的な意味はもたない。ハイデガーに拠るサルトルの直観に倣い、また、キェルケゴール、さらにはパスカルにも準ずれば、〈exister〉はひとつの世界との相対関係においてしか、語りえない。〈exister〉とは先験（超越論）態の一階梯にすぎないのである。ひとつの一定の世界におけるひとつの多‐存在者（un étant-multiple）の現出（apparition）の強度（intensité）の謂いなのである」（LM. p. 220. 一部取意訳。cf. Ibid. p. 608, MPhII. p. 46, 61 他）。〈l'être-là〉についても、ほぼ同様である（cf. LM. p. 608 他）。バディウ流の「存在」（l'être）の「現われ」（là）という意味もないわけではないから、ハイデガー流の「現‐存在」と区別して「存在‐現」という言いかたもあっても良いと思われるが。われわれは、しがって、両者（〈existence〉と〈l'être-là〉）を、「実存」「現実存在」ではなく、「現存」とすれば可視的現前ともなりかねないから、「状況」「世界」の「真」でもある（非‐可視的かつ可視的ともなりうる）「現われ」、やがては「生起」「主体」「成起」とも論じられうる「現われ」としての、「現出存在」「現出態」くらいに訳しておこう。

（5）論理学と現前性

注目すべきは、右述の引用文のうち、あえて「〔……〕」で省いておいた部分である。前者には〈de la mathématique〉（「数学に属する」）が入り、後者には〈de la logique〉（「論理学に属する」）が入っていた。前者については追って詳論していくが、ここで指摘しておくべきは、後者、〈logique〉（論理、論理学）とは、われわれの常識的な理解は、思考・言表・命題の同一律に則る整合性を導くものであろうが、ここバディウでは、むしろ物象・諸物の現前性の条件のように語られていることである。近くのもうひとつの文章を引用しよう。「現‐存在の存在（l'être）が、その純粋‐多の形式において存在論的‐不変項〔体〕（un invariant ontologique）として（数学的に）思考可能〔後述詳論〕というのであれば、その存在者の〈existence〉〔現実存在性・現出存在性〕は逆に〔いましがた既述したように〕、ひとつの世界における現われ〔現出〕の法則に相対的な、一個の超越論（先験）的‐所与（une donnée tranascendantale）といわなければならない。〈existence〉〔現出存在〕とは一個の論理学的‐概念（un concept logique）であり、〈存在〉（être）のように、存在論的‐概念（concept ontologique）ではない」（LM. p. 223）。もっと端的に単純化すれば、「われわれは、現われ〔現出〕もしくは現‐存在の一般理論、つまり諸世界についての理論、現出存在しにくるものの総態についての理論を、〈logique〉〔論理学・論理学的〕と呼ぶ」（LM. p. 611. cf. MPhII. p. 41, 61 他）。もっとも、通常の、思考・言表・命題のための論理学を思考‐論理学と呼び、ここにいう事象‐現前化のための論理学を現出・存在‐論理学と呼ぶならば——バディウは、後者を「大論理学」（Grande Logique）、前者を「小、通常‐論理学」（petite logique, logique ordinaire）とも、言い換えている

——、思考-論理学も、なにも同一律の成就が最終目的なのではなく、思考-内容の最良の現前化が最終目的なのであろうから、現出・存在-論理学・大-論理学は思考-論理学・小-論理学を自らの一部として含む、と解し直しても、バディウの意に適うところかもしれない。ただし、後者の場合には、現出・存在-大論理学は、同一律に依拠するばかりでなく、他の諸律によってもむしろそれによってこそ自らの任務を果たすのでなければならない、その場合、その諸律はどのようなものであるか、また、それ以前に、思考-論理学を含む現出・存在-論理学はあの状況・世界を支える超越論的・先験的-操作動の結果であろうが、それはどのように産出されてくるのか、また、それ以前に、〈logique〉はもはや「(論理)学」の問題ではなく、より広闊なダイナミズムの謂いとなろうが、それゆえわれわれは論理化-動のような日本語としてはなじまない造語を余儀くされてしまったが、それらの諸問題もしかるべく処理していくのでなければならない。

(6) 物象

「世界・状況」を構成するのは「現出存在・存在者-現」ばかりではない。われわれの常識からして、さまざまの「物象・物体」(objets)も考量せざるを得ない。バディウ的にはそれらも「現出存在」に組み込みうるが、〈objets〉論としても扱い、バディウ哲学の別の範域も示してくれる。簡単な論及は危険なのだが、後述再論の機会も期待しつつ、瞥見してみよう。まず、(i)〈objet〉は、「対象」と訳されれば、カント流の「主体(sujet)-客体(objet)」関係に置かれるが、バディウ哲学のこの時点では「主体」はまだ成立していない。重要部分ゆえ確認のためをも含めて既述のところをその「……」部分と一緒に再引用すれば、「諸世界はそれらの世界の超越論(先験)的-(現出)論理の〔現出〕物質面(matière)にすぎず、われわれ〔人間〕はそれらの(現出)論理が律するもろもろの多(数)態の間の差異性と同一性の相互遊動の諸ケース〔exemples 諸事例〕にすぎない」(MPhII. p. 122)。カントの場合には、その主体たる超越論的-主観の能作が「対象」を「構成」(constitution)

（LM. p. 207）するが、バディウの目下の「主体なき〈objet〉」（LM. p. 205）状態では、「現出存在・存在-現」（être-là）の側から、〈objets〉（物象・物体）を成立・現出させなければならない（LM. p. 206）。既述した「状況」からその真理（真態）を人間が「控除」するのではなく、真理自らが「状況」から「脱去」するように。これは、（ii）素朴な物活論議ではない。カント流の超越論的-主観が対象を構成するに対し、現代思想家たちのいう既述の超越論的-客観が物象・物体を成立させる・産出する、ということである。（手前味噌ながら、筆者は「人為」と「原為」に分ける。）バディウは、こうした発想を、「公理論」（axiomatique）（LM. p. 207）的発想（一定の共通理解・通念を前提にする発想）という。自分自身の場合は、さらに「唯物論的」（matérialiste）（Ibid.）と形容するが、カントだとてバディウもいうように、「認識」ではなく「思考」という場合、すでにこの「公理論」的発想圏に入っているのであって、これは「観念論的」と形容すれば、ことは片づくということであろう。（iii）さて、この発想圏に立つとき、――この「公理論」問題は追って（第二章で）再論・詳論することにして――、ハイデガーその他において「実存」（existence）と「存在」（être, Être）が相互連接するように、バディウおいて「現前・現出」（apparaître, logique, -logie）次元と「存在・実在」（être, réel, onto-）次元が相互連接することになり、そこで、〈ce qu'est un objet〉（〈objet〉とは何か）も定義可能となる。（iv）第四文はやや長いが、引用しよう。「唯物論-公理は、現われ〔現出〕の論理（logique）と多の存在論（ontologie）との間に、ひとつの連接点（un point d'articulation）が存在することを想定（suppose）する〔傍点、引用者。〈認識〉ではなく、〈supposer〉（推測する、前提する）、である。「思考」における非-恣意性を究めれば、「推測する、前提する」でも妥当なのだ〕」（LM. pp. 207-209）。「先験（超越論）態（transcendantal）と多-存在に内的な一定の整合性〔ontologique〕の間の根本的な相互関係が、われわれの眼下で、すこしずつ（peu à peu）、自己構成（se construire）してくるのが見える〔カントの先験（超越論）態が（対象を）「構成」するに対し、バディウのそれは（事象の）「自己構成」である〕」（LM. p. 209）。「すべてがあたかも、〔……〕のように、展開する」（Tout se passe comme si...）（LM. p. 208）という仮想・擬制論的な言い回しもある。かくて、「〈objet〉はすぐれてひとつの現出論的（onto-logique）〔仏語、後述説明〕カテゴリーである。存在-現（étant-là）としての存在者を指示するかぎりにおいて、十全に〈現出的〉（logique）である。〈apparaître〉（現れる）とは、ひとつの存在者が――まず、その純粋-多としての存在（être）〔性〕において思考されて〔後述再論〕――ひとつの〈objet〉に成ること（un devenir-objet）以外ではない。しかし、〈objet〉はまた十全に存在論的（ontologique）〔後述再論〕でもある。自らを構成する無数の現出のアトム（ses atomes）〔後述〕を、〔あの〕帰属（appartenance）〔既述〕という数学-集合論上の法則のもとで、多（数）態（multiple-là）の荷い手としての一者（Un）〔ここではこれが「存在」（être）に当たる〕によって合成していくものとして」（LM. p. 234）。この文章にはいまだ十分に説明していない単語・概念が多く、この時点での引用は不適切ともいえないことはないが、〈objet〉の現出論的・存在論的-二重性を〈(onto-) logie〉と〈onto（-logie)〉のそれとして整理するものとして、御寛恕願いたい。実は、このあとさらに、やや別様の再整理も加わることにもなるのだが。また、既述の〈existence〉もまた、やがてこの二重性において「主体」になっていくのだが。しかも、カントとも素朴唯物論とも異同しつつ、「主観なき物象」（objet sans sujet）ならぬ、「対象なき主体」（sujet sans objet）として、……。

（7）身体-有躯性

〈objet〉や〈existence〉が〈logique〉（現前性）と〈onto（-logique)〉（存在性・非-現前性）の連接点であるとすれば、バディウではすくなくともあと二つの基本概念をいまのこの時点で指摘しておかなければならない。〈corps〉と〈événement〉である。前者は訳しにくい。通常の訳語は「身体」あるいはそれに準ずる「～体」であるが、バディウ自身は、一方では「主体の形而上学（métaphysique)」に対して「生命（vie）の物理学（physique)」（LM. p. 46）ともいうが、「有機体的（organique）なものではない」（LM. p. 475）ともいい、「動物としての人間」(animal humain)」のそれと、「脱‐人間的」(transhumain)なそれ(LM. p. 503)、という二分法も示すが、その路線上で論を深め展開しているとも思われず、……いずれも、それなりに有意味的なのであるが、われわれとしては便法上の仮訳として比喩的な意味も含めて「身体」「～体」さらには、すでに既述のところで〈sujet-corps〉を「主体‐身体、有躯的‐主体」と仮訳しておいたように、バディウ的な意味での「実践体(態)」とでもしておこう。〈événement〉のほうは、これは最終的な主要語で追って主題化していくが、ここで重要なのは。右記のいう〈onto (-logique), être〉(存在論的なレヴェルでの存在)より、より深いところ、といえば語弊があるが、ハイデガーにもすでにわずかながらも見られた、あの「存在‐投与」(Es gibt Sein)という、人間認識力をこえる、「公理論的‐思考」(先述、後述再論)のみが言述しうる、出来事、存在論的、あるいはむしろメタ存在論的な、原為としての、「生起」を意味する。「状況・世界・現出界」を超える(より深い)「控除・脱去」レヴェルの出《しゅっ》‐来《たい》‐事《じ》ゆえ、〈inexistant, inapparaître, rien〉(非‐現出、非‐現前、非‐存在、無)(後述詳論)等の語彙も含むことになるが。一文のみ引用しよう。「現出態(l'existence)のなかに投企されてくる非‐現出態(l'inexistant)、現前態(l'apparaître)のなかに輝く非‐現前態(l'inapparaîssant)。〔……〕〈corps〉は生起‐場(site [événementiel])のすべての要素の合成(se compose)から成り、それらの要素は殆無(rien)〔後述再論〕にして全態(tout)となる(devient)ものに従属する」(LM. p. 490)。実はこの文章はP・ヴァレリーの『海辺の墓地』の解釈文(LM. p. 474sq.)中の文言であり、ある意味では特殊すぎる文脈からの恣意的な引用とも反論しうるものであるが、内容的にはバディウ思想全体に妥当するものであり、恣意的な歪曲などではない。〈existence〉〈objet〉は、〈corps〉として、たんに存在論的に〈être〉と連接しうるのみならず、メタ存在論的に〈événement〉にも連接して、「存在」(être)するのみならず、〈procédure〉(実動展開。後述詳論)しうることになる。バディウ思惟がハイデガー思惟から本質的に異同していく分岐点といってもよい。「ひとつの〈corps〉(有躯態)は、ひとつの主体的形体(forme subjective)をとって、世界のなかで、ひとつの真理に、その客観性という現象ステイタスを与えていく」(LM. p. 45)。「〈corps〉(有躯性)はすべての主体の現前と持続を支え、永遠真理(後述)がこの世界においても創出(créée)されるということを、可解的たらしめる」(LM. p. 205)。

(8)点 - サイト

バディウ存在思惟はプラトン以来の数理学との重合によって決定的にハイデガー存在思惟と異同するが、ここで基礎概念を紹介しながら本論を準備している段階でも、既述のところの「多」「一者」——これらも後述詳論する——に加えて、もうひとつ、「点」(point)を挙げておこう。キェルケゴール論の一だが、「われわれは〔先述のところで〕この点概念を決断概念に繋げた。点とは要するに、ひとつのトポロジックな操作動、超越論〔先験〕態レヴェルでいえば〈corporelle〉な局集動、主体的なもの(たとえば一個の真理実践)と客観的なもの(ひとつの世界に現象するさまざまの多(数)態)を差異化しつつ同時に連結するものであった」(LM. p. 421)。「点は、ひとつの主体とひとつの〈corps〉が合体化する動きのなかで、世界の全体が表裏 - 重相化へと賭けられるとき、出来《しゅったい》する。世界のおのおのの多は、そのとき、ひとつの〈ウィ〉か、ひとつの〈ノン〉へと、相互に繋げられる」(LM. p. 422)。「点とは、二者択一のかたちでの、真理の現出にかかわる試練の場なのである」(LM. p. 421)。もっと後のところで、「点」とは「一」ではなく「二」であることも、示されるだろう。

(9)歴史 - 現実

「状況」「世界」論などといいながら、それを構成する要素概念の存在論的構造に留意して、「現出・現象」面の大道たる「歴史」の問題を、これまでのところ閑却気味であった。バディウ自身、初期の佳作『主体の理論』(一九八二年)は、近代的 - 主体謳歌への批判を宗とする反 - 主体主義の思潮を背に主体概念の再考に取り組む講義・論著であったが、歴史の問題をしかるべく考量していなかったと、『存在と生起』のなかで反省している。

ハイデガーが一九三三年の苦い経験から逃げるように存在思惟に没頭していくに対して、バディウは毛沢東やレーニンを評価しつつパリ・コミューンや六八年運動の方位を進めていくのであるから、その通りであり、われわれもここで一石を投じておかなければならない。『存在と生起』はいう。「歴史は、反‐自然である。自然が平常なもの（normalité）の遍在であるとすれば、歴史は独異なもの（singularité）の遍在である。歴史の示す多（数）態性の形式は、全面的に独異態の非‐安定性（instable）にあり、国家のようなメタ構造が支配しうるものではない。国家による統一という安定に対するひとつの控除・脱去性（soustraction）である」（EE. p. 194. 一部取意訳）。「私はすくなくともひとつの生起‐場（site）がかたちをとっている諸状況を〈歴史的〉と呼ぶ。〔……〕ハイデガーとは逆に、歴史における局処的‐生起動（localisation）は、存在（l'être）が現前化（présentative）への至近へと到来（ad-vient）していることを示唆するものである。それは何ものかが現前態（présentation）の再〔二次的〕‐把握（représentation）としての国家〔先述〕からは控除・脱去状態にあることの証左なのであるから」（EE. p. 197. 同上）。急ぎ三点注記する。（ⅰ）〈singularité〉は、通常は「特殊、特異」と訳されるが、これらはネガティヴ・ニュアンスであり、現代思想家はこれをきわめてポジティヴ・ニュアンスで採用するので、われわれは――既述のところなどでは遠慮がちに対応したが――、主要概念の場合は「独異」と訳す。（ⅱ）「ハイデガーに反して」とは、ハイデガーが一九三三年にナチス「国家」に荷担したという通例の理解を前提にしての発想であろうが、真実のところは、ハイデガーは西欧列強「国家」（Staat）に対して、ドイツ現存在の歴史的現成（geschichtliche Geschehen）としての〈運動〉（Bewegung）、ハイデガー好みの（自らに、ドイツ人たちに、固有・本来的（eigentlich）な）〈Weg〉（道）の現成に立ち会っていたのであって、ナチス自身も（「国家」ではなく）「運動」（Bewegung）と称してはいたが、このあたりの異同を踏まえなければ、ハイデガー思惟がナチス倒壊後にこそ世界的盛名に達したことが説明できない。「そんなこと言ったたって、一般民衆には判るはずがない」と訳知り顔に難ずる評者もいるが、すくなくともあのころまでのドイツ民衆はそれなりに哲学的であって、政治にも哲学を求めた。右述の評者たちがハイデガー・テクストなど読みもせずに、時代状況無視の社会正義や健全良識を振り回すのとは「逆に」である。（iii）これが最も重要な問題の確認だが、歴史的な独異性の凝集‐場を「存在の到来」（l'être ad-vient）と記してあるが、これは通例のハイデガー・テクストや通常の存在論ではこれでもよいが、バディウの自称でもあるはずの「メタ存在論」（既述）では、「存在」をもたらす「ジェネリック‐生起」（événement générique）と解することが正しい。われわれも既述のところで「控除・脱去‐生起」と「到来・現出‐生起」といった。「歴史」概念が決定的に「生起」概念へと届ける。追って主題的に詳論するはずである。

（10）方向づけ

カント的「構成」に対してバディウ的「生起」、より一般的には人為に対して原為と、われわれは言いはじめているわけだが、バディウ的‐実践は、人為のみでもなければ、原為のみでもなく、これは常識的にも解りやすいはずだが、「原為」の「人為」による「方向づけ」（orientations）である。「重要なのは、〈秩序〉でも〈無秩序〉でもなく、思考の方向づけです。〔……〕根本的な政治問題は構成の問いなどではなく、方向づけの問題なのです」（WH68. pp. 24-25）。「政治問題」ばかりでなく、バディウ哲学全体に、この姿勢は見られるはずである。

Ⅲ　バディウ――存在としての存在

常識の二元論、現象と本体、ハイデガーのいう存在論的差異、存在者と存在、を手づるに、われわれはバディウのいう哲学の主題中の主題である「存在」にアプローチするに、まず、前者、つまり現象や存在者、バディウ的には「状況」「現出‐世界」等の側から望見するという方策を採った。むろん、「存在」というえてして抽象的な思弁の主題を、具体的現実のほうへと手繰り寄せておくためである。今度はこの成果を踏まえて、その「存在」、バディウ的にいえば「存在としての存在」(l'être en tant qu'être)(EE. p. 9, et passim)のほうを考察しよう。ただし、その彼方に、やがて「存在としての存在でないもの」(ce qui n'est pas l'être en tant qu'être)(EE. p. 20, 24, et passim)が立ち現れることも覚悟しながら、である。

1　存在、非 - 現出、純粋 - 多

(1)控除(soustraction)と多 - 性(multiplicités)

バディウとわれわれが「控除」概念をもって「存在」へのアプローチをはじめたのは、バディウ的 - 存在概念の特色を示すためである。通常、ひとは、個々の具体的な「状況」はなにか普遍的な「存在」の派生態であるかのように考えがちである。天空神が与えてよこしたか、自然や大地母神が産みだしたか、はともかく、人類や国家や共同体が生じさせたか……。だが、バディウはそのような「オーラ」のない「荒漠さ」(âpreté sans aura)(EE. p. 16)において考える。「存在」は「状況」を誕生させるのではなく、逆に、「存在」は「状況」から、あるいは、さらには、「状況」を構成しているあらゆる無数のエレメントのおのおのから、剥ぎ取られるようにしてはじめて成立するのだ。考えてみると、この発想は、ハイデガーが旧来の存在論・形而上学・神学的存在論は、「存在」を「最高の存在者である神」と無自覚的に一体化していた、その「神である」「〜である」「存在とは何であるか。神である」の〈Was-sein〉から、切り離して、神であれ、何であれ、それらの存在者が存在する、つまり「〜がある」(Dass-sein)の荒漠(âpreté)たるザッハリッヒカイトにおいてこそ「存在」「存在そのもの」を思惟すべきだ、と揚言したことにも含まれていた。しかし、そのハイデガーが、最終的には、「存在」を「初期ギリシャ、プラトン以前のイオニア・ギリシャ」の「ピュシス」に同一視してしまう(cf. EE. p. 147 他)。「ピュシス」とは、バディウの解するところ〈nature〉(自然)であり、「存在」を「ピュシス」とするなど、「アジア

的な詩想（オーラ）」にすぎない、哲学以前への逆戻りであり、「ギリシャという出来事」（événement grec）の意義をないがしろにするものである、……。実のところ、バディウのこのハイデガー批判は至当とはいいがたいものだが[13]、いまは措こう。ここで重要なのは、バディウが「状況」から「存在」を「控除」（soustraire）するとは、ひとつの状況からひとつの存在を控除するのではなく、すでにそれ自体おいて多様・無数のエレメントから成り立っているひとつの状況から、それら多様・無数のエレメントの多様・無数の存在をわれわれ流の造語でいえば引き剝がすこと意味するということである。一から多を、その多のおのおのがすでに多なのであるから、その多の多を、さらにその多の多の多を……。バディウ流の「控除‐存在論」（ontologie soustractive）は、こうして、「多の存在論」であり、「存在」は「多」（cf. MPhl. p. 85 他）、あるいは、ここで人為的な「控除」、存在論的な「脱去」を、現代数学・数理‐集合論の「純粋‐多」理論がいわば反対側から補遺・補完して、既述の「到来‐生起」概念を成立させるかたちとなり、とにかく、「存在」は「多・純粋‐多」ということになる。ここでつぎつぎに成立してくる「多」は、数理‐集合論のいう公理論的‐決定によって、たんなる「無際限」（illimité）から「無限」（infini）へと変換されることになるが、これらの問題については後述・再論することにしよう。

（2）多のタイポロジー、第四の多、生起・ジェネリック‐多

「多」、あるいは、多（数）‐態には三つのタイプがあると、バディウはいう（EE. p. 115sq., 145sq.）。

（ⅰ）尋常安定型（normal）――すべての構成要素が「現前的」（présente）かつ「再‐現前的」（re-présente）で、両者の間にそれなりのバランスが保たれているケース。近代世界におけるように、「社会」と「国家」が共存している状態。「民衆」という現前態を「国家」が「国民」へと再‐編成している。

（ⅱ）独異現前型（singulier）――すべての構成要素が「現前的」で、「再‐現前的」でない場合。いわゆる「代議制」もない、直接民主主義の充溢している集合体。バディウの佳しとするのは、この種の社会かもしれない。

別途、確認する。

（iii）角皮肥厚型（excroissant）——すべての構成要素が、「現前的」ではなく、「再‐現前的」であるケース。たとえば独裁国家の場合。民衆のすべてが、懲罰を恐れて、独裁者と同じことをいう。「〈国家〉という再‐現前態が現前態を禁圧する」（EE. p. 125 他）。

バディウの佳しとする多‐態は（ii）かと、いましがた記したが、明示はないものの第四のケースを（も）推測しうる。バディウは、まず、多‐態を、もうひとつ別様に二分する。「通常‐多」（multiplicités ordinaires）と、「生起‐多」（multiplicités événementielles）（EE. p. 99）である。前者は上記の三種とみてよいだろうが、後者の「生起」（événement）概念は、追って詳論するが、はなはだ重要である。目下の推論段階でのみいっておけば、先述の「存在としての存在」（l'être en tant qu'être）に対して、ここにいう「生起」は「存在としての存在でないもの」（ce qui n'est pas l'être en tant qu'être）に属する。バディウの評価する、パリ・コミューン、六八年五月、文化大革命、等の、群衆蜂起を例挙してもよいかもしれない。他方、既述の現出・現前‐態（présence, existence）に対して、そこからの「控除・脱去」態は、あらためて説明するまでもなく、「非‐、脱‐、現前的」（imprésent, non-présent）（EE. pp. 80-81, 92, 110, 126）「潜在的・潜勢的」（latent, virtuel）（EE. p. 35）とも呼ばれる。結局、「生起」的で「現前的」かつ「非‐現前的」な「多」‐態というケースを考えうることになる。十九世紀末・二十世紀初頭から旺盛になるさまざまのミクロ・潜在・無意識‐理論・思想からの、既述のドゥルーズ＝ガタリ思想が生命科学レヴェルのそれであるとすれば、バディウ思想は数理‐集合論レヴェルでの、自然な帰結ということであろう。バディウ存在論もしくはメタ存在論・存‐起‐論の「多」は、「ジェネリック‐多」（multiplicités génériques）（EE. pp. 392-393）ともいわれるが、数理‐集合論のいう「多」「純粋‐多」に対応する、あるいは集合論の公理たる$\{\neg(\alpha\in\alpha)\}$をも「超出」（excès）する$\{(\alpha\in\alpha)\}$（後述）としての、第四種‐多、のそれとみて、大過ないはずである。

（3）存在と隣接‐諸概念

「存在」はその他の諸概念との対比・類同のなかでも、語られてきた。バディウにおいては、それはいかようにおいてであるか、簡単に確認しておこう。

（ⅰ）存在と（実存・現実存在・）現出存在

〈être〉と〈existence〉の区別は有名（MPhII. p. 53）だが、バディウの場合、後者をひところの実存主義のように人間的存在様式としての「実存・現実存在」とのみ解するわけにはいかず、事象一般のそれとして、それまでに確認しておいた事象一般の〈présent〉（現前）性との関係で、「現前」「現前・現出‐態」「現出存在」と（仮）訳した。他方、「存在」はその「現出」態から「控除」される「非‐現前」態であることを確認し、しかし、その「控除」は、人為によって初めて為されるものではなく、たしかに「存在」を思惟するためにはわれわれはそうもしなければならないが、しかし、本質的にはそれは人為を超える存在論的事態であり、さりとてハイデガーの場合のように、やや自然・物活論的あるいは高度・詩的‐神話論的に「存在の自己秘匿」作動などと解するべき事柄ではなく、むしろ数理‐集合論が事象をその構成要素の集合の所産とするように、「現前態」を、それを成立させる、最終的には「生起」と論じられることになるはずの、「非‐現前」動において、そのかぎりでのマラルメ流の後述する「欠如・消失・脱去の原因性」（causalité du manque）において、把握・考察するということであった。ここでさらに付言しておくべきは、したがって、もうひとつ、既述の関連箇所で、「存在」の、「現出」態からの「控除・脱去」ならぬ、むしろ逆の、「現出」態への「到来」（advenir 等）が（も）、語られていた、これは矛盾・誤記の類いではない、ということである。数理‐集合論の発想によれば、ひとつの集合はその集合に対応する一定の元《げん》の集合として成り立ち、その一定の基準・規定性に適合しないものは、排除する。ただし、旧来の超越（transcendance）哲学のように外に・無のなかに排（廃）除するのではなく、当該集合態の内部に、排除（exclusion）、という語を避けるなら、内除（inclusion）する。これをわれわれは「控えおく」というかたちで内除すると解して、「控除」（in-clusion）と訳したわけだが、集合論は、これら二つの動向のうち、前者を「帰属」（appartenance）、後者を「含有（内含）」（inclusion）と呼び、われわれのかつてのバディウ論[14]は、この「帰属化・内除化」の同時性のみならず、ある時点における「内除・控除」と、つぎの新たな時点における、その「控え置かれ」ていた「控除」態の、新たな規定・基準による新たな「帰属」化、それによる当該集合態の「旧」から「新」への変容・刷新の運動を、「控除‐生起」から、その「捻転」（torsion）による、新たな「到来‐生起」へ、として論じた。超越者の介入など前提しないバディウ的‐内在主義の枠内で事態の変容・刷新を論ずるには、追って次第に「生起」概念を前景化していくことになるはずだが、とりあえずはそう解することがおそらく至当と判断したからである。目下も、そう確認する。バディウにおいては、「存在」は「現出態」へと、「現前化、自己現前化」（présenter, (se) présenter）することはないが、〈advenir〉（到来）する（EE. p. 25, 32, 35; CM. p. 31 他）。バディウは、いましがたもすでに触れてしまったように、自らがランボーとともに最も評価するマラルメから、「欠如の原因性」（causalité du manque）・「消え去ったもの（terme évanouissant〔消失項〕）の作用力（puissance）」なる発想を借り、これを詩学ならぬ自らのメタ存在論に活用していく。バディウにおける〈être〉と〈existence〉は、単純な二元論でも、ハイデガー流の解釈学的・現象学的‐差異論でもなく、これも後述する、「カントール的‐対角線（diagonal）論法」における両者の、あるいは「可算数‐濃度」と「(非‐可算的）実数‐濃度」のあいだの、非‐ヘーゲル的な、つまり「止揚」なき、「弁証法[15]」を含意している。

（ii）存在と「一」と「ウルトラ‐ワン」

「状況」や「現前存在」はあれこれ複数・多数「現出」しているが、それらは「存在」であることを共有しており、「存在」という共通・唯一場において共存しており、また遡っては、もともと「多」は「一」の合成によって成立しており、……と、要するに、これらの事態からひとは「存在」の基本を「一」と考える傾向にある。古代ギリシャの、あるいはプラトンの『パルメニデス』からプロティノスの「一者」を通って近代のライプニッツまで（EE. p. 31, 41, 66）、「一」の「規範しての作用力」（puissance normative）（cf. OT. pp. 36-37）は公理のように哲学界をも支配してきた。（バディウは、エレアのパルメニデスの同一性思惟がそれに抗して成されたといわれるイオニアのヘラクレイトスの生成・変化の思想は、多くの現代思想家たちと違って、ほとんどまったく触れない。バディウはイオニア思惟を「アジア的詩想」として退ける（既述）が、研究者のあいだには、エレア数理思想を北方ケルト・ドルイデス宗教思想との連関において見る場合がある。ただし、詳細は、目下、不明。）これに対して、バディウは、プラトンが『パルメニデス』から『フィレボス』『ソフィスト』へと、力点を「一」から「多」へと移していくことを踏まえて（OT. p. 37）、いう。「存在が〈一〉であるなら、〈一〉でないもの、多は存在しないことになる。〔……〕逆に、現前事象があるかぎり、多があるといわなければならず、存在はもはや〈一〉とはいえないことになる」（EE. p. 31）。「こういわなければならない。〈一〉（l'un）は、存在せず（n'est pas）、〈操作機能〉（opération）として現出存在するだけだ（existe seulement）、と。別言すれば、〈一〉は存在せず（il n'y a pas d'un）、〈一〉へと算定していく勘定操作（le compte-pour-un）しかない。〈一〉は、ひとつの操作機能（opération）であって、現前態（présentation）ではないのである。〔……〕ということは、存在（l'être）は多でもない（pas non plus multiple）、ということになるか？ 厳密には、そうである。多は、現前へと、「現前化するのではなく（既述）」、到来（advient à la présentation）するかぎりにおいてしか、多ではないのであるから」（EE. p. 32）。急いで、二点注記する。〈le compte-pour-un〉は、今後、ぶざまながら、上記どおり、「一化‐算定」と訳していく。バディウにおいて「存在は多、純粋‐多である」と、言い回しの不正確さを気にしながら暫定言表しておいたが、今後、ここでのバディウの注記をこころして、御理解いただきたい。「存在」は、〈imprésent, non-present〉なのであるから、そのまま「多、純粋多」といえるわけがない。「存在」は、現出レヴェルから解するとき、あるいは結局は集合論的に考察する場合にはということになるが、集合論には「一と多」という通常の自然言語のカテゴリーはなく、「多」「集合」「集合の集合」というカテゴリーしかないわけであるから（cf. EE. pp. 57-59）、「存在」も「多」あるいはむしろ（自然言語の雑混性のない）「純粋‐多」集合とするほかない。「存在」は、その「非‐現前性」において、「多」として「現前化」する、とでもいうべきか。あるいは、今後、重要な場面でその言い回しが幾度か登場してくるように、「存在」は「多」なる「現前態」においてその「痕跡」（trace）を読み取るべき「非‐現前態」である、というべきか。この問題は、後述、「認識」か「思考」か、「認識」か「公理的決定」か、をめぐって、再論する。ここではとりあえず、こうである。「要するに、〈多〉は現前化の体制（régime）であり、〈一〉は、現前化をめぐっては、操作作動の結果（résultat opératoire）である。存在は、このことから、〈一〉でもなく（というのは、現前化しないかぎり一化‐算定すらないのであるから）、多でもなく（というのは、多は現前化の体制でしかないのであるから）、〔非‐現前態として〕（自己）現前化する（(se) présente）する」（EE. p. 32）。

ここで、あと二点、付言しておかなければならない。

まず、上記のとおり、〈l'un n'est pas〉〈il n'y a pas d'un〉（〈一〉は存在しない）が、ラカン流の〈il y a de l'Un〉は、「ひとつの純粋の操作結果」として、「一化‐算定に同価（vaille）」として、ラカンへの全的賛同としてではない（EE. p. 31）が、「認め」（EE. p. 109）られる。

つぎに、やがて主題化・前景化してくる「主体」は、通常の常識では「人格的統一」のある「一」個人もしくは集団であろうが、バディウ・集合論的には「一」ではなく、さりとてたんなる数量的に「多」といわれるべきものでもなく、結局、「ウルトラ‐ワン」（l'ultra-Un）（超‐一、異‐一、とでも訳そう）とされる（EE. pp. 228-229 他）ことになる。「一」を（上下に）超える「純粋‐多」の多くの度合い（degrées）を包摂し・荷担する後述の「空」なる「無限‐多‐産出‐起動」展開、さらにはこれも後述の重要主題である「生起」にもつながる事態として（EE. p. 233）。

（iii）存在と「二」

バディウや集合論にとって「一」は存在せず算定操作の結果にすぎないが、「二」は存在する。ただし、「一」は存在しないのであるから、1＋1、や、1×2、の計算上の「二」（deux, deux calculé）ではなく、「根源事象としての〈二〉」（Deux originaire）（EE. pp. 228-229, 232. cf. p. 209）である。上記の「ウルトラ‐ワン」（超‐一、異‐一）の内的「本質・構造」（EE. p. 228, 233）といえば、解りやすいかもしれない。直接言及する文章を引用すれば、こうである。「主体の営みは、状況を支配する一化・算定から自己控除し、空・空‐成‐動に触れる。その公理はまさしく〈一化に結びつくことではなく、二にこそ連繫する〉（原文イタリック）ということなのである。生起に関わる要素は、非‐現前ゆえ、〈一〉としては、現出存在しない。そこから現出性を帰結させるのは、自らは不在にして〈かつ〉（*et*）あの絶対‐他として〈二〉へと到来する〔主体行為の本質を為す〕決断なのである」（EE. p. 227. 文脈上、取意訳）。この〈二〉は、現出態と非‐現出態、〈一〉と「純粋‐多」、の、統一ならぬ相反‐相伴を成立させるとともに、現出的‐世界現象次元では、国際政治レヴェルの、「統一・統合」を宗とした十九世紀と異なる「分律・対立」を余儀なくされる二十世紀を説明するとともに、バディウ的には、哲学の現実的「条件」として「政治」とともに重要視される「愛」レヴェルでの「合一」ならぬ（「ウルトラ‐ワン」としての）「〔根源的〕二」（Deux）性の問題をも根本的に再考察させる（後述）ことになる。「根源的‐二」（Deux）は、「無限」（infini）性の「濾過」（filtrage）（LM. p. 422）とまでいわれることもある。

状況、現出存在、現出‐世界、……は「一化‐算定」も不可能ではないが、もともと「多」態であり、それらの「多」を構成するのも「一」ではなく「多」であり、以下、同様にして、「多」の「多」、「多の多」の「多」、……と、たとえば先述した「控除」作業をつづけていくことができる。あるいは、状況、現出態、……次元は、そのようないわば累積的‐可「知」化によって深化・フォローしていかなければならない対象・主題である。この作業は、われわれが停止しないかぎり、際限なく、つづくだろう。しかし、われわれ人間は、たとえば、それ以上の、いわば、細‐多‐化、の必要を認めないとき、人為的に停止点を決定することがありうる。この時点・地点を先にも触れた〈Wo〉（EE. p. 177）としてみよう。バディウは、たとえば自然数・整数レヴェルの「序数」（ordinal）集合をめぐってこう記述する、「その〔Wo〕時点・地点でわれわれは〔多の多の多……を細分化していったあとで〕最小の限界点（le plus petit des〔……〕limites）に到着する。その〈先〉（《en deçà》〔ここでの訳出文脈で取意訳〕）には〈空〉（vide）しかないような限界点（limite）である」（Ibid.）。この「空」（vide）概念は極めて重要で、追って再論する。いまは、いかなる「多」もすべてがそこにおいて成立する限界‐域・それ以上の先は無い（むろん既述の「一化‐算定」の所産にすぎない「一なる存在」の彼方の）無限‐域、通常の有‐規定的な元《げん》から成る集合にたいしてそれを自らにおいて成立させている無‐規定態・無‐元‐態、とでもいっておくほかない。先の〈Wo〉を有限態レヴェルの限界点（limite）とすれば、その先はそのレヴェルの継続（successeur）（Ibid. 他）にすぎない無際限界（sans limite, illimité）であろうが、こちらはそれらとは次元を異にする無限態（infini, Infini）である。「無限態（l'infini）の規定はこの境界点で確立（s'établit）される。ひとつの序数は、それが〈Wo〉に帰属（appartient）しているかぎり有限（fini）だが、〈Wo〉のほうがそれに帰属するとき無限（infini）である」（EE. pp. 177-178）。この次元の違いを、バディウはこの頁近辺では「現出存在」のそれと「概念」のそれともいう。「現出存在（existence）の次元では、有限態（le fini）がまず第一（premier）だが、概念（concept）の次元では、有限態（le fini）は二次的（second）なものにすぎない」（EE. p. 178）。ただし、「現出存在」と「概念」の二元論はバディウのものではない。最終的には、この有限態と無限態の次元の差異は、これも追って考察するはずの「現出存在」と「公理」のそれ（次元の差異）ということになるはずである。

ここで、より重要なのは、むしろ、この種の数理学的な問題が、バディウにおいては、哲学としての人間の在りかたの問題と重なり合っていくということであろう。「人間は、自らが無限性の遍在によって全面的に貫かれ囲まれていると知るよりも、死がその表徴である有限性のなかに自らを表象することを好むものである」（EE. p. 168）。これは、あるいは、ハイデガーの死と有限性の哲学が戦後のフランス哲学に影響を及ぼしていたころの名残を示すにすぎない事態かもしれない。いずれにしても、バディウはいう。「しかし、そう発想しなければならないと強制するなにものもないと発見することは、ひとつの慰めである。思惟（pensée）はこの点に関しては決断（décision）の圏域にある」（EE. p. 168）。先にバディウはカントとともに、「認識」より「思考・思惟」を優先させていた。ここではさらに、「思惟・思考」よりも「決断・決定」を優先させている。認識の客観性よりも思考・思惟の妥当性を、さらに思惟・思考の妥当性よりも、「決断・決行」の、恣意性の危険をもはらむ、異次元-創開性を。今後われわれはバディウ流の「決断・決行」概念が恣意性の危険を乗り越えて行く途を慎重に追っていくことになるが、ここでも、この点、二局面を確認しておくことができる。ひとつは、後述する「公理論的-決定」（décision axiomatique）という発想であり、もうひとつは、ここでは〈existentiel〉を、どうしてもやはり「実存（論）的」と訳さざるをえないと思うにいたるのであるが、バディウが〈sceau existentiel〉と記すこともある〈décision existentielle〉概念である。〈sceau existentiel〉とは、『聖パウロ——普遍主義の創建』[16]のいう「第二の〈sceau〉」、つまり、当時の「反-公理」であったイエスの思想を「新たな公理」へと（再-）創建していったパウロの英断、「第二の刻印」としての、「実存（論）的-決断」の謂いである。[17] バディウは、ここでは、この創建・再-創建の非-恣意性を、「〈すでに〉（déjà）と〈まだ〉（encore）の弁証法」（EE. p. 165）として、身近なところから語っている。「無限」とは現在の即時的-彼岸に存在するものではない（EE. p. 166）。「無限」とは「現在」の「すでに」（déjà）と〈encore〉の、「またか」ならぬ、「まだか、もういちど」の、いわばニーチェ／ドゥルーズ流の内在的-反覆の交錯を累積させていくところから、〈il y a de l'Un〉と、同様-異様に、〈il y a de l'infini〉（EE. p. 169）として、「非-現前的」に「現前化」していくものである、と。

ちなみに、ギリシャ存在論は「無限」を知らない（cf. EE. p. 179）。ギリシャ数学も、「無限」を知りかかって、方向転換をしてしまった。ピュタゴラス派が「無理数」を発見して、その「無際限」性（cf. $\sqrt{2} = 1.41421356...$）の、ギリシャ的-合理観・有形性-美学から見ての醜悪さ・忌まわしさに驚愕し、これを幾何学の合理的-有形性のなかに吸収・隠蔽してしまったとき、「無際限」性から「無限」性への方途も閉ざされてしまった。バディウは、このことにまったく触れないが――もっとも、他の研究者たちが触れているか目下不明であり[18]、ことによるとわれわれ（筆者）だけが触れるにすぎない（?!）かもしれないが、――とまれ、これはバディウ的には、「一化-算定」レヴェルへの閉塞の一例といえるだろう。われわれの本著冒頭の「はじめに」が触れた「正方形」と「内角二直線-十字交叉」の問題もこれにかかわる。しかし、後者が前者を失効させて独立・自律していくキリスト教-思惟も、後者を超越的-「一」者（神）や「三位一体」に帰してしまい、結局、後者が内在論的に「無際限」から「無限」へと然るべき捉え直しをされるのは、現代数学の発端の一であるカントールの集合論を待ってはじめてであった。ここに、後述再論もするカントール集合論のバディウ史観における画期的・革命的な意義もある。もっとも、バディウもギリシャ数学がバディウのいう〈Wo〉レヴェルの他数（cf.〈1〉にたいする〈2〉、〈3〉、〈4〉、……）としての他者（autres）しか知らず、バディウ的「無限」の属する「他・異-次元」としての「他」（Autre）を知らなかった（EE. p. 179）とし、パウロの「普遍主義の創建」における「すでに」（déjà）と「まだ、これから」（encore）の（現代に先立つ）行動的・内在的な「弁証法」に、「無際限」から

「無限」への「飛躍・開放」(sauter, franchir)(cf. EE. p. 184)の第一歩を見ていたと解することも可能・有意義であるが。これら諸問題は追って再論・詳論する機会もあるだろう。(ちなみに、ここでも言ってしまうが、現代科学最先端の〈iPS〉細胞論は、人間の〈iPS〉細胞は動物の〈iPS〉細胞とは別の方向選択をし、人間臓器の構成のほうに向かう、という。上記の、「無際限」ならぬ、「無限」への「決断・選択」も、意識レヴェルならぬ細胞・存在レヴェルで、人間的(脳)素質構成への「選択・決定」をおこなっている、といえないだろうか。)

(v) 存在と無と殆-無

「存在」がもっとも対比されるべきは、常識の言葉としては、「無」(néant, Nichts)に対してであろうが、バディウ論著は膨大で[19]、すべてに目を通している余裕はないが、すくなくとも目下のところでは、主題的な論究の気配はない。

一カ所のみ、『存在と生起』の末頁の末行で大文字での強調表現(《Le Néant...》)があり、この大著の最後の最後の一行であるから、この大著の全体を背負っている重要文であり、実際、われわれの出発点であったハイデガーの『存在と時間』に対する『存在と生起』のそれなのであるから——二十行上にハイデガーの名もある——ハイデガー流の「無」(Nichts)への無言の言及は含んでいるだろうが、とにかく一行でのこれ見よがしの一蹴といった観も強い。こうである。「〈無は弾け去った。純粋さの城が残る〉」(《Néant parti, reste le château de la pureté》)(EE. p. 475)。鉤括弧つきの生硬な一文で、ことほどさようにマラルメの『イジチュール』(*Igitur*)末尾の一詩文であるが(cf. Cond. p. 119)、こうした場面に接すると、フランス人はおおむね「無」を嫌い、「ドイツ人の〈無〉〈死〉好みを揶揄する」という風評・世評・俗評を思い出さざるをえない。サルトルの『存在と無』の〈Néant〉も、ドイツ哲学の威を借りているところはあるが——なにしろシュヴァイツァー家の出身である——最終的には「否定、拒否」(négation)である。バディウも既述のところからして、哲学的に「無」など容れていない。「無」の代わりに「純粋」？　むろん、道徳的・審美的なそれではない。おそらく、上記の「純粋-多」、あるいは「一化-算定」からの〈épuration〉（浄化）（EE. p. 472）としての「空」「空-生起-動」（vide）の謂いであろう。「無」観念など、フランス的には、虚仮威《こけおど》しの猿芝居にすぎないともいえないことはないのである。

他方、〈néant〉ではなく、同じように「無」を含意することもある〈rien〉（訳語は文脈によって異なってくるので、いまは省く）に目を向けてみると、事情が異なってくる。われわれは上記のところで、「状況」や「現出存在」（existence）が「現前的」（présents）であるとすれば、そこからの「控除・脱去」にある「存在」（être）は「純粋-多」であるとともに「非-現前的」（imprésent）と解さなければならない、と確認した。いま、ここで、バディウは、「状況においては、純粋-多は、完全に非-現前的（imprésentables）であり、一化-算定レヴェルからいえば、〈ほとんど〔殆ど〕無〉である（ne soit *rien*）〔であるから、われわれはやむをえない場合は「殆無」とまで造語しよう〕。しかし、このほとんど無なる存在（l'être-rien〔殆無-存在〕）は、無-存在（non-être）からは区別されなければならない」（EE. p. 66, 89）という。どう、区別されなければならないのか。後述のところで、〈non-être〉（無-存在、非-存在）ではないが、〈non-étant〉（非（無）-存在者、非（無）-存在物）なのであるという、それなりに判りやすく・重要な指摘がでてくる（cf. EE. pp. 88-89）が、ここでは、「現前化（présentation）作動のうち、現前化された結果（résultat）と、現前化する操作（opération）の違い、後者のほとんど無名称の作動に、〈rien〉は該当する、ということである」（EE. p. 67.〔判りやすくするために、一部取意訳〕）。「〈rien〉とは、現前化-作動（présentation）における非-現前化-動（imprésentation）の名にほかならない」（EE. p. 68）。あらためて指摘すれば、重要なのは、この「非-現前化-動」という「控除・脱去」性そのものが同時に成立させている、これも先述した、「到来」（advenir）としての「現前化-操作・作動」である。別のテクストで、バディウは何度か、レーニンが、それまで「現前的に存在していなかった、社会階級的に〈何ものでもなかった〉（rien）、人間群」を「プロレタリアート」と名付けて現前化するにあたって、そのプロレタリアート側にあるべきもっとも高質な反応は、「われわれは、〔貴族・ブルジョアジーのような何処《どこ》の何さまではなく〕〈rien〉なのだ！ ならば、いっそのことすべて（tout〔人類〕）であることにしよう！」だといっている（cf. MPhII. p. 73 他）。バディウの理想とする社会の一は〈n'importe qui〉（誰であれ、皆の）の社会であるが、ここにいう〈rien〉もこれに繫がり、さらに後述の〈vide〉（空、空集合、空‐起‐動）や〈ジェネリック〉（類的‐普遍）にもポジティヴに繫がっていく。通常の常識的な次元では、〈Néant, néant〉が存在論的な「無」であるに対し、〈rien〉は価値論的な「無、僅少」を含意する、ともいえるが、これは上記の「レーニンによる命名以前の前‐プロレタリアート」にはそぐうが、「現前化‐動」を支える「非‐現前動」としての〈rien〉や、「何処の何さま」などには関係ない「人類」の実質的な荷担態である「誰であれ、皆」としての〈rien〉にはそぐわない。ただし、存在論的な「量」に対し、価値論的というより「質」論的レヴェルでの「無、殆‐無」、つまり「無規定性、前‐被規定性」（さらには、無‐元‐性）と解すれば、ここで後述の「空」と繫がっていくことになる。

もっとも、これを機会にあらためていっておけば、「無、虚無」（néant, Nichts）という語・観念が世に存在する以上、哲学思惟はこれを然るべく定位させる必要・義務があるだろう。科学は「真空」を論じても「無」を論ずる必要・義務はないが、であるからこそますます「哲学」がその任にあたらなければならない。かつて（筆者が）「ハイデガーとナチズム」論争史を詳しく追考していたとき[20]、フランス系の論者が（上記のように）「ドイツ人の〈死〉〈無〉好き」を揶揄している論稿を目にしたが、たしかにその傾向はあるとはいえ、事がたんなる近代国民国家・国民性レヴェルの問題（公理?!）で済むとは思われない。「〈déjà〉と〈encore〉の弁証法」から然るべく「無限」を論ずることができる（EE. p. 168. 上記）というのであれば、一方では、そこから「永遠」概念を然るべく今日的に内容付けるとともに、他方、「〈ある〉と〈ない〉という（日常語の）弁証法」から「無、虚無」を、サルトルの『存在と無』以上に（サルトルでは「無」（Néant）は「否定、拒否」（négation）にすぎないが、西欧一般にとっては「虚無」は最大限の恐怖の対象であり、土葬主義もこれに由来する。「虚無」を捨象させてくれるカトリック・キリスト教のほうが、虚偽表象の体系とみなしえないこともない)、論究することも不可能ではないはずである。[21]

(vi) 存在と動態性

「存在」は常識的には確固不動の安定性を含意するところがあるが、現代では否定神学やミクロ諸科学に次いでか否定存在論・ミクロ存在論の氣を示す傾向にあり、バディウについても、上記、同様であるが、もうひとつ、ネガティヴ言表をもってポジティヴ事態を示唆する例を挙げておこう。バディウはいう。「現前的‐多‐態は二層に分けられる(scindait)。安定態(複数の〈一〉の合成態)(consistance(composition d'uns))と非‐安定態(その安定‐多‐態に固有の不活性)(inconsistance(inertie domaniale))である。現前化は〔一化‐〕算定‐法則によるものであるから、〔〔一化‐〕算定の届かない〕非‐安定態は現前化されない。非‐安定態は、〔既述、「存在」である〕純粋‐多として、〔一化‐〕算定の原点においては〈一〉は存在しないという前提(présupposition)を示すにすぎない。〔……〕〈一〉は存在する(l'un est)が、純粋‐多である非‐安定態は存在はしない(n'est pas)のである」(EE. p. 65)。ここにいう「非‐安定態は〈不活態〉(inertie)」であるとは、たんに「一化‐算定の作動には組み込まれていない」ということを意味するだけであって、実は、その「一化‐算定‐動の原点(en amont de)」においては、「不活態」ならぬ「賦活態」であることも意味している。いう。「〔この原点としての微細‐殆無‐存在、上記のいう〈l'être-rien〉〕、この殆無‐存在(cet être-rien)が、存在の定則外(illégale de l'être)の非‐安定態(l'inconsistance)がそこで〔非‐現前的に〕作動(gît)する場(où)として、現前の実効化(s'effectue)から成るすべての合成体(le tout des compositions d'uns)がそれによって自らを支えるところのもの(ce dont se soutient)、なのである」(EE. p. 67. 傍点、引用者。簡明化のため一部取意訳)。

この文章は、事柄の明確化のため、あえて、日本語としてはぶざまな、直訳態で訳した。ここにあるのは、むろん、カント流の「可能性の条件」論議に対応する、バディウ流の「現実性の条件」論議である。われわれは目下のこの一連の考察・探求を[22]、カントの「規定的判断」の含意する「一化-算定」の閉塞性から、「定則外の非-安定態」を導入することによって事態の動態化・刷新化をはかる「反省的判断」を判っきりと分離し、両者の相互異質的-相互重合、相反-相補、バディウ流に言い換えれば「根源的〈二〉の論理学」（既述）をもって、始めた。バディウのここでの論議もほぼ同主旨である。それにしても「非-安定態が作動する場（域）」を、〈où gît〉とするバディウの言語感覚は素晴らしい。〈Ci-gît〉はフランス語では「何某、ここに眠る」の墓碑銘くらいにしか用いない。ドゥルーズ＝ガタリのマラルメ著『イジチュール』（*Igitur*, i-git-ur）についての論攷は、合理性の墓石の上で死して偶有性へと新生する「境界点」を示していた[23]。バディウにおいても「非-安定態」の〈où gît〉は、旧から新への、おそらく〈公理論的-決定〉（décision axiomatique）への、出発点を含意している。「存在」は、「非-安定性」の「非」において動態的となっている。「空-起-動」「生起」概念への出発点・連接点でもある。

2　存在、空-集合、帰属と内含

（1）存在を超えて？

ハイデガー哲学は、通常、存在論といわれ、「存在とは何か」を窮極の主題とするといわれるが、実際には、晩年のハイデガー思惟は、一方では、存在（Sein）は存在者（Seiende）では「無い」（nicht）のであるから、「存在は無（Nichts）である」といってみたり、他方では、古来ドイツ語は「存在は在る[24]」（Das Sein ist）などとはいわず、〈Es gibt Sein〉（存在はEsが投与してくる、Esは形式主語にすぎないから、存在は自己投与（Sich-Geben）してくる）といってきた、その存在＝無の自己投与-動こそが、……として、これをわれわれ（筆者）の理解では〈Licht-ung〉[25]と、多分に慎重・試行的に、呼び、前期の問いと後期の問いの間には「転回」(Kehre) による次元・位相の違いがある、とも確認した。バディウの場合も、右記既述のように「状況・現出‐世界」……から出発して「存在」を語るにとどまらず、これも既述に少しく触れたように、〈Wo〉の先なる「無際限」(l'illimité) と「無限」(l'Infini) の間には次元の違いがあるのだとして、「状況・現出世界」……から「存在」への展開のほかに、別次元での「存在」からその先への展開を示唆していた。ここではこの後者の道程を押さえておかなければならない。

(2) ontologie, logique, on (to)-, onto-logie, méta-ontologie, …

バディウは、とくにわれわれが目下フォローしている「存在」問題をめぐっては、当然のことながら、〈ontologie〉(存在論) という語をよく用いる。しかも、右記の最少五ケースに分けてである。言及箇所は多く、かつかならずしもおのおのを厳格に一義化しているようには思えないが、さりとてあらゆる文脈を引用して検討・検証するわけにもいかないので、ここではわれわれ (筆者) の責任において、整理してかかろう。

(i) ontologie とは、世にある存在論一般であるが、やがて、「一化‐算定」操作が支配しているとみられる旧来・伝統的な存在論を指示する名称となり、ハイデガーがそこから「存在‐思惟」(Seins-Denken) へと脱していくように、バディウも、まずは、下記の onto-logie や méta-ontologie や、さらには、その先、われわれのいう存‐起‐論・存‐現‐論、へと、脱していく (EE. p. 31sq., 73sq. 参照)。

(ii) logie, logique とは、通常は思考の同一律 (矛盾律)‐基準の規制・整合性を可能にする作動だが、バディウの場合は、勝義的には、既述・後述のように、「現前‐世界・状況」の諸事象の「現出」連関・体系を意味する。われわれは、前者を「思考‐論理 (学)」、後者を「存在・現出‐論理 (学)」、と試訳する。これも、とくに後者は、既述の現出‐諸事象の「超越論的・先験的」体系・連関と言い換えてもよいだろう (MPhII. p. 64 等、参照)。

（iii）on は、むろんギリシャ語〈eon〉（存在）にあたり、旧来の存在概念とバディウの既述の存在概念の双方が含まれる。後者は、これも既述・後述の（「一化・算定」される以前・以下・以上の）「純粋‐多」の全域を含意もするので、注意を要する。全頁にわたって頻出する語であるから、特定頁の指示は既述のところに止める。

（iv）ただし、onto-logie と分割‐連関させる場合には、旧来の存在論はなんといっても logie に力点が傾き on (to)- への「一化‐算定」の作用力が支配的になるから、これを onto-*logie* とし、これにたいして on (to)- の「(非‐〈一〉化的）多的‐」、とくに「到来」（advenir）の駆動力を重視するバディウ思想には *onto*-logie を充てて、いちおうの区別をすることも必要かもしれない（LM. p. 25, 48-49, 112, 234, 255 等、参照）。

（v）méta-ontologie（EE. p. 20sq., et passim）は、バディウ自身の *onto*-logie の一名称である。ただし、絶えずこの語を使うわけではない。われわれ（筆者）の憶測するところ、この語はハイデガーの『存在と時間』（*Sein und Zeit; L'Être et le Temps*）に抗するかたちで上梓した（?）最初の大作、しかもその語がその後の二大主要作品『諸世界の諸論理』（二〇〇八年）・『諸真理の内在性』（二〇一八年）を含む三大作品の総称ともなった『存在と生起』（*L'Être et l'événement*）（一九八八年）——十年毎に一巻ということになるか——の冒頭のあたり（EE. p. 20, 22）その他で散発的に使われている程度で、ここでのわれわれ（筆者）も、多分に便宜上、こう呼ぶだけである。「メタ‐」など、旧‐存在論（ontologie）との違いを示すには役立つ符丁だが、いかにも服属的・形式的・擬似アカデミックで、本質的に旧哲学向け名辞（cf. LM. p. 253）といった印象が強いだろう。最適などとはいえない（EE. pp. 71-72, 87, 208sq. 等、参照）。

（vi）この先でバディウ哲学の正式名称を、むろんバディウ自身の語で記したいところであるが、どうやらそれはまだない。先に一度、〈ontologie soustractive〉とあったが、〈soustractive〉はバディウ哲学の一面をよく示すが、総称的な規定としては狭すぎる。一著の題名に〈ontologie transitoire〉ともあったが、他処ではほとんどまったく使われておらず、これも総称たるには及ばない。いまこの章は「存在」問題を扱っているゆえ〈ontologie〉

名称に拘《こだわ》っているが、最終的には、この範域を超えることも必要だろう。内容的には後述に詳論する〈générico-événementologie〉（ジェネリック生起論）とでもいうことになるもしれないが、これでは今度は名称としての簡潔・鮮烈・触発的な示唆力に欠ける。今後さらに考えていくことにしよう。（なお、われわれは、当面、時期的に順序だてるかたちで、存-在-論、存-起-論、存-現-論、とも呼んでいくが、便宜上のもので、最終的なものではない。）

（3）存在と空、空-集合、appartenance et inclusion

哲学・存在論としての総称はともかく、「存在」の「メタ」、あるいはより厳密にいえば、「純粋-多」の数量的に考量しうる一極限である先述の〈Wo〉、その先の、「公理論的・実存論的-決断・裁断」によってのみ到達しうるはずの「無限」（l'Infini）にあたるものの名称は、判っきりしている。〈Vide, vide〉が、それである。判っきりしているといっても、これを数学・集合論の「空-集合」（vide）に機械的に充てる場合はともかく、このバディウには稀ないかにも東洋風な語は、いささか説明を要する。バディウ自身はかならずしも懇切に説明しているとは思われない[26]ので、まずはわれわれ（筆者）流にあらかじめ説明してしまおう。既述のところで「存在」は「状況」や「現出・世界-存在」からの「控除・脱去」の境位に、ただし、「状況」「現出・世界-存在」は多層的に重なる多から成り立っているのであるから、その多の、多の多の、多の多の多の、……いわば際限もなく「小さな」（le plus petit. 先述）「存在」の「控除・脱去」とそれによる際限もなく「小さな」「非-現出動」(imprésentation)（cf. EE. p. 20, 68 他）の成立、ただし、もはや説明するまでもないはずの、際限もない多大・膨大なそれらの成立、……そのなかの任意の一点が〈Wo〉にあたるわけだが、とにかくそのような「現出存在レヴェル」、というより「可算数レヴェル」の事態に対応する（あのときの言では）「概念レヴェル」からの対応態としての「無限」（l'infini）、……いまは、その「存在の本質核のような存在」「非-現前の最たるレヴェルの非

-現前」「無限の存在と非-現前性」、それが「空」（vide）と解せられうる事態であるように思われる。「空」は、（「存在者の無」（non-étant）であっても）、「存在の無（néant, non-être）」「数量的ゼロ・空っぽ」ではなく、「規定性・質における殆-無（rien）」、集合を構成する「元《げん》」というよりその始原域ともいうべき「無・非-元《げん》-態」（cf. EE. p. 538 他）、あるいは、「無（非）-規定態・無（非）-元態」というより、むしろ「原-規定態」「原-有元態」とまでポジティヴにいってしまうことも、大過あることではないかもしれない（ハイデガー的には、Was-sein に対する Daß-sein といったところであろう）。ただし、「可算的・現出存在レヴェル」への「概念レヴェル」の連続性よりも、両者の、あるいは前者からの後者への「断絶性」（rupture, béance）を、その「決断」による乗り越えとともに、明示するほうがより妥当との理解もあるかもしれないが……。とまれ、バディウ・テクストを検討してみよう。言及箇所は多く、ここでは最小限必要な基本面に限定して、である。

（-i）「〔先述の〕現前化-動（présentation）が〈そこから出発して〉（《à partir de quoi》）成立（il y a）するところ、〔……〕すべての一化-算定-動（compte-pour-un）の〔原点である〕非-〈一〉（non-un）、その状況における殆-無（rien）、無規定点（point vide）、〔……〕状況（situation）がそこで存在（l'être）へと縫合（suture）するところ、／〔……〕私は状況の、存在への、この縫合（-動）（suture）を、〈空〉（*vide*）と呼ぶ。そして、すべての構造性をはらむ現前化-動は〈それに固有の〉（《son》）空（vide）を、一化-算定の控除・脱去的側面（face soustractive）である非-〈一〉性（non-un）の様態において、非-現前的に現出化（imprésente）していく、という」（EE. p. 68）。これまで、幾つかのバディウ語に「〜動」という一語を加えてもとくに説明せずに済んできたと思われるが、ここではやや目立つので釈明しておこう。たとえば、ドゥルーズ＝ガタリは名詞に複数表記が多く、日本語はこれにたいして単数表記が多いため、われわれ（筆者）は日本文記述にも苦労したが、バディウの場合は思考内容の全体が多少とも動きのなかにあり、日本語というこれまた静態表現の多い言語では、うまく対応できない。ここでも〈vide〉を、たんに「空」と訳すにとどめることなく、「空-動」「空-成-動」「空-起-

動」とまで言表したくなるのであるが、こうした処理は伝統的な日本語からすればやや悪趣味の感をあたえるかもしれないとはいえ、やむをえず、今後、試みさせていただく。他方、〈imprésente(-r)〉を「非‐現前的に現出化する」などと訳出するのは、これまた伝統的な日本語では矛盾含みの不埒なレトリックに見えるだろうが、「現実世界のなかに真実が見えざるしかし実効的なかたちで動きはじめる」という誰もが知る感動的な場面を考えれば、〈présenter〉（現前化‐動）という語を残しながらその非‐可視的な実効性を〈im-〉で伝えようとする原著者の意図を示すには、これもやむをえない手立てともいえるだろう。今後とも、控えめ・慎重にだが、この二様の対応は、続けることにする。

（ii）「私は、《rien》というより《vide》という。《rien》〔既述のところでは「殆無」と試訳（苦訳）したが、ここでは「空」との対照を際立たせるために「無」といってしまおう〕は、（「結局のところ」（*tout* est compté）という場合のように）、むしろ対象全体（*global*）の結果にかかわる空の名称であるが、結局のところ勘定に入れられなかった部分（*local*）にもかかわり、〔独立した〕〈一として〉（*pour un*）カウントされなかったという具体的細部をも含む。〔これに対し〕《Vide》（空）は、〈一〉の失効（défaillance de l'un）、非‐〈一〉態（le pas-un）ではあるが、〔結果的に〕結局‐すべて‐不可（le pas-du-tout）ということではなく、〔むしろ発端にかかわる〕始原的（originaire）な未全態の謂いである」（EE. pp. 68-69. 明確化のため一部取意訳）。われわれは既述のところで〈rien〉に触れながら、あの時点では登場していなかった〈vide〉との対比はおこなえなかった。ここでの対比はバディウ思想全体に甚大な作用を及ぼすものではなく、〈vide〉と〈rien〉は同じではないとしても〈néant〉に対しては双方・近似と承っておいて大過はないだろう。

（iii）つぎはかなり具体的な局面での指摘である。「ここにいう〈rien〉や〈vide〉は名称（nom）の問題である。これらの名称が指し向けられているところの存在（l'être）はそれじたいではグローバルでもローカルでもない。私が選んだ名称、le vide は、まさしく、〈何も、どのような項も、現前化されていない〉、と、〈この非‐

現前態への指示作用は、思考可能な構造的標識なしに、〈空《うつ》ろに〉（《à vide》）なされている〉、を同時に含意している」（EE. p. 69）。「名称づけ」（nomination）概念は、後述の「認識」問題との対比において重要化するが、ここでも簡単に考察してみよう。「名称づけの行為は、対象を特徴づけるものではなく（aspécifique）、自己消尽的（se consume lui-même）であり、非‐現前態（l'imprésentable）を非‐現前的のままに（comme tel）指示するものでしかない。しかし、そのことが、存在論のなかで、すべてがそこから展開しはじめる殆‐無（le rien）としてその非‐現前態をしつらえるあの現前化‐強制動（ce forçage presentatif）へと到来（advient）することになる」（EE. p. 72）。両文とも、やや難しい論述に入ってしまっているが、出発点は同じ、こうである。「認識」は「対象の特徴」を捉えようとするが、「名称づけ行為」は、「名称づけ行為」者から「対象」へといわば一方的に「名」を賦与するというかたちになる。たとえば、あまり快適な事例ではないが、われわれは犯罪者が立派な美しい名前をもっていることに驚くことが（少なからず）ある。その「名前」はその犯罪者の「特徴」の現われではなく、両親等「名称づけ行為」者の期待・祈願の表われだったということだ。別言すれば、「名称づけ行為」者の「名称づけ行為」は「対象の特徴」を構成することなく、「自己消尽」してしまったということである。いまの場合も、終局的には、大差はない。犯罪者が犯罪を犯すはるか以前、生まれてから「名」を与えられるまでのほんの僅かな時間の「無名」状態に「名」を与えられるように、ここでも、「無（非）‐規定態」への「名称」賦与が主題になっている。すでにハイデガーも、「存在者」（Seiende）たちはおのおの「何であるか」（Was-sein）、その規定、バディウ流に言えば「百科全書的‐知識」レヴェルの「名称」を得ているが、これまたバディウのいう「存在者でない」（non-étant）ハイデガーのいう「存在そのもの」（Sein）、あるいは、むしろ、結局は同じことだが、〈Was-sein〉（何であるか）、ではなく、何であれそれ（ら）が存在している・在るという事態（Daß-sein）、〈である〉ではなく、〈がある〉）は、「存在・存在する」というその一般論的規定は別として、「存在者たち」の場合のような「固有名」（内実「特徴」規定）はなく、要するに「無（非）‐規定」事態であることを語っていた。ハイデガーは、それゆえ、「存在とは無である。この無が存在である」などという粗忽な言表もおこなって世の顰蹙を買ったりしていたわけだが、バディウは、であるからこそ、「自己消尽」の可能性も覚悟しながら、しかし、「(対象)構成・(対象)規定」の操作・行為を行っていることになる。

(iv)結局、バディウは、こう言う。「空(vide)とは存在(l'être)の名である。状況における〔既述〕非-安定態(l'inconsistance)の。現前化-動がそこでわれわれに非-現前化態へのアクセスを、それゆえこのアクセスへの非-アクセスを、一ならぬもの、複数の一による合成態ではないもの、それゆえ当該状況では、殆-無の彷徨(l'errance du rien)としか性格づけられないもの、の様態で与えてくれるかぎりでの……」(EE. p. 69)。われわれは上記(i)(ii)(iii)(iv)の引用文の、とりあえず明快化のための基本線のみ押さえて、爾余の部分に目をつぶってきた。いま、ハイデガーが矛盾律・同一律を無視・破壊するかのかたちで「存在とは無である。この無が存在なのである」と言表するに準じて、バディウの「存在とは空をその名とするところのものである」なる言表への論脈をたどってきて、では、「空」とは何か、「空」が「存在の名」であるとは、どういうことか、と、改めて、あるいは新たに、問いただす必要を感じ、(i)(ii)(iii)(iv)の諸引用文の黙過してきたバディウ思惟に視線を向け直すことは、理の当然であろう。(i)においては、それ(「空」)は、「状況におけるおのおのの現前態が自らに固有のかたちで非-現前化的に現実化していくところのもの、それとしての控除・脱去態、殆無・無規定点、その実、それらの現前態がそこから出発して成立する非-〈一〉的な原点、状況と存在との縫合態」を示すものであった。(ii)では「空」は、一方では「〈一〉の失効する」ところ、他方では「諸現前態の始原的な未全態」を指示するものとされ、(iii)では、「空」は、対象(の「特徴」)を構成する名称ではなく、「名称づけ行為」であるが「自己消尽的」なものとされ、(iv)では、それ(「空」)は、「存在における非-安定態、殆無の彷徨」を指示する、とされた。総じて、あえて要約してしまえば、ということだが、「空」とは、「存在」の、「状況・現前態」から諸々・無尽の「純粋-多・諸-部分下位-集合」を通って「無限-多・空-集合」に至る「存在」の全域。そのような事態としての「存在」に賦された「名」といってよいだろう。「空」とは、このかぎりで、「無」ではなく、「現前態」レヴェルからすれば「非‐現前的」な全レヴェルを含む、「充」(plein. cf. EE. p. 70 他)である。いわゆる「無数」が、「数の空《から》っぽ」ではなく、「数の超剰的‐充満」を含意することを、思い起こしてみるのもよい。

(v)ちなみに、さらに幾つかの言い回し文言を機械的に並置しておこう。

①既述のところで「多のタイポロジー」に触れ、「尋常安定型(現前的かつ再‐現前的)、独異現前型(現前的のみ)、角皮肥厚型(再‐現前的のみ)」としたが、他頁では「残るのは、現前的でも再‐現前的でもない、〈vide〉(空‐動態)である」(EE. p. 125)としている。われわれはあのときバディウ型の「多」‐態は「現前的かつ非‐現前的」(présent et im-présent)であろうと予測し、「多のタイポロジー」としては「第四の多」ともいった。ここでの引用文では、「空」(vide)に「非‐現前態」は含まれていようが、「現前態」は外されている。これは、ここでのバディウのように、〈existence〉抜きの〈être〉のみを語るか、われわれのようにバディウ思惟全体のなかで〈existence〉との相関における〈être〉を語るかであって、相互背馳はない。

②「空、存在への控除・脱去的‐縫合態」(EE. p. 79)。内容的には上記のところであり、整理・確認のために引照しておく。ただし、「名づけ」行為と「名づけられ」事象を上記のところから主観と客観の関係とのみ受け取られるのはバディウ思惟の宗旨に適わないので、この言表をもって、「空」を「存在」そのもののわれわれ(筆者)流にいえば相反‐相伴的な異相・反相でもあることを示すために引照する。実際、「空」は後述するようにある種のおそらくメタ存在論的な作用動のように語られもするのだ。

③「空の公理。いかなる元《げん》ももたない集合というものがある。〔……〕その名を記号ϕ〔空集合〕で示す」(EE. p. 538)。「空はいかなる現前的‐多にも帰属しない。多‐態・現前化‐動の存在そのもの(l'être même)なのであるから」(EE. p. 104)。「いかなる元ももたない」「いかなる集合にも帰属(appartient)しない」は、集合の「存在そのものである」ことと、矛盾・背馳しない。集合には「帰属」(appartenance)の局面とそこから排除さ

れながらも控除的に内除されるにとどまる「内含・含有」(inclusion)の局面があり、バディウ的な「状況」「現出-世界」〈existence〉と「状況の真理」「存在」〈l'être〉の関係は、後者の問題であった。

④別言すれば、「空は、存在論的構成においては、必然的に、勝れて下位-集合なのである」(EE. p. 117)。「空は普遍的に内含(universellement inclus)され(ている)」(EE. p. 100, 117)のだ。

⑤加えて、「含有・内含(inclusion)は帰属(appartenance)を反転不可能なまでに超剰(en excès irrémédiable)している」(EE. p. 100)。

既述したように、集合は一定の設定基準に則る複数の元《げん》によって構成されるが、その構成-原場においてその基準に適合せず元たりえない事象は控除される。前者は一定の「一化-算定」作業によってなされるのであるから、有限であり、後者は、バディウ流の汎-多-世界では、既述にも言及したように「無際限」さらには「無限」。(それゆえ)「帰属」関係態に対する「内含・含有」態の「超剰」(excès)性、その「反転不可能性」(irrémédiable)は明白である。

(補記)バディウ的「空」と仏教的「空」

「空」は、周知のとおり、仏教思想の中心のひとつで、現代西欧思想家たちの関心を惹くところでもあり、軽々には扱えないが、とまれ我が国初期の比較思想学界で立派な仕事を残してくれた川田熊太郎氏の論攷「空の思想の体系論的研究[27]」から、目下のわれわれの問題にかかわる一点を、引照しておこう。

「[仏教漢籍における]〈空〉なるもの(śūnya)・〈空性〉(śūnyatā)とは、〈無〉(nāsti)の謂いではない。[……]〈無字〉は〈離文字〉(anakṣara)、すなわち、〈空〉を指示するものであって、〈無〉(nāsti)ではないのである」(九〇頁)。つまり、「文字」などという感覚的に可視的なものではなく、むろん、「無学」などということでもなく、両者を超えた(〔離-〕)はるかに豊饒・充溢・「超剰」(既述)の境地ということでる。

「空義有るを以ての故に一切法は成ずることを得る、若し空義無くんば一切は則ち成ぜず」（三九頁）。「空〔……〕有るを持って〔……〕法は成ずる」とは、「空が法の成立の条件、その可能性・現実性の条件」であるということであり、「空」に「成立させる」のいわば存在論的・メタ存在論的な「成立‐駆動力」の「動態性」を見ていることを含意する。追って、われわれとバディウは、「数理論的‐空集合」への「生起」（événement）と「成起」（générique）の「貫入・間入・介入」（inter-venir）と、後者による前者の「方向づけ」（orientation）（既述）を語るにいたるだろう。

「かくのごとき空性は、空虚（void）とか虚無（nothing）とかではなく、むしろ〈相対性〉（relativity）である」（四〇頁）。ここにいう〈void〉とは〈nothing〉の同義語であって、バディウのいう（無〈néant〉〈non-être〉ではないところの）〈vide〉ではない。「空」のメタ存在論的な「超剰性・駆動‐作動性」は含意されたままである。他方、われわれは「存在と無」「有と虚無」「存在と生起」「生起と成起」……の「相反‐相伴」性をいうが、これは川田・仏教思想が他頁で「相待性」ともいうここでの「相対性」にも通じうるものであろう。（追記：下記後注「第六章注17補記」、参照）

われわれのここでのこの付記は、バディウ思想と仏教思想の同等性を主張するためのものではない。バディウという東洋思想とはほぼ無縁な西欧思想家の「空」概念の如何を考察するひとつの縁《よすが》を提供するにすぎない。

（4）ontologie transitoire, 移行と包摂

バディウ哲学を特徴づける公称・自称は「メタ存在論」や「控除的‐存在論」（OT. p. 32 等）くらいしかまだなく、これらふたつも一般的すぎるかネガティヴに偏りすぎるとして、われわれは問題を先送りしてきた。

しかし、最初の大作『存在と生起』（一九八八年）と第二の大作『諸世界の諸論理』（二〇〇八年）の中間に『〈transitoire〉存在論小編[28]』（一九九八年）という内容充実した中編論文集を刊行しており、この〈transitoire〉

（日本語辞書的には「過渡的な」「推移的な」等を意味する）が、諸著作刊行上の「暫定的な」を意味するものか、それとも存在概念そのものの内容的な「動態性」を含意するものなのか、バディウ自身による明確な指摘はないが、われわれの目下の論脈からは考量を要請するものがあり、一瞥しておこう。

『～論小編』のエピグラフ部分に主旨説明がある。

「〈ontologie transitoire〉とは、存在としての存在の学、純粋‐多の理論、と、現出動の学、事実上現前化している諸世界の安定性の論理、両者にまたがる（se déplie）存在論を意味している。ひとつの思惟の道程であり、本著はそのいくつかの標柱を示している。A・B、一九九八年四月」。

使用語彙は既述のところで説明してきたものが多いから、これ以上の注釈は不要だろう。

他方、上記の『存在と生起』は、これまた上記「メタ存在論」について、こう記している。

「われわれの目的は、数学は存在としての存在にかかわる言説の歴史上の〔ひとつの〕かたちであるというメタ存在論テーゼを確立することにある。そして、この目的の目的は、数学という存在の学、と、まさしく〈存在としての存在でないもの〉を示す、生起に関する新参の理論、〈これら哲学でない〉（*qui ne sent pas elle*）ふたつの言説（と実践）の思考可能な相互関係に、哲学をあてがう（assigner）ことにある」（EE. p. 20）。

これら二つの文章は、ひとつの重要なずれを含んで、二つの関係（性）――前者は〈existence〉と〈être〉のそれ、後者は〈être〉と〈événement〉のそれ――において、類同・重合さらには合体化している。前者のいう〈transitoire〉が〈existence〉と〈être〉にまたがるものであるとすれば、後者のいう〈être〉と〈événement〉にも、といって大過ないと思えるほどである。

実は、前者の〈transitoire〉という語は、他の諸著作ではほとんど使われず――今回参照した十数冊のうち、われわれ（筆者）が気づいたのは一カ所（MPhl. p. 35）のみであった）――しかし、〈transitif〉は重要な箇所で何度か使われ、ほぼ同義とみてよい。

さて、その〈transitif〉（という単語）を最も簡明・端的・定義的に使用する主著『存在と生起』の数頁で、バディウは記す。「〈transitif〉な集合とは、それに帰属している（β∈α）ものが、そこに内含（β⊂α）もされている集合の謂いである」。「〈transitivité〉とは、帰属（appartenance）と内含（inclusion）の最大の相互関係をいう。〈帰属しているものはすべて内含されている〉である」。「〈transitivité〉とは、∈〔帰属〕が内含（inclusion〔⊂〕）に翻訳可能であることに帰する」（EE. p. 150）。

思い出してもらいたいが、われわれがこの〈transitoire〉〈transitif〉問題に入り込んだのは、〈existence〉から〈être〉への跨《またが》り、「一化-算定」レヴェルから「純粋-多」レヴェルへの跨り、有限態から無限態への跨り、「存在」と存在でありながらその彼方ともいえる「空」への跨り、を、実-集合（EE. p. 70）から「空-集合」への跨り、「帰属」から「内含」への跨り、として捉え直すバディウ思考に則ってであった。この跨りは、「推移・移行」の動態性を含むとともに、別頁の使用語からすれば、両項の「包摂」（subsumer）（EE. p. 151）をも含意する。

バディウの「メタ存在論」は、こうして、「控除・脱去-存在論」であるばかりでなく、「移行・包摂-存在論」であり、数学・集合論が「一化-算定」可能な「帰属態」のほうに専念・執心するとすれば、その「内含態」を通じて「空」「無限」を補遺（supplément）（EE. p. 69, 392, 457）的に「縫合」（suture）（既述）し、それによって哲学の（単なる数学-集合論を超える）存在意義と実在世界の底知れぬ豊饒さを示唆する。ただし、「包摂」の成就・完了ニュアンスは、バディウ思惟・バディウ世界に相応しいものではない。その先への方向・動態をも、――「下方への」（《vers le bas》）（EE. p. 152 他）、とまでバディウはいっている、――先取りしていかなければならない。

（5）空、禁圧、超剰、そして空-生起-動へ

「空」（vide）は「無」（néant）ではなく、「有」（Daß-sein）ではあり、「殆-無」（rien）、無-規定態・非-規定

態——前者（「無-規定態」）は規定性の不在、後者（「非-規定態」）は「一化-算定」範域とは別の次元の事態であること——、無元態・非元態、であり、「控除・脱去」論の果ての行き着くところ、直近の言い回しでは〈errant〉（放浪態）、いずれにしてもネガティヴ態であった。しかし、これがネガティヴ視されるのは、「現前態」「一化-算定」レヴェルをポジティヴ視するかぎりにおいてであって、後者を（「状況の真理」にたいする）たんなる事実（としての「状況」）と解すれば、ネガティヴ・ポジティヴの関係は逆転する。目下のところでは、それは二点ではじまっていた。

（i）「帰属態」（appartenace）から「内含態」（inclusion）は、排除（forclusion）されるが、外除（exclusion）されるのではなく、——「外除」されるとしても、どこへ「外除」される？——、「控除・脱去」（soustraction）的に「内除」（inclusion）されるだけであって、目下の論脈では〈excès〉（超過）は、「外《は》み出し」というネガティヴ事態ではなく、「超剰」というポジティヴ・ニュアンスで語られはじめていた。

（ii）「存在」は動態的に捉えられなければならず、静態的（consistant）と捉えられうるのは「一化-算定」操作の及ぶ「現前的」（présent）範域であって、そこから「控除・脱去」的に分離されうる「非-現前的」（imprésent）範域は「非-安定的」（inconsistant）とされはじめていた。「一は存在しない。非-安定性が存在の法なのである。構造の本質は空にある」（EE. p. 113. 先述）。（cf. 後述の引用文に「存在の法」は｛(α∈α)｝を容れない、とあり、｛(α∈α)｝は「不安定性」を含む「動態性」を意味するが、目下の場合とこの後述の場合は、「存在」概念が同じでないことに注意されたい。後述の場合の「存在」は旧-存在論のいう狭義の「存在」であり、目下の場合の「存在」はすでにバディウ的なメタ存在論的な「存在」となっている。）

実のところ、これは重大問題なのだが、この（i）（ii）のいう「超剰」的な「非-安定的-動態」性が、どこから来るのか、かつての神学的形而上学や素朴形而上学なら神や自然の（万能）力から説明したであろうが、「超越者」の安易な導入を避ける現代哲学にそれは出来ない（現代最先端の物理学にとっても「重力波」の起源はいまだ未解明のままのはずである)。バディウにおける最終的な回答はもっと後述のところで考察していくが、目下の段階では、超越の介入を避ける「内在」哲学の立場からは、「控除・内除」されていたものが、人間的合理の一としての「一化‐算定」操作を打ち破って、とはバディウは非‐合理主義ではないから言えないが、すくなくとも「一化‐算定」の操作が別様になされることによって、「反転・捻転」(torsion)を通じて、再帰・新帰的に「到来」(advenir)(既述)する、というかたちにおいてであろう(右記「補記」の「追記」、参照)。これも安易な循環・回帰説ではなく、現代思想に相応しく、(ニーチェ・)ドゥルーズ＝ガタリらの(「反復」とは異なる)「反覆」概念[29]を踏まえてのそれ、であるが、いまは、とにかく、この「到来」の側面を、「空」概念をめぐっても、確認しておかなければならない。

確認、といっても、正直のところ、あまり明快・端的な記述はない。後述の「生起」論への萌芽として前向きに読み取っていただきたい。

まず、いう。既述の「多のタイポロジー」のうち、政治的には、「尋常・安定態」(présent et représent)は「一化‐算定」をもって「非‐現前態」(imprésent)つまりここでいう「空なる放浪態」(vide errant)を抑止する装置であり、「角皮・肥厚態」(représent のみ)は「国家」(état, État)をもってさらに重ねてそれを禁圧する装置であった。「安定‐多(複数の一化態(uns)の合成から成るそれ)と不安定‐多(空を前提(présupposition du vide)して殆‐無しか現前化しない(ne présente rien)それ)の隔たりは、この場合、実質的にゼロ(nul)であり、〔……〕、その空の反転による現前化‐到来(advenue présentative, en torsion, de son propre vide)〔現前レヴェルでの破壊のこと〕としての凄惨な現前態(désastre)が出来(se produise)することはない」(EE. p. 110)。

しかし、むろん、バディウ的には、こうである。「真の政治は、しかし、その存在能力をもって、国家のそれとは本質的に異なる関係を、空(vide)と超剰(excès)にたいして構築する。国家とのこの異質性(altérité)こそが、政治をして国家的安定の〈一〉性から、脱去(soustraire)させる。/政治家とは、国家レヴェルでの闘争者〈guerrier〉ではなく、〔メタ存在論的〕生起〈événement〉が教示する空‐成（起）‐動〈vide〉の忍耐強い監視者〈guetteur patient〉なのである」（EE. p. 127）。むろん、「監視」で済むわけではない。この〈guetteur〉は〈guerrier〉からの音韻上の触発の結果であろう。「（メタ存在論的）‐生起」も「空‐成‐動」「空‐起‐動」の内実も追って再考察する。

なお、バディウは、ここで、原論書には珍しく、十月革命のレーニンと文化大革命の毛沢東を例挙（EE. p. 127）している。われわれ（筆者）は、実のところ、フランス大革命にもこれら二種の革命にも全面的には賛同しておらず、あえて挙例するとすればアメリカ独立革命である。ヴァレー・フォージの惨たる苦境から弊衣破帽の（未来のアメリカ）民兵群が名将ジョージ・ワシントンとともに立ち上がっていく光景は、おそらくバディウの心眼が十月革命や文化大革命に見たそれと同じく、素晴らしい。「忍耐強く」〈patient〉も、日本語は「堅忍不抜」といい、欧米人は〈agere et pati fortia Romanum est〉（行為し、かつ雄々しく耐えよ。ローマ人は、かく在った）、という。洋の東西を問わず、実践の積極・能動‐要素である。

第二章　思惟

I　公理論的‐思惟(1)

1　公理と公準

バディウは「控除」論的‐思考・「控除（論的）‐存在論」（ontologie soustractive）（cf. OT. p. 32 他）と自称し、常識のいう「状況」「現前的‐存在・世界」（existence, monde）から「存在」（être）・「真理（真態）」（vérité. 後述再論）を切り離し（soustraire）て、後者を「非‐現前」（imprésentation）的とし、他方、「認識」（connaissance）と「思考」（pensée）をカントに準じて（cf. LM. pp. 253-255 他。先述、後述再考）区別し、〈soustraction〉を、哲学者の為す操作としての「控除」（soustraction, soustraire）から、「存在」そのものの為す「脱去」（soustraction, se soustraire）‐動にも、「認識」ならぬ「思考」をもって、読み込み、なにやら素朴な物活論の印象を与えながらも、カント流の「先験的‐綜合」の後なる時代の、とりわけダーウィン流の「（綜合ならぬ）未分」論を通過した後の唯物論‐思惟として、「控除・脱去論的‐存在論」の途を進んできた。たしかに、二十世紀に入ってからも、ハイデガーは、青年期のサルトルが「哲学が退行現象を起こしているのではないかと思った[2]」ほどに、「存在が語る」などと物活論的・神話的発想を吐露した。ただし、ハイデガーの場合、それはあくまでも、存在解釈学の内部からの、その途上（unterwegs）での、暫定的な言表だった。これに対し、バディウは、数学‐集合論に準ずるかたちで、「存在」を「超過、超剰」（excès）「空、空‐成‐動、空‐起‐動」（vide）と、確言する。「認識」なき「思考」のみによる確言とは、いわゆる形而上学的‐思弁へのサルトルのいう「退行現象」ではあるまいか。だが、フランス哲学界‐最高学府の、しかも唯物論をもって自認する、主任教授バディウが、そのような錯覚に迷いこむはずはない。では、「存在」を「空」と確言することは、その正誤はともかく、いかなる哲学的正当性をもってなされることなのか。

「公理論的‐思惟」なる枠を設定することによってであると思われる。古代ギリシャのエウクレイデス（ユークリッド）において、数学分野においてだが、「公理」とは「真理」とほぼ同義であった。その幾何学体系は、周知のとおり、十九世紀おける非‐ユークリッド幾何学の登場まで、すくなくとも数学分野では、真理思惟の範型であった。哲学分野では、近世初頭のパスカルは例外として、「公理」はむしろ「仮説」と同義視されて、とくに主題化されることはなかった。だが、「公理＝仮説」による多くの数学‐思惟体系が乱立しはじめ、「数学の危機」が危惧されるようになると、その整理・浄化をはかるために、「公理」概念の再検討を踏まえて、たとえばD・ヒルベルトの「公理論的‐思惟[3]」（Axiomatisches Denken）（一九一七年）なるものが提唱されるようになった。哲学・哲学史がこれにどう対応したか、目下、一般論としては後述のR・ブランシェ著『公理論的なもの[4]』（*L'Axiomatique*, 1955, 1980）があるものの、個々の哲学者についてはここで詳論する余裕はないが、それでも、われわれは先のドゥルーズ＝ガタリ論で少しく触れ[5]、そして、今回、このバディウ存在論において一応の主題化を試みる必要を感じる。バディウのいう「公理論的‐思惟」（pensée axiomatique）（OT. p. 32他）は、すでに専門家たちのあいだでは有名になっているヒルベルトのそれとはやや（むしろ反対方向？）異なるように思われるが、とにかく検討しておこう。

まず、われわれ（筆者）の理解をあらかじめ提示してかかるほうがよいかもしれない。われわれにとって「公理」とは「公準」に多少とも漠然と含まれているロゴス――例えば、先述、メルロ＝ポンティの「感性界のロゴス」、セールの「ホワイト・ボックス」、ハイデガーの先行‐了覚内容――をそれなりに理知性をもって抽出・整理・言表化した諸断片とそのそれなりの総体である。先述の一例を用いて説明すれば、古代ギリシャ人たちが無理数を発見しながらそれを忌避し幾何学図形のなかに密封・解消したのは、彼らの有規定性・有形性を佳しとするほとんど前‐自覚的なわれわれ（筆者）のいう先行‐了覚内容（公準）が、無理数の無‐際限性・非‐形象性を認容できなかった（公準）からであり、しかし、そこから彼らは幾何学という新たな合理・形象体系（公理）を創出するにいたった。「諸公理の包括的な創出が、真理へと導く」（OT. p. 100）。欧語では「公理」は〈axiome〉、「公準」は〈postulat〉といい、いずれも邦訳語の「公」は含まないといわれるが、このギリシャ事態――バディウなら「ギリシャという出来事」「ギリシャ的‐生起」、ハイデガーなら「ギリシャ的‐裂（歴）開」というだろう。筆者的には「ギリシャ的‐開起」である――を考えても、「公理、公準」という邦訳語は名訳といわなければならない。そのつど一定の多様な人間・社会‐集団の前‐自覚的な全体了覚内容を公理・公準の生起・成立‐場とする発想も、唯物論的というより、もっと広義・多義的に、バディウなら弁証法的‐唯物論というだろうが、現代的である。ただし、ヒルベルトの公理論は、数学という個別科学の専門分野での事柄の厳密化を求めて、「公理」を「公準」から切り離してそれこそ「一化‐算定」の純粋化に向かうが、バディウの公理論は、ヒルベルトの場合と同じく「公理」を「公準」からの直接的・連続的な所産とすることなく、前者の一定の自律性・先験性を前提しながらも、――われわれが「それなりの」と繰り返すのもそのためである――、数学に止まることのない（「包摂‐存在論」（先述）としての）哲学の自覚（後述再論）において、両者の相互関係を貶視することなく、ヒルベルトとはむしろ逆に、後者（公準）の根源の「純粋‐多」としての「空、空‐成（起）‐動」との「出会い」（EE. 370, 371 他。後述再論）を重視する。「公理」と「公準」の自律と協律は、近代の先験主義と経験主義に対する現代科学ならぬ現代思惟の功といってよい。

2　プラトン／ヒルベルト vs バディウ・新‐公理論——自（生）律、協（成）律

さて、このあたりでバディウのテクストを見よう。

バディウはまずプラトンの『国家』でのソクラテスとグラウコンによる議論（Livre 6）から、再解釈（réinterprétaion）（OT. p. 32）として、二点を指摘する（Ibid. pp. 32-33）。

（ｉ）哲学（la science, ἐπιστήμη）は対話・討議‐弁証法によってあらゆる先入主・前提・仮説を批判的に破壊しつつ唯一のイデアに向かうが、諸科学（les sciences, τέχνη）は一定の前提・仮説（hypothèses）に立脚して——たとえば、上記の例では、無理数など数ではないと前提・排除して——思弁的に（discursivement）展開する。ブランシェなら、「存在論的‐演繹」（déduction catégorique）によって、と、「仮説的‐演繹」（déduction hypothétique）によって、と、分けるだろう（Ax. p. 109）。

（ii）幾何学のような思弁的科学（discursive, διάνοια）は、「真知」（intellection）という極を求めてではなく、「臆見・思い込み」（opinion, δόξα）と「真知」（intellect, νους）の「中間」（entre, μεταξύ）に、成立する（Ibid. p. 33）。ここでプラトン／バディウは、目下のわれわれの「公理論的‐思惟」を、それが「公準」という集団的・世間的・公共的だが絶対普遍的ではない「思い込み・臆見」に依拠しているがゆえに、「真知」に届かぬ「中間態」「ディアノイア」として扱っている。「公理（axiome）は、〔公衆の臆見・独断という〕覆面の暴力（une obscure violence）に動かされる。〔……〕数学や公理論的思考（axiome）には、思考はあっても、〈一〉なる範型（la norme, l'un）に則る自由な思考というものはない」（Ibid. p. 33）。

ここで、しかし、バディウとプラトンは、相離れる（inverse）（Ibid.）。プラトン／ヒルベルト的な〈一〉への純潔よりも、「公衆・民衆」との非‐分離のほうが、バディウにとっては大切だということである。「公理なるもの（l'axiome）――あるいは公理論的な対処（disposition axiomatique）――の価値（valeur）は、まさしくそれが〈一〉の規範力（puissance normative）に対して控除的（soustractive）に止まるところにある。それが行使する〔先述「覆面の暴力」による無理数の無視のような〕強制力に、私は、プラトンのように、事象連関とその根拠づけといった操作にかかわる明晰さ（éclaircie）の不足（insuffisance）を見ることはしない。私がそこに見るのは、控除操作そのものの挙措（geste soustractive lui-même）に伴う必然性（nécessité）である。思惟が、不明晰、あるいは事象定義化にかかわる不全（impuissance）という代償を払っても、画一化（commun）〔既述の「公共」性概念と区別してこう訳す〕や一般化（généralité）という〔ついには〕形而上学化の誘惑に屈する動向から、自らの身を引き離そう（s'arrache）とする、その努力に伴う必然性である。この自己控除（arrachement）の努力にこそ、私は、形而上学化という目的論的‐強制（contrainte destinale）に抗する思考の自由を読み取る」（OT. pp. 33-34）。プラトン／ヒルベルトが向かう先には、「一化」志向の極点である形而上学がある。形而上学化から「身を離し」、かつまた内在における「一化‐算定」からも「身を離す」には、内在と公準に忠実（後述）な「公理論的‐対応」（disposition axiomatique. 上記）しかない。「公理論的‐思惟」は、その「控除」性において「公準」からの自律性を保ちながら、またその（もうひとつの）「控除」性において「公準」との協律性を活きる。

バディウはプラトン注釈文の前後でも重要な指摘をしている。重複もするが、確認のために引用しょう。

（iii）「公理論的‐思考とは、自らの思考内容を決して定義（définir）しない思考である」（Ibid. p. 32）。「定義する」とは、明確化することではあるが、固定化することでもある。「公準」の生き生きした動態性を尊重するには、「決して」（jamais）とは行き過ぎだが、柔軟な暫定的定義の反覆・累積・変容を心がけなければならない。ただし、尊重するとは協律することだが、さらに、これまでこの側面を強調しなかったが、自律と協律の組み合わせをもって然るべく「方向づける」（orientation）（Ibid. pp. 53-54）ことも含意する。これを「嚮（導）律」とでも呼ぼうか。もっと佳い語が可能か。また、これもこれまで十分に説明しなかったが、自律は、近代的・カント流の先験性でもあるが、もともと公準との協律と公準を超える先験性との相互織成を通じて成立してきているものと見なければならない。バディウのいう「帰属（appartenance）と内含（inclusion）の、すでに（déjà）とまだこれからの（encore）の、弁証法」（先述）にちなんで、「弁証法」という語を安易に多用すべきではないが、バディウ的には使用可能ということで、「先験と経験の、自律と協律の、弁証法」とも簡述してしまおうか。

（iv）「公理論的 - 思考は、未定義の諸事象の全体動向（disposition）を把握（saisir）していく」（Ibid. p. 32）。上記のところの確認にすぎないともいえるが、「公理論的 - 思考」の対象というより主題は、個別の事象というより「全体動向」であること、また、〈saisir〉はドイツ語では〈begreifen〉でその名詞形は〈Begriff〉（概念）、つまり「定義」を前提する固定化作用の印象を与えるが、バディウもドゥルーズもけっこう気楽に使用すること、ということは、フランス的には「概念」（concept）は〈con-cipio〉（一緒にすること）で、固定化作業よりもむしろ集合論的な「集合」ニュアンスのほうが強いのかもしれない、等のことがらに留意するよすがにもなりうる。

（v）「そのような公理論的 - 思考の最初の言表は、思考に値するようなこと（le pensable）をこれこれと確定せぬままに（sans le thématiser）吐露する。それら最初の語は記し取られる（inscrits）かもしれない。しかし、それらの語が表現する事象を名辞化するというかたちでではなく、それらの語が根源的な相互関係の規則立ったゲームを遊戯している（dans le jeu réglé de ses connexions fondatrices）、そのような一連の全体動向（une série de dispositions）を伝える、というかたちで」（Ibid.）。〈le pensable〉は単なる「思考可能」態ではなく、「公準」から出来《しゅつらい》してくるがゆえの不明瞭だがなにか重要らしいそれゆえ「思考に値するようなこと」と解する。「根源的な相互関係の規則立ったゲーム」とは、「状況の住人」（既述）あるいはなんらかの共同体の構成員たちがそれと自覚せぬままにそれを活きている「公準のロゴス」と解せられる。（この点、われわれは先にメルロ＝ポンティの「感覚界のロゴス」等を例示したが、本著脱稿後に入手しえたバディウの *Le Séminaire. L'Un. Descartes, Platon, Kant*, 1982-1994, p. 73 では、バディウ自身が〈notions communes〉（共有観念、共有感覚）と記している。）
（vi）「控除論的‐存在論が第一義的に要請するのは、その明確な提示が、プラトン的な〔世間的な先行了解を批判的に破壊していく〕対話・議論‐弁証法（先述）のかたちでではなく、むしろそのような先行了解を先行的に規定していくような（préscrit sans nommer）公理論的‐思考のかたちをとってなされることである」（Ibid.）。プラトン的‐対話・議論弁証法は、人口数万人のかなり教養レヴェルの高いアテネ市の、その知識人たちのサークルでこそ可能になった方式であるが、すでに一七年革命、文化大革命、六八年五月革命、を経由している現代大衆社会には、そのまま可能であるはずがない。大群衆の「公準」のロゴスそのものを「先行的に規定していく」（préscrire）（cf. EE. p. 38）あるいは「先行的に然るべく賦活していく」かたちで新たな「公理」論的‐思考を「提示」（présentation）していかなければならない（cf. OT. pp. 34-35)。

3　R・ブランシェと公理論

R・ブランシェの『公理論』（上記。略号Ax）は一九五五年に初版刊行され、今日では第六、七版となっているはずであり、公理論の、前史、近代末・現代初頭における再・新‐登場、科学における公理論、哲学における公理論、を論じて、内実ある入門書・啓蒙書のかたちをとっている。この時期にこの種の案内者がＰＵＦの哲学叢書の一巻[(6)]として刊行されているとは、やはりこの「公理論的‐思考」なるものがこの時期前後にクローズ・アップされてきた、要するに現代的な問題であることを示すものだろう。

ここは本書の全体を紹介・説明する場ではない。われわれの既述の理解を深めるところを提示するにとどめる。（i）まず、「公理」（axiome）と「公準」（postulat）の区別。われわれは後者を「状況の住人」たちの全体了覚内容の潜勢的なロゴス、前者をそこからの「控除」的‐抽出によるいわば現勢的なロゴス、ただし、これはバディウは論及していないが、それなりに先験性と相互織成しているはずのロゴス、といきなり具体論に入った。ブランシェは一般論としていう。「両者を区別すれば、公理はなによりもまず知的明証の理念を含意し、〔……〕公準はひとつの、矛盾（contradictoire）をも含みうる、総合命題であり、この点、公理は分析命題である」（Ax. p. 18. 簡明化のため取意訳。以下同じ）。バディウ的には「一化‐算定」「帰属」レヴェルと「非‐現前的‐多」「超‐剰」「内含」レヴェルの異同。われわれ流にいってしまえば、同一律レヴェルと差異律レヴェルのそれ。いっそのことといってしまえば、プラトン／ヒルベルトのそれとバディウのそれ。ただし、ここではより重要なのは、つぎの指摘かもしれない。「両者は広範に流布しているテーゼのなかでは相互に融合（s'unissent）してしまっており、いまだかって精密な分析をもってその正当性が問われた（justifié）ことはない。公理はたんなる論理学における量にかかわる特殊法則とされてきた」（Ibid.）。

（ii）論理学にとどまらず、存在論の問題でもあるのだ。ただし、ここが重要なのだが、「公理といえども、仮説的‐演繹（hypothético-déduction）の概念であり、〔……〕絶対的真理（vérités absolus）にかかわる〔カントならぬアリストテレス流の範疇的‐演繹（catégorico-déduction）の〕概念ではない」（Ax. p. 19）。これは、「公理」概念の存在論的欠損性を示すものではない。いまどき「絶対的真理」にかかわる「範疇的‐演繹」概念など弄んでは、旧弊な形而上学的思弁に逆戻りするだけである。ハイデガーは、それゆえ、「実存」から「存在」への「解釈」学レヴェルでの「途上」（unterwegs）と謙称するにとどまった。バディウはさらに、数学‐集合論を手掛かりに、「非‐現前」界の「純粋多」「空」「存在」、さらには後述の「生起」、さらにはその先の実践論まで進むわけだが、それは時代遅れの形而上学的‐物活論への「退行」（既述）ではなく、現代「公理論的‐思考」という、近代・反‐形而上学的‐批判主義の存在論的‐不全（不毛？）を一歩超えようとする、新たな批判主義を含んだ「仮説的‐演繹」の存在論としてであるといわなければならない。

（iii）ブランシェは、いう。「公理論的 - 思惟が、どのような哲学姿勢に反立し、どのような哲学姿勢を歓迎するか、明らかだろう。絶対的な出発点を夢見て、それによって演繹推論に決定的な安泰性を保証してもらおうとする姿勢を、それは拒否する。いまや、学の全体に仮説的 - 演繹の方式を広げていく。実験科学の方法論が、デカルト流の〔絶対的真理（先述）から出発するという〕思弁的物理学への期待を打ち砕いたように、今日の論理主義、いかなる前提も許容しない合理主義科学の理念は、公理論によって、その欺瞞を剥奪される。公理論的 - 遡及論法は、遡及に遡及を重ねても、つねに、自らの前に（devant soi）自らによっては同化なしえない（non assimilé）なんらかの〈先行態〉（un « antérieur »）を見出すのである。ただし、公理論は、内的明証（évidence intrinsèque）ごときを定立することはない以上に、恣意的な仮説前提（décrets arbitraires）からの帰結などではない。いわゆる約束説は、公理論の直観主義にも適いうる立脚点と範域（ses assises et ses prolongements intuitifs）——それなくしては、公理論は科学とは関係のない単なるお遊び（un jeu futile , sans rapports avec la science）になってしまうであろう、現実的な立脚点と範域——を、人工的に切断してしまうことによってしか、維持されえない。公理論の示唆する認識論は、経験主義的（empirique）〔……〕というより、ひとつの実験的（expérimental）・帰納的（inductif）な合理主義（un rationalism）のそれ（公理論）である。すべての必当然的（apodictique）もしくは決断主義的（décisoire）な〈ア・プリオリ〉への拒否が、経験主義の二つの分岐〔……〕すなわち現象主義（phénoménisme）と唯名論（nominalisme）への拒否と、重なり合っている。〔……〕象徴的図式論（schéma symbolique）と具体的モデル（modèle concret）のあいだのアナロジー的 - 対応（correspondance analogique）の統覚・確立以上に、公理論の活動を適切に示すものはない」（Ax. pp. 107-108）。

このいわば一般公理論が、これはこれで目配りの佳く効いた好論稿と思われるが、われわれの上記のバディウ公理論と部分的に多少ともずれるところがっても、やむをえない、というより、諸事勘案すれば、当然であろう。われわれは細部にこだわることなく、あと二点、触れておくことにする。

（iv）ひとつは、カント的‐先験主義あるいは先験・経験‐二元論との、公理論の異同である。古来、幾何学は理性の学か、それとも、形象によるゆえ、感覚・直観・経験の学か、問題があった。「カントの、全批判哲学の核である〈先天的‐総合〉の観念はこの種の問題に触発されたものであった」（Ax. p. 98）。周知のとおり、「われわれ人間が、自らの先天的な理性のシステム連関を物象のなかに置き入れそれを再発見するところに、〈先天的‐総合〉判断は成立する。幾何学はその一例である」が、カントの回答であった。「さて」（Or）とブランシェはいう。「公理論はまったく別様（tout autrement）に解決へと導く」（Ibid.）。如何《いか》ようにか。回答・説明を始める。「古典幾何学が同時に〔理性的に〕純粋で〔形象的・感覚的ゆえ〕直観的に見えた（paraissait）とすれば、それは幾何学が、今日では判っきりと分けられている二つの相異なる学を、一見唯一の学へと再‐統合（réunissant.〔〈ré-, 再-〉は不要では?-〕）しているひとつの融合体（un mixte）を形成していたからである」（Ibid.）。実は、この先、論法がいささか迂遠で、（筆者には）判りにくい。いっそのこと二頁先のここでの論の結語ともいうべきところへ行ってしまえば、要するに、「二つの相異なる学」という「種別」（espèces）を見るのではなく、「ひとつの融合体（mixte）における二つの極（deux pôles）、さらには二つの極のあいだのさまざまの度合い（degrés）を見よ」（Ax. p. 103, 101, 74）ということ、それが「公理論」という「別様の解決に導く」ということらしい。バディウに戻れば、「理性」的か「感覚」的か、ではなく、「一化‐算定」「現前・現出態」への方向か、「多化‐超剰・非‐現前動としての空化」への方向か、二つの「極」（pôles）と、そのあいだの「中間」（μεταξύ）の諸「暫定」態、それらをダイナミックに「把握」（先述）していくことが、「公理論的に思惟する」ことだということになる。

（v）興味深いことに、ここでアインシュタインが登場してくる。「認識」か「思考」かというバディウ問題、われわれは「非‐現前」的な「中間」態と「空」極を「非‐恣意的」に「思考」できるのかというわれわれ（筆者）の問題への、回答や回答へのヒントになりうる言及であろうか。「理性はいかにして、経験の援けなくして、実在の諸性質をわれわれに認識（connaître）させることができるのか。われわれはこれからは『幾何学と経験』冒頭のアインシュタインのように応えることになるだろう。〈この問題についての完璧な証明は、数学者たちが「公理論」と呼ぶ最近の思潮のおかげで、各人の手元に託されているように思われる。公理論のもたらした進歩は直観的なものと論理的なものを截然と分けたところにある。公理論によれば、論理学と形式論の提示する諸事項のみで、数学的科学の諸対象を形成することができる。ただし、それに随伴しうる直観エレメントは別として〉」（Ax. p. 99）。〈 〉内の第二文から第四文は、公理論を持ち出さなくても言表できる常識論議のように思われる。ここにいう「公理論」とは、むろんバディウのそれとは関係なく、ヒルベルトのそれにすぎないのではあるまいか。ただ、アインシュタインがこの時点で「公理論」を引き合いに出しているという事実だけは、「公理論」の年齢と「公理論」への新しい時代の期待感を伝えて、われわれに何事かを想致せしめる。

4　嚮（導）律、創（開）律。「空‐起（成）‐動」との出会いに備えて――反省的判断から新‐公理論思考へ

バディウに戻ろう。「公理」論的思考の「公準」からの「控除」によるそれなりの「自律」と、「公理」と「公準」のしかるべき「協律」については先述したが、ここで、「公理」による「公準」の「嚮導」と、そのロゴスのそれなりのいわば「創開」についても、一瞥しておこう。「それなりの」その他の副詞・形容詞を多用しているのは、全体・諸事態が既述した「度合い」（degrés）の多様・変容等により動態的で、一義的な確言は避けなければならないからである。

（i）バディウはいう。「存在理論の枢要なテーマ〔の一つ〕は、先にも指摘したように（既述）、不安定（inconsistante）な多‐態である。しかし、公理論はそれを純粋‐多の潜勢的なとはいえあらかじめ記入されている展開として安定化（consister）するにいたる。〔……〕この公理論的な安定化は、一化による合成は避け、そ

れゆえきわめて特殊なかたちのものである。とはいえ、それが強制（oblige）であることにかわりはない。その操作の始点にまで遡ってみれば、それが禁じていたことが、不安定態として出来している（in-consiste）」（EE. p. 38）。「存在論は、さまざまの多様態の〔上記の〕特殊な不安定態にかかわる公理論として、すべての不安定態の安定化と、すべての安定態の不安定化によって、多-態の根本（l'en-soi）を把握（saisit）〔先述〕する」（EE. p. 39）。「不安定態」を「安定化」するだけなら、「一化-算定」の操作でもそれなりにできる。しかし、ここでは第二文で、「不安定態の安定化」と「安定態の不安定化」の双方の「根本」（l'en-soi）にかかわっていることに注意しよう。双方へのかかわりあってこそ、しかるべき「嚮導」（「強制」）（後述再論）も可能となる。

（ii）こうも記す。プラトン哲学は永遠なる規（既）定性と演繹（OT. p. 102）のそれのように見えるかもしれないが、「プラトン主義者ゲーデルにいわせれば、重要なのは公理論的-直観（intuitions axiomatiques）である。それが真理の空間（un espace de vérité）を構成（constituent）するのであって、諸関係の論理的な規定がではない」（OT. p. 105）。「ここで〈直観〉とは公理論的-決定（décision axiomatique）の謂いである」（OT. p. 101）。「〈直観〉とは、創造的思考（pensée inventive）のなす決定（décision）ということ以外の意味はもたない（傍点、引用者、以下同様）。ゲーデルの言に従えば、〈集合理論の諸公理を産出する〉（〈produire les axioms de la théorie des ensembles〉）である」（OT. p. 100）。「直観」や「決定」が「公理」を創出するといっているのであって、「公理的思考」が「創開的」だといっているわけではないではないかという異論があるかもしれないが、重要なのは言表の細部ではなく、「公理論的-直観・思考・決定」が「真理の空間を構成する」である。既述のところにも、この種の全体動態の把握こそが、公理論的-思惟の特色とあった。その全体動向の把握がここでは「創造・創開・創律」となっている。

公理論的-思考の問題はこれで終わりのわけではない。この存在論的-非現前-動態性を前にした場合のみならず、むしろ後述のメタ存在論的-生起を主題化するときにいたってこそ、重要になる。

II 哲学と数学

1 歴史的通覧

バディウ哲学の特色のひとつは、存在論が数理・数学的‐思考を踏まえてメタ存在論へさらにその先へと向かうことにあるが、ここでわれわれの基本知識も確認しながら、その全行程を瞥見してみよう[7]。

（i）物品を勘定・算定することによって処理するとは、人類に固有の振る舞いでかつ人類の生活史とともに古く、その伝習的な方式はおおむね自然数に類する単位によってなされてきたはずであり、これを前‐算数期[8]とでも仮称しておこう。ただし、そのあいだにも、目前の物象から離れて、脱‐事実的に、いわば控除的に、ア・プリオリに、たとえば将来における贈与・支払い‐契約として、数‐勘定を開陳してみせることもあった。

（ii）われわれの識る古代史に限定してみるとすれば、ギリシャに先立つシュメール期以来の東オリエントとエジプトという南オリエントは、一部の神秘的な宗教形象を別とすれば前‐算数的な実務的‐勘定・計算の社会であり、そこに、紀元前十世紀ころに登場してきたいわゆるギリシャ人たちは、その前歴にも興味深いものがあるが、資料に欠けるゆえ、この時期以降にのみ絞れば、一方では宗教形象を嫌って可視的・可解的な有限形象の整序をはかるとともに、他方では実務的な勘定‐計算を奴隷に任せてその無際限に広がり延長する不埒な（とギリシャ人たちの眼には映る）前‐算数次元の彼方、まずは宇宙に、たとえば、一個、二個、三個、四個、計十個の点を配置し、その「完全数」による「正三角形」という「テトラクチュス」[9]（tetractys）に、宇宙の「聖」ならぬいかにもギリシャ好みの「正」の象徴を確認するとともに、他方、地上世界にも、多を統合する〈一〉、〈一〉の分岐として意味づけられる多、なる秩序態を構想して、人類文明史における一画期を成立させた。

（iii）バディウは、なぜか、ほとんど触れないが、ここであの、当時のギリシャ-理知性にとっては驚きの、ここでのわれわれにとっても有意義な、大事件が出来する。「正三角形」は三辺の比を1：1：1として数-勘定としての前-算数を理知性レヴェルへと止揚・昇華しているが、たとえばそれを半分にして得られる直角三角形は、三辺の比が3：4：5の場合のようなまったくの特例を別にすれば、その斜辺は、なんとあの、――自然数・整数・有理数のみがほかならぬその自然さ・有-理-性・整-性ゆえに存在資格ありと思い込んでいたギリシャ的-理知性にとっては「在るまじき」――〈√n〉なる「無-理-数」でしかありえない、という発見である。発見は高度学究集団であるピュタゴラス派内部でなされ、発見者は驚きのあまり正気を失ったとか、自死したとか、とにかく派外の一般社会にたいしては黙秘とされるにいたった。

この問題をめぐって、ここでは三様の対応がある。

①まず、われわれ（筆者）は、ここにいう無理数の出現は上記のところからして前-算数・前-代数レヴェルでの出来事であり、幾何学（図形）はこれを例えば三角形の一辺として吸収・昇華・止揚・隠蔽することができる。ギリシャが、算数-代数文化ではなく、幾何学文化として自己研磨していったのは、たんなる算数-代数の世俗性への軽侮ゆえのみならず、この数理学レヴェルのその後の思想史・文化史のいう「危機」を乗り越える方策としてであった、と。われわれのこの論稿の冒頭の「はじめに」で、われわれは「正方形」とその二本の「内部-対角線-交叉」をギリシャ的「正義」とやがて来るキリスト教の「アガペー」の関係に見立てたが、あそこにあったのは（前者による後者の）隠蔽ではなく、吸収・止揚・昇華ではあったかもしれないが、バディウのその後の言表によれば集合論のいう「帰属」に対する「内含」であったということにもなるだろう。（前-）代数・算数から幾何学へのここでの変容は、「隠蔽」でもあるが、また、「内含」の「帰属」化、「公準」の「公理」化ともいえるのかもしれない。ちなみに、（前-）代数・算数が代数学になるのは、もっとずっと後、アラビア数学がギリシャ数学を吸収した中世期にいたってからである。

②S・ヴェイユも、また、この無理数の発見に〔前‐〕算数から幾何学への転換をみるが、ただし、こんどは、一個の幾何図形におけるそれではなく、複数の図形のあいだでのそれである。ヴェイユによれば、ギリシャ的ハルモニア（調和）とは、両極バランスの謂いではない。むしろ比例関係の謂いであって、目下の無理数〈√n〉が重要なのは、〈√n〉が、〈X：√n＝√n：Y〉のように、〈X〉と〈Y〉の媒介・仲介・仲保、つまり、結局、「神」と「人」の「間」の「仲保者」（Médiateur）を象徴するからである。旧約の「エホバ」と「人」は、古代（東‐）オリエント一般の「聖なるもの」と「人」の二元論を成すにすぎなかったが、新約‐キリスト教はギリシャの「比例中項」を得ることによって、「神」と「人」のあいだの「仲保者＝キリスト」を得た。キリスト教はユダヤ教からの発展ではなく、ギリシャあるいは古代東地中海一帯に広がっていたより普遍的な霊性‐信仰の成果である。キリストそのものが、「神」にして「人」、たんなる矛盾ならぬ、ギリシャ全体を揺すぶって再生・新生させた「無理数」にほかならない。「正義」が「アガペー」を「内含」していたというより、もともと「アガペー」という「内含」が「正義」という「帰属」を支えていたとすら言えることにあるだろう。

③バディウの対応は、幾何学を媒介とするもの、あるいは、幾何学を招来するものではない。言及はするもののすぐさま捨象してしまうから、ますます意味深である。バディウの著作・論稿は膨大であるから、他の該当テクストもあるかもしれないが、ここでは『存在と生起』の先にも触れた重要テクストを援用しよう。「エウドクソスの幾何学革命に先立つギリシャ思惟の女王であった算術（arithmétique）〔代数〕は、学知であるにしても、実際には、〔既述した〕第一次元‐順序限界点（limite）つまり〈Wo〉内部のそれにすぎない。そこに帰属する内在性のうちに蟄居して、真なる〈他〉（Autre）次元からの作用力を知らない。〔……〕一連の同次元の他物（autres）ではなく真なる〈他〉（Autre）次元が存在し、たんなる反復は、自らが深淵のなかに断裂・内没することによって自らの彼方（au-delà）にその真なる〈一‐多〉（un-multiple）の名を招喚するのでないかぎり無意味であることを知り、それに向かって決断（décidant）するのでないかぎり、その非力さは拭えない。そして、そ

の名とは、〈無限〉のことである」(EE. p. 179. 取意訳)。「(前‐) 代数」レヴェルに対する「他」(Autre) 次元とは、われわれのいうように「幾何学」ではなく、どうやら「(前‐) 代数」に対する「(真‐) 代数」のなにものか、たんなる「無‐限界・無‐際限」(non-limite, illimité) ならぬ、「無限」(Infini) 性のそれの謂いである。幾何学だとて、上記もしたように無理数を含み、そこから無限に向かって出達することが可能のはずだが、バディウは、幾何学ではなく、代数路線を選ぶ。そして、これによって、近代末・現代の出発点である「集合論」に合流し、さらにはわれわれにとってはより重要な、新たな、——近代、ポストモダン、反‐主体、反‐真理、消費、遊戯、等を超える——主体、実践、テクノロジー、……の世紀への準備固めをはかることになる。

(.iv) バディウが哲学・存在論はもともと数学なのであり、数学はもともと存在論・哲学なのであるという (cf. EE. p. 20; EM. p. 74sq.; OT. p. 37, 149-150) とき、含意していたのは当時までしばらく一世を風靡していたハイデガー哲学・存在論が内省・黙想の解釈学の方途を採っていたに抗するものであったかもしれないが、同時に、実際、哲学は、実務的な勘定‐操作が自己控除的にひとつのア・プリオリ操作となって天空に投企的に投射されたとき、ピュタゴラス派とともに成立したともいえる営みであった。この営みは、その後、一方ではイオニア植民地(現在のトルコ側)の例えばヘラクレイトスによって自然界の生成変化の考察に向けられ、他方ではエレア植民地(現在のイタリア側)のパルメニデスによってより抽象的な存在そのものの永遠不変の自己同一性の思惟へと向けられ、われわれ現代の哲学思想家たちの多くは、後者に固陋な合理主義の偏狭さを見て、前者のダイナミズムに依拠する傾向にあったが、バディウは後者がプラトン描くソクラテスの言動を通じてアテネ市民社会に拡散‐集開していくその〈多‐一〉の多彩な弁証法に現代世界に通ずる可能性を見、数‐勘定操作がピュタゴラスによる宇宙論的‐転換を経て人間社会の構造‐展開の数理学に再‐活性化していきうることを識った。哲学・存在論は数学から成り、数学は哲学・存在論的‐意義を内包するとは、一見姑息な学理主義に見えるとしても、その実、人間的‐現実世界の本質と実相を開示する。

（ⅴ）パルメニデス／プラトンを出発点・頂点とするギリシャ哲学は、「フィロ‐ソフィア」（知への愛）とはいいながらも、こうして、人間社会・宇宙（・自然）の現前態・現出態（existence, logiques）とそれらの存在（on）の相互関係（logos）・「多‐一」関係を総合的に把握する学（logos）として、つまり、〈ontologie〉とその諸様態（onto-logies）として展開していくことになる。そのいくつかの局面については次節でバディウの解説を引用しよう。

（ⅵ）いまは、歴史的通覧の問題であるから、まったくの略記をつづければ、バディウがほとんどまったく興味を示さないギリシャ以後のヨーロッパ中世世界においては、いうまでもなく〈多‐一〉関係が、〈onto-théo-logique〉となる。〈théo〉（神）は〈l'absolu transmathématique〉（脱‐数学的‐絶対者）（EE. p. 53）とも記される。

（ⅶ）その後のヨーロッパ近代世界は、立憲君主国家であれ絶対君主国家であれ国民国家であれ、「多」の増大と「一」の強力化を伴って、ただしバディウ流の「一化‐算定」による「秩序‐安定化」として、ほぼ一様に〈ontologie mathématique consistante〉（数理的‐安定‐存在論）となる。とくに記すほどのこともない名辞ともいえようが、バディウ的には〈inconsistant〉（非‐安定的）こそが人間社会の常態ともいえるのであるから、国家（état, État）嫌いのバディウのためには一言必要であろう。

（ⅷ）この先については表記がない。〈méta-ontologie〉とはバディウ自身の自称の一であるから採ることにして、しかし、よりバディウ的には、数学そのものが集合論（théorie d'ensemble）中心へと変容するのであるから、最終的には〈ensembles générico-événementialistes〉とでもなるか。〈générico-événementialiste〉については後述再論する。当面は、それまでの、〈méta-ontologies générico-événementialistes〉とでもいうことになるか。

2 起源的-共成――哲学と数学はもともと双生児だった

今度は、このわれわれ（筆者）の常識による事態概観をバディウ・テクストをもって説明しよう。ギリシャにおける数学の発生・成立は哲学・存在論の発生・成立でもあったこと、哲学・存在論の発生・成立は数学のそれでもあったこと、いやむしろ、ギリシャにおいては哲学とはもともと数学であり、数学は哲学であったこと、……。多少くだくだしく言表するのは、バディウの青年時代、一世を風靡していたハイデガーが、哲学の発生を（現在のトルコ側）イオニア植民地における多分に自然現象・自然元素を活用しての「ピュシス」（φύσις, physique. 今日の「物理学」の原語）・存在-生成-思想に指摘していたに対し、バディウは（イタリア側）エレア植民地のピュタゴラス派系-天体-数理-思想に哲学・存在論の起源を指摘し、ここにひとつの哲学史的-転回を見なければならないからである。バディウは前者に「アジア的-自然思想（詩想）」の〈poème〉（詩素・詩的-単位）の残滓を指摘し、後者にこそ「ギリシャという生起・開起」（événement grec）・ギリシャが人類史にもたらした奇跡的-創見・貢献とその〈mathème〉（数学素・数学的-単位）を強調する。読者諸氏にあっては、ギリシャが人類史における理性主義への初めての転回であったとは常識ではないかと反論するむきもあるかもしれないが、そのような安穏な近代・伝統的-合理主義の悪弊・欠損が明らかになった二十世紀前半の西欧精神史の眼識にとっては、ハイデガー流の原点回帰も、それを踏まえるバディウ的な原点回帰も、常識のひけらかす姑息な達観以上の深刻な意義・射程を内包する。〈mathème〉自体が、今日ではたんなる〈mathématique〉（数学）の語源にすぎないようにみえるとしても、もともと〈pathei mathei〉とは「古代ギリシャ悲劇時代」（ニーチェ）から今日にまでいたる「苦を介しての智」のその深甚の「智」を含意するものであった。たとえポストモダンの軽佻浮薄が冷笑するにしても、世界と人生から先に消えるのは、いうまでもなく後者である。

バディウ文言に戻ろう。

①二十世紀初頭のいわゆる「数学の危機」にあたって、B・ラッセルは冗談半分（?）に「数学とは、何について語っているのか、真を語っているのかいないのか、判っていない言説なのだ」（EE. p. 15）といった。バディウは応える。「数学こそまさしく、自らが何について語っているのか〈知っている〉唯一の言説である。存在としての存在（l'être, comme tel）について語っているのだ。存在は対象化しえず、多言の対象ともなりえないものゆえ、存在の知など数学内部で反省的に語られる必要などないわけだが。しかし、それは、また、われわれが自らの語っていることの真理性について全面的な保証と基準を所有しうる唯一の知であり、そのこともよく認識されている。その真理は全面的に伝達可能なかたちで出会われることなどまったくないような真理ではあるが」（Ibid.）。

②「〈数〉（Nombre）とは、本質的には、複数物質（matière-multiple）から控除（arrachée）されるひとつの形式（une forme）である。〔……〕〈数〉は、なんらかの物象（un objet）ではなく、客観態（objectivité）ではない。それは、存在（l'être）におけるひとつの身振り（un geste）なのである。〔……〕〈数〉は、大文字のそれ（Nombre）は小文字の諸数（nombres）のなかに外-在-化（ek-siste）し、小文字のそれ（nombre）はそれらの存在（leur être）の潜勢態（latence）を成す。／注目すべきは、われわれがこの潜勢態、それとしての〈数〉に、接近（accès）できるということである。その接近（accès）がひとつの〔われわれからの〕超出（excès）を指示しているからである。〔……〕数学がわれわれにすくなくともこの超出、この接近を、可能にさせてくれている（permette）とは、この〔数学という〕学門の力強い存在論的-召命（puissante vocation ontologique）を裏付けている」（OT. pp. 149-150）。実務上の数-勘定は、確実に該当物象からの「身振り」に応じていたはずであり、この協律は、宇宙論的投企においては稀薄化するとはいえ、地上の人間-社会レヴェルでは、再び、新たな、「存在論的-召命」を回復する。

③「ギリシャにおける始原以来、存在は数学の諸展開のなかに自己登記している。それゆえまた哲学の始原以来、〔存在への関わりとしての哲学的〕思惟は〔数学的な〈多〉の展開への関わりとして〕〈一〉なるものの規範的‐権力から自己控除（se soustrait）している。プラトンからフッサール、ウィトゲンシュタインへといたる哲学に顕著な数学の登場は、存在を〈一〉による支配とは別の途の試練に曝すという独自の条件のもとで解読されなければならない。〔……〕哲学は、つねに、散開（disparate）あるいは分律（scindée）という、数学的‐条件のもとにあるのであるから」(OT. p. 37)。

④「われわれの目的は、数学が存在としての存在（l'être-en-tant-qu'être）の歴史的側面をなすメタ存在論（métaontologique）テーゼを確立することにある。そしてこの目的の目的は、存在の学（science de l'être）としての数学と、まさしく〈存在としての存在ではないもの〉（ce-qui-n'est-pas-l'être-en-tant-qu'être）を指示する生起（événement）の介入（intervenantes）を論ずる諸理論、という〔もはや〕哲学ではない二つの言説（と実践）の思惟可能な相関態のなかに、哲学を位置づけることにある」(EE. p. 20)。「存在としての存在ではないもの」の「介入」としての「生起」〔出来事〕については、追って詳論する。ここでは、とりあえず形式的に、「数学」と「生起」の「相関態」としてバディウの「メタ存在論」を考えておけばよい、この「メタ存在論」という訳知り顔のタームがバディウ哲学の最終規定をなすわけではなく、その先まで論じなければならないが。

⑤「われわれの時代の職業哲学者たちの大部分は、哲学は、ヘーゲル、コント、バシュラール、たちが主張していたように、諸科学の認知論的‐真理、諸芸術の感覚的‐真理、諸政治の人間集団についての真理、さまざまの愛の実存論的‐真理、と、可能な限り広範・現実的な関係を維持すべきだと考えることを止めてしまいました。ラカンが、〈要するに大学的ディスクール〉と貶価するように」(EM. pp. 50-51. 簡略化のために取意訳)。「私の結論は、数学は存在としての存在の学なのだ、哲学者たちが存在論と呼ぶものだということです。数学は存在するものの全体を純粋な形式性のレヴェルで捉える学なのです」(Ibid. pp. 74-75. 同上)。

バディウの関係標語は他にもすくなくないが、このあたりで我慢しておこう。『存在と生起』の末尾（EE. p. 475）はこの書の要点、あるいは「(バディウら) われわれ」の「任務」(tâches) を三点挙げ、これはわれわれがこの論稿の冒頭に確認した「バディウ哲学の三主題：存在、真理、主体」に対応するが、詳論は後述に委ねるとして、その「二点」をめぐって記している。「哲学のギリシャ起源以来の全歴史を存在論的問題の数学的‐整序（un réglement mathématique de la question ontologique）という仮説のもとで再解釈することは不可能ではない」。「カントール／フレーゲ以来の論理‐数学的（logico-mathématique）‐諸成果を然るべく分析することは、この知的革命が、存在論がそれと自覚せぬままに自らの本質についてなしている自己検討として、今日的‐合理性において可能にしているところのものを、考察させてくれるはずである」。

なお、末尾の末尾としての一文「無（Néant）は弾け散った。純粋さの城（château de la pureté）が残る」については先述した。

3　歴史的‐相嵌――哲学史上の諸事例

今度は個々の哲学について事態がどうなっているか、考察してみよう。詳論するとなれば、重要だが多大の紙幅と学識が必要となるので、ここではバディウ論述に則っての簡単な瞥見にとどめる。

(1) プラトン

①「幾何学を学ばざりし者、この門に入るべからず」とプラトンが自らのアカデミーの正門に記したとは有名な逸話であるが、バディウはこれをここでも、プラトンの語としては「幾何学」(géométrie) を用いながら、自分では「数学」(mathématique) の問題として扱い (MPhII. p. 15)、両語・両概念の異同にはなんの関心も示さな

い。われわれとしては、上記のとおり、幾何学による無理数の放逐・糊塗・隠蔽にギリシャ的公理による真理への裏切りと、代数主義者としてのバディウの自己背反も見るが、ここでは要するに、常識どおり、公理・定義から厳密な演繹手法をもって推論していくといういわゆる合理主義的・精密科学的 - 思考の学問的意義をプラトンに指摘するということであろう（cf. Cond. p. 173sq.）。ただし、この先で正方形（正義）のなかその本質に内部二対角線交叉の潜伏（苦患する正義者ソクラテスからアガペーへのベクトル）を透視（既述）するとき、プラトンは、バディウも賛同するはずだが、たんなる合理思考者から真正の哲学者へと大成する。

②実際、これも既述したように、合理的・数学的思考は「臆断」（doxa）と「真知」（intellect）の「中間」（metaxu）に位置するものであった（OT. p. 32）。同じ『国家』篇のテクスト（第六巻）を別処（Cond. pp. 166-171）でも引用しながら、バディウは合理的思考・数学は「臆断」を克服するにあたって「暴力」（violence）（Ibid.）を振るう、という。幾何学による無理数の消去もおそらくその一であった。「数学的切断」（rupture mathématique）に対して「静寧なる観照」（sérénité contemplative）としての「弁証法的切断」（rupture dialectique）を重ねなければならない。「数学は（臆見との融着を断ち切る能力によって）卓越（éminente）するが、同時に、（その暗い暴力（violent et opaque）を行使する狭隘さゆえに）不充分（insuffisante）である。数学はひとつの真理（vérité）であろうが、叡智（sagesse）の段階にまでは達していない」（Ibid.）。

③バディウがもっとも私淑し、「多のプラトニズム」（platonisme du multiple）を自称するとともに、現代哲学全般にもそれを提言するプラトンの数理思想を、われわれ（筆者）があまりにも早めに貶価するかたちになってしまったかもしれない。しかし、かの有名な「イデア」も経験的事象からの典型的な「控除」の成果であるとしても、あの「一化（- 算定）」の弊を免れてはいない。周知のとおりプラトン自身が、最終的には「イデアの彼方」としての〈Agathon〉（至高の佳きもの）（Bien）（OT. p. 98）に赴くほかなかった。バディウはこの〈Bien〉を詳論していないが（既述）、やがて〈idea〉を現代集合論の「集合」として捉え直す（Ibid. p. 108）のであるか

ら、「イデアの彼方」としての〈Bien〉は「純粋-多」「無限」となってあるいはギリシャ公理から超脱し、今日のわれわれもこの〈Agathon〉がたんなる知的対象・「静寧なる弁証法的-観照」の対象・主題でもなく、全イデアと存在者の全体の認識論的・存在論的な産出的-根拠動であることを知っている（既述）。

④遅ればせになってしまったが、バディウ的-プラトン論の最大の特色は、地上世界におけるこの種のダイナミズムを指摘するところにある。プラトン世界に永遠なる静謐の秩序を見がちな世論にたいして、「非-確定態（l'indécidable）がプラトン哲学の枢要なカテゴリーであることを、私は主張する。〔……〕非-確定態こそが諸対話の論争スタイルを突き動かすものなのだ。非-確定態の時点にまで遂行せしめよ、思考が存在の生起（un événement de l'être）に向かって、まさしく決定（décider）を下さなければならないことを示すために。思惟とは、まず叙述、あるいは構成ではなく、（臆見との、経験との）切断（rupture）なのであり、ゆえにひとつの決断（décision）なのである」（Ibid. p. 99）。「非-確定態は数学と有機的に結びついている。〔……〕数学はたえず確定（constamment décidé）されていかなければならないものなのである」（Ibid. pp. 101-102）。ここにいう「非-確定態」が、われわれの常識やドゥルーズ＝ガタリのいう「ト・アペイロン」や「シミュラクル」[10]を含むものなのか、バディウにはこれらについての問題意識がまったくないようなので、判らない。ただ、われわれの言及する端的な一事例、ピュタゴラス派の出くわした無理数・非-合理数を直角三角形の斜辺へと合理化・可解化する企てにも、すでにひとつの「非-確定態」の「確定化」「決定化」「決断」が含まれているといってよいだろう。

バディウはこうして「存在論と数学」の問題をめぐるプラトンの先駆的な功を三点にまとめる（Ibid. pp. 102-103）。既述のところと重なる事項もあるが、重要ゆえあえて繰り返させていただけば、……。

（i）「数学はひとつの思考・思惟・思想（une pensée）である」（OT. p. 102）。この一見平凡で曖昧な一文は既述のところを踏まえれば意味明瞭となる。「思考・思惟・思想である」とは、たんなる「勘定-操作」、「叙述」（description）、「構成」（construction）、「外的事物の把握」（saisir des entités〈extérieures〉）（Ibid. p. 99, 100, etc）

……ではなく、「事象の身振り（geste）への対応」、「事象の発明（inventive）・産出（produire）」、「真理への超出」（expose à la vérité）（Ibid. p. 100, etc）でもある、ということである。この一文はしたがって、バディウのいうところ、つぎのことを意味する。「認識主体と認識対象の区別は妥当ではない。ひとつの然るべき思惟運動（un movement réglé）があり、それが思惟が包摂する存在と外延を同じく（coextensif）し、この共-外延態（coextension）をプラトンは〈イデア〉と呼んだわけだが、この運動のなかでは、発見（découverte）と発明（invention）がまさしく識別不可能（indiscernable）になっている」（Ibid. p. 102. 傍点、引用者）。「正義のイデア」は、あちこちで施行・思惟されている「諸正義」を踏まえて、ソクラテス・その学徒たち・プラトンが思い至るものであるが、それはわれわれ近代人にとっては案出・「発明」かもしれないが、古代ギリシャ哲学のプラトンにおいては「発見」であり、「イデア」は人知を超える先行存在にしてしかも人知の創造（「発明」）的努力によってはじめて「発見」されるものであった。われわれは先に、バディウがカントに準じて「認識」と「思考」を分けるのを見、M・セールとそのグループが、カント・近代のいう超越論的-主観に対して、超越論的-客観を語り、ドゥルーズがその超越論的-主観の実在論的根底にカント自身のいう「魂の奥底に作動する秘められた技倆」を想定するのに接し、旧著の『現代思想と〈幾何学の起源[11]〉』では、その「思考」しうる超越論的-客観そのもの（「現象」でも「原象」でもなく「理象」とまで筆者は試論した）の自己開展に、幾何学・数学の「起源」を試考した。ここにバディウの数学論議にも同種の発想を見る思いがする。

（ii）第二点はついいましがたの追考の反復ゆえ、簡単である。「すべての思惟は、――それゆえ数学は、――非-確定態（非-演繹態）に対する（直観態へのそれとしての）さまざまの決定作用をともなう」（Ibid. p. 102）。ただし、ここで、「非-確定態」（L'indécidable）に「非-演繹態」（non-déductible）なる説明が付いていることに留意しよう。われわれはギリシャ数学といえばすぐに公理・定理から出発するユークリッドの演繹体系を考えるが、ここではおそらくユークリッド以前の数学-生成が考えられている。

（iii）この第三点も既述のところの帰結ゆえ、多言は要さない。上記のところで「思惟が包摂する（かぎりの）存在」とあったが、ここでは、こうである。「思惟が存在を包摂しないとは、〔これも既述の〕不‐安定態（une inconsistance）の謂いであるが、後者は非‐確定態（une indécidabilité）とは注意深く区別されなければならない。存在（être）、思惟（pensée）、安定態（consistance）は、数学においては唯一・同一である」（Ibid. p. 103）。この文の前半は「非‐確定態とは不‐安定態のことではない」というほうがここでは判りやすいであろうが、とまれ、「不‐安定態」とはバディウ・集合論のいう（「帰属態」に対する）「内含態」、他方、「非‐確定態」とは集合の外（以前）なる事態といってよいと思われる。

こうして、バディウの私淑・依拠するプラトン哲学と現代集合論が繋がることになる。「数学における〈集合論〉的‐決定は、カントール概念の存在論的‐捉え直しに通じ、それが純粋‐多としての存在の思惟を可解化するに役立つことを私は既述したが、とにかくこうしてプラトン的‐方向づけを明らかにする。〔……〕それはまた（コーエンと並んで）最大のカントール継承者であるゲーデルの哲学的選択が証するころでもある」（Ibid. p. 104. 一部やや取意訳）。カントール、ゲーデル、コーエン、については、哲学史的にではなく、バディウ哲学の可解化のために、追って再‐言及する。

（2）アリストテレス

アリストテレスの名はバディウ・テクストの本文中にはあまり出てこないが。主著の二つがおのおの一章をあてており、それなりに重要である。

（i）『存在と生起』ではアリストテレス『自然学』第四巻第八セクションの〈rien〉（τὸ μηδέν）とくに〈vide〉（τὸ χένον）（EE. p. 86, 87, 89）概念を取り上げている。われわれも上記のところで両問題のあらましを概説した。ここでは重複も含めての補説である。

（ａ）まず〈rien〉から処理しよう。われわれは上記でこれを「殆無」と苦訳した。バディウ的には、「無-存在」（non-être）ではなく、「非-存在者」（non-étant）である。古代ギリシャ哲学的には「自然界（φύσιδ）の自然性の稀薄（inéclos）（Ibid. p. 91）なところ」である。〈vide〉（虚ろ）とこれは相通ずる。しかし、バディウ的には「非-存在者」とは「一化・算定」的に処理しえないということであり、「一」と「零」の間の「純粋-多」性の何らかの程度（degré）ということで（も）ある。〈vide〉もまた、「一化・算定」の及ばぬところ、それが空《むな》しくなるところ、「純粋-多」、ただし「無-際限」（illimité）ならぬ、「無-（有）限」としての「無限（infini）・純粋-多」であった。（バディウはこの章では「無際限」と「無限」を区別していない。）最終的には、バディウは、「自然界の稀薄なところ」とは、では、「非-自然的（non-naturel）」次元というものも、アリストテレス・ギリシャ哲学に期待しうるのであろうか（EE. p. 90）、と、その先までを予見ながら、問いはじめる。追って再論しよう。

（ｂ）〈vide〉については、バディウは、近代のパスカル／トリチェリのいう「真空」ではなく（EE. p. 87）、とあらためて断り、プラトンに先立つパルメニデスが「〈vide〉を純粋な無-存在（pur non-être）のように排斥するに満足した」（EE. p. 87）と難じながら、――しかし、プラトンについても、本件は論じていない――、「ギリシャ人にとって、〈vide〉とは、実験・経験レヴェルの問題ではなく、存在論的なカテゴリーなのである」（EE. p. 86）といい、アリストテレスの上記テクストにも、「よく読んでみると」（EE. p. 85）と、まず次の点を指摘する。「〈vide〉とは、事象運搬の物質的要因（cause matérielle）なのであり、〔……〕軽いものを持ち上げ、重いものを下に降ろすという自然的な運動に内在的な〔とりあえず〕未決定の存在論的潜勢態（virtualité ontologique indéterminée immanente au movement naturel）なのである。〈vide〉とは、さまざまの運動の自然的な差異・変化動（différenciation）を支える潜勢的な〔いわば〕前（非）-差異（動）態（l'in-différence latente）なのである。〔……〕この意味で、まさしく〈vide〉の存在（être）というもの、ただし、ひとつの非（前）-実体的な存在（un être présubsistantiel）、それゆえそれとしては思考されえない（impensable comme tel）存在が、出来《しゅったい》していることになるだろう」（EE. pp. 85-86）。〈vide〉とは、われわれも先に確認したとおり、認識はむろんそれとしては「思考」すら「されえない」、しかし、そう想定（supposer）（既述）せざるをえない、作働力ある潜勢態なのである。であるから、われわれも「空‐起‐動」「空‐成‐動」などとも苦訳したわけである。

（c）もっと本格的な局面に入っていこう。「アリストテレスの目論見《もくろみ》は、〈vide〉は運動を控除（exclut）し、自然的現前のなかで捉えられる存在としての存在から自らを控除する（s'exclut）ということを、明示することにある。この目論見は強力なもので、差異（différence）、無‐際限化（あるいは無‐限化）（illimitation（ou infinité））、不‐通約性（incommensurabilité）、の概念を、つぎつぎに巻き込んでいく。〈vide〉をこのように、非（無、前）‐差異（in-différence）、無‐（有）限（in-finité）、尺度‐破砕（démesure）として措定していくことには、深甚な意味がある。これら三つの規定化が、〈vide〉の未決定性（errance）、その控除的（soustractive）な存在論的機能、そのすべての現前態にかかわる不安定性（inconsistance）に、そのつどおのおのの独自性を可能にしていくのだ」（EE. p. 88）。

以下、もう少し具体的な論述に入っていくが、われわれとしては紙幅の事情もあり簡述にとどめるしかない。（α）「差異」を「巻き込ん」（engage）で「非・無・前‐差異」（in-différence）へと仕立て上げ（impose）、その「未決定性」（errance）にしかるべき方位を可能にしていく（spécifie）とは、〈vide〉という「自然界における自然性の稀薄な部分」を、むしろ「自然的‐差異・多様」とは別の次元（ordre）（cf. EE. p. 90. 後述）の「存在論的」な「原因」（cause）（既述。なお、ギリシャ哲学では「原因」（aitia）は、近代自然科学のいう「原因」ではなく、「根拠・本質‐発（起）動力」を含意することが多い）態と、アリストレスが、そのギリシャ的限界（先述、後述）からむしろ外《は》み出すかたちで、要するにすでにバディウ的に、思惟しはじめてしまっていることを、バディウが見通している、ということである。（β）〈vide〉のこの存在論的な「非・無・前‐差異性」と「自然的な差異性」の次元（ordre）の異同は、〈vide〉の「無限性」（in-finité）を強調するときに、より判っきりする。困ったことに、バディウは、本来は、既述のように、「無限」（infinité）と「無際限」（illimité）をそれこそ次元の違いとして峻別する（既述）はずであるのに、ここではまともに区別しておらず（EE. p. 89）、ただし、「超過」（excès）（既述の「超剰」を参照）態として両者を一緒にしているので、それに準ずれば、「無限・無際限は、ギリシャ人にとっては、現前するものは自らに固有の限界（limite）への節度性においてその存在（être）を維持・肯定するのであるから、現前そのものへの否定である。〈vide〉は本質的に無限（infini）であると言明することは、それが非‐現前的で、状況から外《は》み出したものである（hors situation）と言うことに帰着する。〈vide〉はかくて、思惟可能な装置、わけても自然が設定してくれた装置としての存在（être comme disposition naturelle）からの超過となる」（EE. p. 89）。「アリストテレスとともに、それゆえ、〈vide〉は〈存在しない〉（*n'est pas*）、〈存在〉（être）という語で現前に限られた次元、とりわけこの次元における自然的事態を理解するのであれば、〈存在しない〉とたしかに結論しなければならない」（EE. p. 90）。（γ）〈vide〉が通常の、あるいはギリシャ的な、「尺度を超えた」（dé-mesure）ものであることは、もはや説明の要はないだろう。とにかく、「アリストテレスは〈vide〉にあらゆる〈自然的〉な存在性（être *naturel*）を否認する」（EE. p. 90）のである。

（d）だが、ここからバディウらしい批判的な補遺の建設作業がはじまる。では、アリストテレスに「非‐自然的な存在」（un être non-naturel）というものが可能であるとすれば、アリストテレスの〈vide〉にも「存在」性を認めることが可能となる、ということであろうか。そのような次元は、アリストテレスに可能であろうか。バディウは三点から対応する。（α）アリストテレスは、ハイデガーによる指摘から有名になったように、「存在は複数のやりかたで語られる（・自ら語る）（se dit）」という。「となれば、〈vide〉は非(無)‐存在（non-être）として、あるいは非‐現前化動（imprésentation）なる存在として、〔語り〕存在するということにもなるだろう」（EE. p. 91）。（β）「アリストテレスにおいては、〔既述のとおり〕〈vide〉は、自然的運動に内在的な〔……〕存在論的‐潜勢動ともされていた。〈vide〉が物質的〔質料的〕なものの本質の〈名〉（*nom*）でもありうると認めることは、それに〔形相と質料に対する〕〈第三原理〉としての謎めいた存在性（existence ènigmatique）を認め、それを〔物質・質料の〕荷担‐主体（sujet-support）とすることである。〔……〕〈vide〉の存在は物質〔質料〕の存在とある種の脆さ（précarité）を共有し、純粋の非‐存在（non-être）と現実的な存在物の存在（être-effectivement-être）の中間に、準‐実体（quasi-substance）、準‐存在（presqu'être）として、宙吊りにされている」（EE. pp. 91-92）。簡明化のために簡述に努めたが、かえってごたついたかもしれない。要は、アリストレスにおける〈vide〉とは、ギリシャ的・自然的‐次元おける「存在」でも「非（無）‐存在」でもなく、後代における、あるいはバディウ的な、いってみれば「一」と「純粋‐多・空」の中間おける、「主体」の先駆態だということである。（γ）だが、アリストレスには、やはり、決定的な限界がある。それは、〈vide〉をあたかも「空間的な延長態」（espace ou extension）（EE. p. 92）のように見ているということだ。今日の数理・集合論は「空‐集合」（vide）を、空間性・延長態においてではなく、「点」（ponctualité）（Ibid.）性において考える。「〈vide〉とはすべての現前化動の非‐現前的な存在点（point d'être）の謂いである」（Ibid.）。しかし、アリストテレスには「〈vide〉問題を場所（lieu）問題から切り離すことなど、考えようもなかった。〈vide〉が存在しないとすれば、それは〈vide〉な場所など考えようがないからであった」（Ibid.）。だが、バディウからすれば、「〈vide〉の名において考えるべきは、すべての場所（lieu）、すべての状況が、存在するためにはそれを支えとする非‐場所（hors-lieu）、である」（Ibid.）。実際、たとえばこの大宇宙の存在を支えているのは、数々の恣意的命名を別とすれば、要するに名もなき・名づけようもなきなんらかの生起（後述）ではあるまいか。「無（非）‐場所（sans-lieu）など、考えるも愚かしい、と言明することとは、場所ならぬ点こそが、〈vide〉にかかわるさまざまのアポリアをしかるべく失効させることができる、ということを忘れることである」（Ibid.）。実際、たとえば、〈vide〉が在る、といえば、われわれは、実験結果の「真空」も含めて、どこに?、と、非‐〈vide〉としての場所に目と想いを奔らせてしまう。「〈vide〉は存在の〔場所ではなく〕点であるがゆえに、存在が安定態（consiste）である状況に憑依するあの準‐

存在（ce presqu'être）でもあるのだ」（Ibid.)。実際、〈vide〉は、存在の場所ではなく、存在の点という非‐場所であり、別言すれば非‐場所としての「主体」の出来・生起であるがゆえに、存在が安定態である状況に、それでない準‐存在として、憑依（hante. 相反‐相伴）する。「〈vide〉の非‐安定性（insistance）が、たえざる非‐場所化（dé-localisation）として、非‐安定化‐動を、安定状況に、生起・出来せしめつづける（in-consiste)」（Ibid.)。別言すれば、〈vide〉は「主体」として、状況・場所・存在に、たえず作働しつづける。……このアリストテレス章で、われわれは〈vide〉を、空、真空、空虚《うつろ》、空無、等と訳語する衝動を抑えながら、括弧を外さずに、対応してきた。しかし、いま、如上の考察を踏まえて、〈vide〉を、最終的には、自然的存在と場所と時間を超える「主体」（sujut-support. 先述）の〈aitia〉である動的・能動的な「空‐成‐動」「空‐起‐動」、あるいは人間的‐主体がその一様態にすぎないところの存在論的な「空‐成‐動」「空‐起‐動」と解し、あえてそう訳語しようと思う。そして、その〈vide〉「空」とは、また、「無際限」ならぬ「無限」としての「純粋‐多」でもあった。

（ii）さて、『推移・綜合‐存在論小論』（OT）のほうの第七章「アリストテレス的方向づけと存在論理学」は、まさしく数理学・数学そのものと存在論・哲学の対比関係を扱っている。

（a）まず、アリストテレスの数理・数学論を、プラトンのそれと対比させる。前者は後代のライプニッツに系譜づけられ、後者は同じくデカルトに系譜づけられる。（α）一般の哲学史的常識からすれば、プラトン哲学の数理・数学観は、幾何学をわれわれが上記したように算数レヴェルの非‐合理量の隠蔽・抹消・克服としてギリシャ公理を確立するか、ピュタゴラス・パルメニデス系譜で宇宙的秩序の人間・理性的‐構築とするか、いずれにせよ存在論的（ontologique）・実在（réel）論的‐意義を含ませるが、アリストテレスにとっては、ギリシャ・オリエント一般生活社会に広がっている勘定・算定‐操作（art calculant）（OT. p. 113）のこれまた理性的な完成・洗練化、ライプニッツの微積分が「モナド」論と直接の関係はないと同じように、アリストテレス独自の「実体」論とは直接関係のないもの（Ibid. p. 112）であった。バディウのこのあたりのアリストテレス・ライプニッツvsプラトンの対比考察は一般向きに鮮やかであるが、われわれにとってとくに重要なのは、プラトン数学論が〈réel〉論であるとすればアリストテレスのそれはライプニッツのというよりバディウの出発点の一であったラカンの〈réel vs symbolique〉に準ずる〈réel vs possible〉に対応する（Ibid. p. 113）ということであり、さらに重要なのは、プラトンにおいては、その〈réel〉（実在・存在）志向にもかかわらず、あるいはむしろそれゆえにこそというべきか、とにかく経験的現実（réel）との切断（rupture）が前提であり、「無際限」（illimité）から「無限」（infinité）を区別するのもまさしく理性的な「決断」（décision）であったにたいし、アリストテレスの力点は経験的現実における思惟の「適合」（adéquat）条件の「合-理性的-適正さ」（légitimation）の「記述・叙述」（description）にあるということだろう（Ibid. pp. 113-116）。バディウが「決断」のプラトン主義者であっただけに、ここでのこのアリストテレス評価も興味深い。（β）バディウ自身による総括はこうである。「アリストテレス（あるいはライプニッツ）の数学観の大綱は最終的には、論理主義（logicisme）、アルゴリスムあるいは構成主義的といわれる有限主義（finitisme algorithmique ou constructiviste）、合理的に可能なものに関する複数主義（pluralisme des possibles rationnels）、である」（Ibid. p. 116）。「論理主義」とはライプニッツの〈普遍記号法〉やその後の数学的-論理主義に連なるもので、言説内容の実在性（réel）や真理性（vrai）には拘《こだわ》らず、言説の理論的-可能性の開展・展開に専念する（Ibid. p. 114）。「アルゴリスム」は（代数学レヴェルで）数学的諸観念と一般言語・数操作・計算作業との関係の明確化を目途《もくと》し（Ibid. p. 114）、「構成主義」は（幾何学レヴェルで）数学的諸観念と諸表象の関係を主題化し（Ibid.）、いずれもプラトン哲学のような至高・究極・絶対は形而上学に任せて、自らは「有限主義」よろしく数学的-諸言明の監視（surveillance）と規制（restriction）を事とする（Ibid. p. 115）。「複数主義」とは、数理・数学をたんなる「ひとつ」（un）の形式〔形相〕学」として、真理や存在にかかわる「唯一」（unique）の学とはしないことを意味する（Ibid. pp. 115-116）。

（b）さて、これらの諸問題をめぐって、ギリシャ以来、哲学には主に二つの観点があった（Ibid. pp. 116-

117)。(α) 一方は、数学は「疑いもなく」存在にかかわり、「経験の汚濁」に囚われないのみならず、「有限性による諸強制からも判っきりと身を放つ」(Ibid. p. 116) とする。(β) 他方は、数学は範列的であり、他の諸思惟と合理性の相互連関のなかにある、とする。(γ) それゆえ、「哲学者にとって、数学は同時に、存在論的 (ontologique) でもあり、論理学的 (logique) でもあるのだ。数学は存在‐論理学的 (onto-logique) なのである。このハイフン〔‐〕がプラトンとアリストテレスを分けている。私流にいえば、数学はあらゆる真理 (諸公理、諸原理、〔決断への〕勇気) への参入行程において哲学を明晰化し、しかしまた、〔真理への〕忠誠 (さまざまの方式操作、不断の思惟展開、慎重な自己規制) のモラルにおいても、哲学を明晰化する。この基本的な二重条件を反覆すること、それが私が (真理の今日的概念を提言し、哲学に新たに賭けることを通じて) おこなっていることだが、その任は現代数学のヴァイタリティとの細密な対決・照合を義務づける」(Ibid. pp. 116-117)。

(c) その現代数学の枢要な現段階は二つある。(α) 二十世紀の初頭に存在分析とトポロジーの諸要請から生じてきたカントールからコーエンへの集合論。(β) 五十年前に代数幾何学の諸要請から生じてきたカテゴリーとトポスの理論。(γ) そして、今日の哲学の課題は次の点にある。「プラトン思惟とアリストテレス思惟の巨大な対立をめぐって、今日、どのような存在論的‐協律関係 (configuration ontologique) (あるいは、存在論の論理学) を構築し、かつ、どのように〔これからの〕哲学プロジェクトを、特殊専門的な数学哲学へと狭隘化させることなく、その独異性 (singularité) において導くことが可能となるか」(OT. p. 117)。

余談ながら、バディウ自身の思惟においては、〈logique〉とは、通例の「思考‐論理学」であるとともに、「(存在) 現出‐論理学」でもあった。ここではほぼ前者に限定していることになる。後者を可能にしているあの「先験態・超越論態」を考量すれば、ここにむろん撞着はない。後者を「大論理学」(Grande Logique) と呼ぶ場合もある。

（3）キリスト教思惟

バディウは、ドゥルーズ＝ガタリと同じく中世思想には主題的には論及しないが、ドゥルーズ＝ガタリと違って、パスカル論への導入部でだが、キリスト教思想に関説する。バディウ的発想が、自らは唯物論でありながら、この反‐唯物論にも説明効力を示しているので、簡単に確認しておこう。

（a）キリスト教思惟は、ラカンもいうように、宗教思想としては唯一、「真理」問題をも提起する（EE. p. 235）。われわれにいわせれば、キリスト教思惟は、それまでのオリエント宗教の「裁きの神」に対して、「愛と赦しの神」を立ててオリエント地域で多くの信心を獲得したあと、つぎの伝道地であるギリシャの人心に訴えるために、ギリシャ流の理論化をはかり、当然、ギリシャ哲学の諸概念をも採用・吸収していくことになった。バディウが触れない「三位一体論」や比例中項にあたる「仲保者」論などその典型であるが、ここにいう「真理」概念も同様の一だったといえるだろう。

（b）ラカンから離れてバディウ独自の概念に移れば、まず、（α）これはバディウ哲学思想としては後述に詳論するが、キリスト教は絶対神の絶対的な「存在」（être）への帰依の宗教ではなく、「神の御子の十字架における死」という不可思議な「出来事《しゅったいじ》」（événement）をめぐる理解と得心、というよりむしろその受諾への決断という信仰であり、（β）後者における当事者たち（人間、民衆、場合によっては、神も、神の御子も、入るだろう）の「参入・介入・間‐入」（intervention）の宗教である。（γ）「神」はその（自らの）「御子」でもありさらに「民心」の参入も前提するのであるから、いわゆる唯一神・「一‐神」ではなく、あの「一化・算定」を超える「超‐一・脱‐一」（ultra-Un）神といわなければならず、それに「参与・参入」する「御子」「人間‐主体」についても同様だろう。「キリスト教の核心にはこの出来事〔生起〕があり、〔……〕信仰は神の唯一存在性（l'être-un）や万能性に向かうのではなく、御子の死をめぐって構成すべき意味（le sens à constituer）と、その構成される意味への忠誠心（fidélité）の組織化に、参入の核心がある」（EE. p. 235）。

（c）この「出来事」を構成するパラメーターは以下のとおりである（EE. pp. 235-237）。（α）この「出来時」のはらむ「多」性。神、御子、人間、生、死、苦、拷問、残忍、……。「十字架はこの途轍もない多性（ce multiple insensé）の標徴である」（EE. p. 235）。（β）やがて「神の死」ともいわれるようになるが、重要なのは「死」ではなく、生死を超える「脱‐一」（ultra-Un）性である。（γ）この「脱‐一」性は、神の〈父と子〉への分岐（scission）としての「二」（Deux）性である。（この、これもラカン由来の（？）「一」なき「二」については先述した。）（δ）ここには、「状況」と「国家」（ピラト）という「メタ構造」（既述）も含まれている。（ε）歴史的二重性もある。アダムの犯した原罪をキリストが贖う。神〔の御子〕の死とメシアへの約束、被‐追放と救済、原初の放浪への忠誠、……。「キリスト教は終始万端、出来事の反覆によって構造化されており、さらに第三の出来時という聖なる偶有性、つまり最後の審判に向かって、身支度をしている」（EE. p. 236）。（ζ）この独自の時代区分が、「状況」におけるひとつの（自然数・整数の全体に潜勢的に随伴するカントールのいう）「対角線」（un diagonal）[12]態のように作動し、ユダヤ人たちのあいだでは預言者たちの聖なる業務となり、「キリスト教徒の世界では、教会が、〈キリストという出来事〉（l'événement-Christ）への忠誠を世界に向かって開く、普遍を目途《もくと》する人類史上最初のシステム、となる」（EE. pp. 236-237）。（ここにいう「状況」とその「対角線態」が、われわれの最初に推定した「正方形」とその「内なる二つの対角線の交叉」、つまり、ギリシャ的「正義」とキリスト教的「アガペー」のそれに対応・重合するか、バディウの指摘はないので、確言はできない。）

なお、キリスト教思想家としてはバディウはパウロに内実ある一著『聖パウロ――普遍主義の創出』[13]を充てているが、数学論議とは関係がないので、（後述の一節以外には）、ここでは特に取り上げないことにする。キリスト教一般へのバディウの批判はといえば、神も三位一体も「超越」を前提とすることを考えれば、この「批判的‐唯物論」としての「内在」論者に、多くの説明は不要だろう。

（4）デカルト

近代思想の筆頭にデカルトを置くのは定石通りであり、数学との関係を考察するこの欄でも、とりわけ相応しい。デカルトは座標・解析・代数‐幾何学の創案者であり、古代オリエント社会に広がっていた実務‐算数・算術に抗して古代ギリシャが打ち建てた観照‐幾何学を、中世キリスト教を経てだが、もう一度北方ヨーロッパ流‐抽象思惟によって代数学と統合し、新時代に相応しい発展的事象と無限性をも孕む科学知へと方向づけたからである。

もっとも、バディウはデカルト思惟のこの面にはまったく（?）（新資料が出てくれば別だが）触れていない。そもそもわれわれのこの本論の基本テクストとなっている初期・中期の諸主要著書ではデカルト言及は散発的なものにとどまって大きめの一章すら与えられておらず、筆者の本著もあやうくデカルトなしですませそうになっているところであったが、第一稿脱稿後、別シリーズ「ゼミナール」集に『〈一〉デカルト、プラトン、カント』(*L'Un Descartes, Platon, Kant*, Fayard, 2016) を見出して、ここに加えることができた[14]。ただし、この著も約三分の一 (pp. 7-92) をデカルト分析に充てているが、代数幾何学には触れず、せいぜい「一〔者〕」(Un) 思惟といったところである。加えて、なぜかこの細密分析は読みにくく、ここでは、(1) 大まかな骨子の要約と、(2) 主要引用文の説明をもって、責を果たさせていただく。

(1) 骨子はこうである。御存知の「私は考える、〔ゆえに、〕私は在る」(je pense 〔donc〕 je suis) の発想。「ゆえに」(donc) は前文（「私は考える」）を前提・根拠に後文（「私は在る」）を打ち出している観あり、この前提・根拠‐結果・帰結の関係づけはもともと問題ありとされているところであるが、ここのバディウでも（この語は）捨象されている。われわれも省くが、さて、

①ここで「考える」(penser) とは知的操作ではなく (désintellectualiser)、認識操作 (opération de la connaissance）でもない。「〈私〉がそれを通じて〈私〉として直拙的に知覚されうる（perceptible）直接的な操作（opération immédiate）を指す。〈私は考える〉と〈私は在る〉は相互帰一的（réciprocables）な言表内容である」（SeU. p. 61）。「思考内容（pensée）とは、我々がその直接的な認識者として存在する、そのようなかたちで我々のうちに存在しているそのようなものすべて（tout）である」（Ibid. p. 56）。このことを下記もするバディウ語をもって言い換えてしまえば、我々・私は我々・私の裡《うち》（en）に生動しているところの、そして我々・私がそれを直接的に知覚し、その直接的な知覚において我々・私として生動しているところの、そのような思考作動とその直接的な知覚において、生動・生起している。別言すれば、我々・私・思考・思考内容は、そのような「生起」（événement）なのだということである。いくつか付言しておけば、（a）「知的操作」「認識操作」ではないとは、情動的・盲目的などということではなく、存在論的な動態であるということであって、その直接的な存在事態の直接的な知覚としてのかぎりにおいて認識も成立している、その意味で「存在」と「認織」（「考える」と「在る」）は「相互帰一的」であることを意味する。（b）このような一見当たりまえのことがデカルトとともに近代画期的なことであったのは、先立つ中世キリスト教期においては、まともな意味で「思考」するのは教会・神父さま・神であって、一般人はそれに「信従」していればよかったからである。（c）他方、ここでのバディウの解説文は「思考」と「存在」がほぼ同一となって、中世から近代への「信従」から「思考」への認識論的‐転回というより、むしろ「認識・思考」から「存在」への（近代から現代への）存在論的‐転回の気も強くなりすぎている観もあるかもしれない。（d）実際、バディウからのデカルトへの限界指摘・批判は、デカルトが人間・我々・私の偶有的な「生起」性を指摘しているかに見えて、その実、バディウのように「生起」の純粋‐多・空‐起‐動としての内実を掘り下げる方向には進まず、結局、「思考」レヴェルでの存在‐正当性の根拠づけ・確認の方向に向かう、というより、いわば中世的に、立ち戻ってしまうことにある。

②こうだ。デカルトは芽生え発動し始めている「思考」さらには自らの内と外の事象の認識にあたって、その

思考・認識が正しいものであるか一度は疑ってみなければならないとしてあの有名な「全面的な懐疑」（doute）へと踏み切った。たんなる自らの人間としての有限性ゆえの誤謬・虚偽ならぬ、人間を越える「邪な奸計の魔神」（malin génie）による悪意によるものでもありうるとして。しかし、それは、他方、「善にして正なる神」（bon Dieu）による「保証」（garantie）（Ibid. p. 55）を求めての努力でもあった。デカルトによる神にかかわる「存在論的証明」によれば、われわれ人間は「神」についての「生得観念」（idées innées）を有しており、それは有限な人間による有限な観念かもしれないが、しかし、「より完全な観念」を抱懐することも可能であり、その果てには「もっとも完全な神」の観念・理念を抱懐しえ、そして、そのような「神-観念」は「神-存在、存在する神」の「結果」にほかならない。われわれはそのような「神-観念、神-存在」を「介して」（médiation）（Ibid. p. 33）、「誤謬・虚偽」なき「正しい思考・認識」を行なうことができる。

③こうして、デカルト哲学の展開となるが、しかし、このような「正しい、神的-思考・認識」の展開の渦中では、①で触れた「思考」と「人間」の有限ないわば偶有的な「生起」性は拭われてしまう。（a）いわゆる「合理的、合-理性的」な、最終的には「数学的な」ともいうべき、理性の自己循環による「内閉-空間・領域」が成立するのみである。「デカルトにとっては、生起も、たんに公理論的のみならず、数学的なそれとなる」（Ibid. p. 53）。（b）われわれは上記のところでバディウ思惟が「生起」を迎えての、「恣意」的ならぬ、最低限「公理論的」な、「決断・決定」からなるものと確認したが、ここでの文脈でもうひとつ確認しておけば、バディウ的には「生起は、たんに公理論的のみならず、実存〔論〕的（existentiel）なそれ」である。「現実的なもの（le réel）、実在的なもの（le réel）」に接しようというのであれば、かかる生起の動き（mouvement）を、創造（créer）、再-創造（recréer）、するのでなければならない。事象を公理論的に再構成することは、その生起的-構造を隠蔽することになる。デカルトはその点。鋭く見抜いていた。ということでは、彼は反-形式〔形相〕論者であるとともに、真理問題への近代的突破口の先駆ではある」（Ibid.）。原文より多少とも控えめな言い回しにしたのは、

いずれにしてもデカルト的‐真理から現代バディウ的‐真理まではまだまだ距離があるからである。

（2）今度は、もうすこし専門的な細部の引用文を見よう。

①「私はデカルトから始める。デカルトが出発点を根本的に変更することによってその思索を開始したということからである。もはや存在（l'être）からではなく、主体（Sujet）から、超越（transcendance）からではなく、〈私は存在する〉の断固たる純粋内在性（pure immanence）から、である。別言すれば、デカルトは確実性の第一歩を、単純な実存点（point existentiel）へ、懐疑への抵抗という否定的経験へと立ち帰らせる。私流にいえば、デカルトはその哲学的企図の全てを〈われわれは思考する一主体（sujet pensant）の一性（Un）を基本となしうる〉という一事のうえに立脚させる。そして、この〈なしうる〉は二つの意味を含む。〈一〉（un）と算定しうるというたんなる一点と、この〈一〉（Un）性に立脚して、神という超越者へも、世界の現実存在（existence）へも、赴くことができるということ、である。行路は、それゆえ、一化‐算定（compte-pour-un）から、〈一者〉（Un）へと、なされる」（Ibid. pp. 8-9）。この文章は哲学（史）的にはなんら新しいことも難しいこともいっていないが、ただ、仏語原語と邦語訳語に関して、一義的には固定しえず、柔軟に対応しなければならない一例としてまず引用した。すなわち、（a）「もはや存在（l'être）からではなく」とは、中世的な宗教的「永遠なる存在からではなく」、ここでは「主体から」となっているが、後者に変えて「〈existence〉〈événement〉から」といってもよく、しかし「私は存在する（je suis）」の〈suis〉は〈être〉の変化形であり、しかも、バディウは次行では「実存点」（point existentiel）と邦訳せざるをえない仏語を用いる。（b）後行の「世界の〈existence〉」は「現実存在」と邦訳しうるが、デカルトに「実存」という語を用いるのは、なんとも後ろめたく、バディウ的には有意的（先述）ではあるにして、訳者としては苦肉の策といったところがある。（c）「思考する一主体」の原語は〈le sujet pensant〉であるから「一」は不要のはずだが、ここでの「現実存在・生起としての主体」のための邦語としては「一」を入れるのが自然であろう。（d）他方、「一（un）と算定しうるたんなる一点」と「この一性

（Un）に立脚して」とあるが、この〈un〉と〈Un〉の間には複雑な質的異同があるはずであり、無頓着に並列させているのは気にかかる。（e）「行路はそれゆえ〈compte-pour-un〉から〈Un〉へとなされる」とあり、これはわれわれのバディウ・アプローチの第一歩でもあったわけであるから、ここでもほっとするが、しかし、ここではもうむしろ〈copte-pour-un〉から〈Un〉への行路（trajet）というより、往還（circulation）とでもすべきだろう。この（a）〜（e）は言いがかりの類いではない。引用者の粗相と見られないかぎり、以下では黙視する。

②「デカルトが神の存在（existence）についてひとつの証明法を〈発見〉（《trouvé》）したかのように語るのは精確ではない。実際は、彼は、神をこのようなかたちで証明せざるをえなかった（contraint）。神の存在はその観念を通じて推論されうるということでなければならない、と。ひとつの絶対的な強制空間（un espace absolument constraint）のなかで、諸観念・理念がひとつのヒエラルキーを成している場としての〈私は考える、私は在る〉という空間で、デカルトに証明法を選択する余地はなかった」（Ibid. p. 89）。（a）哲学史的常識からいえば、「神の存在の存在論的証明」の「発見者」・創案者は十一世紀のアンセルムスであり、デカルトの独創ではない。（b）他方、近世の開始時である十七世紀のデカルトにとっては、神の存在は、たとえば教会という信従の共同体においてではなく、ひとりの実存としての私の観念・理念を介して、推論（inférer）するほかなかった。（c）この一文は、全体に、発見者・発明者・創案者デカルトより、追従者・賛同者デカルトを描いているようにみえるが、実際は、既述の、「公理論的・実存的 - 思惟・判断・決定」の主体を見るほうがより生産的だろう。

③「デカルトの図式を思い出そう。神の観念、無限者としてのそれは、有限者であるわれわれのなかにその原因（cause）を見出しうるはずのものではない。〔……〕デカルトはいう。ひとつの観念・理念の客観的実効性（réalité objective）をもたらす原因は、なにかそれなりに現実的に存在するもののなかに客観的に含まれている（contenu objectivement）はずである。充足理由の原理（principe de la raison suffisante）からいえば、そう考えるの

が正当であろう。しかし、とデカルトは附言する。そのなにものか（quelque chose）は、〔客体的・物象的にではなく〕、〈形相的に〉（《formellement》）、〈優勝的に〉（《éminemment》）に、現実存在しているものでなければならない」（Ibid. p. 85）。（a）周知のとおり、カントは、「因果律」は経験的事象を理解するためのカテゴリーであって、形而上学的問題にまで適用するのは過誤であるといったが、ここにいう「形相的・優勝的」とは、経験的事象を超えて独自・独異の含意で形而上学的問題に応用することを意味している。（b）別言すれば、「神」からの作用である。

④とはいえ、「デカルトの物理世界はヒエラルキー化された諸実体の世界ではなく、さまざまの動きと様相しかなく、脱-実体化され脱-ヒエラルキー化されている世界である。それこそがデカルト-革命なのである。ただし、宇宙大の脱-ヒエラルキー化がひとつの観念・理念上のヒエラルキーの維持によって補完されているという、たしかに不完全な革命であった。この革命は、畢竟するところ、一方に世界ヴィジョンの脱-実体化と脱-ヒエラルキー化、他方に或るタイプのヒエラルキー原理の維持、両者の一種の歴史的-折衷態だったのである」（Ibid. p. 87）。

⑤では、今日のバディウ観点からみるとき、どうすべきだったのか。デカルトが中世空間に安易に戻るかのように持ち出してしまった「神」、大文字の「一者」（Un）へと「実体化（hypostasié）（Ibid. p. 92）してしまったものを、近代的「私」という小文字の「一実存」（un existant）、つまりは「一化-算定」（compte-pour-un）によってのみ「一」となる「一生起」（un événement）に対応する、いわば大文字の「生起」（Événement）態、さらには、もうこの時点ではこういってしまってよいと思われるが、上記の「空、空-起-動、空-成-動」、カント流にいえば詐欺的に「一化-算定」を拡大適用して「根源的-生起-動」と見なしてしまってもよいものの方向へと、前進するということである。十七世紀から二十一世紀へといきなり「飛躍」（bondir）（cf. Ibid. p. 92）するとは、粗論もひどすぎるといわれるかもしれないが、バディウ自身、これもこれから何度か持ち出す、ニーチェ流の

「神の死」にほぼ並行する、そして現代流「脱‐根拠」論・「脱‐因‐論」の先駆でもある、マラルメの「欠如の因果律」「欠落動の起因作用」(causalité du manque)を、ここでも喚起する。「デカルト革命の不全さの先へと進むもの、ここでの問題の核心、それはデカルトには不可能であった欠落態の起因作用(causalité du manque)という発想である。欠落(manque)しているもの、不在(absence)のもの、あるいは消失(disparition)しゆくもの、現実的‐成因動としての可能性(la possible réalité causale du manque)。こうした観念のみが生起のカテゴリー(catégorie d'événement)の導入を十全に正当化し、それによって真の革命的切断(ruptures révolutionnaires)の可能性を正統化するのである」(Ibid. p. 88. 一部、やや取意訳)。

⑥バディウは主著『存在と生起』でもパスカル名義の一章(EE. pp. 235-246)を設けているが[15]、これは既述のキリスト教思惟へのたんなる導入として、他の主要言及はわれわれの旧著(『現代を哲学する』)で主題化した弁証法論、のみで、若年期のパスカルが「天才」の名を高めたその数学思想についてはほとんどまったく論及していない。ただこのデカルト論の末尾で、一言触れる。「パスカルは〈私は在る〉をふたつの無限、大なる無限と小なる無限の中間に位置づける。パスカルとデカルトはここでも逐一対照的である。デカルトにおいては無限は一義的に大の側にある。〔パスカル/バディウの脳裡にある〕空(le vide)の〔ウルトラ・〕〈一〉(Un)性も多の全体性も〈無限の観念〉を生起(générer.〔後述参照〕)させることはない。〔デカルト思惟は〕こうして、一個の実存態としての〈主体〉(Sujet)から、無限についての(有限な)観念(l'idée (finie) de l'Infini)の独自実在的な対象として実体化(hypostasié)された大文字の他者(grand Autre)への、飛躍(bondit)となる」(Ibid. p. 92. やや取意訳)。

(5)ライプニッツ

哲学と数学の関係を論ずるにライプニッツは哲学史上最高のケースであろうが、バディウは、主著『存在と生起』（第三十省察）で取り上げるだけ、しかも「神の数学」（mathématique divine）の語が二回（p. 351, 355）記されるだけで、結局、より広範な存在と言語の問題に吸収してしまう。「ライプニッツは神を完全言語と想定する主要哲学者である。ライプニッツの神は存在がそこへと折り返され（plié）る言語存在にほかならない」（EE. p. 351）。

論点はおおまかに整理すれば二、三点である。

（a）ライプニッツ世界は同一律（矛盾律）（EE. p. 350）によって統べられている。すべての存在者はもともと「神〔創造神〕の悟性における観念（L'Idée.〔理念〕）として」（EE. p. 350）存在しており、まずは「可能的‐存在」（l'être-possible）であるが、さりとて「抽象的、無‐活性的」（abstrait, inerte）（Ibid.）ではなく、「すべての可能的事象、可能性そのもの、あるいは本質（essence）のなかには、現実的‐存在（existence）たることへのなんらかの要求（exigence）・欲求（désir）・主張（prétention）」（Ibid.）が含まれており、したがって、世界は、神の理性的なつまり同一律（矛盾律）に則った論理的‐思惟展開において成立する諸存在者の共可能性と自己同一性（identité）において存在している。

（b）ライプニッツ世界は理由律（充足理由律、根拠律）（Ibid. p. 351）によって統べられている。すべての存在者たちは上記のように存在しているのであるから、その存在・行動は「盲目的・偶然的・偶有的」（hasard aveugle）（Ibid.）になされているわけではなく、神（創造神）の理性（raison）が、その思惟・意志・決定において孕んでいる、なぜそのように思惟し・意志し・決定したのか、その理由（raison）によって根拠（raison）づけられている。理由・根拠は簡単に即時的に可解的なわけではないが、それを問い・認識・理解・行為することが、われわれ現実存在者（existences）たちの在りようである。

現代‐哲学・思想は、差延・差異‐思想によって、またその脱‐根拠論・遊戯論によって、これら伝統的哲学の金科玉条であった合‐理性律・同一律（矛盾律）・根拠律（充足理由律）の狭隘さの失効をはかっているわけだが、バディウの既述し後述主題化もする「生起」(événement) も後者の一である。ライプニッツはいわば「一化・算定」思惟の大御所・大審問官であり、バディウはイワンよりも知的にも肉体的にも逞しいイワン・カラマーゾフに当たると見てもよいかもしれない。

(c) もうひとつ排中律への批判ということもありえ、バディウはこの語は用いないが、排中律とは「Aか、Bか、真・正はいずれかにしかありえない、中間はない」ということであるから「一化・算定」思惟の一であり、「中間」は「不可識別態」(indiscernable) ということになるが、現代‐哲学・思想が「両義性・曖昧さ」等として重視しはじめているこの事態を、バディウも既述の「〈二〉の論理学」(logique du Deux) に準じて取り上げ、ライプニッツにその欠如を指摘していく。ライプニッツにも「微小知覚」(petites perceptions) の概念はあったがこれも「統覚」(aperceptions) (という「一化・算定」) 概念に吸収・解消されてしまうことを前提にしてであろう。いう。「神は完全言語であり、言語表現できない曖昧・余分なものなど我慢できない (ne peut supporter)。神は、不可識別的なもの・両義的なもの、〔既述の〕純粋‐〈二〉(〈deux〉pur) など、考えることも創造することもできなかった (n'a pu penser ni créer)」(pp. 352-353)。神は万能のはずであるから、「できない、できなかった」などというのはおかしいが、これはむろん言表便宜上の問題にすぎない。現代思惟のいう「両義態・曖昧態」などというものもライプニッツの完全言語神にとっては「分析・識別‐可能、可識別的」なのであろうし、そうでないなら、そのようなものははじめから存在しないと前提しなければならず、他方、「両義態、曖昧態、不可識別態」の言語的‐還元不可能性を強引に主張するならライプニッツ神を、現代思惟のいう「神の死」の彼方へと、葬るということであろう。

現代思惟としてのバディウも、それゆえ、「死せる神」に代えて、ここでも「生起」概念を持ち出すことになる。「既述のとおり、〈二〉の論理 (la logique du Deux) は生起 (événement) と間入 (intervention〔後述〕) に起源する。たんなる多‐性 (l'être-multiple) の次元にではない。それゆえ、純粋‐〈二〉が定位にあたって存在者

(étante) レヴェルのものでない操作を必要とすることは確かなところであるし、既定-外の名称の産出のみが不可識別的な、あるいはジェネリック〔後述〕な諸項目を思惟のなかに組み込むことになるということも確かなところである。しかし、ライプニッツ思惟は〔生起という脱出口を欠いているために〕袋小路に陥っている」(EE. p. 353)。

(d) ところで、かの「有名なモナド」(EE. p. 356) はどうなっているか。すこし回り道になるが、こうである。神の言語は遍在的に展開するとはいえ、無際限に、つまり悪-無限に。そうであるはずはない。ライプニッツもそれは心得ていて、たとえば無際限な微細分割を制御するために、言語活動における「単位、真の単位、絶対的に分割不可能な実体的単位」(Ibid.) が必要であるとし、この場合、「実体的」(substanciel) とは、通常の意味での「実在的」(réel) (EE. p. 356) でもなければ、「量的」(quantitatif) でもなく、「質的」(qualitatif) (EE. p. 357) ということだが、ライプニッツはこれを「形而上学的-点」(points métaphysiques) (EE. p. 356) と呼び、「自然的な〔無際限〕分散 (dissémination *naturelle*) は、神が絶え間なく〈発光〉(《fulgure》) する霊的な分節点-網 (réseau de ponctualités *spirituelles*) によって〔然るべく〕構築 (architecturée) される」(EE. p. 356) という。さて、この、ここでいう「形而上学的-点」、「神の言語」展開をそのつど合-理性的に再-構成していく「精神的な分節点」が、かの「モナド」である。ところで、この「形而上学的-点」「内(面)的-質」「純粋-内面性」(EE. p. 357) は、それゆえ「主体」(sujets) であるが、しかし、この主体は、上記のところからして、「一個の純粋な論理(学)的-主体」「文法的な主語」「〔原子アトムではなくモナド単子といいながら、結局は〕質的-アトム」(Ibid.) であるに止まっている。バディウ的にいえば、「真理に賭ける (parier le vrai) 真の主体」(Ibid.) ではなく、「生起の非在」ゆえに求められている数理-集合論のいう「シングルトン」(singleton) (Ibid.) のようなものにすぎない。

(6) カント

カントをめぐっては大小すくなくとも三つの論究がある。

(a)『存在と生起』の「序文」で、この書の主旨の一を説明して、いう。「数学とは、存在そのものをめぐって、〈多〉性についての純粋理論の分野で言表可能なことがらを記述する営みである〔……〕。合理的思惟の全歴史は、数学とは、〔既述、ラッセルが自己揶揄していうように〕目的なき思考ゲームなどとはほど遠く、存在論的ディスクールに資そうというその志からまたとない厳しさを引き出す営みであるという仮説を受諾するときに、一挙に顕かになると、私には思われる。カント的問題〈純粋数学はいかにして可能になるか。超越論的‐主観によってである〉と問いかつ応えるのではなく、むしろ逆に〈純粋数学は存在の学であるが、では、一個の主体なるものはいかにして可能になるのであるかと問いかつ応えるときに〉、である」(EE. p. 11)。実は、この書(一九八八年)の六年前(一九八二年)にバディウは、当時の、実存主義以降の構造主義を中心とする反‐主体主義の思潮に抗するたちで、『主体の理論』[16]を上梓しており、われわれのこの研究書も追ってこの問題を主題化するが、目下の段階で、まったくの便宜上、示唆しておけば、「主体」は、われわれ「状況の住民」が、「一化・算定」への知的・人間的‐衝動を「控除」して、それがそのうえで成立する「潜勢的」な「純粋‐多」「無限‐多」「空‐集合」「空‐起・空‐成‐動」に「参入」し、「状況内‐現出存在」へと「非‐現前的」(im-présent)に(再・新‐)生起・出来《しゅったい》しつづけるところに、「可能になる」とでも、いっておこう。

(b)『推移・包摂的‐存在論小論』(一九九八年)所収の第十二章をなす(半‐独立)論稿「カントの控除論的‐存在論」では、こうである。

(α)カント哲学・カント存在論は「控除論的」(soustractive)である(OT. p. 158, 160, 161)。周知のとおり、『純粋理性批判』(第一批判)では人間的認識は「現象」レヴェルで「対象」を「構成」するのであって「物自体」には達しない、そのことであろう。「超越論的対象＝xは、われわれの表象とは別のものとしては、〈rien〉〔既述・後述〕である」(cf. Ibid. p. 160)。他方、「超越論的‐主観」についても、いう。「根源的統覚は、ひとつの単なる論理的な形式であり、ひとつの〈vide〉〔既述・後述〕な必然性である。〈我〉というこの論理的な意味〔態〕の外には、われわれはいかなる主観そのものの認識も持ちえない。つまり、実体(substrat)という資格で、ここにいう論理的(logique)な主観さらにはすべての思考の根底をなすような主観の認識など持ちえない」(Ibid.)。双方合わせていえば、「カント存在論の控除論的な徹底性は、ついには、表象作動の根底に、〈vide〉な論理的主観と〈rien〉な対象の関係を位置づけるにいたる」(Ibid.)。われわれは既述のところで、〈rien〉については、〈néant〉(無)と区別して「殆無」と苦訳したが、それに合わせるかたちで、ここにいう〈vide〉は、たんに「空、空虚」ではなく「殆虚」とでも苦訳しておくが、次頁では〈deux vides〉(Ibid. p. 161)となっているうえ、他のテクストでも両者の区別表記はないので、あまり拘らなくてよい。多少気になるのは、ひとつは、「第一批判」で〈rien〉とされている「物自体」が「第二批判」(『実践理性批判』)の場合は〈suprasensible〉(OT. p. 163)とされており、これも〈rien〉なのか、さらにはカント哲学全体が「控除論的」と称されるべきものなのか、ということだが、バディウ自身の説明はないようである。もうひとつは、「第一批判」は、「超越論的‐認識論」なのであるから、経験的事象や存在的事象は捨象されるということで、「対象」と「主観」の根底(fondement)(Ibid. p. 160)が「控除論的」に〈rien〉や〈vide〉となるのは当然ではないか、「第二批判」の「脱‐認識論」的な「意志発動」(Ibid. p. 163)やバディウのいう〈suprasensible〉でわれわれ(筆者)の重視する「第一‐起(発)動体」[17](der erste Beweger)は、これを〈rien〉や〈vide〉の語で語ることは不可能ではないとしても、相当な注釈語は必要ではないかということだが、これもここではバディウ任せで放念することにしよう。

(β)さて、バディウはここでハイデガーのカント論を引き合いに出す。有名なことだが、「第一批判」には第一版と第二版があり、カントは第二版で自論が悟性的‐理性論議であることを強調した。ハイデガーは、これに関して、カントは、「現象」ではなく、「物自体」つまり「存在」を思惟するには、たんに「悟性」（と感性的直観）のほかに「第三の能力」としての〈l'imagination〉（Ibid. p. 161）が必要であり、それがあれば「物自体・存在」まで思惟しえたのだが、しかしそれ（imagination）によって「悟性」的理性の尊厳を損傷することになることを恐れて、第二版を出すことによって、「悟性的」理性の尊厳を護るとともに（結果的に？）「物自体・存在そのもの」を捨象（〈rien〉に）することになった、と解釈した。これに対して、バディウは、こう反論する。カントは悟性的理性の尊厳を損傷することを恐れて存在を犠牲にしたのではない、逆に、批判的‐理性主義の立場を強固に推進（fermeté critique）し、それによって、ここがポイントであろうが、ハイデガーの解釈学的‐存在論が目途《もくと》していた「〈現前〉（Présence）論的‐存在論」（Ibid.）を廃嫡して、まさしく「控除論的・非‐現前論（Imprésence.〔既述〕）的・〈rien〉〈vide〉論的‐存在論」を成立させることになったのだ、と。急いで付言しておけば、ここでバディウ・フランス語が〈imagination〉と言表しているのは、ドイツ原語では〈Einbildungskraft〉、日本語は「構想力」としているもので、しかしここ、非‐現前的な存在そのものに関しては、奇妙に、つまり、非‐本来的に、実効的であるように思われる。ただし、このことは決定的に重要なことではない。重要なのは、ここで、ハイデガーとは別の存在論、控除論的な存在論、バディウ的にこの段階でいっておけば、メタ‐存在論が、カントからバディウへの系譜・路線で成立しているということである。

　もっとも、このことはカント思惟とバディウ思惟が一致しているということでもなければ、バディウ思惟がカント思惟に満足しているということでもない。カント思惟はやはり認識論的発想に囚われており、「主観」が「超越論的次元の〈vide〉（虚ろ、殆虚）な中心」（Ibid. p. 164）であるにとどまっている。このOT論稿に十年先立つ（既述）『存在と生起』は、これも既述したように、すでに〈vide〉を、数学・集合論のいう「空‐集合」をひとつの参照系として、「純粋‐多」「無限‐多」の「空‐起‐動」「空‐成‐動」の動態性において捉え直していた。カント的‐発想も十分に補遺（supplément）されなければならない。

（γ）『諸世界の諸真理』は「第三書・第二セクション」を「カント」とし、カントが「感性的直観」によって得る事象を「悟性的理性」によって「対象」として構成するに止まり、「知性的直観」によって対象以前・対象の彼方の実在にまで赴かなかったことを難じている。「知性的直観」はカント以後のフィヒテ／シェリングあたりからの発想という教科書的知識もあるはずだが、バディウ的にはこうしたカントは「大学哲学に固執している、ライプニッツ以前、デカルト以前の、アリストテレス流‐形式論理学の犠牲者」（LM. p. 255）とされる。

「カントが見ていないのは、思惟とはまさしく叡知態と現象態の双方を総合的に把握しようという欲求にほかならないのだ、ということである。別言すれば、これは事実上はヘーゲル的‐野望ということになるかもしれないが、存在しているもの（l'être）をそれがそこに存在している通りに（comme l'être-là）把握したいということだ」（LM. p. 254）。

「カントは、超越論的‐思惟操作は〔……〕対象一般の虚ろ（vide）な形式あるいは漠然たる可能的対象にかかわるのみだという。しかし、そう主張することは、対象の確定が思惟においてなされるということ、その存在の複数性の把握（純粋数学）においても、その存在がそこに現出しているというその〔思惟‐論理性ならぬ〕存在‐論理性（形式論理を包摂する超越論的論理学）においても、その確定は思惟においてなされるということ、を忘れることだ。対象の場である現出態（l'apparaître）は、思惟にとっては、純粋存在がその数学的組織化に対して実在的〔現実的〕（réel）関係にあると同じく、その超越論的組織化に対して実在的〔現実的〕（réel）関係にあるのである」（Ibid.）。

「カントのいう〈虚ろ（vide）な形式〉という問題意識は、内容を捨象した分析判断（スコラ哲学の遺産に則れば、論理によって志向されるだけの）と綜合判断（最終的には経験の超越論的‐構成を必要とする）の根源的な区別を前提する。これに対して、私は、〔……〕形式（もしくは分析）論理学は超越論的（もしくは総合的）論理学からのたんなる派生態であることを示した。それゆえ、思惟の創造的活動において、その形式と内容を区別する必要などないということを。カントは、われわれには対象のそれ自体へと、あるいはその叡知的次元へと、アクセスすることを可能にする〈知性的直観〉があるのだという、彼からすれば妄想を回避するために、多大の労苦をおこなった。しかし、彼は、対象の直観は対象〈一般〉という超越論的概念の思惟を前提にすると主張して、対象の概念はまさしく現象と叡知界の不可識別的な重合点、論理学（logique）と存在-論（理学）（onto-logique）が相互交錯する一点であるという、〔……〕真理の傍らを通り過ぎてしまった」（Ibid. p. 255）。

このカントとバディウの対立、前者の後者による補遺（supplément）は、認識論・観念論と存在論・唯物論（Ibid. p. 245, 246）のあいだのそれ、われわれの既述のところを付記すれば、超越論的-主観の思惟と超越論的-客観の思惟のそれである。（β）のいう超越論的-主観の活性化を待ちながら、この（γ）のいう超越論的-対象の内実化の方位を、しかと視野に収めておくのがよい。

（7）ヘーゲル

ヘーゲルについては二つの主著がおのおの一章を与えている。（Cond. でも四分の一章を。）すべて引用すると長くなるので、一点以外は要点ピック・アップにとどめる。

①『存在と生起』の第三部第十五章「ヘーゲル」は、自らの「控除的-存在論」（ontologie soustractive）に対してヘーゲル哲学を「増産的-存在論」（ontologie générative）と呼ぶ。ここにいう〈génératif, générative〉は、後述（既述もした）詳論する〈générique〉とは相似て相反する。ここでは〈soustractive〉を「控除的」と訳語するに対称させて「増産的」と訳語する。バディウ存在論においては「一化・算定」から「控除」するにたいし、ヘーゲル存在論では、よく知られているように、「正↓反↓合」あるいは「定立↓反-定立↓止揚」という、要するに「増産」的な「生成」がなされる。さて、いう。「ヘーゲルの増産的-存在論では、すべてが内具的（intrinsèque）である。他-物であるもの（l'être-autre）も存在の一（l'un de l'être）であるから。すべてが〔生

成的ではあるが〕同一態（identitaire）の徴を帯びる。〔……〕他方、われわれの控除的‐存在論では、――〔存在に〈内具的〉ではない、〈同一態〉ではない、〈他〉としての〈他〉である〕――外来的なもの（l'extrinsèque）――〔やがて、これが、〈存在（l'être）の一〉ではない、〈他〉である〈差異態〉としての、しかし、「状況の真」「真‐存在」「純粋‐多」「無限（‐多）」「空」「空‐起（成）‐動」などとして予示されていたはずの〈生起〉（événement）となる〕――の存在〔〈être〉ではなく〈il y a〉〕を許容する、要請（exige）さえする〔……〕」（EE. p. 183）。

（a）さて、ここでヘーゲルとバディウの異同・対比に関して重要なのは、まず、つぎの一文である。「ここから、次のことが結果する。ヘーゲルの増産的‐存在論では、無限（l'infini）は、〔存在が生成的に自己展開して到達する、という意味での〕一個の〈存在法則〉（une *loi*）の問題であるが、控除的‐存在論では、一個の〈(存在論的）決断〉（une *décision* de l'ontologie）の問題だということである」（Ibid.）。ここでこの〈décision〉を何と訳語すべきか、決断？ 決定？ 確定？……。「存在論的」と形容はしてよいらしいから、適宜、対応することになるが、とにかく、ここで既述の論述の一局を埋めることができることになる。われわれは「一化・算定」を「控除」して、ヘーゲルなら、「存在法則」に則って、1、2、3、4、……、∞、とするところを、バディウ的には、それは〈l'illimité〉（無際限）へと進むにすぎない、真の「無限」（l'infini）へと至るには別の次元へと移らなければならない（既述）、として、あとは、後述の考察に委託した。いま、ここで、「存在論的‐決断」の概念をもって、とりあえずの回答の一と解することができることになる。ヘーゲルなら、「増産」的に、1、2、3、……、〈Wo〉、へと向かうところを、バディウは、「控除」的に、まず「1」を「一化・算定」操作の所産にすぎないとして解体・撤廃し、それによって、2、……、n、……、〈Wo〉、……をも撤廃し、とりわけ、それらに先立つゼロという数量的‐否定態・消極態をも撤廃し、その代わり、それらの代わりに、「空」という非‐数量的でいわば質的な事態というべき「空‐集合」「純粋‐多」「生起」「空‐起（成）‐動」「〈générative〉ならぬ

〈générique〉な生起‐動」を置いた、というより、賦活させたのだ。ヘーゲルの知らなかった現代・集合論‐思惟に向かって、このバディウ的〈décision〉概念とその方位を、よく押さえておかなければならない。

ここでは、あと、すくなくとも三つの問題が、一緒に論じられている。

（b）「他物」(autre, autres) と「他‐性」「他‐次元」「絶対‐他」(Autre) の異同。〈autres, autre〉が「算定」可能次元の「他」であるとすれば、〈Autre〉はそれらの〈autres, autre〉がそこにおいて可能となるいわば可能性の条件ともいうべき次元である。バディウ的な「超越論‐態」「先験態」といってもよいかもしれない。「無限が存在する (soit) ためには、他物 (l'autre) がそこにおいて存在する (insiste) する〈絶対‐他‐次元〉(le *lieu* Autre) が存在 (existe) しなければならない。私はこの必要条件を、当初の存在点がそれによって自らの反復態をその〈絶対‐他‐次元〉へと登記するよう召喚される第二の実存的‐公印 (deuxième sceau existentiel) と呼んでおいた。この〈第二〉の実存態のみが、無限性の名に値いするのである。〔……〕だが、一切の行程の完了点での〔無限性の〕瞑想〔という至高の頂点まで〕〈飛躍〉(*sauter*) することは、いかにすれば可能なのであろうか」(EE. p. 184)。深い思惟だが、やむなく取意訳を余儀なくされた。第一文の〈être〉〈insiste〉〈existe〉は、煩雑化を避けて、すべて「存在する」で処理した。第二文の〈existentiel〉は、バディウは実存主義ではなく、上記の諸部分ではバディウ的に「現出存在」と苦訳してきたが、しかし、サルトルに私淑する実践思想家でもあり、とくにここでは「実存」の語は不適合ではない。とくに「第二の〔公印〕普遍論的‐確定化」ということになれば、あの『聖パウロ――普遍主義の創建』でパウロがイエスの発語を普遍化すべき理念として確定をはかるに、この「第二の〈sceau〉」概念が高言されていることを、想起しないわけにはいかない。バディウの実践思想は、ほぼつねに、生身の実践家の生身の行為と発語を、後に来る思想者・実践継承者がどのように普遍性レヴェルで「確定」(sceau) していくか、そこに力点がある。マルクスに対するレーニン／毛沢東、セザンヌに対するピカソ、フロイトに対するラカン、等々。末尾の〈sauter〉は、これこそたとえば「無際限」次元から「無限」

次元への「決断」の「飛躍」である。「増産」から「控除」への「飛躍」が、「無際限-多」ならぬ「無限-多」を可能にする。

(c)「主観」から「主体」への変容。日本語では「主観」と「主体」を分けるが、フランス語では、通例、双方とも〈sujet〉であり、バディウもとくに区別はしない。(〈sujet〉と〈corps-sujet〉(LM. p. 156 他)がそれかもしれないが)。しかし、カント論では認識論中心であるから「主観」でもよいが、ヘーゲルでは存在論的に「実体」が「主体」になるのであるから、バディウについても、この点、考量しなければならない。「無際限」次元から「無限」次元への「決断」と「飛躍」による移行とは、すぐれて「主体」の所為といわなければならないだろう。こう記述・論述される。「真の無限性(infinité)は〈subjective〉なものである。それが、有限態(le fini)の純粋現前のなかに含有(contenu)〔既述〕されている潜勢態(la virtualité)であるということで」(EE. pp. 185-186)。「この〈subjective〉な無限性は、〔……〕もはや表象可能ではない。表象するとは有限態を反復するということであるから」(Ibid.)。ここにいう二つの〈subjective〉も、説明すれば煩雑になるから止めるが、すぐれて「主体的」であるはずである。

(d)「量」と「質」の問題。ヘーゲルに、正か誤か、帰せられる、「量は質に転化する」という発想は、これが「存在の法則」というのであれば、先述のとおり、バディウ流の「決断」と「飛躍」の発想(「主体の法則」?)に背馳する。「ヘーゲルは、善き量的-無限(bon infini quantitatif)(量についての質的概念。〔「量は質に転化する」等?〕)と、善き質的-無限(bon infini qualitatif)(空〔-起(成)-動〕(le vide)における自己超克の純粋現前)、の間に、唯名論的な同価性(équivalence nominale)を提言するが、これは一個のまやかしである。〔……〕同(même)と他(autre)の間、自己増産(prolifération)と自己控除(identification〔取意訳〕)の間、に、シンメトリーなどない。ヘーゲルは、英雄的な努力にもかかわらず、外在性(exériorité〔数字:1、2、3、……等、か?〕)によって、純粋-多を〈寸断〉してしまっている」(Ibid. p. 189. 語順・文構成、簡明化のため、一部変更)。

(e)こうして、バディウの主題である数学的なもの(mathématique)は、弁証法のなかに「非-連続性」(discontinuité)をもたらすものとして、ヘーゲルによって排除され(EE. p. 189)てしまうことになる。むろん、これに抗して、哲学・存在論に数学的なものを復権させることはいかにして可能になるか、というより、そうすることが(は)いかに正当なことであるか、それを(集合論をもって)示すことがバディウの取りあえずの任となる。

②さて、もうひとつの「ヘーゲル」章、『諸世界の諸論理』の第二書・第二セクション「ヘーゲル」の問題はこうである。ヘーゲル哲学は「全体性の公理」(axiome du Tout)(LM. p. 155)をもって統べられている。「真理は全体性においてしかありえない。全体性は自己展開であり、自己の外なる絶対的-一者などではない。全体性はそれ自体の概念から内在的に由来する」(Ibid. p. 154)。これに対して、バディウ哲学は「非-全体性の定理」(théorème du non-Tout)(Ibid. p. 156)をもって事にあたる。その同と異はどのようなものであるか。

(a)まず、同。両者とも、「存在と思惟の同一性」と「真理の普遍性」、は前提とする(Ibid. p. 155)。ただし、この時点ですでに異が始まっている。「この同一性は、ヘーゲルにおいては全体化による結果(résultat totalisé)であるが、われわれ〔バディウ〕にとっては〔そのつどの〕部分的な出来事(occurrence locale)である」。また「ここにいう普遍性は、ヘーゲルにとっては全体性はその内在的な〔自己〕反省〔反射〕の歴史的展開であるということであり、われわれにとっては、真理の諸生起(événements-de-vérité)の〔そのつどの〕独異性(singularité)によって保証される」(Ibid.)。

以下、異のさまざまの局面が列挙される。

(b)「ヘーゲルにとっては、全体性は〔実在であるとともに〕また規範(norme)でもあり、思惟の〔正誤の〕尺度を与え、〈学〉(Science)を体系として構成させるが、われわれにとっては、諸世界を〔全体性のような一定の規範や尺度によって〕ヒエラルキー化すること、あるいは多様な諸存在の散開(dissémination)を飽和(充満）化（saturer）させることなど、不可能である」（Ibid.）。

（c）「ヘーゲルの第一の言は〈具体的全体としての存在〉である。全体性の公理は思惟を、純粋に抽象的な普遍性と、具体性を内容づける〈純粋かつ単一な強度〉に、また、〈形式としての全体性〉と〈内的含有としての全体性〉に、分けることに帰着する。われわれの非‐全体性の定理は、後述するように、思惟を、まったく別様に、三項基準に従って、分けることにある。多の思惟（数学的存在論）、現出態の思惟（諸世界の諸論理）、真理の思惟（主体が荷うポスト‐生起‐実践）、である」（Ibid. pp. 155-156）。

（d）「この種の三元対は、たしかに、ヘーゲルにとっても主要モチーフではある。しかし、それは、われわれからすれば、〈全体性〉の三局面と見なしうるものだ。直接性もしくはその存在における事物、媒介性もしくはその本質における事物、媒介性の克服もしくはその概念に則っての事物、と。あるいは、始まり（思惟の純粋発端としての全体性）、忍耐（内化のためのネガティヴな作動）、結果（即かつ対自態における全体性）、と。／われわれのいう非‐全体性の三局面は、こうなるだろう。非‐差異的な多（multiplicités indifférentes）あるいは存在論的な散逸状態（dé-liaison ontologique）、現出態‐次元の諸世界（mondes de l'apparaître）あるいは現出論理‐次元の結合関係（liaison logique）、真理実践（procédures de vérités）あるいは主体的‐永遠（éternité subjective）、と」（Ibid. p. 156）。

（e）もっとも重要なのは、しかし、上記引用文‐末尾にかかわるつぎの問題である。「全体性の三局面の十全な考察は、全体性そのものは、〔……〕その弁証法的‐構成のさらにその彼方にあるのであるから、第四の局面を浮かび上がらせる、とヘーゲルは指摘する。同様に、われわれも、諸真理（第三項、思惟）が諸世界（第二項、現出‐論理）を補遺し、その純粋な多‐性こそが存在（第一項、存在論）であるためには、ひとつの、全体性の真逆のものである自己廃絶・自己消去する原因動（une cause évanouissante）〔のようなもの〕を想定しないわけにはいかない。われわれが生起〔événement. 出来事《しゅったいじ》〕と呼ぶ、非‐現前的‐雷光（un éclair aboli）、これがわれわれにとっての第四項である」(Ibid. p. 156)。もっとも重要といったのは、この〈cause évanouissante〉、これまでも極々僅かに言及したこの概念がついに姿を現すにいたったからである。なにか、これは……。ひらたくいえば、たとえば、すでに逝去した人物が、現在のわれわれに深甚な作用力を及ぼすその原因ならぬ原因的な発動力。詩人の天分がひとつの語・いくつかの語を消去(控除)することによって、その詩を構成するすべての語と詩全体に波及させる原因ならぬ原因的な作動力。宇宙全体を現出させてすでに姿を消(脱去?)してしまっている根源的な原因ならぬ原因的な創出・駆動力。もともとこれは後述マラルメの造語である。しかし、内容的には、われわれのバディウもすでに潜勢的に語っていた。ヘーゲル的な1、2、3、……∞、の加算的な全体ではなく、「一化・算定」からの「控除・脱去」(減算?)によって向かう先の「純粋‐多」「無限‐多」「空‐集合」「空‐起(成)‐動」……。「生起」というこの事態の動態的な名称もここに準備されていることになる。(宇宙論的な規模まで考量すれば「出来事」というより「生起」とするほうが、すくなくとも筆者にとっては違和感が少ない。「宇宙開闢という出来事」では、「しゅったいじ」ならともかく、「できごと」では、アイロニーとしても度が過ぎる。)

(8) マラルメ

マラルメについての言及も多いが、纏まった「章」形式のものはおそらく二つである。

①『存在と生起』の「第十九章　マラルメ」は、いう。マラルメ詩の主題の一つは、「事件として起こったらしい事態の痕跡」を、どのような事件であるのか、いつどこで起きた事件であるのか、なぜ起きたのか、誰が起こしたのか、等の、説明なきまま提示するところにある。推理小説の発端に近いといってもいいだろう。あるいは、新聞記事の、いわゆる「5W」(when, where, who, what, why)なき、記述といってもよい。こうした状景に関心を持つとはどういうことか、その心理分析も面白いだろうが、われわれ(筆者)は、バディウも触れていな

い、この時代、ニーチェが「神は死んだ」と語った時代の、宇宙・世界の存在への問いの一であり、それゆえに重要なのだと考える。この世界・この大宇宙は、かっての先人たちが理解していたように「神が創造した」のではないとすれば、誰が、何が、造ったのか。なぜ、こうなのか。なぜ、罪もない子供たちが苦しまなければならないのか、……。われわれは、応えも、あらかた知っている。宇宙・世界の存在に、「なぜ」などない。理由律・根拠律は、人間知性が世界・宇宙を可解化して安心しうるように設定した仮説すぎない。その他の諸事象については、……。本題に戻ろう。ここで例挙されている詩作品は、もうひとつのマラルメ論でも詳しく分析されている、題名のない、海上難破事件のそれである。うす暗い海上、難破船の残骸、音もなく周囲に広がる白波、水平線上の不可思議な明るみ、……。バディウの分析は詳細・綿密であるが、ここでは省かせていただこう。[18] ただ、バディウ語彙が多々使用されていることは、指摘しておかなければならない。事件・事故（événement）が起きた（arriver, advenir）らしい、原因は判らぬような状態になっている（cause évanouissante）、ただ痕跡（trace）のみが在る（il y a）、「詩とは、この純粋・非（未）-決定態（ce pur indécidable）の星辰への被-昇天（assomption）である。空〔-起・成-動〕なる〔非-根底としての〕根底（fond de vide）のうえで為されるゆえに実際になされたか否か知り（*savoir*）えずそれゆえその真理性（vérité）についても〈賭ける〉（*parie*）ほかない非（未）-決定態の」（EE. p. 214）。「非（未）-決定態」とは、「一化・算定」という「決定」に先立つ「控除・脱去」態・「純粋-多」動の謂いであり、「被-昇天」とは「キリストは神」（の一部）ゆえ「昇天」（Assension）するが、聖母マリアは人間ゆえ神に助けられてはじめて天に赴く〈assomption〉とされる、人間による「詩」作品も同様ということであり、〈fond de vide〉、〈savoir vs vérité〉、〈parier〉、等についても、既述した。バディウ・テクストのフォローは、ここでもこれだけにとどめておこう。われわれがここで指摘・強調したいところを一点に絞れば、それはやはり「空なる根底なき根底」（fond de vide）「われわれには知りようのない自己廃絶・自己消失する原因」（cause évanouissante）による「生起」「しゅったいじ」の問題である。他のどのテクストよりも端的に、こう定義されている。「生起は、根底なき多（multiple in-fondé）、自己帰属（auto-appartenance）、自己不分割標識（signature indivise de soi）、として、状況の彼方で自己示唆（se manifeste）することしかできない。そこで自己呈示するか否かも、賭けといわなければならないが」（Ibid. p. 219）。ここでもっとも重要なのは、追って後述のところでクローズアップされてくる、〈auto-appartenance〉概念である。バディウ思惟は既述のとおり数学・集合論に依拠するところ大きいが、ここにいう〈auto-appartenance〉は集合論では｛(α∈α)｝と記されて、これは「純粋‐多」ならぬ「自己同一」を匂わせて、（集合論では）鬼門であり排除される。バディウがしかしあえてこの語を提示しているのは、したがって、バディウ思惟が、集合論に依拠しながらも、最終的にはその外・数学の外に出て、哲学として「生起」概念を採用していることを示す。この点は後述で確認もしよう。他に、ここでは、「自己」（se, soi）の語が目につくが、これは「一化・算定」レヴェルのあるいは近代的な「自我・自己」ではない、むしろ〈événement〉がそれらとは異なる、別の、他の、既述の「第四の多」のような（?）、独異な事態であることを示す逆説語とでも解していただきたい。なお、われわれ（筆者）がもっとも強調したいのは、「生起」の、非・脱‐集合論的な〈auto-appartenance〉（自己帰属、自己生起、超‐的・脱‐的（ウルトラ‐ワン的）な、自生・自成‐動）に加えて、その〈fond de vide, sans-fond, in-fondé〉（脱‐根拠、無‐底、空‐起・成‐動）性である。西欧哲学史の金科玉条である「根拠律・理由律」の、ハイデガーあたりから顕在化する[19]断念・廃嫡が、現代哲学の「生起（・出来事）」概念の中核に含まれているはずである。

②もうひとつのマラルメ章は『〔哲学を成立させる具体的な〕諸条件[20]』（Cond.）所収の「マラルメの方法」である。「方法」といっても作詩の方法で、分析は細密だが、われわれのここでの主題とは大分距離があるので、おおかたは省かせていただき、一点、取り上げるにとどめよう。既述のライプニッツ論で扱い、後述のラカンで深甚な深味を見せることになる「〈二〉（Deux）の論理」の問題である。「一化・算定」への徹底的な排撃を考えれば「二」への関心は重要なわけだが、ここではかなりクラシックな論述に終始している。マラルメの詩の究極

は〈Notion〉（純粋・至高‐観念）であり、これはプラトンの「イデア」にほぼ対応するが、われわれはその「観照」にあたって「脱我（恍惚）」（extase, Anastase）状態になり、それが「一なる自我」にたいする「二」を構成する、とする。「〈二〉と〈イデア〉の間には、弁証法もないし、論争もない。本質‐花の無限性（l'infini de la fleur essentielle）が算定的‐理性（raison calculatrice）の彼方に自己定立するときには、われわれの側に自己発揚があるか疑わしいし、自己分裂など意味がない」（Cond. p. 125）。「二」とは、分裂の「二」ではなく、「一」ではない（という）「純粋‐多」の象徴である。そして重要なのは上記（α）と同じく、ここにも数理・数学からの「脱去」が含意されていることだろう。ただし、この平凡ともいえる形而上学が近代末以降の数学的思考の果てに成立していることは確《しか》と押さえておかなければならない。

（9）ラカン

バディウはラカンを「わが師」（Cond. p. 68 他）とまで呼んでおり、われわれも両者の関係には特別な配慮（細密な追考）が必要かも知れない。しかし、直接の言及は、初期の『主体の理論』では幾つか散在、『存在と生起』では末尾の一章のみ、同‐第二巻としての『諸世界の諸真理』でも一章のみ、……で、とくに多いわけではない。もうひとつ、最近は個々の先哲の思想に一巻ずつを充てる「ゼミナール」書がつぎつぎに刊行され、その一巻が『ラカン』[21]となっているが、われわれの本書はとりあえずバディウ哲学の原理的な諸局面を扱っており、これらこれからも続々と上梓されるはずのいわば各‐応用編には、われわれなりの別巻を充てるはずであり、ここではやむなく省略させていただきたい。これまでに刊行済みの主要著書から、数点、指摘・確認するにとどめる。

①ラカンへの関心は「主体と構造」という問題系ゆえのものだったらしい[22]。若年期にサルトルに傾倒し、「主体」問題はここから生涯にわたってつづき、青年期はいわゆる構造主義の時代であったが、レヴィ＝ストロース

の民族学的な問題意識には合流できず、フロイト／ソシュール系の精神分析学的・言語学的な構造概念だったらしいが、ここで二つの問題に逢着する。ひとつは、構造主義は脱‐主体主義の思潮と重なったが、その構造主義思潮のなかでラカン（だけ？）は主体問題を堅持しつづけたこと、もうひとつは、バディウもサルトルに十分でなかった構造問題の導入に腐心したが、そのバディウの「構造」概念は、結局は、構造主義の構造ではなく、同種のといっては語弊があるが、むしろプラトン系譜の〈forme〉（形式、形相、形態）概念であったこと。「主体」概念はバディウのいう「哲学の構成条件」としての三幅対「存在、主体、真理」の一ゆえわれわれも追って主題化するが、「構造」概念はこの（構造主義概念との）ずれゆえ、ラカンとも、すぐ後に確認するように、やがて背馳することになる。

②ラカンは初期の「ＲＳＩシェーマ」（Réel 実在系‐／Symbolique 象徴系‐／Imaginaire 想像系‐、図式）をもって有名になった。〈Réel〉を「現実系」と邦訳することも、「実在系」と邦訳することさえも、充分ではない。むしろ、カントのいわゆる（「現象」に対する）「物自体」と解するほうが適切なのであろうが、しかし「物」はハイデガー的には（カントの「現象」レヴェルの）「存在者」（étant）を思わせ、結局、ラカンの〈Réel〉も、「存在系」とするほうがよいようにも思われる。ただし、ラカンが哲学ではなく精神分析学であることにこだわる場合には、「無意識界」としなければならないが。さて、ラカンのいうところ、われわれ人間は「象徴界」つまり言語・記号レヴェルに生きかつ認識行為を行っており、（カント的‐人間が「物自体」には達しえないように）、「存在系・レエール次元」には達しえない。「フロイトにとっては、存在（être）は知（savoir）の外にあり、存在と思惟（pensée）のあいだには不適合（discordance）、断層（faille）がある」（Cond. p. 320）ように、ラカンにおいても「象徴系」と「レエール」のあいだには断層・亀裂・深淵・非‐関係が出来《しゅったい》している。われわれは、バディウ世界に入るにあたって、ハイデガーにおいては「存在者・実存」（étant, Seiende, existence）とそれらで無（nicht）い存在・存在そのもの（être, Sein, être lui-même）は、存在者‐無‐存在の関係にあるが、バディウにおい

ても、「状況・一化-算定・現出態」レヴェルはそこからの「控除・脱去・純粋化・殆無化・空」を介して「真理・存在」(être, vérité)と関わる、としたが、これも同じことである。さて、これら初歩的な諸事を踏まえていま確認・提示すべきなのは、ラカンが(精神分析学として)哲学を批判し「反-哲学」(anti-philosphie)を高唱するのは哲学がここにいう〈réel〉を扱っていないということによるが、バディウはこれにどう対応するかという問題である。バディウは自らの全哲学思惟を踏まえた小冊子『失われた〈réel〉を求めて』[23]をもって端的に対応している。ラカンのいう〈réel〉が「象徴系」に対(立)するものであるとすれば、自らにとっての〈réel〉は「状況・一化-算定・現出態」レヴェルに対(立)するその「真理」(vérité)に対応する(RP. p. 46)、と。バディウにとっても旧来の哲学はこの種の「控除-真理」についての然るべき考察に欠けていた、バディウ哲学はこの「控除・脱去」態の主題化によって、旧来の哲学思惟を補遺(supplément)する、いまなおあるいは今度こそ(新しい、などというより)哲学の名に値する哲学を目途《もくと》するものであり、われわれもまたバディウのいう〈ontologie transitoire〉の〈transitoire〉を、既述のところで、「移行・拡大」と「包摂」の含意によって処理しておいたのであった。われわれにいわせれば、ハイデガーが「哲学」の名を排して端的・純粋に「思惟」(Denken)と自称するのもほぼ同じ趣旨においてであるが、とまれこのバディウ的〈réel〉(=〈vérité〉)思惟の内実については、ラカン/ハイデガーとの異同も含めて、以下に主題化していくはずである。

③異同というより、バディウ側からの批判ということであれば、ここでも挙げておくことができるし、ここはその場でもある。関係引照文もわれわれ(筆者)による解説もやや煩雑・複雑だが、内容的には重要なので、御堪忍いただきたい。

(a)「主体が〈il y a〉〔成立する、出来している〕」とは、なんらかの真理が理想的なかたちで発現することによって、〔バディウ哲学のいう〕生起(événement)が有限性の様態(dans ses modalitiés finies)において存在へと到来する(le venir-à-l'être)、ということである。それゆえ、つねに、そういう到来はない(n'y en ait pas)かもしれない、もはやない（n'y en ait plus）かもしれない、ということを畏れ（appréhender）なければならない。ラカンがいまなおデカルトに依属しているのは、この遺産は廃嫡されなければならないのだが、そういう到来は常にある（y en avait toujours）のだ、という前提だった」（EE. p. 474）。「ラカンに欠けていたのは、〔……〕真理を、状況内‐存在（être-en-situatiobn）への、空による分断という生起（un événement séparateur du vide）によって賭けられる補遺（supplémentation）として、根源的に考えることであった」（Ibid.）。全体に、「真理」問題の、デカルト・近代的な楽天主義と、現代的な厳しさ、しかも、一見、現代思惟の厳しい状況を体現しているかのラカンの前者への安穏な依属、そして、後者としてのバディウ思惟、内実ある立派な名文であると思われる。

（ｂ）「ラカンが〈精神分析の対象は、人間ではなく、人間に欠けているものである〉といっても、哲学から離れて（séparée）いるとはいえない。〈絶対的に欠けているものではなく、ある対象〔対象ａ〕の欠如である〉と付言しても、〔人間的〕有限性の方位に入り込みすぎて、〔反‐哲学ならぬ〕堕‐哲学（dé-philosophise）しているにすぎない。〔ラカンのいう〈人間に欠けているある対象〉とは、人間主体にとっての対象・他者（autre）であるが、他者（autre）は〈人間に絶対的に欠けている〉もののなかに、ラカンが放置している〈哲学〉によって〈公理論的に把握〉される（プラトン形相論流の）絶対的な〈他‐性〉（Autre）によって保証・補遺されるものであって――プラトンに詳しくない読者たちは面食らうかもしれないが、バディウはプラトンのいわゆる「善のイデア」（Bien）にこの〈Autre〉を指摘する（cf. OT. p. 98, MPhII. p. 119）――、〈精神分析の対象〉にのみ固執すれば、〈Autre〉を失うことによって〈autre〉をも失い、ラカン的〈反‐哲学〉は〈反‐精神分析〉ともなって失効する〕」（LM. p. 503. 後段、引用者、取意補完）。ラカン的‐構造論議がソシュール流‐構造主義に由来・類同するものであり、前者の「象徴系」すなわち諸言語記号の相互差異（autres）連関が後者の言語論的諸音素の相互差異（autres）体系に対応するものであるとして、それらを構成する構造作動を科学が想定すること学術的に許されるものなのであるとすれば、さらにその根源を哲学的に想定することも学術的に許されうると見なければならない。反‐哲学はその哲学的‐失効によって哲学の再・新‐興へと到達する。

われわれのこの今回の論稿の目下の第二章Ⅱ3の主題は、歴史上の個々の哲学と数学の相嵌関係をバディウ視角から考察することであった。それがマラルメ思惟あたりから数学問題とは直接相関することがほとんどなくなってしまった。バディウ研究にとってマラルメとラカンは極めて重要な参照系である。しかし、数学問題としては、直接的には、そうではない。このあたりで中断しておこう。

(10) ドゥルーズ

ドゥルーズ関説は、「六八年」時点での実務的な対立のあと、前者のライプニッツ論あたりから急接近し、学問的論及も単著『ドゥルーズ、存在の喧騒(*La Clameur de l'être*)』(略号DCE)、『推移・包摂的‐存在論小論』の第四章「ドゥルーズの生‐存在論(l'ontologie vitaliste)」、『諸世界の諸論理』第五書第二セクション「ドゥルーズによる生起(événement)」、ほか、散発諸部分も入れて、少なくない。ドゥルーズの晩年、書簡による議論がつづいたが、ドゥルーズの体調不全のため、中断に終わった。完遂・刊行されていれば、稀有なる一共著としてわれわれに多くを教示したろう。

ここでは内実豊かな上記単著(DCE)で関係問題を簡単に検討する。数学問題は右記晩年書簡往復で活発に行われたらしいが、出版にはいたらず、したがってここでは右記のマラルメ/ラカン問題と同様のやや一般的な対比考察である。

ドゥルーズ問題は至当にも四つに簡略化される(Ibid. p. 46)。①生起問題(潜勢態と現勢態)、②認識問題(時間と真理)、③行為問題(偶然と永遠回帰)、④主体問題(皺と外部)である。

一歩戻って確認すれば、ドゥルーズの基本問題は、初期名著『差異と反覆』[24](略号DR)の示すところ、一方では、西欧哲学の金科玉条であった同一律への反立としての「差異」の称揚、しかも先立つ差異の同一の差異への「反復」ならぬ、別の差異する差異への「反覆」としてのそれであり（DR. p. 1）、他方では、中世ドゥンス・スコトゥスのいう「存在の一義性」（univocité de l'être, l'être univoque）（Ibid. p. 51 他）の継承であった。われわれ研究者たちは両思惟の両立の如何に解釈の知恵をしぼってきたが、バディウ解釈の特色は前者が後者へと還元され気味であると指摘することにある。ドゥルーズというミクロ生物学的‐多様性・多数性の思想が、バディウという数理・集合論的‐多数性の思想によって批判・補遺されるといっておいてもよいかもしれない。簡単に追考しよう。

①潜勢態と現勢態（生起問題）。

ドゥルーズは「存在の一義性」をいい、潜勢的な「一」者（l'Un）（DCE. p. 63sq.）が「多」様な現前態を産出する、あるいは「多」様な現前態を生起させる、という。しかし、多に対する一者、多でない一者とは、多に対する超越者であり、ドゥルーズのいう内在主義に反する。ドゥルーズ自身、この一者を「全体」としての「自然」とか「生」とかいうが、そのような内在態はすでに多による構成態である。潜勢次元と現前次元を分けたところで、見えざる潜勢態を「一」とすることは、恣意的に「一化」するということにすぎない（Ibid. p. 69sq.）。バディウのいうところ、「私は〈存在〉の現勢性を積分的（intégrale）な多‐態の純粋‐散開（pure dispersion-multiple）とし、内在性は〈全体〉（Tout）なるものと相容れず、多‐態のなかのひとつの停止点も（〈一〉（Uns）の集まりではなく）殆無の多（multiple de rien）でしかありえないと主張する」（Ibid. p. 70）。「〈一〉者は存在（est）せず、さまざまの現勢的な多が存在しているにすぎない（il n'y a que）」（Ibid. p. 81）。

②時間と真理（認識問題）。

ドゥルーズにおいては、ヘーゲルの場合と同じく、もろもろの対立点は別とし、「〈一〉者の至上権を認め、真理は〈一〉者の、ドゥルーズなら現勢性といい、ヘーゲルなら現実性と呼ぶであろうものの、内在的持続（潜勢態、または、概念）」であり、「真理は、結局のところ、記憶、絶対過去である」（Ibid. p. 97）。「しかし、〈存在する〉（《il y a》）が純粋‐多性であり、すべてが現勢的というのであれば、つまり〈一〉者など存在しないということになれば、真なるものを探すべきは記憶の側ではない」（Ibid.）。バディウの見るところ、「真理は時間的なものではなく、時間における非‐時間的なものでもなく、その〈断絶〉（*interruption*）にある」（Ibid. pp. 96-97）。「（政治における）革命、（愛における）情熱、（科学における）発明、（芸術における）創造は、私の見るところ、そのような実在経験である。そのような時間性の廃嫡のなかで、諸真理の永遠性が誕生するのだ」（Ibid. p. 97）。「真理とは記憶の終焉なのである」（Ibid. p. 99）。

③永遠回帰と偶然性（行為問題）。

ここでも一点を挙げるにとどめる。「神の死」のあと、万象を統べるのはニーチェの場合と同じく「永遠回帰」である。宿命（？）のように圧しかかってくる「永遠回帰」に対して人間的‐自由・行為は、（必然に対する）「偶然」の境位として語られる。ここで、ドゥルーズ／ニーチェvsマラルメ／バディウの対比となる。マラルメのいう有名な「骰子一擲」（un coup de dés）は、（a）単に「投擲」すればよいわけではない。「独自」（unique）の投擲でなければならない、（b）独自の投擲とは、「偶然性を全面的（en totalité）・絶対的（absolue）に肯定する」ということであり、（c）「すべて（tous）の投擲を通じてこの同じ（même）投擲が回帰（revient）」してくる（Ibid. p. 112）のでなければならない。だが、こうなると、とバディウはいう。「永遠回帰は偶然性の肯定として〈一〉者であり、偶然性のほうも唯一度（en un seule coup）で肯定される」（Ibid. p. 113）ということになり、「偶然性は永遠回帰としての〈一〉者（l'Un）であり、最初の〈至高投擲者〉（le Grand Lancer original）の独自の能作力（puissance active unique）による」（Ibid.）ものだということになる（簡略化のためやや取意訳）。となれば、とバディウはいう。「私は〈同一者〉（Même）の永遠回帰など、パルメニデス的な意味（〈一〉者（l'Un）の恒久性）でも、宇宙論的な意味（〈同一法則〉（loi du Même）のカオスへの適用）でも、蓋然性理論による意味（系の無限展開によって均衡が得られる）でも、ニーチェ／ドゥルーズ的な意味（唯一・一回こっきりで偶然性の肯定は可能である）でも、賛同できない」（Ibid. p. 115）。「ドゥルーズにとって、偶然性は〈全体者〉（Tout）のつねに同じく繰り返される遊戯〔Spielen. ニーチェ〕であるが、私にとっては偶然性にも（稀少さとともに）多数性というものがあり、なんらかの偶然の出来事・生起（événement）が到来（vient）するにしても、それは〈一〉者（l'Un）の一義的な表現としてではなく、それじたいがすでに偶然性によるものなのである」（DCE. p. 115）。「一方には偶然性に関する遊戯論的で生命論的な概念、他方には偶然性の〈偶然性〉（Hasard des hasards）という星辰論的（stellaire）な概念。最終的には、ニーチェ対マラルメ」（Ibid. p. 116）。マラルメの「星辰」（stellaire. cf. 独語：Stern）観念については、後述のところに「太陽の死」の「痕跡」の謂いとあるが、ニーチェ／ドゥルーズの「生」（Vie, Leben）が宇宙・世界に横溢する態のものであるに対し、マラルメの詩業は「生」を断ち切った「非‐生」「白紙」（バディウ的には「虚無」とはいえないが、しかし「純粋」としてのあの）〈rien〉（殆無）から生起・成起するのであるから、宇宙・天空ならぬ、「太陽」無き「虚空」の「星辰」もしくは「［バッテン印で蔽った］~~星辰~~」とでも解すべきなのであろう。バディウ概念界では、おそらく、プラトンのあの「イデアの彼方」（au-delà de l'Idée）としての〈Bien〉に該当する。ただし、この〈Bien, au-delà de l'Idée〉も、「善」などとは邦訳できない。バディウ自身も両者についての詳論はおそらく充分にはおこなっていない。筆者自身はハイデガーのいう「エペケイナ・テース・ウーシアス」としての〈das erste Vermögende〉[25]と、今道友信氏のいう〈カロス・アガトス〉[26]という解釈を佳しとするが、ただ、どうしても重要なのは、後述するように、バディウがあのマラルメ流「消失した原因」の含意する「非‐連続性」（discontinuité）を強調して、どうやらこの点に関する従来の形而上学・哲学の発想をすべて否認している観があることである。筆者はとりあえず「空‐起（成）‐動」を核とする「生起・成起」論で対応しているわけだが、最終回答は未決とする。

④皺と外（主体問題）。

永遠回帰のなかに偶然性・自由の余地があるとして、しかし、ドゥルーズにおいては「主体」の独立・自律・

孤立・浮遊があるわけではない。「外部性と内部性の対立はあるが、ひとつの自己の内部性は外部性の自皺化作動（pliage）が造り出す（crée）のである。内部性は、構成作用力とは程遠く、それじしん構成されるものであり、ひとつの結果であるにすぎない」（Ibid. p. 120）。「この皺の折り目（pliure）を、フーコーは〈自己〉（soi）と呼ぶが、御望みなら、主体（sujet）と名づけることも可能である。ただし、すぐに付言するとして。〔a〕この主体は外部に位置づけることのできるひとつのトポロジック操作の結果であり、構成作動をすることもなければ、自律性も、自生性もない。〔b〕この主体は〈内部空間〉として外部から離れて存在するものではなく、外部のひとつの皺であり、あるいは、〈皺の線に沿って外部空間と全面的に共‐現前しているもの〉でもある」（Ibid. pp. 133-134）。……バディウ的‐主体がこれと反対に「生起・成起」動に支えられてきわめて積極的なものであることは後述する。バディウ的‐主体は、構造主義・（ドゥルーズを含む）ポスト構造主義の脱‐主体主義に乗り遅れて、ではなく、そのこれからに向かっての乗り越えの営みとして、提起されている。

⑤外と力。

バディウはいう。「ドゥルーズの定式を私が好きなのは、（現前事象の）全体閉域を保護せず〔外に向かって〕〈露呈〉（*desabritement*）させ〔曝《さら》させ s'exposer. cf. p. 127〕〕ていることだ」（Ibid. p. 126）。「外」とは何か。現代思惟にとって最大級の重要問題ともいえるが、目下の文脈で焦点を絞れば、例えば、「思考」は「主体・内部」が主宰するのではなく、「外部の自皺化作動（pliage）が生み出す結果」（先述）であり、その意味で（主体からみれば）自動作動（automate）的である。「思考が〔外部と内部の〕離接状態（disjonction）に晒されるとき、思考は、既述のように、一個の自動作動である。〔……〕自動作動にとって、すべての内部を放棄しているのであるから、〈外部しか存在しない〉（*il n'y a que le dehors*）」（Ibid. p. 127）。ただし、「〔ドゥルーズのいうところ〕〈自動作動は、外的世界から切り離されているとはいえ、それを賦活するに到来するより深いひとつの外部（un dehors plus profonde qui vient l'animer）〉（L'Image-temps. p. 233）がある。それゆえ〔とバディウが言う〕直観は外部からの賦活として始まるのだといえよう」（Ibid. p. 128）。「それを賦活するに到来するより深いひとつの外部」とは、何か。バディウはいう。「この外部のエレメントを、力（force）と呼ぼう。適切な呼称である。ひとつの思考-自動作動の発動化（mise en movement）という事態は、なんらかの強制的な賦活作動（une animation constraint）によると解され（se traduisant）ざるをえず、外部はなんらかの力の強制的な作用（imposition d'une force）として〈現れる〉（*manifeste*）ほかないと思われるからだ」（Ibid. p. 128）。話をとりあえず急ぎ一般化すれば、筆者は現代哲学思想全般に見られる動態性を可能にしている根本の「力」とは何なのか、確たる回答を得られぬままに、自問してきた。神も形而上学も頼りにならない現代であり、自然・宇宙-科学では一応は立派な回答も出ているが、哲学・思想においては？……目下のドゥルーズの場合、バディウは目下の文脈では直接的に応えていないが、既述のところからして「生」（Vie）という「一者」（l'Un）ということになる。だが、他方、バディウの協賛の対象はむしろマラルメのいう「消失項による原因・起因」（causalité du manque）であり、現代的な否定神学に類同するかの否定存在論、あるいは既述「虚空の星辰」なる否定宇宙論・否定世界論であった。で、バディウ自身は？　追って詳論するが、既述のところからしても「メタ存在論・現代-形而上学」のいう「生起・成起」、われわれ流に言い換えれば「空-起（成）-動」「無-元-動」を核とする「生起・成起」ということになるだろう。本題に戻れば、かくて、ドゥルーズとバディウは、相接近しつつ、相背馳していることになる。

⑥連続性と非-連続性。

上記のところは主に『存在と生起』によったが、ここでは『諸世界の諸論理』から重要な一点を取り上げておかなければならない。

バディウの見るところ、「サルトルは主体をなんらかの純粋-〈外部〉」（un pur Dehors）に曝した（exposé）ことはなかった。〔……〕サルトル以後、〈外〉（Dehors）と〈生起〉（événement）は現代哲学者たち大部分の共通主題となった」（LM. p. 403）。ウィトゲンシュタインが「世界とは到来（arrive）するもののすべてである」といい、ハイデガーが「到来‐存在としての存在（être comme être-en-venue）、〈エルアイクニス〉（Ereignis）」としたことも、記している。いまはバディウvsドゥルーズに戻れば、「なんという対照であろうか！　対照して興味深いのは、概念そのものがもともと両義的だということである。構造（structure）の次元（切断interruptionとしての切断、剰余‐項〔消失項〕の現出〔作用性〕）と、生の歴史（histoire de la vie）の次元（生成devenirの濃縮化、自己への到来としての存在、約束）。前者では、生起（événement）は一者からの解縛（délié）、分離、空（vide）の被‐昇天、純粋な非‐意味（non-sens〔真理〕）、後者では、生起は一者の遊戯（jeu）、構成、充（plein）の緊張、意味の結晶（あるいは論理学）。〔……〕」（Ibid. p. 404）。「概念の両義性」を示す諸語は、既述のところでも解説し、ここでも「対照」的な原語を記したが、いまはこれ以上、説明している余裕はない。とにかく、ここで、バディウに最も近いように見えるドゥルーズ哲学との対比のなかで、ほとんど正反対ともいえる「対照」性を通じて、バディウ哲学思想の特色・独自性・今日的‐意義を把握するよう努力していただきたい。危険を承知で一言でいえば、「生と意味」の思想（ドゥルーズ）vs「(生を超える) 非‐生と真理」の思想（バディウ）。目下は前者のほうが好まれているが、単なる生物ならぬ「人類」にとっては、後者こそ重要のはずである。

もうひとつ、「対照」を加えよう。「単なる経験主義とは縁を切るとは、生起を、すべての経験から控除・脱去する次元、すなわち、存在論的・非‐根拠性（l'in-fondé ontologique）〔あのメタ存在論的な「消失の因果律」を受諾、それに賭けること〕と超越論的な非‐連続性（discontinuité transcendantale）〔既成の世界知解体系を裂開・突破する生起・成起の力動性〕、この双方の次元から〔生起を〕考えるということである。独断主義とは縁を切るとは、生起を一者のすべての支配から引き離すということだ。〈生起〉（événement）を〈生〉（Vie）〔ドゥルーズ〕から脱去させて〈星辰〉（étoiles）〔マラルメ〕へと返還（rendre）すること〕」（Ibid. p. 410）。かつてベルクソンは自らの「エラン・ヴィタル」概念をG・ソレルが自らの「暴力論」の根拠づけに適用するに困惑して、地下鉄の駅に向かって歩きながら説明・説得に努めた、という微笑ましいエピソードがある。バディウも、後述するエコール・ノルマルでの『諸世界の諸論理』シンポジウムで自らのいう「生起」疑念を拡大解釈しないよう、学生たちに向かって説明している。われわれもここでの引用文からとりあえず二点のみ引き出そう。（a）万象の根拠を求めるのは哲学の任務であるが、万象と根拠が連続的であれば、万象の言語で根拠を言表することも可能であるが、非‐連続的（discontinu）であるとすれば、言語化は不可能である。現代西欧は神死して後、万象と根拠の関係は自明のものではなくなり、有‐連続的か、非‐連続的か、まずそれを問うことから始めなければならない哲学・思想的‐状況であるのに、ドゥルーズは「独断」的に有‐連続的として「生」（Vie）と実体論的に言表しているが、バディウは非‐連続的として、非‐実体論的に「生起」としている。（b）非‐連続的で非‐根拠論的であるとすると、存在論的にではなく、超越論的には、非‐根拠論的に（つまり、無根拠のままに）、既存の世界知解体系を非‐連続化・破壊することにもなりかねないが、その含意はないバディウはどう対応するか、追って詳論していくが、とりあえず概論しておけば、ドゥルーズにはない「主体」がその「公理論的‐思惟・判断・決定」をもって、真理は既在するわけではないが、「真理」への方向性において、「生起」を「成起」へと「変動」「方向づけ」ていくことによってであろう。われわれは目下のこの研究をカントの「反省的判断力」における「基準の創造」というパラドクスから始めたが、バディウ的「主体」が非‐連続・非‐根拠の空域にそのつど「活ける基準」を「創出」しつつ「真理」を「成起」させていくということは充分にありうることである。

4　ひとつの途中総括——バディウ哲学の全体構成

このあたりで既述のところのひとつの小さな総括をおこなっておこう。先へともう一歩進むために。**（一七一頁図参照）**

①われわれ人間は、多くの現代哲学思想は世界‐内‐存在と呼ぶが、バディウはこれを「状況の住人」とし、

彼は個々の「状況」（situations）において「状況」についての「百科全書的‐知」（savoirs encyclopédiques）をもって生活しているが、その「知」は個々の「現前的・準‐現前的」な対象事象に対応し、数理論的には「一」とその複数化による「多」の「一化・算定」（compte-pour-un）レヴェル（「可算」レヴェル）で存在しているといえる。彼はまた現代哲学思想によって〈existence〉（現実存在・実存）とも呼ばれるが、バディウ的には（世界・状況‐内、つまり）自己‐外（ex-）的な存在者（étant）であるにしても、いわゆる実存（説明略）ではなく、上記に準じて「現前態・現出態」くらいに解しておくほうがよい。もっともこの〈étant〉はやがて「主体」（sujet）となって、いわゆる実存主義以後の脱‐主体主義に抗するバディウに特有の重要な「主体」概念となっていく。

②「存在論」という語は、バディウでは多様に使われるが、最終的には旧来の伝統的な存在論のことで、これは上記の「現前的‐世界・状況」とそれを超える（たとえば、神のような）「超越体」の両極から成る存在世界（のみ）を論じ、この図式がこの語をここに位置づけるのは、バディウ流のより広範な範域を扱う「メタ存在論」「推移・包摂的‐存在論」「バディウ哲学」に対して相対化しておくためである。ただし、バディウはドゥルーズ＝ガタリのように「内在」に固執して「超越」を忌避するということはない。上記図式の「生起」側に「超越」の語を充てること不可能でない様子もみえる（cf. DCE. pp. 136-137）。

③「一化」とは「〈一〉でない」ものを「〈一〉」と算定する（compter）」ということで、「〈一〉でない」ものとは「多」（multiple）なるものということであるが、わざわざ「純粋‐多」（multiple pur）などというのは、旧来の「多」概念が「一」の複数化の所産であるにたいし、ここにいう「多」は「一」を前提しない・「一」によって雑・濁せられることのない「多」であることを意味する。ここから現代的数理論である集合論の次元に入る。集合論が「集合」論であるのは、「一」がすでに（「一」以下の、あるいは「一」以上の）「多」の「集合」・「多」からの「算定」の所産にすぎないことによる。伝統的哲学が同一律や唯一神や統一人格から出発するに対し、多くの現代哲学思想は差異律から出発するが、バディウは「純粋‐多」から出発する。近代哲学が「コギト・意

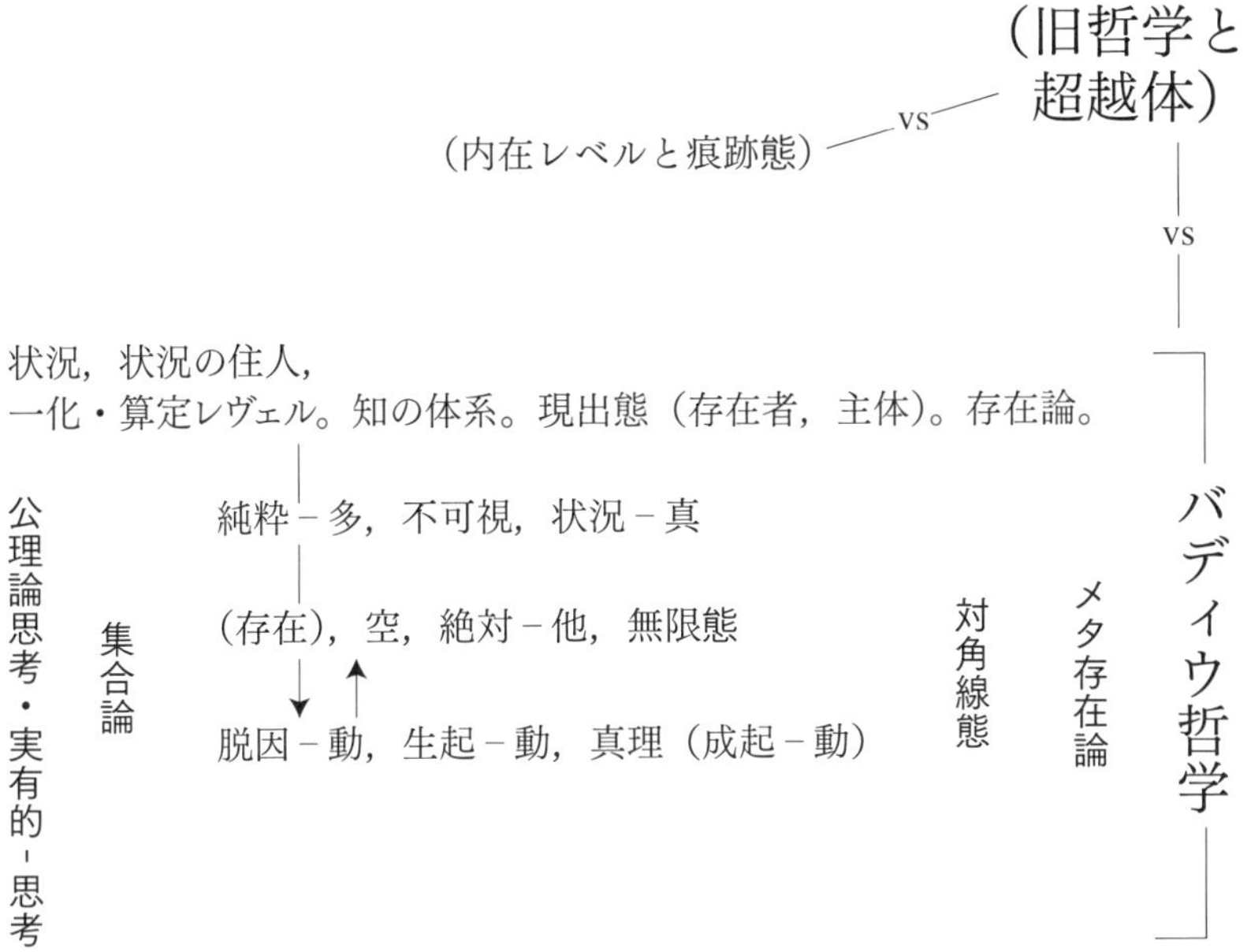

識」から出発するに対し、多くの現代哲学思想は「〈Es〉・無意識」から出発するが、バディウは〈純粋-多〉から出発する。「純粋-多」は、「一」以下（あるいは、その集合）なのであるから、差異や無意識と同じく「不可視」であるが、「公理論的-思考」（pensée axiomatique）によっては把握（saisir）可能であり、ラカンにおける「象徴系」（le symbolique）から脱離する「現実系」（le réel）と同じく、「実在的」（réel）である。バディウが「状況」とは別に、そこから「控除」され・「脱去」する（soustraction, soustraire）「状況の真理（真実・真態）」（vérité）とするのも、この別次元の〈réel〉にほかならない。

④この「純粋-多」は、「一」の集合ではないとはいえ、「一」への・「一」からの遠近によってそれなりの変動性を含む諸段階・諸性質を構成するように思われる。すでに、「純粋-多」がさまざまの「(相互-相対的な)他」（autres）によって成されるとき、それは「無際限」（illimité）態を結果するに対し、「(絶対的な)他」（Autre）

の介入を得るとき、「無限」(infini) 態に変容するとの指摘があった(本著七八―八一頁)。或る「状況」における「公理」がそれを踏まえて成立する・あるいはそこから抽出される諸「公準」は、それらの度合いの如何に該当するものではあるまいか。さまざまの文化「作品」(œuvres) の「質」を規定するのも、そのような「純」(密) 度の如何によるものであるように思われる。バディウによる直接の言及・指摘はないとはいえ、「無際限」と「無限」のバディウ流の交錯・弁証法[27]を考える必要があるように思われる。

⑤実際、バディウは、「純粋-多」の極北・最高度態・「無限」態を語るにいたって、その諸度合いを前提し・超えるがごとく、それを、集合論の「空-集合」(ensemble vide) のバディウ的・メタ存在論的-変換を通じて、「空」(vide) と言い換えもする。「空」とは、すでに上記に一応の詳論も試みたとおり、数量的な零ではなく、あるいは数量的なレヴェルから見れば(言えば)零・「孔(穴)」(trou) と見える(言える)としても、質的あるいはメタ存在論的には、まさしく数量的にはポジティヴには言表しえない、否定存在論的な、「至高密度の無限・純粋-多」の謂いである。「存在」とは、「状況・現出態・存在者」(existence, étant) に対しては単純に「存在」(être) と語られるとしても、その内実においてはこの「存在者」と「空」の間の全幅とこの「空」なる至高・密度態を含意する。われわれがこの時点で「(存在)」と記述するのも、この、通常の「存在」概念とは異なる、(「存在」というよりも)「空」というほうがバディウ的にはより相応しい特異性ゆえにほかならない。他方、これこそまさに、「一化・算定」「存在者」レヴェルに対する、「相対-他」(autre) ならぬ「絶対-他」(Autre) である。そして、この「空」は「至高密度の純粋-多」として、たんに「存在者」に「他-在」するだけでなく、後述の「生起」動において動態的に「存在」と諸「存在者」を〈générique〉に成立 (générer) させる動態性ゆえに、実質、「空-起-動・空-成-動」とも称すべき事態であるとわれわれには思われる。

⑥さて、バディウ哲学とは、こうして、伝統的哲学を補うかたちで、「状況・現出態-世界」と「空-成-動・空-起-動」の両極から成る全存在範域を、数理-集合論に立脚する「公理論的-思考」(既述) によって問い詰

めつつ、「対角線的」(diagonal)(既述、後述)的に、――つまり一対一関係の対象からではなく、対象の根源の無象・原象・超象態から掘り起こすかたちで――、「真理」を現出化・作品化(後述)していく営みなのであるが、これら既述のところと後述のところの中間における目下のこの時点で主題化しておかなければならないのは、この伝統的哲学思惟を乗り超える現代・数理-集合論をも(新たな)哲学の名において(依拠しつつも)相対化していくバディウ思惟の数学思惟への批判はどのようになされるのか、その豊饒な一点・総態を確認することである。

ある意味では、上記の「総括」も、われわれの理解からこの数理-集合論とバディウ哲学を接続・分離させる境界線を確認・明示するためにおこなった。われわれにいわせれば、バディウ哲学とは、「一化・算定」レヴェルと「空(-集合)」の間の範域を現代・数理-集合論をもって可解化しつつ、それを成立させる「生起」「自己消去(控除・脱去)-因」「空-起-動・空-成-動」をもって哲学本来の主題である「存在、真理、主体」を捉え直す思惟の営みである。かつてヘーゲルは近代数学が見出し・提示した「無限」を哲学的根拠づけ不全の「悪-無限」として排除し、「真-無限」への弁証法-行程のなかに「止揚」した(Cond. p. 179sq.)が、これによって数学一般を哲学的に廃嫡することになった。バディウはヘーゲル以後の数理-集合論をもって数学の哲学的復権をはかりつつ、それを新たなバディウ見地から再-批判すると同時に、なおかつその限界を補完する新たな哲学の任務を再・新-定式化しようとする。

(以下の諸問題を、この図式に加えていかなければならない。)

5　数学の限界――存在ありて、真理・主体なし

いくつかのバディウ文言をもってこれを瞥見しよう。まず、限界指摘の文言。今後の第三章以下の本論で扱う

諸問題をも先取りすることになるので、適宜簡略な説明も加える。

（1）「数学的‐存在論は真理概念を扱うことができない。真理はすべてポスト‐生起的（postévénementielle）なのであるから」（EE. p. 391）。ここにいう「数学的‐存在論」と「真理・生起（événement）・ポスト生起」の範域分けは上記図式に示してある。「ポスト‐生起」とは「生起の痕跡（trace）」とされることもある。「痕跡」とされる場合は、「数学的‐存在論」が扱う「状況」の内部からでも、ただし、たんなる「状況の住人」によってではなく、「主体」となったたとえば数学者・実存のような「存在者」のみによってだが、アプローチすることができる。そうでない場合は、ここですでに「数学的‐存在論」の限界がはっきり示されていることになる。

（2）「生起〔など〕というパラドクサル（逆説的）な多は、この〔数学的〕存在論によっては存在を禁じられている」（Ibid.）。伝統的な存在論は「一」を基盤として（唯一神、存在の一義性、唯一の真理、同一律、人格の統一性、等）成され、「この存在論」は現代の数理‐集合論のいう「純粋‐多」を基盤として成されるが、「生起」とは、とりあえずひとつの定義をすれば、その「純粋‐多」をも成立させる起‐動‐態として「多」という「絶対‐他」（Autre）でもある。既述の「第四の多」を思い起こそう。「一」でもなく「一化」される「多」でもなくそれらにたいする「他」なる両義態・超義態として、ここでは「逆説的」と呼称されている。「空」（vide）概念も外観上の「零」性にもかかわらず「無限性」を含意するから、この事態に対応する。

（3）「存在論はいかなる生起（événement）も認めない。存在論は自己‐帰属（auto-appartenance）を排除するのであるから」（Ibid. p. 392）。ここにいう「存在論」は現代・数理‐集合論に立脚する存在論であるが、集合論は「集合」として自らの構成要素の相互差異性を条件とし、いかなる自他・自己‐同一性も認めない。集合論ではこの否定作働を｛¬(α∈α)｝と表記するが、バディウは「一」でも「他」でもない「絶対‐他」としての生起を｛(α∈α)｝とも表記し、その「逆説的」な「自己‐帰属性」を示唆する（cf. Ibid. p. 396sq. 後述再論）。バディウは、「一」「多」を「脱去」して「空」まで達し「真理」を実践する「主体」を〈un〉ならぬ〈l'ultra-un〉

（超一体、ウルトラ‐ワン）（既述・後述）とも表記するが、｛（α∈α）｝もこれに準ずるものであろう。いずれにせよ、ここでも「存在論」――「メタ存在論」は一応の例外とするとしても――はその限界を覗かせている。「真理実践は完全に存在論を凌駕する」（Ibid. p. 391）。

（4）ここで幾つか関連事項を記しておこう。

①ハイデガー存在論は数理‐哲学ではないが、ここでの存在と真理の関係・非‐関係をめぐって言及され、対比的に明快であるので引用しておく。「ハイデガーのいう〔ピュシスとしての〕存在と〔アレテイア、もしくは非‐覆蔵性としての〕真理の根源的‐共属性（coappartenance originaire）は、放棄（abandonné）されなければならない。存在の語りと真理の語りは相異なる（distinct）のだ」（EE. p. 391）。「真理は存在（est）するのでなく、〔生起的に〕到来（ad-vient）するのである」（Ibid.）。

②しかし、ハイデガー以上に重要なのは、やはり数学‐集合論者であるP・コーエンへの言及であろう。実のところ、最適の引用文のある頁が脳裡の心眼には残っているものの、目下、肉眼では確認できず、テクスト実証できない問題を引照するのは学術の道義に反するわけだが、いまは触れずにおくよりは触れるほうが生産的なので、あえて記憶を頼りに取り上げておけば、……。まず、バディウ的には存在は純粋‐多であり、その極限は無際限態というより無限態であり、可算態（dénombrable）というよりほとんど非‐可算態（innombrable）的である。それゆえ、可算的‐識別（discerner）は不可能な、無‐元‐態としての「空」（vide）ともいわれる（既述）のだが、バディウはこれをさらに「不可識別態」（indiscernable）ともいう。ライプニッツの合理主義的‐存在論では、「不可識別態」は（言語・記号化されえず）存在しないが、バディウのメタ存在論では、存在しうる。ところで、コーエンは、数学‐集合論の公理が可‐識別的‐多数性（上記の｛￢（α∈α）｝）ゆえ不可識別態としてのいわゆる「連続体」（continu）の存在妥当に（数学界が）懐疑的であった（cf. OT. p. 108）なかで、その「連続体」の存在妥当性を数学的・合‐理性的に立証した。これをバディウは「一九六三年のコーエンによる知的革命」（EE.

p. 23, 391, 449）と呼び、自らの（反ライプニッツ的な）存在＝不可識別態‐概念への数学・合理性的な根拠づけと、歓迎した。ただし、コーエンは、当然のことながら、数学領域内に止まり、存在論的考察には達しない。バディウはそこに、コーエンの功と限界を指摘する（cf. EE. pp. 22-23, 449-451, 455; ThS. pp. 287-290; Cond. pp. 167-170, 206; CM. pp. 29-30 他）。コーエンの（この「連続体」にもかかわる）有名な〈generic point〉（一般点。「生成点」と訳される場合もある）は、バディウの〈événement générique〉（準‐普遍的・産出的‐生起、成起）（後述再論）へとメタ存在論的・存‐起‐論的に捉え直されることになる。

③「かくて、真理を思惟するのは哲学のみ（seule）である。存在からの控除・脱去において、哲学は真理を思惟する。生起（événement）、超‐〈一〉‐性（ultra-un. ウルトラ‐ワン）、偶然含みの実践（procédure hasardeuse）、それらによるジェネリックな結果（résultat générique）（後述）、を通じて」（EE. p. 391）。

他にも重要な文章は複数ある（EE. pp. 376-377, 392, 469; OT. p. 108sq.; CM. pp. 29-30 他）が、言及を散らさないように引用は断念しよう。

6　哲学の再興——存在ありて、真理・主体あり

数学に限界があるにしても、バディウはヘーゲルのように数学を廃嫡することはない。ヘーゲルが数学を廃嫡するのはその弁証法が正‐反‐合と止揚の結局は「一化」の自己展開だったからであるが、バディウ思惟は「多‐化・二‐化・ウルトラ‐ワン化」動として、存在と数学は相反‐相伴しつつ、存在・哲学の新たな再興に向かう。文言引用で検証しよう。

（1）「哲学は数学の権能（puissance）を哲学の使命遂行（destination）のために明確化すべき（doit être élucide）ものとして、自らの営みに組み込んでいく（s'incorpore）。数学的には不可視（invisible）な使命のために、

である。この意味で、数学は哲学の従者である。数学の諸理論（集合論の理論とコーエンの定理）が、こうして哲学（多の存在論と、ジェネリックな実践営為としての〈真理〉）の諸キー・コンセプトの展開において可解的になる」（CM. pp. 29-30）。「真理」はバディウにおいては認識の対象ではなく実践の主題であるが、これは、「ジェネリック」概念とともに、後述・詳論しよう。

（2）「われわれの目標は、数学とは存在としての存在（l'être-en-tant-qu'être）についての言説のひとつの歴史的形態であるとするメタ-存在論のテーゼを定立することにある。そしてこの目標のさらなる目標は、哲学を哲学〈ではない〉〔原文イタ〕二つの言説（と実践）、すなわち、存在の学（science de l'être）としての数学と、〈存在としての存在ではないもの〉（《ce-qui-n'est-pas-l'être-en-tant-qu'être》）を意味する生起（événement）という付加理論、この二つの言説・実践の相関関係へと、繋ぐことにある」（EE. p. 20）。途中、多少とも、取意訳した。「数学」が「存在論」であり、「存在」論は「生起」論とは違うという、一見不可解な記述は、むろん後述もするが、これまでのバディウ思想の説明からもそれなりによく理解していただこう。「数学」は「存在」論であるとする「歴史的形態」とは、古代ギリシャのそれ、ということである。（数学は）中世の宗教的思惟からはほとんど消え、近代の理性思惟では復活するが既述のとおり不十全のまままた消え、現代ようやくバディウ思惟と集合論の協働によって本来の姿を開示することになる。

（3）『存在と生起』（一九八八年）以来、私は諸真理の絶対性を神に依拠することなく救出するために、数理論的根拠づけを目途《もくと》して、集合理論を哲学的省察のなかに組み入れるべく努めてきた」（Ibid. p. 88）。さきに、伝統的哲学の超越者＝神を否認しつつも、「空-生起」を、たんなる「内在」域にとどまることのない「逆」-超越の位相において考えることも不可能ではないと、控えめに付言しておいたのもこのためである。ドゥルーズ＝ガタリ等のような、内在主義への固執と超越への排除はバディウにはない。

（4）「実在に関する存在論が〈一〉なるノルマなしに数学的であろうとするならば、〔……〕存在論的それゆえ数学的‐領野〔そのもの〕が自らを脱‐全体化（détotalise）するか、さもなければ袋小路に陥る、そのような地点（un point）があるのでなければならない。その地点を私は〈生起〉（*événement*）と呼ぶ。〔……〕生起の理論、〔……〕数学に固有の不可能性（l'impossible）の理論。〔……〕生起は〔……〕根拠づけ不可能（in-fondé）の〔先に、パラドクサルな、ともいった〕多である」（OT. pp. 56-58）。われわれは先のところで「神ではなく数学で根拠づける」というような訳文を使ったが、あの場合は哲学者が自らの思惟を根拠づける、であって、ここにいう事態の無・脱‐根拠性とは、論の次元が異なることに注意されたい。自説を「無根拠」概念をもって根拠づけるということも、不可能なことではない。なお、ここで、バディウは、先述もしたハイデガーの〈Ereignis〉（生起）概念を、他のラカン、ウィトゲンシュタイン、ニーチェらの類似の発想とともに例示している（Ibid. p. 58）。（われわれの本著「第一章」も参照されたい。）

（5）哲学と数学が当初古代ギリシャにおいてほぼ同種の思考とされたのは、両思考が感覚的・経験的‐次元とくにドクサ（独断的思考）を超える次元を開拓したからであった。しかし、数学がその〔経験次元からの〕「切断」（rupture, discontinuité）に満足していたとすれば、哲学はその切断を再度ただし根源的に「連結」（continuité）させる、とバディウは強調する。「数学は事実上ドクサとの非‐連続性の次元に終始するが、哲学はその非‐連続性の原理のなかで思考を成立せることができる。哲学は数学的切断の暴力（violence）を取り除くことができる。非‐連続性そのものの平和を建立するのだ」（Cond. p. 169）。「数学はつねに、（たんなる臆見の直接性を遮断する能力によって）秀抜であると同時に、（その晦暗な暴力性が余儀なくさせる偏頗な性格によって）充足度に欠ける。数学は、臆見と叡知、ドクサの直接性と〔プラトン流の対話的〕弁証法の中間に位置し〔先に〈metaxu〉とあった〕、真理ではあるが、至高叡知（sagesse）たるには至っていない真理なのである」（Ibid.）。「哲学は数学をより高度の連続性へと統合（intégre）する」（Ibid. p. 170）。

（6）集合論のなかには長らく物議をかもした問題があった。自然数のように1、2、3、……と可算的な数の濃度と実数のはらむ（非‐可算的でもある）連続的な数の濃度とのあいだには何らかの媒介態があるか。いわゆる連続体仮説といわれる問題であり、正直のところ、筆者には、これが両種の濃度の間の「連続性」の有無の問題なのか、それともむしろ実数そのものの「連続性」の真偽の問題なのか、解りかねるのであるが、いまはその問題は脇においてよい。とにかく、バディウは、集合論は、このような証明不可能な仮説を抱えている以上、数理学理論として成立しない、とする世評にたいして、上記（4）（5）（6）と相似た発想で応える。「私の理解は逆である。連続体仮説の〔有無・真偽に関わる〕非‐決定性（indécidabilité）は集合論をプラトン的‐方位で完成させる。この非‐決定性は、われわれの思惟が、決定不可能なもの（l'indécidable）に準拠点なきまま（in-fondé）に対決するという自己試練を完遂する、その〔いわゆる、既定点からの〕消尽点（point de fuite）、アポリア、内在的‐超剰場（errance immanente）、を示唆する」（OT. p. 108. 傍点、引用者）。「プラトン的‐方位」（orientation platonicienne）とは、バディウ流‐理性主義が尊重する「イデア」、というより、むしろ、その彼方の〈Bien〉（〈Agathon〉のイデア）（cf. Cond. p. 312 他）、バディウはこの概念・理念を十分に詳論せぬままにまさしくあの「絶対‐他」（Autre）として至高視しているのだが、それを任《にな》うことにおいて成立する真の主体の「決断」（cf. Ibid.）の方位――ちなみに、既述のとおり、無理数を幾何学的な線やアガペー・十字架へと変換することも、ギリシャ・キリスト教‐西欧の公理的論的‐思惟のひとつであるが――ということである。この大宇宙という集合のうちなる何らかの「非‐既定」点において、「真理」に向かって「非‐決定」を「決定」へともたらすとき、「真理」と「主体」が「生起」する。詳しくは後述しよう。

（7）『〔哲学の〕諸条件』所収の論稿「哲学と数学」の最終章「数学と哲学の再‐連携」は、「有限性に関するロマン派〔ハイデガー的〕概念の解体と、真理についての生起論哲学（une philosophie événementielle de la vérité）の確立を、目途《もくと》する」（Cond. p. 175）となっている。とりあえずの解題は既述のところから可能であろう。詳細は以下の本論にておこなう。

第三章　生起

I　〈événement〉：語義と訳語――「出来事」「事件」「生起」

バディウ的メタ-存在論の「存在」とは、まずは「一化・算定」に先立つ「多」・「純粋-多」態であり、ついで、いわゆる可算的レヴェルでの「無際限（illimité）-多」という悪-無限への分散を避けて、思惟、あるいは人間的・合-理性的-思考である「公理論的-思惟」の次元で推論すれば、「無限（infini）-多」であり、さて、そこで、われわれは非-可算的・無-規定的でいわば（集合論的にいえば）無-元-的な（無ではなくむしろ「超剰」（excès）としての）「空」（vide）なる事態に出会い、これを可算的レヴェルでの「他数」（autres）ならぬ可算数全体に対する「絶対-他」（Autre）として、さらには「生起」（événement）として受け取らなければならない境位に立ち至った。

ここでは、その「生起」とは何の謂いかを問わなければならない。

まず、仏語〈événement〉は、なによりも〈venir〉（来る、到来する）に由来し、既述のところでは、おおむね、「控除・脱去」に対する、その「控除され・脱去した」ものの帰来として、この語を〈advenir〉（Cond. p. 100, OT.

p. 59, EE. p. 213, LM. p. 541 他）のかたちで用いた。或る集合は一定の規定性に適う「元《げん》」（éléments）の「帰属」（appartenance）とその規定性に適わない他の諸事象（autres）の「排除」によって成立するが、その排除は無への「外除」（ex-clusion）ではなく、「内除」（in-clusion）にとどまり、別の規定による別の集合の成立に当たってはそこで「元」として「帰属」することが可能なのであるから、目下はとりあえず控え置かれる（のみ）ということで、「控除」、さらには集合論用語の「含有」（inclusion）と言表し、内在論レヴェルでは事態変容の動態性も、この「控除（脱去）-生起」から（その変容による）「帰来（到来）-生起」への転換と解することが可能かつ妥当であろうと解した。いま、ここでの〈événement〉理解にあたっては、この「控除・含有」範域をより広闊に解し、ひとことでいえば「相対-他」（autres）の次元から「絶対-他」（Autre）の次元までをも含むあの「推移・包括性」（transitoire, transitif, subsumer）において、「到来・帰来」（venir, advenir）を考えなければならない、あるいは、むしろ、考えればよい。旧来の宗教・芸術は、哲学すらもが、「天来」の「恩寵」（grâce）「霊感」（inspiration）を語りながら、それを思考未全の超越者に帰していたが、バディウは、現代・数理-集合論からの補遺によって（後述）、「無限-多」と「公理論的・実存論的-決定」（décision axiomatique, -existentielle）とわれわれが試訳する「空-成（起）-動」（既述、後述再論）によって、内在論的に捉え直す。バディウには、ドゥルーズ＝ガタリと違って内在論への偏執はなく、〈événement〉思想にはドゥルーズ論で語りかかっていた超越概念-発想のニュアンスすらうかがえる（cf. DCE. p. 128, LM. p. 404. 双方既述。OT. pp. 56-58）が、唯物論と合理論に反する形而上学やロマン派的神秘主義はなく（Cond. p. 159）、雄大・豊穣な内在論議であることに変わりはない。

　なお、西欧哲学思想家は、自らの主要語彙に、独創性問題とは関係なく、希羅古典語を指摘することが多く、バディウもこの〈événement〉にプラトン『饗宴』の〈exaiphnes〉を、仏語〈soudain〉（突然の）を付して、対応させている（Cond. p. 285）が、深味のある論述ではなく、われわれも〈événement〉にこれを付して〈突然の～〉と訳解すればすむことであるから、ここでの詳論は省く。

このバディウ的〈événement〉の邦訳語はあちこちで「出来事」となっているらしいが、これを尊重しつつ、ここではおおむね「生起」とする。二十年前、約二十年間のハイデガー研究と大小四、五巻のハイデガー論稿[1]を経て、バディウの*L'Être et l'événement*に接したとき、ハイデガー哲学、この常なる「途上」(unterwegs)を宗とする哲学のとりあえずの到達点を「存在」(Sein)ではなく、むしろ〈Es gibt Sein, Seins Sich-Geben〉〈Ereignis〉〈Licht-ung〉(存在の自己投与、エルアイクニス＝生起〔開起〕、リヒトゥング〔分開‐光‐与動?‐〕)と結論しはじめていた筆者は、その先の思考、とくにハイデガー思惟に欠ける観ある人間的実践問題や動態性の考察をバディウ上記書の〈Événement〉に予感して、バディウ研究に進んだ。その場合、バディウの「存在と〈Événement〉」とはハイデガーの「存在と……」の克服を目途《もくと》する発想のものであり、辞書的な訳語「事件」「出来事」よりもハイデガーの〈Ereignis〉に近い「生起」(邦訳では「性起」とも記される)がより相応しいと判断した。「開起」でもよかったがこれは自ら自身の思惟のために案出した造語であったので、とりあえず「生起」とした。ハイデガーの「存在」に匹敵・対決するとは、実存の「存在」以上に、「存在者の全体」、宇宙の「存在」をも(ハイデガーとは別様に)語るものでなくてはならず、これを「出来事」とするのは、ひとつの意味深いアイロニーではあるが、アイロニーなどというレトリック作業(小細工)を佳しとしない筆者には、良識のいう「(宇宙)開闢」には(「出来事」などというより)「生起」の語を当てるほうがより妥当と思われる。

それと、もうひとつ、哲学史上の重要な問題がある。哲学史的には〈Événement〉は、従来の哲学が金科玉条の前提としてきた根拠律・理由律・充足理由律・同一律・排中律に対する、ハイデガーの『根拠律』(*Der Satz vom Grind*)を最好例とする、現代哲学思想の多くが共有する、脱‐根拠律、脱‐理由律、差異・差延律、……としての、根本的な批判が内含されている。「出来事」という語の「軽み」はそれゆえその「批判」に対応するものといえるのだが、しかし、やはり、ポストモダン流おひゃらかし言辞よりも、ハイデガーの問題提起する〈Ereignis〉を真っ向から荷担する姿勢のほうを筆者は佳しとする。(本著の副題に「出来事」とあるのは、すでに流布している訳語で思考している一般読者諸氏にも近づきやすくするための、これはこれで真面目な案配である。）

II 〈événement〉：一事例——ピカソ『ゲルニカ』

以下、〈événement〉についての論述を重ねていくが、抽象的言辞の連結にもなりかねず、判りやすくするために、ひとつの実例をもって簡単な説明を試みておこう。むろん、ひとつの実例で十分に論じ尽くすことは不可能であり、たんに理解のための緒《いとぐち》を供する試みにすぎない。

バディウは「哲学」と「哲学の条件」（conditions de la philosophie）を分け、後者は現実の人間活動の諸分野を意味し、これを「政治」「科学」「芸術」「愛」に大別し、実際に「真理」を産出するのは後者、「哲学」はそれらの「真理産出の形式構造」を理論的に明らかにするのみ、として、ここにいう実例とは、バディウ語では、後者の現実的「相関項」（corrélat）（cf. EE. p. 297 他）に該当する。具体的内容は別途詳述するが、ここでは形式的に列挙するにとどめれば、たとえば「政治」分野の歴史的‐諸事件「六八年五月革命、一八七一年パリ・コミューン、中国文化大革命、一九一七年ソヴィエト革命、……古代ギリシャ学術文化の出現、キリストの現出、……」等であり、ここではこれらの大事件は簡単には言及しえないから回避し、ある箇所（EM. p. 86）で「科学、芸術、愛」の三事例としている「相対性原理論、『ゲルニカ』、アベラールとエロイーズ」のうち、よく知られているピカソの『ゲルニカ』のみを取り上げよう。

『ゲルニカ』は、とりあえずつぎの現実的諸与（条）件から成立している、①一九三七年四月、ナチス・ドイツ空軍が、本来の空爆目標からなぜか逸れて、軍事的には何の意味もないスペイン寒村ゲルニカを爆撃し、悲惨な事態を出来（événement）させた。②折も折、パリにて万国博覧会が準備されつつあり、五十歳のピカソがスペイン代表として作品を出品することになっていたが、彼はこの故国での惨事に激昂して、あの規模の大作としては驚異的なわずか一カ月という短期間に、あの作品を制作し、完成させ、出品した（événement）。③そしてその作品は、ひとも知るように、二十世紀芸術文化を代表するような、美術史上にも斬新・独創的・画期的（événement）な、傑作であった。④なぜ、傑作とされるのか、……その分析はすでに少なからぬ美術研究者たちによってなされているし[2]、哲学的にはたとえばサルトルのようなコギト現象学系譜の歴史的‐存在投企論者の手によってこそ細密に描出されうるかもしれないが[3]、それにしても、それらの実存的コギトが踏まえ関わり合う存在論的位相の如何もまた、バディウのような超越論的‐客観（既述）の存在論者によって解き明かされなければならないだろう。一言でいえば、あの「実存的（公理論的）‐決定」による〈Wo〉の乗り越えと、そこに発現する「見えざる」（im-présent）「無限‐他」（Autre）との接触による、「超剰的‐空‐起動」（vide）を媒介としての、人間世界の悲劇的・根源的な「真実（真理）」（vérité）の、作品化、それとしての、その「個的‐独異性」（singuralité）と「人類的‐普遍性」（universalité）の結合としての「ジェネリックな開起性」（événement générique）（後述再論）、……。

こう言表化するといささか言葉の濫用に見えて白々しくなるかもしれないが、諸家のより一般良識に適った評言からすれば、たとえばこうである。（1）大高保二郎氏、神吉敬三氏、P・デサルマンらがこの場にうってつけの（つまりバディウ的な）ピカソの言を二つ引用する。①「わたしにとってひとつの作品は結論でも熟成でもない。むしろ、ひとつの幸運な出来事であり経験なのだ」（大高、四六頁）。「出来事」とは〈événement〉（生起）であろう。「遠くからやってくる」（神吉、一三二頁）ともいうが、〈venir, advenir〉とほぼ同義であろう。「経験」（expérience）とはわれわれにいわせれば〈ex-perao, ex-peras〉（限界の外へ・外から）である。「霊感」が「天来・神来」のものであることは旧ロマン主義からいわれていたが、「神無き」現代、それは何処から来るのか。「空っぽの空」（サルトル）・「消失・欠如‐項」（マラルメ）・「無‐元‐空」（バディウ）という「遠く」から

「外から」である。だが、「幸運な出来事」とは「神頼み」に取って代わる「空頼み」(assomption)(既述)を意味するものではない。『ゲルニカ』に先立っても、ピカソとしてのピカソの出発であった『アヴィニオンの女たち』に先立ってと同じく、[4]長く苦しい不調の期間があったのであり、そのどん底からの、作品は、そのかぎりでの、「生起・出来事《しゅったいじ》」であった。「画家は虚脱と充満の状態を繰り返し体験する。これこそ芸術の秘密のすべてなのだ」[5]とピカソはいう。「虚脱と充満」とは、バディウでは〈vide〉(空、無‐元‐態)と〈infini〉(無限‐多)の重相‐構成による「生起」の内実‐経験(体験)(ex-perao)そのものであろう。ところで、バディウにおいてはこのような「生起」を受諾しつつあの「公理論的・実存的‐思惟・判断・決定」の主体が立ち上がってくると同じく、ピカソもまた当代最高の前衛芸術家の自負において「今世紀を征服する大望を担った絵画を実現したい」[6]とあらかじめ語っていた。芸術創造という「出来事」の「経験」は、サルトルもいう汎‐人類的(générique)な存在投企の能発性と別ではない。②もうひとつのピカソの言とは、有名な「ひとつの作品は、付加の集積ではなく、破壊の総態である」[7]である。ここで「破壊」とは、「抹殺ではなく、より濃密なもの、より本質的なものへの還元」[8]を含意する。この発想が、バディウのいう「一化・算定」からなる「状況」「現前態」に対する「控除・脱去」と、それによる「非‐現前態」、「純粋‐多」態、諸「下位‐集合」、「空‐起‐動」、の賦活・再‐活性化に該当することは、指摘・確認するまでもないところであろう。ピカソの場合、「画家は形象をもって思考する」[9]に対し、バディウにおいては数理‐集合論をもって思考するが、バディウは下記に詳論するように、「芸術」が独自の方法をもって「真理」思惟することを認め、数理‐集合論的に真理思惟するのは最終的には「科学」であり、バディウの立脚する「哲学」はむしろ「芸術」と「科学」の共‐可能性の範域を明らかにするのであるから、両者の違いは決定的な問題ではない。とりわけ目下の場合は、ピカソ『ゲルニカ』の「形象」が、現実の現代戦争事態を描写・再現する感覚的事象のそれではなく、われわれ一般人もよく識る、「牛、馬、人間」をめぐる、諸論者たちのいう神話的さらには汎‐人類的無意識に共有されているユング深層心理学のいういわゆる「元(源)

型」的‐形象であり、それゆえにこそ多くの人々の心を揺さぶるのであるから、尋常の形象ではない。むしろ、ピカソが人類から受け取って展開させている超‐形象としての「真理思惟」（pensée originaire et générique）そのものだともいえるだろう。③こうして、論者の一人、P・カバンヌが、単なる言葉にすれば平凡ながら、バディウ思惟を直接代弁するかのようなかたちでいう、「『ゲルニカ』は、ゲルニカの〈現実〉（*réalité*）ではなく、その〈真実〉（*vérité*）を表現する」[10]に到達することになる。後述のところを先取りしていえば、『ゲルニカ』はたんなる「生起」（événement）の範例にとどまることなく、真理を現出させる「成起」（générique）でもあることになる。

A・マルローという青年期に中国革命の周辺で活動してのち、スペイン市民戦争における国際航空旅団の指揮官として、また対ナチ・ドイツ・レジスタンスの指導者格として活動した作家・思想家は、ピカソをむろん高く評価しながらも愛や性の問題に専念する私的（privé）な思惟者と規定していたが、我が国の高階秀爾氏その他の諸国の論者たちは、ピカソを世界史的な根源的問題に敏感に反応する公的（publique）な美術家として論じ、バディウの『ゲルニカ』論に然るべき論拠を与えている。ピカソはいう。「芸術家とは何か。画家なら眼しかもたないお馬鹿さんだとでもいうのか、音楽家なら耳しか持たないお馬鹿さんだとでも〔……〕？　そんなことはない。芸術家はさまざまの胸張り裂けるような事件（événement）を絶えず心しつつ、自らの全存在をもってそれらに対応している存在なのだ。〔……〕絵はお飾りなどではない。敵に対する攻撃と防御としての、戦いの武器なのだ[11]」。「この恐ろしい抑圧の時代、芸術において戦うばかりでなく、わたし自身の人格において戦わなければならない[12]」。

ちなみに、東京駅直近の丸善一階のカフェ壁面には、この『ゲルニカ』の原寸大の模作が掲げられているが、われらが国民の知性と教養の証しとして、誇るに値する所為といってよい。

Ⅲ 〈événement〉：概念的・理論的‐規定の試み

さて、こんどは、〈événement〉概念そのものの内実を説明しなければならない。もともと概念・理論・言語を超える事態なのであるから説明は難しいが、『哲学の諸条件』の「序文」を記しているF・ヴァールによれば、「バディウは〈événement〉の哲学的に真正な概念を構築した」（Cond. p. 33）とあり、このことは、〈événement〉思想はすでにそれなりに流布しており、バディウがその「真正」の哲学的定義を確定したということを意味する。前者についてはわれわれはハイデガーに限定してこの論稿を出発し、その他の哲学思想家については後述のところでバディウが言及するかぎりで触れるが、後者については、「構築した」（construit）といわれても、数行の引用・解説ですむようなものではなく、既述・論及は豊饒に分散しており、ここであらためて、可能なかぎり慎重に整理・闡明しておかなければならない（なお、ここからは〈événement〉は「生起」という試訳語に置き換えてしまう）。

1 概論的な規定

われわれの既述のところは、「生起」事態をこう位置づけておいた。「一化・算定」に対応する「存在者」（étant）レヴェルから「存在」（être）は「控除」され「脱去」している「多」「純粋‐多」であるが、後者は悪‐無限ともいうべき「無際限‐多」（illimité）へと分散する手前の〈Wo〉時点で「公理的・実存的‐決断」（décision axiomatique-existentielle）によって「無限‐多」（infini）さらには「空」（vide）へと方向づけられ、そこで「生起」（événement）に出会うことになる、と。超越論的‐客観の「メタ存在論」に「実存的‐決断」などというものが出てくるのはおかしいではないかという疑義がありうるかもしれないが、バディウ・テクスト自身が語っていたところであり、実際、今後、ハイデガーなどと違って、サルトルとも別のかたちで「主体」とその「能作」が介入・前景化してくる、そのための準備もしておかなければならない。さて、この位置づけをバディウ・テクストはこう語っている。「存在論が、〔メタ存在論として、集合論となった〕数学のように、〈一〉のノルマを外《はず》して動くとしても、〔……〕存在論が、それゆえ数学が、無際限への拡大を控えて（se détotalise）、〔……〕自己拘束状態（impasse）に留まらなければならない、そういう一点が、やはり、ある。私はそういう一点を〈生起〉（原文イタ）と呼んだのだ。それゆえ存在論が絶えず自らのアイデンティティを維持するに務めることのほかに、〔存在論・数学に止まることのない、真正の〕哲学もまた、あるいはおそらく哲学こそが、生起の一般理論なのだということができるだろう。すなわち、〔哲学は〕存在論的‐控除・脱去から〔さらに〕自己‐控除〔・脱去〕するもの〔生起〕の理論、数学的不可能性の理論なのである」（OT. pp. 56-57）。「控除からの控除、脱去からの脱去」など煩わしい、などというなかれ。上記の「存在者」「存在」「生起」の相互位置関係を押さえておけば、簡単のはずである。「存在論」がむしろ数学に類同化され、両者から「哲学」が区別されていることにも注意されたい。

われわれはこの「生起」事態を、さらに、（2）（否定神学ならぬ）否定存在論的‐規定、（3）準‐ポジティヴ規定、（4）ポジティヴ規定、に分けて整理しよう。たんなる便宜上の分類であるが。

2　ネガティヴ規定――「生起」は「存在」ではない

生起が存在からの控除・脱去としての否定――ただし、既述のとおり無（néant, Nichts）ではない――であることはたとえばつぎのように語られる。

（ⅰ）生起は「ひとつの領域（domaine）をなすものではなく、むしろひとつの挿入態（incise）あるいは後述するようにひとつの補遺態（supplément）」であり「存在としての存在ではないもの」（ce qui n'est pas l'être en tant qu'être)」（EE. p. 22. cf. p. 193, 211 他）である。ハイデガーが「存在でないもの」を「ピュシス」と「領域」的に語る——これはバディウの短見にすぎないが⑬——に異を唱え（EE. p. 193）ながらも、ハイデガーとつぎの点で見解を同じくするという。「存在でないものについての思惟の場は、非‐自然（non-nature）、つまり、日常的で自然で安定している多様態とは別様（*autre*）に現前する場である。存在とは別（autre-que-l'être）の場とは、非日常的（a-normal）で、反‐自然的（antinature）で、非‐安定的（instable）な、自然とは対極的な歴史（*historique*）という場なのだ」（EE. pp. 193-194）。（自然・歴史の問題は、ただし、ここでは省く。）

（ⅱ）生起は〈non-être〉とも記される。「生起は、すべての存在性を欠き（dépourvue de tout être）、一化・算定操作から根源的に控除・脱去し、現出的には存在しない（n'existe pas）。／〔しかし〕生起のみが、非‐存在のあえかな形姿（figure aléatoire du non-être）をもって、存在界への介入（intervention.〔inter-venir〕）の可能性を根拠づける」（EE. p. 231）。「生起の非‐存在性（non-être）とは、〔……〕ひとつの決断（décision）の行使の謂いである」（EE. p. 337）。（非‐存在と無‐存在の違いは既述した。）

（ⅲ）「生起は〔……〕〈事物の現前への到来〉ではありえない。それ〔後者〕は依然としてヘーゲル流の現前の歴史性という到来である。生起の本質は純粋な消滅（le disparaître pur）にある」（Cond. p. 249）。

（ⅳ）「到来するもの、純粋補遺（supplément pur）、算定し難く厄介な付加態（adjonction）、それを私は生起と呼ぶ」。「生起は、出来《しゅつらい》（surgi）するや、消え去る」（Cond. p. 189）。

（ⅴ）「出来事〔生起。西村訳を使う。〕」とは〈見そこなわれるもの〉にほかならない。なぜなら、それはまさに可視性という通常の掟を逸脱しているからである。〔……〕出来事とはまた〈言いそこなわれること〉でもある。なぜなら、よく言うこととは既成の意味の反復でしかないからだ。〔……〕〈見そこない言いそこない〉とは、見えるという掟（すなわち現前 présentation）を逸脱する純粋な現出（apparaître）と、［……］言うという掟（すなわち再現前・表象 représentation）を逸脱するものとの、可能な共成を示しているのだ[14]」。

（vi）「存在は生起に禁圧（interdiction）をもたらす」（EE. p. 205sq.）。「生起は禁圧され、存在論が生起を存在としての存在ではないものの中に投げ戻す（rejette）」（EE. p. 205）。（多少、素朴な物活論的な言い回しになる理由も先述した。）

（vii）「サルトルは〔『存在と無』といいながら〕主体を存在の〈外〉（Dehors）に晒すことはなかった。しかし、この〈外〉の名のひとつが〈événemen〉なのである」（LM. p. 404）。（これも既述のように、サルトルの「無」は「否定行為」の相関態であり、コギト主体の能作の「外」は問題にならない。）

これらのほかにもネガティヴ語による説明・論述はすくなくない。煩雑になりうるので引用は省くが、たとえば、先述もした（viii）「無-根拠」（in-fondé）（EE. p. 204sq., 209, OT. p. 57 他）性。ハイデガーは自らの最大問題である「存在」が、「存在者」を根拠づけるが、それ自身は根拠を持たない、根拠づけられない、と明快に論じたが[15]、バディウにおいては「生起」は、存在を支えるが、それ自身は根拠づけられない、とされる（EE. pp. 200-204, OT. p. 58 他）。別言すれば、（ix）生起はとどのつまりは「偶有」（hasard）（MphI. p. 25 他）態であり、スピノザ自然哲学のいう必然性とは相容れず、スピノザ哲学には「生起」はありえない（OT. p. 74）。（x）ライプニッツは根拠律・充足理由律を高言したが、同時に微小知覚を認めるが、バディウも「生起」の「不可識別性」（indiscernabilite）を重視し、これに空集合「ϕ」に近い記号「♀」を与えもする（EE. pp. 392-395）。（xi）この認識論的〈indiscernable〉を行為論的な〈indécidable〉（非・未-決定態）と受け取り直し（EE. p. 409sq. 他）、ここから「公理論的・実存論的-決定」（décision axiomatique-existentielle）（先述）へと向かうのが、われわれのバディウであるとも言えるだろう。

ここに列挙した重要事態のネガティヴ表現はいわゆる否定神学以降の多くの哲学思想にみられるもので、われわれはハイデガーやサルトルに簡単に言及したが、バディウは或る頁でさらにニーチェ、ウィトゲンシュタイン、ラカン、ドゥルーズ、等を挙げ、「現代哲学すべての主要問題は、いかに、この〈生起〉のステイタスに〔——かっての神のような……?——〕〈一者の力〉(la puissance de l'un)を再-導入せずに済ませうるか、そこにある」(OT. p. 58)としつつ、最終的な回答は控えている。われわれは既述のところでこれを、内在的な、数理論的「純粋-多」の先の先に、無際限・悪-無限への分散を避けて、「公理論的・実存論的-決定」によって措定される「無限(infini)・超剰(excès)-多」「空-起(成)-動」(vide)とまで試論・推論し、いまなお多少とも行き過ぎの危惧の念のうちにあるが、撤回を急がぬままに(!)、さらに進んでみよう。

3 準ポジティヴ規定——「生起」は「ウルトラ-ワン」である

ネガティヴ規定の先の先に進んで神話的形而上学に陥る代わりに、「純粋-多」の行程(incise. 先述)を遡って多少ともポジティヴに「生起」を位置づけてみることもバディウ的に不可能ではない。二点、挙げよう。

(-i)「ウルトラ-ワン」(l'Ultra-Un)(EE. p. 543 他)。われわれは既述のところで、〈一〉でも〈多〉でもない「ウルトラ-ワン」という概念を、その内実・別称である「〈二〉の論理学」(logique du Deux)(EE. p. 229, 353 他)、「根源的-〈二〉」(Deux originaire)(EE. p. 229)、さらには「独異態」(singulier)(LM. p. 377)、とともに、得た。数学・集合論は、算数のように「一」を基本単位とすることなく、まず「空集合」をφと記し、「一」は{φ}と記し、「二」を{{φ}}、「三」を{{{φ}}}、……と記していく。現代デジタル記号論が{0, 1}を基本とすることから考え直せば、この記号化の功徳も理解できるだろう。バディウ語に訳し直せば、「ウルトラ-ワン」「二」「独異態」とは、算数的数字がそれに相反-相伴する「多」をも含み込んでいる事態の謂いである。「生起」とは、数理学的には、このような「ウルトラ-ワン」とされる。やがて、この「ウルトラ-ワン」は「主体」にも充てられ(EE. pp. 228-229)、既述の「われわれは、どこの何さま(quelqu'un)ではないゆえ、誰でもある(n'importe qui)人類たろう」の〈généricité〉(後述)概念を含意する「われわれ」(cf. EE. p. 261)にも充てられるが、いまは、人間論は後回しにして、メタ存在論レヴェルに戻ろう。引用する。「一化操作と異なり、存在域への〔先述の〕介入は生起の〈一〉性をひとつの〈非‐一〉(un-non-un)性として挿入するのみである」(EE. p. 223)。「生起は〈一〉からの超過に由来し、ウルトラ‐ワンである」(EE. p. 211, 229)。「〈一〉性を超過するとは〈一〉性の手前に止まることでもある。介入能作が現前域に挿入する生起は、非‐現前域と重合性のうちにある。ウルトラ‐ワン〔ウルトラ‐一〕が〈二〉であるのも、このためである」(EE. p. 223)。「生起は、空と自らの間に〔ウルトラとして〕自らを間‐挿入する。こうすることによって〈二〉が存在する(〈il y a du Deux〉)という事態(既述)を成立させる。〔算数上の二ではなく〕根源的な〈二〉(Deux originaire)であるが」(Ibid.)。「生起は、いっぽうでは空を共示し、他方では空と自らの間に自らを間‐在させる」(EE. p. 204)。われわれは、それゆえ、「ウルトラ‐ワン」を、先述の「超‐一」「脱‐一」のほかに、「異一・異二」態とも理解・訳述しよう。

(ii)生起がウルトラ‐ワンであるということは、まさしくこの生起問題・生起概念をもって、バディウ哲学が脱‐近代としての現代科学のひとつである数学的・数理的‐集合論から離れて新たな現代哲学として成立・自立する臨界点であることを示す。集合論は集合を構成する諸要素の相互差異を前提にしなければ成立しない。相互差異ならぬ相互同一があれば、多は欠損し、すくなくとも原理的に多は溶解して、一化に向かい、集合は不可能になる。このことを集合論は簡潔に{┐(α∈α)}(αがαに帰属することはありえない)と記す。バディウ流にいえば、「すべての自己帰属態(auto-appartenance〔α∈α〕)は、〈多〉に関する根本的な理念に反(contredit)し、存在論の原理に反する。存在論は生起については語るべき言葉を持たない」(EE. p. 212)。「存在論は自己帰属(auto-appartenance)を排除するゆえ、いかなる生起も認容(reconnaît)しない」(EE. p. 392)、となる。ところが、あろうことか、「ウルトラ‐ワン」とは、集合論的に表記すれば、{(α∈α)}(「存在」に「帰属」することのない

「生起」の（並の自己帰属性ならぬ）「ウルトラ（独異）自己帰属性」）ということなのだ（EE. p. 99, 211, 262 他）。既述のバディウ文言を使えば、「数学・集合論・旧‐存在論にとっての不可能性を、哲学、バディウの〈生起〉哲学が、然るべく主題化する」ということになる。われわれ（筆者）はここに（さらに、下記の〈générique に〉）、バディウ哲学の独創性、それも（これも既述の）現代哲学の主要問題を共有する諸現代哲学者たちに比しても、一頭地を抜くかの、独創性とその明晰な言表化を見る。今後とも追究していこう。

（iii）生起の、もうひとつの、ネガティヴでない、準ポジティヴな規定として、「生起‐場」（site événementiel）がある。これは一般人にも判りやすい。バディウは触れていないが、西欧では十八世紀ころから「ゲニウス・ロキ」（genius loci）（地霊、あるいは神的雰囲気の漂う場所）（フランスではM・バレスの *Colline inspiré, 1913* 等）が語られはじめるが、もともと人類史の初めから、とくに古代ギリシャ神殿をめぐって、それがそのような、当初は何もなく肉眼には「空」状態に見えるが、心眼にとっては神的雰囲気の濃密・「超剰」（excès. 先述）に漂う場に建立されることが、確認されるようになっている。バディウの「生起‐場」も、生起が、非‐現前的（imprésent. 既述）に現前化（présent）する場、あるいはそれが、非‐存在（論）的に、生起的・ウルトラ‐ワン（ultra-un événementiel）（EE. p. 320）として、ただし「ローカル」（local. cf. singulier. 先述）「歴史的」（先述）に、「存在切開、自己挿入」（inciser. 先述）、さらには開‐起・開‐成・顕‐成（générer. 後述詳論）してくる場、あるいはむしろ現代情報機能の「サイト」、を意味する。この「非‐現前」態をどう捉える（saisir）のか、ベルクソン流の「直観」によってか、ハイデガー流の「了解」（ver-stehen. そこへと立ち出でる）によってか、バディウには認識論的な述定はない。われわれの既述のところからすれば、とりあえず、バディウゆえ個人ならぬ「コミューン」における、さまざまの「公準」「痕跡」（traces. 既述）を踏まえての「公理的‐思惟」（pensée axiomatique）によって、とでもいっておくほかないだろう。幾文か、引用する。

①「私が〈生起‐場〉（原文イタ）と呼ぶのは、その構成要素が状況のなかには現前していない非‐尋常

料金受取人払郵便

綱島郵便局
承　認
2334

差出有効期間
2025年12月
31日まで
(切手不要)

郵便はがき

223-8790

神奈川県横浜市港北区新吉田東
1-77-17

水声社 行

御氏名(ふりがな)	性別 男・女	年齢 才
御住所(郵便番号)		
御職業	御専攻	
御購読の新聞・雑誌等		
御買上書店名　書店	県 市 区	町

読　者　カ　ー　ド

お求めの本のタイトル

お求めの動機

1. 新聞・雑誌等の広告をみて（掲載紙誌名　　　　　　　　　　　　　　　　）
2. 書評を読んで（掲載紙誌名　　　　　　　　　　　　　　　　　　　　　　）
3. 書店で実物をみて　　　　　　　　4. 人にすすめられて
5. ダイレクトメールを読んで　　　　6. その他（　　　　　　　　　　　　　）

本書についてのご感想（内容、造本等）、編集部へのご意見、ご希望等

注文書（ご注文いただく場合のみ、書名と冊数をご記入下さい）

［書名］	［冊数］
	冊
	冊
	冊
	冊

（a-normal. 既述）な多のことである。場のほうは現前しているが、その〈下〉（〈en dessous〉）には場を構成するようなものはなく、場は状況の一部分ではない。私はそのような多（生起-場）は、〈空の至近〉（*au bord du vide*）にある、あるいは〔存在の〕底にある（*fondateur*）とでもいおう」（EE. p. 195）。作品としての『ゲルニカ』を構成する諸形象は現実の状況のなかに現前しているものではない。作品という「場・サイト」は現前しているが、その向こう・裏・「下」に、「諸形象」がその再現である原物が存在しているわけではない。作品『ゲルニカ』は、日本語では悪い意味でいうが、いわば「浮いている」。佳くいえば、別の高次元に「生起」している。「空の至近に」とは、「空次元のなかに」といってしまってもよいくらいだろう。「空」だが「そら」ではなく（存在の）「底」だといっているが、肉眼でいう「空」「底」「上」「下」ではない。物質的に「現前」している作品・諸形象に対する「控除・脱去」次元で、あの時の現地ゲルニカを超える、人間世界の悲劇的な「真実・真理」が、生起している。それゆえ、われわれは、ほとんど誰もがであろうが、何も知らずに初めて接した瞬間にも、震撼とともに打ちのめされる。現地・現実のゲルニカ状況（événement réel）も重要だが、ピカソ『ゲルニカ』はその「真実・真理」を人類規模で「生起」（événement générique）させる。そしてピカソにしてそれが可能であったのは、彼が美術史上の多くの傑作を知るというより体得し（例えば上記ブラント著参照）、それを、すでに少年期に示したほぼ完璧な古典主義的-写術力から絵画の本質に則ってのその脱-構築としてのピカソ芸術にいたるまで、多様な「公準」の受諾と新たな「公理」の創出に向かって、最高に近い技術力を展開しているからである。

②「状況は〔多少とも一化され知の体系に従わなければならないから〕生起的ではありえないが、状況の裡にはそれなりに複数の生起-場が出来《しゅったい》している。〔……〕すべての根本的な変容の行為は、一点（*en un point*）から起因（s'origine）する。状況内部のなんらかの生起-場からである。〔……〕私は、すくなくともひとつの生起-場が姿を成しつつある状況を歴史的（historiques）と呼ぶ」（EE. pp. 196-197）。新たな生起はすでに生起したある

いは生起している生起‐場から生起する。「すべての」(toute)とここでバディウは言い切ってしまっており、ここにいささかの語弊はあるにしても、新の旧への還元ではなく、「反復」ではなく「反覆」であるかぎり、生起の「独異」の「自己帰属性」(auto-appartenance)は厳しく自覚されなければならない。バディウはやがて「生起」への「忠誠のモラル」(EE. p. 261他)をも語ることになるだろう。ピカソが多くの古典を反覆して『ゲルニカ』を生起させているように、われわれもたとえば『ゲルニカ』を「生起‐場」とすることによって、その反覆によって、新たな生起を生起させなければならない[16]。

4 ポジティヴ規定――「生起」と「欠落の因果律」「消失項の作用力」「脱去因」

生起は存在者・存在から控除・脱去するが、存在者・存在における生起‐場においても生起する。このことは、しかし、勝義的には、生起は非‐存在者・存在として、存在者・存在において生起する、あるいは、生起は生起する、ということであろう。上記のところで非(無)‐存在性(non-être)に〈trans-être〉(OT. p. 55)も入れるべきかとも思ったが、〈trans-〉には「反」の含意もあるが勝義的には「超えて、貫いて」であろうと思って、こちらに振り向けることにした。他方、非‐存在としての「外」(dehors)は、もともと言語表現不可能な事態のはずであるが、バディウは、これを無や暗黒のように考えることなく、ドゥルーズ論の一カ所(DCE. p. 128)で曖昧なままに言及しているように、「力」(force)と、証明も確言もないままに、思い込んでいるふしがある(cf. MPhII. pp. 71-73, 105, Cond. pp. 190-191, OT. p. 59, EE. p. 381, 447, LM. p. 407, ThS. p. 83, HC. pp. 176-177, 180-181他)。可能態が実在態に成ることを望んで(désir)いる、という、既述もした、ライプニッツ系譜というべきか。ここで論じようとしているのも、生起の、存在者・存在を成立させている、「現前」(présent)に対する「非‐現前」(imprésent. 既述)の、それゆえ、当然、起源・原因‐不明の、いわば脱‐根源的(originaire, in-fondé. 既述)

な、作用力である。バディウ語では、あえて不自然な邦訳で説明すれば、〈causalité du manque〉(ThS. p. 73, 88, 90, 127)(原因が欠如している因果律)、〈terme évanouissant〉(ThS. p. 79, 87. cf. EE. p. 312)(消えていくのに作用力を投じてくるもの)、〈cause évanouissant〉(LM. p. 156, cf. p. 407)(作用力を及ぼしてきているのに正体不明の原因ならぬ原因。既述のところから、あえて簡明に、脱去する原因性、脱去因、とでもいってしまおうか)、である。これも既述したように、ハイデガーの〈Es gibt Sein〉の〈Es〉あるいは〈Es gibt〉〈Seins Sich-Geben〉に対応するともいえ、バディウ自身は、ハイデガーの〈Ereignis〉は「〈Sein〉の内折れの襞(pli)を〈déplier〉(伸ばした、広げた)のみ」(cf. 出典頁不明化)というかもしれないが、当方のハイデガー理解では〈Es gibt Sein und Nichts〉〈Ereignis und Enteignis〉を「投与」(Geben)してくるのは、〈Sein〉というより〈Licht-ung〉ということになるので、現代哲学史における「ハイデガー→バディウ」の連結・前進はより蓋然的である。

もっとも、ここで、ひとつの大きな問題が起こるあるいは残る。『諸世界の諸論理』(今後、「諸」を除く)の後半の重要なドゥルーズ論二つの末尾で言及していることだが、末尾であることもあって一般論的な射程を予想させる。こうだ。①「経験主義と袂を分かつとは、〈生起〉をあらゆる経験を脱去(soustrait)しているものからの到来(advenue)として思惟することにある。存在論的には脱-根拠(in-fondé)態として、超越論的には〔根底(fond)からの〕非連続態として。独断主義と袂を分かつとは、〈生起〉をあらゆる〈一者〉(l'Un)の支配から脱却させることだが、ドゥルーズは〈根源的-生〉(Vie)から脱去(soustraire)しえていない。われわれは〔マラルメのいう〕〈星辰〉(étoiles)へと〈生起〉を戻さなければならない」(LM. p. 410)。②「ドゥルーズは、ストア派、スピノザ、ニーチェ、ベルクソンたちと同じく、世界の根本的な変動(changement)を根源的-生(Vie)の変容(modification. 後述)のなかに組み込むことが不可能なままに止まっている。根源的-生を、〔宇宙論的・潜勢的-〕権力(Puissance〔ニーチェ〕)、エラン(Élan〔ベルクソン〕)、〔汎神論的-〕内在態(Immanence〔スピノザ〕)、と呼んでも、同じことである。だが、〔〈生起〉とその〈脱去的・非-原因的な原因・根源〉との間の」非‐連続性（discontinuité）を〈そのままに〉（*comme telle*）、思惟するのでなければならない」（LM. p. 382）。現代思想・現代哲学のほとんどが、伝統的・形而上学と経験主義の「独断」を難じて指摘・主張するところとほぼ同じだが、ただし、伝統的思惟がおおむね同一律・排中律・根拠律・充足理由律（cf. EE. p. 349）を金科玉条とするに対し、現代思惟が差異律・差延律をもって批判を展開するとすれば、ここわれわれのバディウは、むしろ、補完・脱因律の思惟として、差異律・差延律を踏まえながらも、これをむしろ数理‐集合論・{┐(α∈α)}に対応するものと見なし、自らはその先に、{(α∈α)}を補遺・補完（supplément）する、新たな、同一性・同一律ならぬ、いわば「同成律・同成化」（Même, incorporation）を考えているかもしれない。留意しながら一応の結語に向かっていこう。

5 「生起」を「抑制」する

この「生起」思想は、ある意味、冒険と約束を孕んで魅力的だが、他方、集合の整合性への破起と裂起をも含みうるからであろう、バディウはやがて抑制にかかる。「申し上げなければならないが、〈生起〉はさほど私の関心を惹く問題ではない。〔……〕『世界の論理』では、生起は、〈非‐現出的なもの〉（l'inexistant）〔既述。真理、存在、等〕の資材にかかわる最高度の現出性を含意するにすぎない。本質的に重要なのは、〈存在〉（être）と〈現出態〉（existence. 既述）。現実存在性、実存性）を区別することである」（Aut. p. 175）。「存在」も「実存」もあまりバディウ独自の概念ではない。ただ、ここでは「真理の現実存在性」（des vérités existent）が示唆されており（これはまさしくバディウ問題だ）、こうして、「生起」（événement）が「ジェネリック」（générique）、さらに「真理」（vérités）へと、転換されていくことになる。ハイデガーは「存在」（Sein）に飽き足らず〈Ereignis〉（生起、性起）を通って（「真理」「アレテイア」に近い）〈Licht-ung〉（前掲諸拙著参照）へと向かったが、バディウは「存在」(Être) から「生起」(événement) を超えて「真理‐成起」(vérités-génériques) へ向かう。ハイデガー〈Licht-ung〉とバディウ〈vérité-générique〉を安易に同一視することなど許されないが、問題意識の類似性は留意にあたいする。現代思惟の究極の問題の一といってよい。

(補記) ――「生起」概念のバディウ的‐淵源について

遅ればせになったかもしれないが、バディウのこうした脱去論・脱‐根拠論的‐生起論の発想は、われわれ(筆者)のようにハイデガー(cf. *Der Satz vom Grund*)からではなく、――われわれから見れば既述のバディウの主要問題である公理論的‐思惟論とこのハイデガー的・脱‐根拠論的‐生起事態は見事な表裏一体をなすように思われるが――、バディウ・テクストの指摘によるかぎりでは、哲学史的にはむしろ倹《つま》しく偏った(それはそれでよいわけだが)生起‐場ともいうべき、ラカン、マラルメ、レーニン、毛沢東、から得られている。

(i) ラカンの発想「ひとつのシニフィアン(signifiant. 意味記号)は他のもうひとつのシニフィアンのために主題を提示する」に準拠して、いう。「ひとつの項とは、もうひとつの別の項に消失項(terme évanouissant)を提示し、そうすることによって、その別項と連結するもののことである。/連結要素として機能するとは、もうひとつ別の要素に不在の原因(cause absente)を提示するということに帰する」(EE. pp. 89-90)。何をいっているのか解らない、という読者もおられようし、なぜそのような当たりまえのことをあらためていっているのか、と訝《いぶか》る読者もおられよう。われわれ(筆者)は、後者、つまり、任意の項Aを別の項Bに連結するとは、AとBの差異を前提にして、つまりAとBの間に一定の「項消失つまり消失項」を置いて、また、またその「消失項あるいは項消失」を「原因」として、項Bを成立させることなのだ、つまり「或るもの・事態」を成立させるとは、「或る消失・不在」を「原因」として「その或るもの・事態」を成立させることなのだ、という当たり前のことを確認しているのだ、と考える。別言すれば、「存在者・存在」を成立させる「生起」は、「不在・消失」をもって、そうするのである、ということ。それがバディウのいう「原因欠落の因果性」「消失せる・不在の原因による成立化‐作用」としての「生起」ということなのではあるまいか。これはあの神による「無からの創造」(creatio ex nihilo)ということではない。人間による「有からの創造」(creatio ex ens)であるが、その原因は不明というより、消失して不在ということだ。われわれが『ゲルニカ』に「生起‐場」を見るようにピカソも彼に独自の多くの「生起‐場」に接して『ゲルニカ』を制作・創出したのであろうが、彼はその独自の能力によって「生起としての生起」をも「存在」し、双方から、われわれには不可能であった『ゲルニカ』を制作・創出した。これはかっての(バディウもいう)ロマン派の天才論(Cond. p. 162sq.)に戻ることではない。卓越した能力を超越者からの天与とするか、内在的な生起とするか、それは単なる言葉の問題ではなく、論じ理解するにあたっての思惟体系全体の異同・転換を前提するもので、簡単に同一視すれば誤ることになる。ロマン派の天才がそれを生き・思考した「公理⇅公準」と現代ピカソが生き・思考する「公理⇅公準」は、同じではないである。

(ii)歴史上の政治的事態はバディウにとって重要な「生起‐場」であり、存在者・存在・生起の重合・交錯・禁圧(interdiction. 既述)・展開の事例である。ひとつだけ、やや膠着例だが、判りやすいケースなので挙げておけば……。「そうだ! 大衆運動はわれわれが歴史と呼ぶもの〔既述〕の連結と生起(concaténation événementielle)を構成する消失項(terme évanouissant)なのだ。〔……〕〔大衆運動の〕創造的な苛立ちの諸形態を持続的な制度へと仕立てようとすること、〈重視〉(*faire état*)するとして国家化〔faire l'État〕する目論見は、すべて大衆運動を逆のものに変えてしまう。〔一九一七年革命以後の〕一九二〇年代のさまざまのソヴィエト制度(soviets)、〔一九六六年文化大革命以後の〕一九七〇年代中国のさまざまの革命委員会(comités)は、〔先立つ〕歴史的発現(apparition historique)を国家的に消失(disparition étatique)させることしかしていない。大衆運動は消失すべく存在し、歴史空間の広大な踊り場に〈痕跡を残さぬ〉(sans trace)ということが受け容れられければならない、〔ということである〕。〔……しかし〕大衆運動が消失しつつ基礎固めをなす豊饒な撒種の方向(dans le sens que prodigue la disparition fondatrice)〔……〕に自らを維持するのでないかぎり、いかなる政治的企てにも未来はない」(ThS. pp. 81-82)。「消失項は無き(rien)に等しいのではなく、全体の原因(cause)なのである。全体が存続(consistance)することへの共‐存続化態(consubstantiel)なのである」(ThS. p. 87)。……

マラルメはどこに行ってしまったのか、と問うか? マラルメは「火曜の会」などというちんけなあぶれ集団で「処女の、純粋の、……」などとほざいている小親分などではなく、バディウの指摘するところ、対象事象の一切を捨象した空白と白紙のなかでひとつの単語とひとつの全体としての詩の創出に賭ける、しかも、当時のパリに流行り始めた花火とそれに歓声を上げるパリっ子たちに擬して、自らの詩句とそれ以上に当時の歴史上に登場しはじめた民衆の厳たる実在性を考量する、「存在」と「生起」の「存在者」、要するにひとりの「ウルトラ‐ワン」であった(ThS. p. 71sq., EE. p. 213sq. 他)。

Ⅳ 「存在と生起の弁証法」、「生起」と「空‐起(成)‐動」

ここでひとつの纏めをしておこう。「存在」(純粋‐多、無際限‐多、無限‐多、可算数態、非‐可算数態、諸‐部分・下位集合‐有元態)と「空、空‐集合、無‐元‐態」と「生起」の関係について。とくに、「空」と「生起」の関係が重要である。バディウは「存在と生起の弁証法」(EE. p. 257)や「存在と〔存在への〕介入(間‐入。後述、〈intervention〉)の弁証法」(EE. p. 320)といい、直接の説明は加えていないが、われわれは既述のところから、そのバディウ的‐意味内容も踏まえて、……。

(1)「存在」と「空」(無‐元‐態、無限)については、既述の諸引用文に明示してある。(a)常識的に考えれば「存在」しているのはもろもろの「存在者・存在物」(étants)であり、「存在」とは後者を総括する一般名称であり、抽象概念であるから、「存在」とは(「存在」という語は)中身は「空っぽ」、それゆえ「〈空〉は〈存在〉の名(nom)である」(EE. p. 65sq.)という発想も出てくる。(もっとも、この時点で、すでに、中身はすべての存在者で満杯ともいえるから、「空」とは「充」でもある。)(b)さて、バディウの(この時点での)存在概念・存在論は「ギリシャ的」に「数学」的であり、「存在」とは「〈一〉ならぬ、純粋〈多〉」態であり、(ただし、ギリシャ的‐原子論より、ラテン的‐ルクレティウス的‐原子論だが、また、古代ギリシャ、ラテン、オリエント・アジアに共通の算数的‐自然数が前提で、ギリシャ・ピュタゴラス派が発見してその非‐ギリシャ的・非合理性に驚倒して隠蔽するか幾何学を発明してその図形のなかに吸収してしまった無理数・非‐合理数($\sqrt{n}$)という非‐可算数ついては、やがて現代数学の非‐可算数態・連続態を重視するにいたるにもかかわらず、古代ギリシャについては、語らないが、とまれ)、やがて、この「多数態」論が現代数学の集合論と重なって、あれこれ多様な多‐集合を「部分‐集合・下位‐集合」として成立させる「無限‐多」としての「空‐集合」という発想になっていく。「部分‐集合・下位‐集合」はおのおの特定の「元」を基本単位としてこそ成立するが、それらを成立させる「空‐集合」は特定の「元」など必要としない、つまり「無‐元‐態」である。「存在」と「空」は、この意味で、「空」が「無‐元‐態」でありながら、かつまた「空っぽ」でないむしろ「無限‐多」「無数‐多」の「充」であるということにおいて、一体(uni)といってしまえば語弊があるとはいえ、異相‐重合的に、バディウ的にいえば「離接」的に、同じ(même)なのである。

(2)「存在」と「生起」についても、その異同を先述直近の引用文が語っている。「生起」は「存在」とは違うが、無‐存在(non-être)・無(néant)ではなく、既述の殆‐無(rien)とは重なるかもしれないが、いわば「非‐存在」「脱‐存在」(trans-être)である。それは、「存在」へとその「補遺・補完」(supplément)のように「到来」(advenir)してくる。どこから「到来」してくるのか。それこそ、既述直近のバディウ/マラルメ思想がいうように、どこか判らないところ、「消失項」「消失因」(terme, cause-évanouissante) からである。バディウはマラルメのいう「星辰から」という発想に入れあげており、「星辰」とは、後述再論するように「太陽の消失、その痕跡(trace)」ということだが、プラトンの「洞窟の比喩」が根本にあるかもしれないとはいえ、なにやら十九世紀ロマン派の天来論・神来論の二十世紀・否定神学版・ニヒリズム版にすぎないようにも思われる。むしろ、こう考えるべきではあるまいか。「生起」は「存在」へと「到来」するが、「生起」はもともと「存在」の、われわれのよくいう「相反‐相伴」態であり、「脱‐存」(trans-être) はその「相反」面をいい、「到来」(ad-venir) はその「相伴」面をいう、そう解することによって、バディウや現代哲学の「内在論」は天来‐超越論に逆戻りすることなく維持され、バディウのこだわる唯物論も(後述再論もする)「弁証法的」唯物論として通俗唯物論の平板さを免れ、バディウのいうギリシャ的‐存在論も現代に通用する「メタ存在論」になる、……。たしかに、「超越」を「相伴」に変えれば、とは一見安易な発想で、筆者個人は超越否認の内在論者ではないのだが、ただ目下のバディウ思想理解のためには、この種の操作を通じて、「存在」に対する「生起」の境位を、「存在」に対する「空・空‐集合」(無限・無元‐態)の境位に、対応させることが必要と思われる。

(3) こうして、「生起」と「空・空‐集合」の関係の問題となる。考察を簡明なものとするために結論的な図式をあらかじめ示しておけば、「空・空‐集合」とは、「存在」の、例えば人間存在という重要な「部分‐集合」の存在論的・数学的・数理‐集合論的な平面図その合理的‐整合相を示唆し、「生起」とはそれを包摂(subsumer)するとともにそれを超過(excès)するメタ存在論的・超剰態の一部が、事後的には「主体」と呼ばれることとなる能作動となってそこへと「到来」し、その平面態を立体的に動態化し(させ)ていく、その作動の(コギト・意志論的な、というより)メタ存在論的な局面軸を示す。これを先述のとおり、$\{\neg(\alpha \in \alpha)\}$ と $\{(\alpha \in \alpha)\}$ という二つの事態の出会いと重合、とくに後者の前者のなかへの「貫‐入」(trans-être)・「介‐入」(inter-venir)(既述・後述)と、(前者への)「強制」(forçage)(既述・後述)作用といってもよい。数学的・存在論的には前者の公理・合理は後者を排斥する。しかし、哲学・メタ存在論的には、両者の出会い、重合、介（間）入、貫入、の強制作用は、いわば（合理・公理論的ならぬ）創‐理・創‐開‐的な（既述）かたちで、展開しうるのだ。加えて、この次元では、前者は単にもろもろの部分・下位‐集合に住まわれているだけではない。それらを可能にするという存在論的というよりメタ存在論的な作用性において在り、それゆえバディウは（神の子の帰天・昇天に準ずる、聖母の）「被‐昇天」（assomption）（LM. p. 404）なる力・作用性の語を（「空」に）与える。「生起」は、主体としての人為を、自ら自身のメタ存在論的局面を通じて、「空・空‐起（成）‐動」なる原為と、一体化というより合体化・同成（既述）（同躯）化（incorporation）させ、「存在」を新たに方向づける（orientation）ことになる。ただし、前者が後者の公理・合理に対する、破起・裂起にならぬかぎりで、いわば「裂開」を通しての、相互異相‐協働関係にあるといってよい。

（4）バディウのいう「存在と生起の弁証法」（EE. p. 257）・「存在と〔存在への〕介入の弁証法」（EE. p. 320）とは、バディウ的弁証法‐概念については旧著[17]で詳論したからここでは省くとして、目下の文脈では、バディウの敬愛するマルクス流の正‐反‐合による「一化‐統合」ではなく、「存在」「生起」「空‐起（成）‐動」の異相‐重合、「離接的‐共‐同（働）‐成」（conjonctif-disjonctif）による「新しきもの」の多様な散開‐創出にあるとでも確認しておこう。この「共‐働‐成」を遂行・推進するのは「介入‐主体」であるが、「主体」はそれゆえ、近代的一者ではなく、諸相を貫き仲介する「ウルトラ‐ワン」（ultra-Un）にして算数的〈二〉（deux calculé）ならぬ「根源的‐二者」（Deux originaire）として、「超一・脱一・異一・異二」者として内容づけられなければならない。「生起」もまた、やがて後述の〈générique〉（準‐普遍）との対比において再規定されるように、破起・裂起のネガティヴィテを含むことによってその有限・歴史的‐偶有性ゆえに、最終的には「根源的‐有限‐生起動」と解されなければならない。

第四章　成起

I　「生起」から〈générique〉（成起）へ

「生起」はドゥルーズ／ガタリでも重要な役割を演じていたが、バディウはさらに〈générique〉概念を加える。「私の哲学の名称としてなんらかのカテゴリーを指示しなければならないとすれば、それは、カントールの純粋‐多でもなく、ゲーデルの構成可能性でもなく、存在の名としての空でもなく、存在としての存在ではないものによる補遺がなされる生起でもない。〈le générique〉ということになるだろう」（EE. p. 22. 傍点、引用者）。

「カントールの純粋‐多」については説明するまでもない。すべての事象に妥当する数学的な多数性の謂いで在り、〈一〉は存在（est）せず、〈一〉もがそこで算定（compte）されるかぎりで存在・出来（il y a）する場としての多数性であった。

「ゲーデルの構成可能（constructible）性」については触れる機会がなかったが、バディウもおそらく集合論における構成主義（constructivisme）、それもライプニッツ以来の「すべての事象は合理的な数学言語によって構成可能」とする立場のなかで論じていた（cf. EE. pp. 314-325, 391, OT. p. 52 他）。

「空」とは、バディウでは、無ではなく、むしろ逆に、人間主体の「公理論的・実存論的‐決定」によって、無際限‐多（illimité）とは別次元に成立する、集合論の単位としての「元」をも超える、無元‐態、無‐規定態、原‐規定態、無限‐態としての、「無限」（infini）であった。バディウがここで除《の》けるのは、究極の虚無・非‐動態と解されるのを避けるためであろう。
「生起」とは、存在を越える、存在がそこにおいて成立する、あるいは存在と相反‐相伴的に出来《しゅったい》している、根源動であったが、ここで除《の》けられているのは、それがバディウの解するドゥルーズの場合のようにたんなる生命論的に解されるものではなく、また歴史的‐現実性のように破起・烈起（既述）をも含意しうる有限・偶有的なもので、存在の無限・永遠性を支えるものとはなっていないからであろう。バディウには存在論的‐成立と価値論的‐妥当の区別は明示的には見られないが、真理問題が上程されるにいたれば、後者つまり価値論的‐妥当への配視・斟酌は避けられない。

　こうして〈*générique*〉概念の登場となる。

〈*générique*〉とは何の謂いか。

　バディウはこの語を集合論はカントール／ゲーデルにつづく新世代のP・コーエンから「借りている」（EE. p. 22. cf. EM. p. 93）というが、既述のとおり、「哲学的に捉えなおして」使うということであろう。こうである。「ゲーデルは伝統的な合理主義者としてライプニッツの〈不可識別者同一性‐原理〉（principe des indiscernables）、つまり、言語合理的に識別（discerner）しえない（indiscernable）ものは存在しないということ、を継承したが、コーエンはこれを真理ではなく合理主義者が自らの宗旨と意志で主観的・独断的に決めた（une limitation volontariste）こととし、コーエン自身は、むろん、数学的に厳密な考察を経て、不可識別的なものは〈存在する〉（*est*）と結論した」（cf. EE. pp. 391-392）。バディウは、コーエンの後述の「連続体仮説」「強制法」概念にも深くかかわるが、一九六三年のこのコーエンとアメリカ数学界に世界的盛名をもたらした挙をもって「数学のみならずより広範な領域にわたる影響力を及ぼしうる知的革命（révolution intellectuelle）」（EE. p. 391）とし、いう。「《Générique》と《indiscernable》（不可識別的）はほとんど入れ替え可能な概念である。〔……〕《Générique》とは、勝義的には、自らを〔安易に、言葉で〕識別させない（ne se laisse pas discerner）ものが、実質上、ひとつの状況の一般的真理（vérité générale）、その状況に固有の存在（son propre être）の真理、来《きた》るべきすべての知の根底と考えられるもの、であることを意味する。《Générique》は不可識別的なものの真理機能を明らかにする。〈不可識別的なもの〉という語に含まれているネガティヴなニュアンスは、真理（vérité）とはつねに知（savoir）のなかで穴をなす（faire trou）ようなものであるという本質的な問題を含意している」（EE. p. 361）。「〈générique〉思惟は、存在の諸カテゴリー（多、空、自然、無限、……）と生起のそれ（ウルトラ‐ワン、非‐決定態、介入行為、忠実さ、……）の、完全な横断・包括（traversée complète）を前提している。複数の概念を凝縮させている以上、ひとつのイメージを与えることは、まずできない。ただし、不可識別的なもの（l'indiscernable）、命名し難いもの（l'innommable）、完全に不特定のもの（l'absolument quelconque）、についての深甚な問題にかかわるものとはいえるだろう。〈générique〉な多とは（どのような真理の〈存在〉（*l'être*〔在りよう?〕）もそうなのだが）、知からは脱去（soustrait au savoir）し、質的規定もなく（déqualifié）、非‐現前的（imprésentable）、である」（EE. p. 23）。「芸術、科学、稀だが真の政治、愛（というものが在るとして）、のなかに出来《しゅったい》する（se passe）のは、そのときその場では何であるか識別できない何ものかの到来（venue au jour）であり、それゆえ、認識も再認もできないひとつの多‐態、えもいわれぬ独異なもの、それでいてその多‐性のなかに、いま問われているすべての事柄の共通特色（traits communs）を保持している、そして、そのことが、そのものの存在の真理（vérité）を構成している、そのようなもの、である。これらの出来、到来、保持、の神秘さは、おおむね、それらの表象の諸条件（社会知、性愛知、技術知、……）か、それらの一者性の超越的彼方（革命への期待、愛による融合、詩的な恍惚、……）によるものとされてきたが、私は私の〈générique〉カテゴリーによって、これらの諸動向に関するひとつの今日的な思惟を提示する。これらの諸動向が、すべての動員可能な百科全書的‐知（savoir）の狭間《はざま》の穴処（trouée）で、自らが展開する場の多的‐根底（le fond-multiple）とそれによる共通‐存在（l'être-commun）性を証して（avère）いるからこそ、これらの諸動向が確然たるものではない（indéterminées）にもかかわらずそのまま同時に〔たとえば心理的に〕十全的（complètes）なものにもなっている、そのことをこの〈générique〉カテゴリーが示すはずである。／主体とはこの種の証示（avère）のひとつの有限なモメントにほかならない。主体は有限なかたちでそれを証示（avère localement）しているのだ」（EE. pp. 23-24）。

この最後の引用文は、訳出技術の拙さゆえか、なにやら難解なものになっているかもしれないが、各部分はこれまでもあちこちで論じてきたもの（cf. OT. pp. 50-53, EE. p. 314 他）、これからも適宜論じつづけるもの、である。加えて、ここでのバディウ思惟に関するかぎり、——ベルクソンを引照するのは、お門違いだといわれるかもしれないが、バディウ数学的思惟がドゥルーズ生命論を介してベルクソンと相互反響することは不可能ではなく、ベルクソンだとて若年期は数学の天才少年として全国に名をはせていたのである！——遠くベルクソンの〈エラン〉（élan）思想を参照してみれば、判りやすくなるだろう。「芸術、科学、政治、愛」の核心をなすとこにいわれている「神秘的な諸動向」（mystère de ces procédures）とは、まさしくベルクソンが最高の人間諸活動の核心に見ていたあの「心を浮き浮きさせるような飛翔‐駆動力としての〈エラン〉」にほかならない。バディウ〈générique〉思想は「生起」思想の否定ならぬ補完（supplément）として、「芸術、科学、政治、愛」の「真理」（真実、真正、真諦、真髄、真如、……）のいわば「成起」へと、通じていくはずである。

II　〈générique〉（成起）とは何のことか――語義と訳語

1　辞書的意味

〈générique〉概念のバディウ哲学的内容は、こうして一応、伝統的な合理主義哲学がすべてを合理言語によって「可識別化」（discerner）することを宗として排除もしくは取りこぼしてしまっていた「不可識別的」（indiscernable）なものを、現代哲学の成果・権能によって取り上げなおすことにあるが、ただし、ここでわれわれ読者にはひとつの疑問が残る。「《Générique》と《indiscernable》は互換可能（substituable）」（先述）というのであれば、なぜ〈générique〉のほうを選ぶのか、ということである。中世の神・信仰‐中心主義に抗して人間的‐認識能力から（再‐）出発した近代哲学にとっては認識論言語である〈indiscernable〉のほうが（準‐）必然的であったが、そこからの存在論的‐転回から（再‐）出発した現代哲学にとっては、われわれが、「構造」（structure）に対する〈génétique〉（遺伝学、生成学）はともかく、M・フーコーが〈généalogie〉（系譜学）を高唱し、われわれがドゥルーズの〈géophilosophie〉（地理哲学?）に代えて〈géologie〉（地質学）ならぬ〈généologie〉（地成学）の語を冠せたように[1]、〈générique〉のほうが（準‐）必然的であったともいえるかもしれない。実際、〈générique〉は、すくなくとも哲学（史）的には、（準‐）新語なのである。一般‐仏和辞典でも、われわれが学生期に世話になった大修館版・仏和辞典（初版年、不明化）は、わずか二行、しかも「不可識別的」とは関係のない、「『生物』属の、属に特有の；『文法』総称の」、で処理しており、その後の白水社版・仏和大辞典（一九八一年）でようやくわれわれにも有用な説明が入ることになった。この辞典語彙レヴェルから再出発してバディウ的〈générique〉概念、バディウが「至高ジャンル」（genre suprême）（EE. p. 373）とするこの概念を詳解していくことにしよう。

まず、『仏和大辞典』の記述はこうである。〔……〕。◆『文法』*terme*～属名〈種族・範疇全般にわたる名詞。例えばvoie〔道〕はroute〔ルート〕, chemin〔径〕, rue〔街路〕, passage〔通路〕などのterme-spécifique〈特殊名〉すべてを含む属名である〉。◆『心』*image*～属心像〈似通ったイメージを重ね、そこから共通の要素だけを取って作られるイメージら〉」。

ここからバディウ向きに取り出せるのは、「一定の規定性における多様・複数のもの、とくにそれらから共通要素を採ってつくる場合の、属」ということだろう。「集合」概念に近いが、バディウは数理学的・数学的「集合」は「空（-集合）」までは含むが、それを成立させている「生起」は哲学の問題、とするから、〈générique〉はむしろ後者、あるいは両者の（横断-）包摂態（cf. 先述）、というべきかもしれない。「共通要素」概念は右述最後の引用文にも示唆深く見られる。研究者のP・ホルワールドは「〈générique〉には〈純粋化〉のニュアンスが強い[2]」と言い、バディウ自身は（S・ベケットを論じてだが）「本質的規定」（Cond. pp. 330-331）とも同種のことを呼んでいる。

2 バディウ的意味

バディウ・テクストを読みながらわれわれがこの〈générique〉から読み取ったニュアンス・了解内容は、大別三、四種ある。

（1）genesis, genèse, générer（創成、生成、天地開闢、創出する、……）らとの重相性。成起動。例えば、いう。「愛、芸術、科学、政治は、状況のうえ（sur〔高み?-〕）に無限に真理〔真実、真正、真諦、真髄、真如、……〕を創出（génèrent）していく。知から脱去する真理を、である。〔……〕その他のあらゆる種類の実践は、それぞれに尊重に値いするとはいえ、たとえば商業や諸種のサービス業のように、さまざまのレヴェルの知とは絡みあうものの、いかなる真理をも創出（génèrent）することはない。哲学も、そう認めるのはつらいことだが、同様だといわなければならない。哲学は時代の諸動向によって条件づけられ（conditionnée）ている。自らを条件づけている諸動向をサポートすることはできるが、それらに依存しているのであるから、時代の根本動向に間接的にかかわりあうだけで、なんらかの創造行為（procédure générique）を構成することはない」（EE. p. 375)。〈générer〉はここでは他動詞となっているが、既述の引用文（EE. pp. 23-24）では「芸術、科学、政治、愛」のなかに「出来《しゅったい》する」「到来する」（se passe, venue au jour）「諸動向」となっていた。別言すれば、「真なるものの〈généricité〉は、能動でも、受動でもなく、むしろ、〈行程〉（trajets）を含意する」（Av. p. 53)。訳語としては、したがって、創造、創出、のみならず、創成、生成、自生、自成、……らも含むことになるだろう。「生起」をも含みうるが、これをあまりにも生命論的として避ける（cf. OT. p. 72. 既述）のであれば、「成起」「起成」としてもよい。真理が成起するともなれば、なんらかの根源（originaire, s'originer, cf. EE. p. 381, 353 他）性も考量されなければならないから、根源的‐成起、原‐成‐的、原‐生‐性、原‐起‐性、原‐基‐性、……なども言表しうるだろう。〈générique〉のこの動態性については、辞書もバディウ自身も特記していないが、EE. pp. 183, 263-265, 280-281, 375, 382, 435, MPhl. pp. 38, 68, Cond. pp. 184, 208-209sq.（後述再論）……、等、使用・関説例は多い。また、〈générique〉を控除・脱去‐動（cf. Cond. p. 184）に充てることも不可能ではないことも確認しておこう。既述した「状況」からの「存在」「真理」の「控除」は、晴れて「状況」からの「真理」の（「脱去」以上に）、——むろん、然るべき制約・条件を前提としてだが——「成起」ともいえることになる。

（2）genre, général（属、類、圏、一般性）との重相性。準‐普遍態、基本・原理‐態。既述の辞書記述にもあったが、ここではこれらの語・概念が、いわゆる個的‐特殊性と全的‐普遍性の（間の）積極的な意味での中間態として位置づけられる。前者の閉鎖性を克服し後者の平板な形式性を具体的に内実化する共通性・共有性（commun）(cf. EE. p. 392, SeU. p. 73) それとしての一般性である。バディウは近代フランスの「自由、博愛、平等」のうち、サルトルが「自由」を高唱し、マルローが「友愛」をもって闘争したとすれば、ルソー（「平等」cf. EE. p. 382）に戻って、いう。「ルソーにおける一般意志（volonté générale）の理論は、政治的権威が立脚する一般点（point générique）あるいは平生点（point quelconque）を追究する」(EE. p. 314)。「一般意志は〈générique〉な実践を指令する忠実性の操作機能である」(Ibid. p. 381)。「一般意志は、本質的には、人民の〈générique〉な存在にしかかかわらない」(Ibid. p. 383)。この種の発想・言表がマルクス主義と現代集合論につながっていく。「P・コーエンが定義した〈génériques〉な多-態というものがある。〔……〕マルクスは『一八四四年草稿』でプロレタリアをまさしく社会的〈générique〉として語った。何のことか？　プロレタリアにはひとつの普遍的（universelle）真理がある、ということをいおうとしたのだ。プロレタリア革命は人類全体（l'humanité tout entière）を解放するであろう、と」(EM. p. 93)。「われわれが永きにわたって革命政治と呼んできたものは、〈générique〉政治のことである」(EE. p. 375)。バディウ／ルソーに〈point générique〉という発想があるとすれば、コーエン数学にも〈generic point〉なる概念があり（既述）、後者は「一般点」とも「生成点」とも邦訳されている。他方、バディウ／マルクスのここでの〈générique〉は、一方では「一般」よりも「普遍」に近く、また、「プロレタリアなる社会的〈générique〉」には、「ブルジョアなる社会的〈générique〉」と異なり、われわれが右記①で示した「新たな創成し来る」多-態・社会的共同圏（collectif. cf. EE. p. 375, 388）のニュアンスが見てとれるだろう (cf. MPhII. p. 140 他)。もうひとつ確認しておけば、ルソーが政治を「一般意志」に基づけるというとき、ルソーは、アリストテレスが政治を人間本性に帰し、ホッブズが人間の生命的-自己保存の欲望に帰したに抗して、「政治」そのものの、先述ホルワードのいう「純粋」概念にも通ずる、自律的-純粋本質から、人間意志の能作的・自己創出的-展開の次元でこそ、再・新-定義しようとした、それが〈générique〉な在り方・為しようの一例と見なしうるということである。われわれは、したがって、〈générique〉に、「類的」なる訳語も尊重するが、この文法語はいささか動植物分類ニュアンスがあるので、実質においては、「生起・生成・成起」のダイナミズムを孕んだひとつの「準-普遍性」ニュアンスを読み込み・読み取ろうと思う。バディウは、さらに、いう。「私のこれら三巻の論著〔MPhII., SP., Eth.〕は、個人への〈民主主義的〉な援護を含む個別性（particularité）礼賛と、諸真理をめぐる〈générique〉にして普遍主義的（générique et universelle）な問題意識（dimension）、の間の対立を重心としている。その意味でこれらはまた〈真理の倫理学〉をも語っている」（MPhII. p. 143）。ここにいう〈générique〉は成立の事実性を語り、「普遍性」は成立態の価値論的-妥当性を語って、その区別を示しているのだともいえようが、しかし〈et〉（にしてかつ）をもって、両者の重合性・準-同義性を語っているともいえるだろう。〈SP.〉すなわち『聖パウロ――普遍主義の創建』（*Saint Paul, La fondation de l'universalisme*）は〈universalité concrète du vrai〉（真なるものの具体的な普遍性）（SP. p. 103）ともいっているが、これもそのことを別言しているといってよい。「類-普遍」的、「類遍」的、という訳語すら、試みうるかもしれない。「真理」（真実、真態、真義、真正、真諦、真髄、真如、……）そのものに関しては、簡略表記は別として、説明的なかたちで言表化すれば、とりあえず試しておくだけだが、「根源的-類・普遍的-成起態（成起動）」とでもなるのではないか。

（3）indiscernable との数多い指摘も、見落としていたわけでもないし、軽視するわけでもない。不可式別性。「私は〈二（Deux）の論理〉〔既述。〈ウルトラ-ワンの論理〉〕は、たんなる多数性からではなく、生起と〔それによる状況への〕介入に〔から〕起源する（s'originait）ことを示した。〈純粋-二〉（Deux）の定礎はたんなる存在者レヴェルの操作によるものではなく、〔……〕なんらかの新たな名称の産出のみが不可識別的（indiscernable）なもの、あるいは〈générique〉なものについての思惟を導入するのである」（EE. p. 353）。「ルソーは、すべての真なる政治にとっては、共同体の〈générique〉（indiscernable）な下位-集合への連接が必要であることをいみじくも指摘している」（Ibid. p. 381）。「一般意志は、その本質においては、すべての個的な知から脱離した、人民の〈générique〉な実存にのみ、関与する」（Ibid. p. 383）。「政治の〈générique〉な本質は、政治体の不可識別的な下位‐集合について語ることにある。それが一般意志の実存的な形態なのである」（Ibid. p. 386）。「〈générique〉は〈indiscernable〉なものの真理機能を明らかにする」（Ibid. p. 361）。つぎの文は、状況の変容・刷新をめぐって、重要である。「〈générique〉部分は、状況のなかでは認識されない（inconnu）が、〔状況の〕〈générique〉な拡大〔刷新〕のひとつの〔重要な〕エレメントである。状況のなかでは非‐現出的（inexistante）で〈indiscernable〉だが、〈générique〉な拡大〔刷新〕においては〈現出的に存在〉（existe）することになる。とはいえ、そこでも〈indiscernable〉に止まる。〈générique〉な拡大〔刷新〕は、当の状況の〈indiscernable〉態が状況へと合流し来る（adjonction. cf. 既出〈advenir〉（到来））ことの結果であるといえるのだが」（Ibid. p. 467. cf. p. 392, 406-407）。もっとも、ここで、ひとつの問題を立てうる。バディウは先のところで、「〈générique〉と〈indiscernable〉はほとんど互換的（substituables）」（Ibid. p. 361）といい、にもかかわらず前者を採る理由を、われわれは認識論的な近代哲学から現代哲学への‐存在論的‐転回という哲学史上のひとつの準‐必然によるものと暫定的に説明したが、ここでバディウが、この（3）冒頭の引用文に見られるように、「生起（événement）と〔存在への〕介入（intervention, inter-venir）」へのかかわりに、主要概念採用の基準を見るというのであれば、この〈générique〉についても、バディウ自身が〈indiscernable〉の重要性を強調するにもかかわらず、われわれ（筆者）のように（1）（2）の「成起」の存在論的‐動態性や「準‐普遍」の価値論的‐妥当性の含意（cf. Cond. pp. 182-183）を見るほうが、よりよいのではないか、ということである。バディウ／マルクスは「プロレタリアという労働以外のものを剥奪（dépouillé）されてしまった」（MphII. p. 140）、それゆえ先述の「誰でもないもの・匿名態」（n'importe-qui, quelconque, anonyme）（EE. p. 392, LM. p. 451 他）としての〈indiscernable〉（不可識別態）に、「〈générique〉な人間性、近代・歴史‐政治的な状況の真（vérité）」（MPhII. p. 140）を指摘し、この指摘はむろんそれなりに重要であるが、しかし、〈générique〉の語そのものとしては、この（3）をも含む（1）（2）の側面を強調するほうが、――実際、「労働」は人間存在にとって本源的であり、これを「苦役」から「成起」へと転換させていくことが、バディウ的〈communisme〉(政治的コミュニスムならぬ、メタ哲学的コモン主義)のはずである――、より適切であろう、というのが、われわれ(筆者)の判断・理解である。

Ⅲ 「存在と生起の弁証法」、「根源的・類-普遍的-成起動」

この判断・理解は、引用出典からも判るようにおおむね最大主要著作『存在と生起』に拠ったが、他の個別論文では、〈indiscernable〉と〈générique〉の区別を主題化しているものもある。『〔哲学の諸〕条件』(Cond.)所収の「〈soustraction〉(控除・脱去)講演」がそれで、ハイデガーやデリダが「存在」(Sein, être)の「存在者」(Seiende, étant)とは異なる「不可視」性や「差異」性を〈~~Sein, être~~〉と表記するに相似て、われわれもまた本著「まえがき」でギリシャ的「正義」の下にバッテン付記のキリスト教的「アガペー」を位置づけたわけだが、バディウも「存在の十字架〔?-〕」(croix de l'être)(Cond. p. 180)として自らの「〈γ〉〔ガンマ〕図式」(Ibid. p. 187. 後述再論)のなかに、〈indiscernable〉は「主体」にとっての〈événement〉由来の事態・局面、他方、〈générique〉は「真理」の事態、と、相互区別するかの言述をおこなっている。この指摘は、むろん、われわれも既述のとおり重視するが、しかし目下の〈générique〉事態理解、その訳語化の試みには、ネガティヴな作用を及ぼすものではなく、むしろポジティヴな傍証となっている。

したがって、この〈générique〉の訳語としては、先に内容理解を「根源的・類-普遍的-成起態(成起動)」などと要約してみたが、これを踏まえて、「ジェネリック」とカナ表現するに止めるか、あるいはそのつどの文脈に応じて、また、先の「生起」概念や、その根源の認識・言語化-不可能性、原-生-性、脱-底-性、空-起-動、つまりは不可識別性、匿名性、……等も踏まえて、根源-成起的、類-普遍的、類-成-的、原-類成的、不可識別‐原成動、……等と短縮し、「ジェネリック」とルビを付すか、とにかく暫定案として処理することにしよう。ちなみに、〈événement〉と〈générique〉を、前者を「生起」と訳出することはともかく、後者をこのように、つまり取意訳的、あるいはバディウ著作に接しなれている読者諸氏にも初耳であるかのかたちで邦訳する以上、前者〈événement〉にもこれに合わせる取意的・説明的な訳語をあて、「根源的・有限‐偶有的‐生起動（態）」とすることにする。根源的事態であることはもはや説明の要はないはずだが、その根源は「消失せる原因」（cause évanouissante）つまり「脱‐根源」（sans-fond, in-fondé）でもあるのであるから、これを「脱去」「有限的」の語で補い、また、これは既述のところでは十分に論ずる場がなかったが、「生起」事態の、まさしくスピノザにはない（OT. p. 74）「偶有性」の確認・強調が必要なのであるから、この語を補い、全体としての「動態性」を記すことにする。両者、簡略化ですむ場合には、「生起」と「成起」である。両者の上記の「異」と「同」あるいはむしろ「同」と「異」、その相互重相性を示すには「生起」と「成起」の取意訳‐漢語表現をもって対応する。多少ごたつく印象を与えることになるかもしれないし、逆に〈événement〉と〈générique〉を「生起」と「成起」と訳語することは日本語として整序しすぎるという印象もあるかもしれないが、諸事勘案のうえでの暫定解決である。

第五章　真理

I　真理：旧概念と新概念
――デカルト〈神による真理の創造〉からバディウ〈人間による真理の創造〉へ

哲学は、バディウのみるところ、存在、真理、主体、を主題とし、われわれはこれまでのところ、存在とそれにかかわる思惟、生起、成起、を検討してきたが、今度は真理を取り上げなければならない。真理には、存在に思惟がかかわるとおなじく、主体がかかわるともいえるが、ここでは事実上は後者を含みながらも、後者は後述のところで独立にあつかう。

バディウはまず一見奇妙なことを断言する。「いかに奇妙なことに思えようとも、真理（vérité）はヨーロッパにおいては（他の諸地域でも）一個の新語（un mot neuf）と見るのが妥当である」（EE. p. 9）。「今日、真理が、ヨーロッパにおける新しい理念である」[1]（MPhl. p. 84）。

われわれの常識では、科学も真理を探究するといわれるが、それはおのおのの事象分野（生物学、物理学、心理学、等）の真理であり、最終的には原因‐結果（因果‐関係）における原因の探究であるが、哲学は万象の真理（人生の、存在の、愛の、苦悩の、等）を探究するということになっていた。この常識からすれば、右述のところは、哲学者の言としては、たしかに「奇妙」（étrange）である。

しかし、少し落ち着いて考え直してみれば、さほど「奇妙」でないこともそれなりに判る。

（i）バディウはここで〈vérité〉なる語を〈véridicité〉に対立するものとして提示している。後者は言表化されているレヴェルでの真（「言表真理」）であるに対し、前者は言表化を前提としない真（「事態真理」）である。かつての人々が後者を知らなかったとはまずいえないが、哲学上の真理とはおおむねその気があったとはいわなければならない。真理‐対応説（言表と事象の対応、事象と対応している言表が真である）をはじめとして、真理‐整合性説（言表における主語と述語のあいだの無矛盾性をもって真とする）を典型に、真理‐明証性説（明証的であるとは言表可能ということである）、等。

（ii）実際、バディウのみならず少なからぬ現代哲学者たちが、旧来の真理説に対する疑義を提起している。われわれはこのバディウ論稿を現代哲学としてのハイデガー思惟との連関と対比において開始したが、真理問題についてはとりわけそれが顕著である。周知のとおり、ハイデガーは「存在そのもの」（Sein）を問うて、これをまず「存在者」（Seiende）から峻別し、存在者は現前しているからそれについての言表も可能、その言表が対象である存在者の「何であるか、その何‐性」（Was-sein）に対応していればそれをもって〈Richtigkeit〉（精確性‐真理）と呼び、他方、「存在そのもの」の真理、存在論的・存在思惟的‐真理(2)については、「存在そのもの」とは極むところ（その存在者が）「存在しているということ、その事態性」（Daß-sein）なのであるから、一見明々白々に我々の目前に現前しているはずのところ、しかし、その実、明々白々に現前しているのは「存在者」のほう、「存在そのもの」はその下に（?）その陰に（?）どこかに（?）消え去ってしまっている（?）。上記のところのわれわれ流にいえば、バディウにおいて「状況」の「存在・真理」が「状況」に対して「控除・脱去」しているのと同じように、ハイデガーにおいては「存在そのもの、その真理」は「存在者」に対して「脱去・控除」

裡にある。ハイデガーはこの真理の在りかたを、これもよく知られているように、古代ギリシャ語、というより、上記バディウのいう「ヨーロッパにおける一個の新語」としての「〈aletheia〉真理」、つまり「閉覆（－letheia）しているものの開披（a-）、開披（a-）されながらの閉覆（-letheia）」、とした。伝統的哲学の前提していた真理＝現前＝言表論はこうして疑義にふされ、あるいはすくなくとも「言表真理」（véridicité, Richtigkeit）として相対化され、これに代わってなんらかの「非‐現前・非‐言表」態をもって真理とする、新たな言説、あるいはむしろ真の真理論が提起されることになった。急いで付記しておけば、このハイデガーの真理＝非‐現前論（開閉‐両義態論）に先立ってニーチェの旧真理概念‐批判論（真理とは権力なき学術者たちが俗世の権力を凌駕するために定立する権力意志による一種の虚偽にすぎない）があり（cf. EE. p. 9 他）、新たな精神分析学による真理＝無意識‐論議（フロイトにおいては「コギト」（cogito 思考、意識）の真相は「エス」（Es）にあり、しかも精神分析を近代科学の一に仕立て上げたがったフロイトは、これを真理以上に「原因」とした）があり、バディウ真理論の直近の先駆者としてもラカンの真理‐去勢論（象徴系・言語記号次元に展開して現実系・実在そのものを取り零《こぼ》さざるをえない思考は、その本質的・宿命的な欠落としての実在（le Réel）に代えて「真理」なるものを想像裡（l'Imaginaire）に定立する）（cf. Cond. pp. 197-198）、があった。バディウと同時期・後にも英米系の分析哲学に真理デフレ論（真理とは実在の在りようを言語的に反復するにすぎず、不可欠の哲学素ではない）が登場することは、それなりに知られている[3]。

（iii）バディウの「奇妙な」指摘を、われわれはしたがってまずこう理解しよう。哲学が真理の探究であることがいま今日はじめて宣言されるということではなく、哲学は真理の探究であるという自明のことがらが、真理概念の変容によっていま「再審」の時点にいたり、いわばいまはじめて主題化・「問題」化し、現代の哲学はこれを踏まえて新たに再‐出発するのでなければならない、と。別言すれば、ハイデガーが〈Richtigkeit〉から〈aletheia〉へと移行したように、〈vérité〉は、〈véridicité〉との対比において、然るべく捉え直されなければならない。〈vérité〉は、いま、はじめて、その本来の厳しい内実において、新たに定立される、ということである。

（.iv）このことに関連して、われわれ（筆者）はもうひとつ、バディウがそれなりに触れていながら必ずしも直接的には指摘していないことがら、いまはじめての「新」ならぬ、すでに近代哲学のはじめに姿を現わしてそのまま消えてまった観のある、それゆえやはりそれなりの「新」であるひとつの真理論との関連を想起しておきたい。デカルトのいう「神による永遠真理の創造」概念である。この概念をめぐっては諸説論争があり、今日では当時のモンテーニュをはじめとする懐疑論に対抗するためにデカルトがこの発想（真理の存在とその正当性を神によって根拠づけるという発想）を導入・付加した[4]（cf. LM. pp. 14-15, 520）ということになっているらしいが[5]、われわれの関心はやや別のところにある。まず、中世キリスト教思惟においては「永遠真理」は神の「知性・思惟・脳裡」のうちにあっても神による創造（被造）物ではないが、デカルトにおいては、神の「意志」による創造（被造）物となった。思惟・知性・認識・観照の次元ならぬ、近代的な意志能作の相関態となった。ついで、近代末・現代当初の「神の死」によってこの意志能作が人間によって引き継がれることになると、……。ただし、神は永遠真理を創造しただけではなく、宇宙世界・万象をも創造したのである。「神の死」の後にも宇宙世界は残り、宇宙世界のみならず、そこには「永遠真理の創造」の事績（trace）（後述再論）も残る。創造の結果（résultat）としての宇宙世界のみならず、「永遠真理‐創造」の「行程」（trajet, procédure）（後述再論）が、「痕跡」（trace）・「刻印」（sceau）（後述再論）として、宇宙世界の存在構造（structure）（後述再論）として、実効的（effet, effectif）に、残る。バディウには意志論議はないが、内在論と既述の動態的なメタ存在論があり、後者が独自の（〈Wo〉の先なる）（既述）無限性・永遠性を包含することによって、時間のなか（cf. MPhII. p. 37. 後述）での「永遠真理の創造」へと、「新」たな途を開闢しはじめることになる。……バディウ真理論はこの行程上に置いてみることが、妥当・必要であるように思われる。「よく知られているように、デカルトは、神が永遠真理を創造したと、主張した。われわれはもっとラディカルに、神なしで［永遠真理を］創造する、と言おう」

(MPhII. pp. 36-37, 144. cf. Cond. pp. 191-192; LM. p. 520)。

II　メタ存在論から〈générique〉真理へ

バディウにおいて真理とはなにか。端的な、あるいは直接的な、定義はないように思われる。総括的な考察はあり、われわれはわれわれで追ってバディウ思惟を踏まえて可能な限り端的な定義を試みるが、まず、既述のメタ存在論のあちこちに、真理論への導入口を確認していこう。多少、散漫な論述になるが、具体的に確認していくということであるから、やむをえない。

1　真理はひとつの下位集合である

真理とは輝かしい究極態であると考える常識（「真理は太陽のようなものである。肉眼で直視しようとすれば、眼は潰れる」といったのは、プラトンであったか？）からすれば、この（バディウ的）規定の数理学的-即物性《ザッハリッヒカイト》は驚かせるかもしれない。しかし数理学的-集合論はおおむね現代にいたって、というより、現代数学の開闢として登場してきたのであるから、この規定も「新」のひとつなのである。「内在論の立場に立つ以上、超越はないのであるから、真理は、それがその真理である状況に属しているというほかありえない。ところで、状況は、一化・算定もされるが、その純粋存在性においては一個の個別的な多なのであり、真理はその多-態の下位-多態（sous-multiple）、つまりその状況という集合の下位-集合（sous-emsemble）でしかありえない。それが内在性の存在論の厳格な要請なのである。ひとつの真理はそれがその真理であるところのもののなかに〈内含〉（incluse）されているといおう」（Cond. p. 200. やや取意訳）。ただし、集合論においては「下位」とは

「劣位」のことではない。現代数学としての集合論の「新」のひとつは、全体はその全部分の全体ではなく、全部分の全体は元の全体より（その数理的-密度・濃度において）より大きい（「劣位」ではなく「優位」）ということにある。われわれが既述で確認したところでも、〈一〉を構成する多、多を構成する多、は、多の多、多の多の多、……として「無際限-多」（multiple illimité）に分散するか、「公理論的・実存論的-決定」によって「無限-多」（multiple infini）、さらには（対象化されえぬ、対象なき）「空」「空-集合」「空-成（起）-動」へと、転位するかであった。ここではその「無限-多」が（メタ存在論的「永遠」ともされて）真理と見なされる（Cond. p. 198）のである。（なお、この場合、集合論がなぜ「無際限-多」ではなく「無限-多」へと「決定」したのかは説明がない。「実存論的」には現代は「神の死」に代わる別の「無限」を必要としたからであるとはいえるが、数理学的には「集合」論がそのうえに成り立つ基盤としては、「無際限-多」であってもおかしくはないのではないか。ドゥルーズ／ガタリにおける「分子論的-多」（multiple moléculaire）は後者であるような気もする。他方、神に代わる無限をという現代からの要請を「公準」としての「公理論的」決定ともいえないことはないが、さらにその先には、「決定」には根拠もその説明も必要ではないという、やや危険な発想が侵入してくる可能性も出てくる。ここでは未回答としたい。）

2　真理は認識の問題ではない

バディウ的な「状況」とは「現出態・現前態」（existences）とそれらにかかわる「百科全書的な知」（savoirs encyclopédiques）の体系連関であり、「状況」の「真理・存在」（vérité, être）はそこからの「控除・脱去」（soustraction）態と見なければならないというところから、われわれは出発した。そして、「認識」を現前的な対象事象の言表化と解するかぎり、われわれは「状況」にかかわる「言表-真理」（véridicité, vérités véridiques）は得られても、その（「状況」の）「真理」（vérité）、という言い回しがやや曖昧に見えるとすれば、後述に最終名辞を付与することに先んじて、ここで便宜的にいっておけば、真の真理、存在論的・メタ存在論的-真理、バディウ的-真理は、（認識によっては）得られないということになった。では、どうするか。控除・脱去・非-現前態（imprésent）としての「（バディウ的-）真理」を目途《めど》にまず、カント流に「認識」と「思考・思惟」を分け、ついで、その「思惟・思考」を、現代数学風に「公理論的-思惟」（pensée axiomatique）、つまり直接的認識なきままに、しかし今日的な諸公準を踏まえて、可能なかぎり合-理性的に、非-現前態への「介入」（intervention, inter-venir）を通じて、「投企的」（coup de dés, parier）（cf. RRP. p. 114, V. p. 49, 63, 129）に「把握」（saisie, saisir）（MPhII. p. 43 他）する、という営みへと仕立て上げることによってである。この場合、認識はすでに行為・行動へと移りはじめる。（それがまさしく）バディウ的な（バディウ的）真理へのアプローチである。ちなみに、バディウはこの種の真理を「知の穴」（trou du savoir）（cf. EE. p. 361, 472, MPhI. p. 60 他）、「知の対角線態[6]」（diagonal du savoir）（V. p. 53, 57）、などとも呼称している。「穴」概念が（「空」概念以上に）ラカン流-精神病理学のなまなましさを感じさせるとすれば、「知の対角線態」とは数学界では有名な可算数群の間への非可算的-実数態の潜勢的な侵入を意味する[7]（ThS. p. 287, EE. p. 223）。追って再論となるかもしれない。

3　真理は生起-動に起因するポスト-生起態である

「真理」が「認識」や「知」の問題ではなく、「思考」さらには「介入」の問題であることを確認・示唆しつつ、右記2は後述するはずの行為・主体論のほうへとやや行き過ぎてしまった。存在論・メタ存在論の域に戻れば、バディウ的には「介入」（inter-venir）も真理の探究（enquête）のためのものである以上、なんらかの前-真理態との「出会い」（rencontre）（EE. p. 370, 371 他）、その前-真理態の「到来」（ad-venir）（Ibid. p. 230 他）を含意する。ここでこれも先述の「生起」(événement)概念が登場する。「生起」は「状況」や「現出態」や「介入」の現実的具体性とは別に非‐現実的具体性において到来するわけではない。すでに右記1の下位‐集合論議は、現実的具体的な状況・集合への「内含」を語っていた。それにはるかに先立ち、われわれは「集合」への「帰属」(appartenance)と「内含」前(inclusion)を分け、前者に有‐規定(被規定)的な「元」の体系連関を、後者に未‐規定態としての、否定性・被排除性ならぬ、とりあえず控え置かれるとしての、それなりにポジティヴな(cf. Ibid. p. 373)、「控除態」を確認しておいた。いまここでいう「(知の)穴」も、その種のネガティヴ態におけるポジティヴ性を含意しうる。右記2のいう「公理的思惟」だとて、直接的認識とは別次元に展開するとはいえ、諸種の「公準」を踏まえ、後者は直接的認識に準ずる前‐真理態との「出会い」や接触を前提にしている以上、前者の正当性は否認しえない。「対角線態」はといえばそれが可算数連関を孕む実数連関を意味している以上、ここでいうネガティヴ態のポジティヴ性は自明というものであろう。さて、目下の問題に戻れば、真理は「状況」や「知」の認識不可能な「穴」であるが、そこにはこうして前‐真理態しての「生起」が「到来」してきている。バディウはそれゆえ「真理」は「生起」にて「発源・起源する」(s'origine)(cf. Ibid. p. 335, 374 他)という。「生起」そのものが真理であるといっているわけではないし、他方、「生起」概念そのものも、状況・集合への「内含」の具体性・現実性とともに、後述の「成起」概念に見られるような、単なる「内含」の閉鎖性に止まることのない開放性も、その未規定性のなかに見るのでなければならないが。バディウは記す。「介入が可能なのは生起との出会いによる」(Ibid. p. 231)。「生起は謎のように〔とりあえず「内含」からであれ、窮極的な始源は不明のまま、脱‐根源的に、いわば消失因(cause évanouissante)から(既述)〕到来する」(Ibid. p. 230)。「生起は知の百科全書的規定に対角線態を導入(diagonalise)する」(Ibid. p. 371)。「〔とはいえ〕生起は〔無法ではなく、たとえば「帰属‐内含」のような〕状況の規制構造に従う」(Ibid. p. 232)「介入は生起の規制である」(Ibid. p. 229)。「真理は生起につながる諸項目を再‐組織化する」(Ibid. p. 390, 393)。「真の政治は〔スピノザやホッブズのいうように」自然必然的なものではなく、生起という非‐自然的・偶有態に立脚（s'origine）する。人間は、政治的動物ではなく、超〔脱〕‐自然的な生起（événement supranatural）による社会契約によって政治をおこなう。政治は、他のなにものかのためではなく、政治としての自己帰属性（auto-appartenance〔α∈α〕）において自己遂行する」（Ibid. p. 380, 381）。ところで、これらのことは、視点を変えれば、「真理は生起の痕跡（traces）を介して、ポスト‐生起的（post-événementiel）」（MPhl. pp. 90-91, EE. p. 370 他）に、〔認識・発見（découverte）（Cond. p. 208）される、ではなく〕、遂行（procédure）されていくところに、そのかぎりにおいてのみ（cf. EE. p. 368, MPhl. p. 88 他）、成立・成起する、ということである。

4　真理は成起的にのみ成立する

「生起」問題の後に、われわれは「成起」という訳語で〈générique, généricité〉についても論じた。この「成起」問題に「真理」問題は決定的に結びついている。メタ存在論的・バディウ的‐「成起」から「真理」への途を確認しよう。

「成起・〈générique〉」とは何か。われわれの既述のところからすれば、「生起」が事象・「状況」「現出態」の存在論的・メタ存在論的な根源事態を意味するとすれば、「成起」はすでになにがしか価値論的なものを含んでしまっている。「生起」は字義的に生命・生成論的なものを含んで、それゆえドゥルーズの概念でもあるが、「成起」は成就・成立・完成を含意してプラトンに立脚するバディウに独自なものといわなければならない(8)。バディウに価値論なるカテゴリーは直接的には見当たらないが、「公理論的思惟」というときその「公理論的」（axiomatique）は〈axiologique〉（価値論的）への可能性をすでに先取りしている。バディウは新たに「生起のうえに張り出した成起としての真理」（vérité générique suspendu à un événement. 取意訳(9)）（EE. p. 389）とも記しているが、公理は公準をもって生起を踏まえており、成起態とは存在論的な生起動の上に（を根底に？）公理論的思惟の展開とともに開展していく認識論的・価値論的‐位相（suture）と見てよいだろう。「〈générique〉とは数学者P・コーエンらのいう〈共通の〉の謂いである」（Ibid. p. 392）とも記しているが、「生起」がこれも既述のようにおのおのの事象・状況に個別的・多様にかかわっているにたいし、「共通の」とはこれも既述・確認したとおり公理論位相での（すでに価値論的な）「準‐普遍性・一般性」の謂いである。それゆえ、これまた既述したマルクスの「一八四四年草稿」をめぐって、いう。「マルクスはプロレタリアを一個の社会的〈générique〉集合として語る。プロレタリア革命は人類の全体を解放し、プロレタリアにはひとつの普遍的な価値（une valeur universelle）があるということである。われわれはつぎの仮説を導入しうる。ひとつの真理の存在、それに普遍性の形姿を与えるのは、それが一個の〈générique〉集合であるということだ、と」（EM. pp. 93-94. 簡略化・取意訳）。一歩戻って、つまり、真理へといたる生起（出来事）、公理、普遍的価値、の段階で、われわれの『ゲルニカ』をめぐっても、いう。「六八年五月、相対性原理論、アベラールとエロイーズ、ピカソの『ゲルニカ』、が出来《しゅったい》するとき、われわれは普遍的価値を共有することになる。傑作はなべて公理的であり、生起の普遍的価値も同様である」（EM. pp. 86-87. 簡略化取意訳）。ルソー論にも同様の記述がある。「真の政治は〈générique〉な実践であり、そこで人民の真理が堅持される。社会契約の名のもとに〔自己統治という〕自己帰属（auto-appartenance）が生起（événementielle）し、それが政治を律する」。「立法者は、自然には属さず、政治の基本たるこの生起に属し、その独自の個人性、そのウルトラ‐ワン性において、多数者に関する生起が〈générique〉な統一態を成す」（EE. pp. 384-385. 簡略化取意訳）。数学‐集合論の不抜の原則は｛¬(α∈α)｝であった。バディウ的メタ存在論・バディウ哲学においてはすでに集合論・数理学を超える〈生起 événement〉の、自己同一性（identité）ならぬ、「自己帰属・自己重相・自己創成」（auto-appartenance）｛(α∈α)｝動（既述）が、〈générique〉に成立し、真理への途を開示している。

III　真理への行程（trajet）――「ガンマ（γ）図式」論

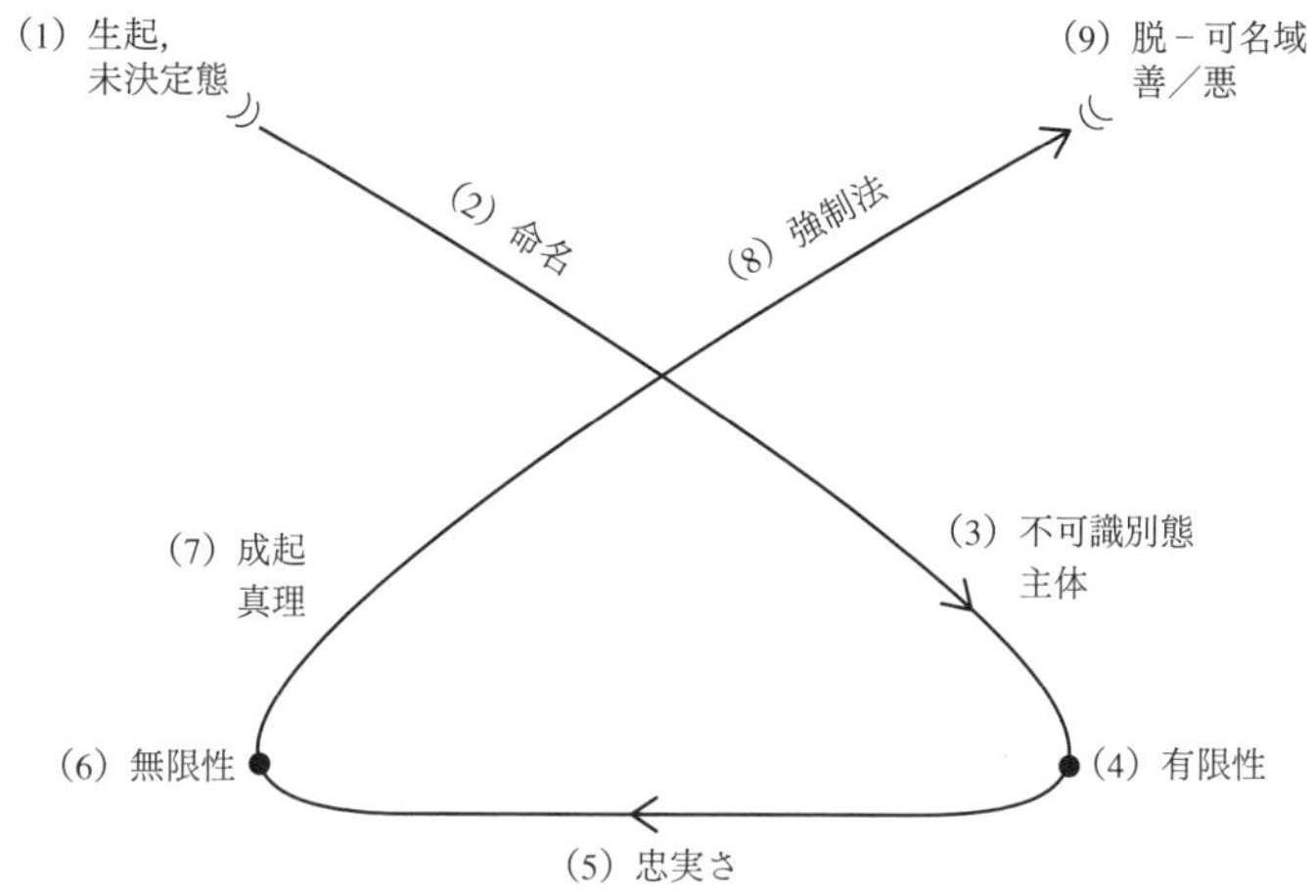

図　ガンマ図式

「状況」「現前態」からの控除・脱去態であるメタ存在論的‐諸事態（下位‐集合、純粋‐多、空集合、生起動、成起動）に起因（s'origine）する真理は、最終的には公理論的思惟‐主体による公準を踏まえての決定によって真理として現出化するが、それ以前に、逆に、すでにメタ存在論的‐行程（trajet）のほうが主体を構成している、というべき側面もある。別言すれば、上記のメタ存在論的‐諸事態が主体構成能作において統合化[10]（unanimite）（EE. p. 385）されていく、ということでもある。

バディウは、ラカン系譜由来ということか、われわれも別著でそのZ図式論議を明示したが[11]、ここでも「ガンマ（γ）図式」（Cond. p. 187sq.）で自論を整理する。順序番号はわれわれが付して、これを簡単に説明する。われわれの上記のところの補充も加える。以下、（1）（2）……と、説明する。

（1）生起、未決定態

「謎のように到来」（先述）する「生起」動との「出会い」

の時点・場面である。「真理のプロセスが始まるには、なにごとかが到来しなければならない」(Cond. p. 189)。さて、「生起」動に誰が出会うのか。主体ではない。主体は(1)から(9)の全行程、少なくとも(1)から(3)の行程を踏まえて、成立しはじめる。当面は、未-主体としての、「状況の住人」であろう。〈Indécidable〉とは、「出会った」生起動を主体構成の行程、ここでの集合に組み入れるか否か「未-決定」ということである(Ibid. p. 182sq.)。「生起」との「出会い」はどのようになされるのかの記述はない。エレガントな好著『聖パウロ——普遍主義の創建』でも、パウロがキリスト教徒迫害に出撃しようとする瞬間、すでに死したキリストが現われて「パウロよ、なぜわれわれの兄弟を迫害するのか」と問いかけ、パウロが驚愕して落馬し、そのまま自らキリスト教徒になってしまう、あの場面への言及すらない。「生起」は「湧出」(surgir)(Ibid. p. 189)してくるともされるが、ドラマはなく「ヒーローはいない」とどこかに記してある。なお、「生起」が集合の「内含」と通じ合っていることも、(既述のとおり)ありうる。集合における現前態(présent)と非-現前態(imprésent)の共存を考えれば不思議はない。

(2)命名

〈nomination〉(命名)については、ここでの説明はない。「生起」は「あえか」(aléa)(記載頁不明化)で「湧出するや消失する」(Cond. p. 189)「雷光」(éclat. Ibid.)のようなものであるから、未-主体としての状況の住人が主体ならぬたんなる個人としての「固有名」(nom propre)で自らという集合に組み込んでしまう、ということかもしれない。「真理の公理」(axiome de vérité)は、まずは、「それが生起した(a eu lieu)、私には算定(calculer)も提示(montrer)もできないが」(Ibid. p. 190)、その「算定」と「提示」の行程を通じて、「主体」が形成されていく。(1)と(2)に関する記述を例示すれば、(1)部分は当然曖昧だが、こうである。「真理のプロセスは、「例えば、キリストになる以前の無名の青年イエスが「私が真理である」と発語するというような〕最初の言表（un énoncé primordial）と〔やがてパウロが「イエスはキリストである」と「第二の言表」（un deuxième sceau）をおこなってキリスト教の成起となる〕の周囲に、この言表とまぎれもない直近性（une authentique affinité）を保つすべての多‐態が集まりきたるにつれて、一個の新たな主体的‐有躯体（un corps nouveau）が構成され、それが世界のなかの現前（apparaît）にいたるとき、始まる。そして、最初の言表はひとつの生起の秘めたる力（puissance）の痕跡なのであるから、こう言いなおすこともできる。真理という一個の有躯体は、世界においてその種の力に最大限に従ってきたすべての生起的‐諸事態への合体（incorporation）の結果なのだ、と。／真理、それは世界が、現前態の雑然たる分散の諸材質のなかに、〔あの〕非‐現前なる有躯体（l'imprévisible corps）を少しずつ現前化（faire apparaître）させていく、そのかぎりでの一個の消失せる生起（un événement disparu）なのである」（MPhII. p. 104）。

（3）不可識別態

〈indiscernable〉（不可識別態）とは、個人尊重の民主主義的‐良識からすれば、むしろ（2）の〈nomination〉（固有名‐命名）に先立つ初期状態のように思えるかもしれない。しかし、バディウ的には、むしろ、たんなる個人性・固有性を乗り超えてこそ「主体」は成り立つのであって、〈nomination〉段階はひとまず白紙状態にして、つまり「不可識別態」にして、その後・上に、「主体」を考えなければならない。上記にもあった自然状態とメタ存在論次元の異相性の問題である。バディウはここで先述の「神による永遠真理の創造」問題に触れる。神は自らとは別の他なるものとしての真理を目的的に創造したのではない。いまだ善悪・正邪・真誤・真偽の区別（discernement）のない「不可識別的（indiscernable）な事態のなかでひとつの行為を「純粋選択」（pur choix）としておこない、――われわれ（筆者）なら、「純粋‐動」としておこない、くらいに、可能なかぎり無規定態に近いかたちで、言表するだろう、――それが善・正・真とされるにいたったのである、と。「2＋2が、5でなく、4である」という加算の「基準」（norme）になど、神は〈soustrait〉（自己控除的、非‐関与的）である。「〔彼が後者を選択した、という、彼の、その〕純粋選択〔純粋‐動〕が、それを、積極的な意味での真、つまり真理として、朔及的に構成（constituer rétroactivement）するのである」（Ibid. p. 191）。人間主体（Sujet, sujet）については、神の場合と、同か、異か、とにかく、「不可識別態が真理構成（vérification）プロセスにおける主体の純粋〔原初〕点を組織する。一個の主体とは〔自由と偶然という〕二つの不可識別態の間に消えるもの、ひとつの概念なき差異からの控除のなかに消えるもの、である。主体とは〔マラルメのいう〕骰子一擲（coup de dés）であり、偶然を廃嫡するのではなく、それを〔……〕公理論的思惟による真理構成作動〔既述〕として、実効化するものなのである。不可識別的‐生起の原点で参入〔既述〕を決定されたものは、この真理構成という過程を通って〔……〕なんらかの真理のための〔神のそれとは異なる〕局所的な行為（acte local）となる。主体は、偶然性の断片として、不可識別態という控除態が〔自由と偶然という〕二つの項の間に挿入する間隔なき間隔を飛び越える。その意味で、ひとつの真理の主体は、事実上、まさしく、非‐差異的（in différent）なのである。麗しき非‐差異態〔Le bel indifférent〔自己同成・自己重相（同一・帰属ではない）（auto-appartenance）態〕〕」（Cond. p. 191）。やや難解な引用文となった。われわれとしてはここでは「状況の住人・個人」がやがて真の「主体」となるためにいったんメタ存在論的‐源流としての「不可識別的‐動」のなかに自己解体し「主体」への再生・新生・真‐成をはかるその過程契機がここに位置づけられていることを（再度）確認しておこう。

（4）有限性

「状況の住人・個人」はメタ存在論的‐源流としての「不可識別的‐動」に解体されるとしても、そこで「無際限‐態」へと霧散するか、「無限‐態」へと方向づけられるか、その「識別化」「選択」はどのようにしてなされるのか、バディウによる指摘はないようだが、バディウ的には主体的な識別・選択以前に、事後的・「朔及的」

（上記）にそれと「把握」（先述）されうる（未-主体レヴェルでの）「偶然と自由」の「弁証法」による識別・「純粋-選択」（上記）がなされて、と解するべきように思われる。バディウは、記す。「主体の行為は、御存知のように、本質的に有限である。しかし、真理構成の行程（trajet）は続けられていく（se poursuit）。状況に相次ぐ非-差異化（indifférences〔自己同成・自己創成化〕）動の作用と結果を備給（investissant）しながら、すなわち、そのように自己重相化（se cumule）していくものが、その作動の後（arrière des actes）に、少しずつ、状況の下位-集合、あるいは、生起の公理がその効果を獲得する界域、それらの輪郭を粗描（dessine）しつづけていくようなかたちで……」（Cond. p. 191. cf. p. 193）。

（5）忠実さ

「生起」は「あえか」であり「不可識別的」なのであるから、その「痕跡」性においてそれを維持・保持するのは容易なことではない。むしろ、ラカン流の「想像系」（l'imaginaire）によって、生起を異常肥大させてしまう危険のほうが大きいかもしれない。バディウのいう「忠実さ」は、そうした危険を避けつつ、最終的には「真理の倫理学」（Eth. p. 43 他）（後述）の範域で処理されるはずだが、しかし、それではここでのメタ存在論レヴェルを超えてしまうことにもなる。ライプニッツ流の「計算する神による保障」（Cond. p. 193）を例示しながらもこれも内在論からの逸脱ゆえ避け、代わりにバディウ流の「前-未来（future antérieur）的〔英語文法のいう未来完了的〕な先取（anticipation）」（Cond. p. 192）行為論を持ち出すが、これはこれで内在論議ではあれ次（6）の「無限-多」の先取であり、それこそ論点先取の行き過ぎ論法になりかねない。残るは、ベルクソン流の「持続とその自己創造性」ということになりかねないが、バディウは当然この心理学的生命論議には触れず、最終的に残るのは、われわれもこれまで触れる機会のなかったあるいは十分には追考する機会のなかったコーエン流の「連続体」（continu）理論とカントール以来の「対角線事態」（EE. pp. 232-233 他）への「控除論的な賭け」（先述）ということになるかもしれないが、後者もすでにメタ存在論のレヴェルは超えてしまう。

（6）無限性

この問題はすでに既述の「純粋‐多」の、〈Wo〉時点での、「無際限‐多」への分散に抗する、「無限‐多」への「公理論的・実存的‐決定」の問題、として登場していた。（5）のいう「有限」性への「忠実」も、「無際限‐多」への「非」‐忠実としての、この「無限‐多」への「純粋‐選択」（上記）の問題として扱いうるだろう。なぜ、「無際限的‐無限」（への忠実）ではなく「無限的‐無限」（への選択）なのか、という問題は、バディウ的には、「公理論的・実存的‐決定」の「合理性」がメタ存在論的事態の一相として「内含」（先述）されている、「事後的」（先述）にそう想定（supposer, saisir. 既述）するほかない、それゆえにこそ「純粋」‐選択ということになるのかもしれない。目下のテクストに戻れば、実はよりメタ存在論レヴェルに適合的な説明もなされている。上記（4）の引用文中、「相次ぐ非‐差異化〔自己同成化〕動の重相化〔累積化〕によって、少しづつ一定の下位集合の輪郭が粗描（dessine）されていき」につづく、つぎの一文である。「この下位集合、それが無限（infini）で、完結されざるままに留まることは、明らかである。しかし、仮に完結すると仮定しても、それが異論の余地なく一個の〈générique〉な下位‐集合となるであろうことは、確言しうる」（Cond. p. 191）。ここにいう「無限」は一見「無際限」のような印象を与えるかもしれないが、「完結すると仮定しても、完結されざるものに留まる」とは、「無際限」のネガティヴィテよりも、われわれが上記に確認したポジティヴィテとしての「無限の成起動」に該当することは、まず大過なく指摘しうるところであろう。また、バディウ自身は言及していないが、ここの「相次ぐ非‐差異化〔自己同成化〕動の重相化〔累積化〕動」に、バディウ哲学が集合論の御法度であるあの｛¬(α∈α)｝を超える｛(α∈α)｝を見ることも、可能かもしれない。「有限」もこのようにして「無限」へと（質的に）重相化していく。

（7）成起

この概念については上記にかなり詳しく考察した。ただし、あの文脈では、主体の行為とその基盤を成すメタ存在論的事態をとくに区別することなく、常識的に一体性のまま扱った。ここでは、区別し、主体の行為については後述のところに委ね、その基盤を成すメタ存在論的事態を確認すればよい。上記（4）の引用文を繰り返せば、「真理構成の行程（trajet）は続けられていく（se poursuit）。状況に相次ぐ非‐差異化〔自己累積化・同成化〕の作用と結果を備給（investissant）しながら、すなわち、そのように重相化（se cumule）していくものが、〔……〕少しずつ、状況の下位‐集合、あるいは、生起の公理（l'axiome événementiel）がその諸効果（effets）を獲得する界域、それらの輪郭を粗描（dessine.〔cf. esquisses. Ibid. p. 193〕）しつづけていくようなかたちで……」。こうして「生起」の「不可識別態‐動」がしだいに「ジェネリック」という「根源的・類‐普遍的・成起態‐動」に成ってきたのだ。こうして「真理」も成立しうるようになるのである。実のところ、バディウがこの（7）段階で「真理」（Vérité）と大書してしまうことには、多少の違和感がある。「真理」はここで最終的に確立する永遠不変態などではなく、このあたりからようやく始源してしかも不断の成起動を通じて真理と成っていくもの、それによって「真理」であることを自己証明していくもの、だからである。そのことを前提して、直接の関係文をいくつか引用しよう。①まず、『存在と生起』第七章第三十一節五の題名。「ジェネリックとは真理の多態論的‐存在規定（l'être-multiple d'une vérité）の謂いである」（EE. p. 373）。このことは上記のわれわれの「ジェネリック」原論では主題化しなかった、ように見える。しかし、バディウ哲学は、もともと、現代数学としての集合論をモデルとする現代に相応しい（とバディウが考える）哲学であり、伝統的哲学が金科玉条とする「一」を廃嫡し、「一」をも「純粋‐多」として捉えなおすことから（再‐）出発する「多」態‐存在論であり、哲学としてもっとも重要な「真理」なるものをもその「存在」を「多」態‐論的に捉えなおし、しかして、「純粋‐多」の究極としての「無限‐多」、集合論のいう「空‐集合」を補って（supplément）、それが{¬(α∈α)}の原理において廃嫡・忘失している{(α∈α)}を「生起」（événement）のメタ存在論的‐動態性において復権させる、そしてそこからいままさに〈générique〉を成立せようとしている真理‐思惟である。われわれの簡約する「〈générique〉＝根源的・類‐普遍的・成起動」論議に、この〈générique〉の「多」‐態性は、当初から含まれているとしなければならない。②これも主題的には論じなかったが、ハイデガーが「存在者」に対応する「精確性‐真理」(Richtigkeit)と「存在そのもの」の「(存在論的・存在思惟的‐)真理＝アレテイア」を相反させるように、バディウも「状況・存在者（étant）」に関わる「言表真理」（véridicité）とバディウ自身のいう真の「真理」（vérité）を対立させていた。ここでも、記す。「言表真理は可識別的（discernable）である。不可識別態のみが〔真の〕真理（vrai〔vérité〕）である。別言すれば、〔真理としては〕〈générique〉な真理しか存在しない。〔生起への〕忠実〔先述〕さにおける〈générique〉な実践のみが、〔状況ならぬ〕状況の存在（être）というひとつの多‐態（un-multiple）を主題化（vise）するのであるから。〔生起への〕忠実さにおける〔〈générique〉な〕実践は存在の真理性（l'être-en-vérité）を無限の地平としている」（Ibid. p. 374. 一部、二文合体化）。「真理にかかわる〈générique〉な実践」については、追ってすぐ、具体的に後述する。〈générique〉を和訳せずに原語のまま使うのは、「ジェネリック」というカタカナ表記以外には、筆者の真意としては長々と「根源的・類‐普遍的・成起態（動）」と解するほかなく、むしろ読者側にまだ自由解釈の余地を残しておくためである（cf. EE. pp. 23-24, OT. p. 91, MPhI. pp. 87-89, MPhII. pp. 139-140）。

（8）強制法

「真理」が「生起」から〈générique〉へのメタ存在論的な動態性を踏まえて成立するのであれば、「真理」それじたいにも「到来しつつある」（en train d'advenir）（Cond. p. 208）「生成」（devenir）（Ibid.）「自己拡大していく」（s'étend）（Ibid.）としての「（潜勢的な）力」（puissance）（Ibid.）、われわれ流にいってしまえば「自己開展力」があることになる（Cf. MPhII. p. 104 他）が、バディウ自身のここでの「ガンマ（γ）図式」では、すでに（3）に（形式的に）提示されていた「主体」が、「有限」から「無限」への「決定」と「忠実」さを踏まえてか、実質的な作用力としての「（真理への）強制力」（forçage）となって前景化している。「私は、あるいはすでにフロイトが〈frayage〉（疎通）カテゴリーのなかでそう呼んでいたものに該当するかもしれないが、直接的には数学概念の〈*forcing*〉（強制法）から抽出して〔その種の作用力を〕〈*forçage*〉（強制力）と呼ぶ。真理が、いまだ自らは未全のものであれ、〈自らが十全なものとなったあかつきには存在するにいたっているであろうもの〉〔原文イタリク〕についての知、それを先取り〔先行的に把握〕することをオーソライズする事態の謂いである。〔……〕状況の或るエレメントが〔将来の〕すでに十全と想定される〈générique〉な下位-集合において〈存在しているであろう〉（原文イタリック）ケースを仮定（*si*）してみれば、その場合には（*alors*）、それに対応する言表は、合理的に当初のエレメントに繋がる内容のものであるゆえ、正しい、あるいはむしろ精確な（exact）ものであった、と主張しうるだろう。コーエンはこの方法を〈*forcing*〉（強制法）と呼ぶ。諸言表の正確性（exactitude）を〈ひとつの〔……〕〈*générique*〉な下位-集合の構成への先行的-把握（anticipante）という条件〉（〈 〉内、原文イタリック）に拘束するという方法である」[12]（Cond. 206）。いささか判りにくい説明になってしまっているかもしれない。要するに、ここでは、「真理」成立のメタ存在論的条件が〈gérérique〉態として整い、そこから「前-未来的・投企」あるいはその（投企態・被-投企態の）「先取り・先行的-把握」によって「真理」の確立が成されるであろう、その時点までを、記している。〈forçage〉そのものについては、後述の「主体」論でも、再考察して補うはずである。ここではそのメタ存在論的条件が論じられていると理解していただきたい（cf. EE. p. 377）。

（9）脱-可名域

（2）の〈nomination〉（命名・名づけ行為）の対語のような印象を与えるかもしれないが、直接の関係はない。ラカンは言語・記号-次元である「象徴系」（le symbolique）とそれが及びえぬ「実在（現実）系」（le réel）を峻別したが、バディウのここにいう〈l'innommable〉も真理論の語彙体系が及びえぬ〈le réel〉（控除・脱去的な実在・現実系）である（cf. Cond. p. 210 他）。「生起」（événement）は真理論の語彙体系に収まるに対し、その「消失せる原因」（cause évanouissante）（既述）が属するところかとも思われるが、その点に関するバディウの言及はない。むしろ、後述するように、あるいはここ「ガンマ（γ）図式」の（9）に並記されている「善／悪」らの「倫理（学）的-現実界」としての「超剰界」（excès）の謂いでもあるようにも思われる。引用文で検討しよう。「真理は、〔もともと、〕不分明（indistincte）な湧出（surgir〔出来〕）からはじまった」（Cond. p. 189）。「生起は湧出〔出来〕するや消失（desparu）する」（Ibid.）。「真理は、〔それゆえ、ラカンも言うように、〕寡言〔半語〕（peu-dite, mi-dite, mi-dire）でしか語れない」（Cond. p. 192）。「真理の倫理学は、一種の自制（retenu）にある。非決定態、不可識別態、ジェネリック、あるいは、生起、主体、真理、の三幅対〔既述〕は、自らの投企の主要限界点として、この不可命名性（cet innommable）を受諾しなければならない」（Cond. p. 194）。「真理（vérité）への愛を、言表真理（le véridique）の氾濫・狼藉なしに維持することを可能にするのは、この〔名づけえぬものへの〕愛のみである。こう主張するのは、真理論から出発しては、真理の無力（impuissance）という試練に耐えてこそ、われわれは倫理の次元（l'éthique）を発見し、真理の力（puissance）のなかに倫理を位置づけることができるのだからである」（Cond. p. 211）。「レーニンは〈理論は真である。それゆえ全能である〉と記すべし、と信じた。それは間違いではない。〔……〕しかし、それは、もういちどいうが、言うべきことの半分でしかない。〈理論は、真理ゆえ、無力である〉と付け加えなければならない。この第二の半分は、〔既述の〕強制法は、〔倫理という、真理論的には〕名状不可能なものの前では窮する、という事態にも持ちこたえる（se soutient）からである」（Cond. p. 212）。

正直のところ、この結語は、筆者には遺憾である。「善／悪」という、いわくつきの判断、ニーチェのいう「権力への欲望」の擬装、ベルクソンのいう「閉じた社会」の「一化・算定」（既述）の擬似道徳、を突破するものを「真理の倫理学」に探索していたが、「真理」は「倫理」の前に非力とは……。しかし、この『〔哲学の〕諸条件』所収の一九九一年論稿「真理：強制法と名状不可能態」の二年後一九九三年の『倫理』の末尾は、「真理のプロセスとしての〈善〉のみが〈悪〉の可能性を日程にのせる」（Eth. p. 77）としている。考察の余地は存分に残っているか。第二章の「公理論的‐思惟」が「認識」から「思惟」へと移ったとき、構成主義とは別のかたちで、一方では「真理」を創出（cf. MPhII. p. 37）するとともに、他方、然るべき「善／悪」判断をも保証していくようにも思われたが……。さらに、別途、次章で、検討することにする。

バディウの数多・豊饒・多面的な真理論考に一定の統合的展望をはかろうとして、「ガンマ（γ）図式」論に焦点を絞ってみたが、結局、多言を余儀なくされた。ここであえて一、二言に絞ってしまおう。①まず、この「ガンマ図式」は人類史あるいは（他の動植物とは異なる）人間的‐意識の発達「行路」（trajet）を含意しうるものかもしれない。しかし、バディウ哲学にその種の発生論はない。②バディウの真意は、人間・人類に特有の「真理」意識は、このメタ存在論的な「行程」（trajet）の、一瞬とはいわずとも、一挙なる凝縮・発動においてそのつど不断になされていく、ということである。われわれは既述のところで「真理」は〈générique〉としての「根源的・類‐普遍的・成起動」において、むろん、後述する人間的主体の真理実践、これもあえて一語でいってしまえば、「公理（論）的‐思惟」の発動・開展、と一体となって、成起する、ともいった。

もっとも、われわれのここでの多言は、「一化」の弊をも伴っている。すくなくともあと二点、以下のⅣとⅤ

を、急いで付論しなければならない。

IV 真理と諸真理——哲学vs政治、科学、芸術、愛

1 哲学と真理

バディウ哲学における真理概念——、とはいえ、バディウは自らのいう「真理」(Vérité)と「諸真理」(vérités)を峻別する。ただし、とりあえず常識的にひらたくいえば、たとえば、古代ギリシャにおける哲学の出現以前には真理は存在しなかったということでもなければ、哲学の伝統のない諸国・諸地域には真理は存在しないということでもなく、また、それらさまざまの真理を超える至高・究極・「唯一」の真理を哲学あるいは自らの哲学が提供する、ということでもない。たしかに、古代ギリシャにおける哲学の出現は、いわゆるソフィストたちの利権のための論弁・詭弁である自称真理に対抗するものであったし、バディウ自身も既述のところで言表真理(véridicité, vérité véridique)に対する「真の」(vraie)真理、われわれ流に約言すれば「ジェネリック真理」(vérité générique)を高言していた。バディウはどこかで「真理の真理というものはない」といっているが、これは上記の至高・究極・唯一の真理というものは存在せず、真理もまた「多」性の論理に服するということであって、「真の真理」と「真でない真理」を区別するいわば「真理性の基準」としての(いわば理念的・推論上の)真理は(真理の真理と言表されようとも)認め、これ、この「ジェネリックな真理」を大文字の「真理」(Vérité)とし、これに事実上、適っている多数の真理を、「諸真理」(vérités)とする、ということのはずである。

このことを、バディウは、こう記す。「哲学の本領は、あれこれの普遍的真理(vérités universelles)を生産(produire)することにあるわけではなく、真理一般(la Vérité)のカテゴリーを〔……〕鋳造し改鋳することに

ある。A・コントの定義するように、哲学者は〈一般性の専門家〉である」（SP. p. 116）。「言うも辛いことだが、哲学は真理を創出（générer）することはない。ただし、パルメニデスに始まる哲学の名に値する哲学は、財の生産・管理ごときに背を向け、真理への奉仕に尽力する。ひとは自らが構築しないものにも、仕えることはできるからだ。哲学はその意味で芸術・科学・政治に奉仕する」（EE. p. 375）。「哲学〈以前〉（*avant*）でも、〈以前〉とは時間上のものではないとして、〈さまざま〉（*des*）の真理〔真実、真義、真髄、真諦、真正、真意、真率、真意、真心、等〕が存在する。それらの真理は相互に異質で、哲学からは独立した現実世界に展開する。プラトンはそれらを〈〔主観的〕臆見だが真っ当な〉（opinions droites）と呼び、数学上の特殊ケースについては〈仮説から出発しての〉（à partir d'hypothèses）諸言表、と呼ぶ。そして四つの可能な登記簿に整理し、体系的に検討した。四つのなにがしかの真理が存立する場とは、数学、芸術、政治、愛、である。それらが、哲学の、事実的、歴史的、あるいは、前‐哲学的な、成立条件を構成する」（Cond. p. 65）。「哲学は、詩、数学、政治、愛、というその四つの〈ジェネリック〉な条件が、時代の諸真理を先行的に規定（préscrit）する出来事〔生起〕のかたちで共可能（compossible）となる、その四者協働形象（configuration）の思惟である」（MPhl. p. 41）。「哲学は、それ自体では、いかなる実効的な真理も生産しない。それはさまざまな真理を把握し、提示し、それらの真理が存在する（il y en a）ことを言表するのだ。哲学はかくて時代を永遠性の方位へと向ける。真理はなべて〈ジェネリック〉な無限性（infinité）として、永遠なものだからである」（PMI. pp. 28-29）。

以下、既述大文字の「真理」（Vérité）を踏まえながら、ここにいう「政治」「科学」「芸術」「愛」における小文字の「諸真理」（vérités）の如何をみよう。後四者はわれわれの常識のいう「領域」「分野」「活動」……と簡約化しても大過ないと思われるので、ときには便宜上、そう言表する。また人間活動領域をこれら四分野とすることは、バディウ的にはプラトンに拠るようで、今日からすれば約二千五百年前のカテゴリーゆえ旧に弊するともいえなくはないが、いまはバディウ思想の考察ゆえ、このままとする。

2 政治と真理

バディウの政治言及は膨大であり、ここでは必要最小限の参照にとどめる。他方、目下の主題は人間諸活動における〈procédures de vérité〉、これをここでは簡略に、真理認識に対する、「真理実践」と訳すことにするが、この言表を題名に用いる論稿は〈La politique comme procédure de vérité〉(AMP. pp. 155-166) のみであるので、ここではまず「政治と真理」を最初に論ずることにする。

政治とはバディウにおいても「集団的状況」(situation collective)(PMI. pp. 31-32, Cond. p. 234, AMP. p. 156 他)、われわれの簡述する「多」‐態、の問題である。しかし、通常の政治学の扱う外面的な政治‐制度・事象の謂いではない。例えば「国家」は副次視される (cf. Cond. p. 238sq. 他)。国家は、上記の「多のタイポロジー」が確認したように、「状況」における「多」が〈présents〉(現前的) であるとすれば、国家はそれらを「国民」として「一化・算定」し、別言すれば「再‐現前化」(re-présenter) つまり「表象」(représenter) し、抽象化する。現代の多くの思想家たちが重視する「共同体」(Cond. p. 216, 244.) も、構成員の相互可解性・可通約性を前提し、それ以外の排除を含意しがちであるから、これも原理的には「国家」と同様である。われわれは「多のタイポロジー」を考察して、バディウ的な「真の多」は、たんに「現前的」(présents) であるにとどまることすらなく、勝義的には「非‐現前的」(imprésents) な、むろん「一化・算定」からの控除・脱去態である、「純粋‐多」(pur multiple) 性において考量されなければならないことを見た。

政治とは、したがって、バディウの場合、政治学・政治哲学カテゴリーで処理されるべき問題ではなく (cf. Cond. p. 222sq., 226sq.)、バディウが「哲学的に命名」(nomination philosophique) するところのものである (Cond. p. 222 他)。別言すれば、政治における思想、思想における「内面性」(l'intérieur)(Cond. p. 223)。この発想が現実の政治を知らない青臭い理想主義の印象を与えるとすれば、一歩戻って、「思想」「思惟」(pensée)(Ibid., AMP. p. 155sq.) に留まろう。これもまた、権力闘争ともされる政治からすれば、貧弱な対応と見られるかもしれない。しかし、思い起こしてもらいたいが、バディウが、そしてヴェイユもが、古代ギリシャにおける数学の出現を「ギリシャという〔人類史上刮目すべき〕生起(成起)」(l'événement grec) としたのは、先立つあるいは周囲の古代オリエント諸文明圏が、さらには後期のアリストテレスまでが、それゆえヴェイユはアリストテレスをギリシャ的天才の系譜から追放までするのだが、数学(mathématique) をもって単なる「算定」(算術)(arithmétique) の「技術」(technée) としたところを、「知(智)のための学」(ἐπιστήμη, μάθημα) とし、「真理のための哲学」の一へと仕上げたことにあった。バディウの密度高い論集『推移・包摂的‐存在論小論』の一章が「数学は一個の思惟である」(La mathématique est une pensée)(OT. pp. 39-54) としていることには、それゆえ、一見不分明ながら、ひとつの文明史的‐画期の含意を担っている。そしてこの場合、「思惟」とは、現実世界から離れた単なる脳裡の機能ではなく、現実世界・存在事象の全体を正しく理解するにはどうすべきか、その存在論的・メタ存在論的な「思惟の方向づけ」(orientation) を意味した(AMP. pp. 52-54)。ここでのバディウは三方向を挙げる。①「構成主義的」、②「超越主義的」、③「ジェネリック(主義)的」、である(Ibid.)。①は言語によって諸事象を構成し、その全体をもって現実世界とし、②は超越的一者のもとに統一化された世界のなかに諸事象・全事象を位置づけ、③は①②から外れた例えば不可視の事態・事象をも考量する。政治体制としては、①は議会制‐民主主義、②はスターリン体制、③は脱‐国家的・反‐算定主義的政治、ともしているが、②をスターリン体制というあまりにも特殊なケースをもって代表させるのはどうかと思われ、むしろ、②は中世ヨーロッパ、①は古代ギリシャ、③は(近)現代・未来‐欧米とするほうが佳いように思われる。ただし、他の論稿で、バディウのいう「政治＝思惟」のバディウ的‐特色を示すものも、二例挙げておこう。ひとつは、「サン＝ジュスト、レーニン、毛沢東」の「政治テクスト」(Cond. p. 223) であり、もうひとつは、同時代の思想家S・ラザリュスを引照してのつぎの五ケース（Cond. pp. 234-235）である。「①フランス大革命直後の第一共和政初期一七九二年からテルミドール九日までのロベスピエール／サン＝ジュストの活動展開、②一八四八年（六月のフランス労働者運動とマルクス『共産党宣言』）と一八七一年パリ・コミューンの間の動向、③一九〇二年レーニンの『何を為すべきか』から始まる、先立つパリ・コミューン等を先駆とし、一九〇五―一九一七年ロシア革命で終了する動き、④一九二八年時点の初期毛沢東文書から一九四九年政権確立までの展開、⑤一九六五年文化大革命と一九六七年秋までの〔仏五月革命を一大事例とするあの世界大・反‐システム運動の？〕展開」。……この一覧を見て、通常の政治学者なら啞然とするかもしれない。筆者も現実政治から学んだものといえば、大西洋と太平洋の双方に派兵し、多大の犠牲を払って枢軸国を打破し、対共戦略上とはいえ、三つの敗戦国の再建にあれだけの援助を惜しまなかったアメリカ合衆国の「力と志」である。バディウ的‐政治事例は、千五百年の伝統を背負ったヨーロッパ知識人の鋭敏すぎる感性の所産とでもいうほかない。

「思惟」「思考」に戻ろう。バディウにおける「思惟」とは、客体的現象に対抗するものだけではなく、「認識」に対抗するものであった。「非‐現前的・脱去・控除」態が直接的「認識」不可能である以上、われわれは複数の「公準」を踏まえて「公理論的‐思惟」をもって「真理」を構築（constituer）・把握（saisir）しなければならない。

『メタ政治概論』（*Abrégé de Métapolitique*, (AMP), 1998）（「メタ政治論」とは上記の「政治における思惟」についての「考察」をいう）では、「政治＝思惟」は「無限」（l'Infini）の構築・把握にある。思い出していただきたいが、「思惟」は「一化・算定」から脱去する「純粋‐多」を追って、〈Wo〉において、「無際限」（illimité）へと分散するのではなく、「公理論的・実存論的‐決定」をもって「無限」（l'Infini）へと「方向」選択していた。（iPS細胞は、同じ生命体のそれとはいえ、人間においては、動物におけるとは、別の、方向選択をするのだ[13]！）。「解放の政治はすべて、〔ハイデガー流の〕有限性、〈死への存在〉を拒む。政治は全の思惟（pensée de tous〔上記〕）

を状況において含有するゆえ、状況の〔全事象が孕む〕主観的‐無限性を明証化するに展開する。／すべての状況は〔純粋‐多を孕み〕存在論的に無限である。ただ、政治だけは、この無限性を、主体自らが孕む普遍性の自覚として、直接的に召喚する。／無限態は、芸術、科学、愛、といういずれの真理実践にも介入してくる。ただ、第一項は、愛においては〈二〉、科学〔数学〕においては〈空〉〔空集合〕、芸術においては〔色彩・形象の〕〈有限数〉だが、政治においてだけは、〈無限〉が第一項である。政治においてだけは、可能性への熟慮が（それゆえ、状況の無限性への熟慮が）そのまま自らのプロセスを成しているのであるから」（AMP. p. 137）（原文では「愛においては〈一〉」といっているが、既述に則って、「二」に修正しておく）。

より具体的には、こう論ずる。ここでは簡述化するが（AMP. p. 164sq.）。

①「状況」（「社会」はそのひとつ）はおのおの「一化」された「多」から成るが、それらの「一」はおのおの「純粋‐多」から成り、後者の「多」のおのおのもこれまたさらに「（純粋‐）多」から成り、以下、多の多、多の多の多……と、「無際限‐多」の可能性も孕む「無限‐多」から「状況」は成り、「状況」は、それ自体、「無限」である。これを「状況」（situation, social）の頭文字〈s〉をギリシャ文字化して〈σ〉と徴す。

②他方、「国家」は、既述もしたとおり、状況・社会を再‐組織化するものであり、後者の「多」を〈présents〉（現前的）とすれば、それを再‐現前化（re-présenter）（して、例えば「国民」たちと）する「表象」（représente）態である。この再‐現前化は、国家権力をもって、そのつど別様の基準を設定して、国民化以外にも、多様になされうる。原理的には「無限」になされうるといってもよい。ところで、現代数学としての集合論は、旧思惟が「全体はその諸部分の綜合である」としたに対し、「諸部分・全部分の集合は元の全体という集合より大きい」という新たな真理を提示し、状況・社会の部分集合としての「国家」の「無限」性というものも語りうるものになった。これを「国家」（État）の頭文字〈e〉をギリシャ文字化して〈ε〉と徴す。

③さて、バディウ的には、「政治」とは、「社会」の「無限」の「力」（puissance. 可能力）をもって「国家」の

「無限」の「力」(puissance. 可能力)が「過剰肥大」(errance)すること(σ∧ε)を規制・先行規制(préscription)することにある。これを「政治」(politique)の頭文字〈p〉をギリシャ文字化して〈π〉と徴す。つまり、「政治」(σ)とは〈π(ε)〉の謂いである。

この「政治＝思惟」の「無限」理論は、さらに「永遠性」への関わり(Cond. p. 244. cf. 上記、PMI. pp. 28-29, AMP, p. 137)とされることさえあるが、常識的な命名もある。例えば「解放の政治」(politique de l'émancipation)(Cond. p. 247 他)。「国家」的、さらにはその原理を共有している「共同体」の、「再-現前化的・統一性」からの解放である。フランス革命以来の「自由、博愛、平等」については(Cond. p. 246sq.)、その後、「自由」は「商業資本主義と議会制政治」に取り込まれてしまった、「博愛」も(西欧的)共同体主義から大きく広がることはないとし、「平等」もこれを経済的あるいは人格-道徳的とするかぎりは斥け、もっぱら数理学的に(?-)「〈Même〉の論理学」(Cond. p. 247)が貫くものとしてのかぎりにおいて、主題化する。〈Même〉とは辞書的には「同(じ)」の意だが、バディウ的には、というより、われわれの上記のところから簡述してしまえば、〈identité〉(自己同一、自他同一)ではなく、「自他差異」(différent)の所産でもなく、通常の「同一性と差異性」には還元されえない、バディウ的には、まずは〈indifférent〉(非-差異)(自己重相性、先述)、ついで〈singularité〉(Cond. p. 248 他)、これをわれわれは通例訳と違《たが》えて「独異な、独異性、独異態」と和訳するが、その「多-独異態」の集合。さらに、バディウのいう(〈二〉を本質・構造とする)「ウルトラ-ワン」(ultra-Un)、われわれのいう、一見平凡ながら「異同」とはまったく別の「同異性、同異態」、もっと言ってしまえば、バディウ自身は言及していないと思われるが、さすがの集合論もこれは、これをこそ排除し、バディウのメタ存在論の「生起動」(événement)が支える、ついには〈générique〉概念へといたる、言語表現すれば誤ることにもなる〈π∈π〉({〈α∈α〉}でもよい)、……。これがここにいう〈Même〉の本質と思われる。一言でいえば、「平等」とは〈π∈π〉の〈configuration〉(共-可能性、共-成起動、協成動)ということであろう。既述・後述(第四章

II2、等）のルソー流「一般意志」についても同断である。

　以下、関連テクストを幾つか引用する。「政治実践が国家権力を先行規定するかたちでなされるにいたるとき、そのときにのみ、〈même〉の論理が展開し、別言すれば、解放の政治に特有の平等性の格率が現実化する」（AMP. p. 163. 取意訳）。「政治がなんらかの生起（un événement）によって開始される展開のなかで平等性の格率を実践しうるためには、状況の一定状態（état）の国家（État）化、その権力に対して距離を確立することが絶対的に必要である」（Ibid. p. 164. 同上）。「平等性の論理は、政治が国家に対して距離を置き、国家が政治にとって測定可能となり、国家と政治が協成（configure）するかぎりにおいてしか、開展にはいたらない。平等性の論理を阻害するのは、政治に対する国家の超過の過剰であって、超過そのものではない。平等性の政治を禁圧するのは、単なる国家の力なのではない。その権力が身にまとう過剰さと闇なのである。政治的‐生起（événement politique）が国家権力の明確化、固定化、怪物化を、それと認めることができることになれば、そのときには、すくなくとも局所的には、平等性の格率が実現可能となる」（Ibid.）。「集団的状況において集団が自らを主題化する（s'intéresse à lui-même）〔π∈π〕とき、政治は、すべての独異態（singuliers）を貫く生起（événements）の開展となり、あの〈générique〉政治となる。かつて長いこと革命政治と呼ばれてきたこの政治に、今日に相応しい名称を与えなければならない」（EE. p. 375. 取意訳、傍点、引用者）。「革命政治」（politique révolutionaire）を「ジェネリック政治」（politique générique. 根源的・類‐普遍的・成起としての政治、根源的‐成起政治）といいかえても佳いではないか。「革命」とは近代西欧‐国民国家レヴェルの「公準」だ。現代グローバル世界には、もはや最適とはいえない。

　ここでバディウは興味深いことをいう。〈même〉〈égalitaire〉〈générique〉……は、既述のとおり、〈commun〉（共通の、共有の）〈n'importe qui〉（誰であれ、皆）〈anonyme〉（匿名性）をも含意する。別言すれば、「平等性」の「数理」（chiffre）は「一」なのだ、とバディウはいう。「算定すらされないもの（ce qui n'est pas même compté）を〈一〉と算定する（compter pour un）こと、それが真の政治思惟（pensée politique véritable）の賭け金である」（AMP. p. 115）。興味深いとは、別処では、「〈一〉と算定する」ことを「知」の操作とし、「真理」実践とは「算定すらされないもの」を「純粋-多」として「生起」「成起」させることにあったはずだが、ここでは「〈一〉と算定すること」が「真の政治思惟」つまり「真理」実践とされていることである。しかし、これは文脈上の言語選択の結果にすぎないだろう。すくなくとも、別処と違って「算定すらされないものを、〈純粋-多〉として生起・成起させるのではなく、……」とはいっていない。われわれは、それゆえ、ここでの「〈一〉と算定する」をあの「ウルトラ-ワン」（ultra-Un. 超-〈一〉）として「考量・重視する」、の意に解そう。さて、それで、バディウはいう。「われわれは、かくて、政治実践の数理学（numéricité）を完成させうることになる。政治実践は、三つの無限（infini）、状況〔社会〕の未-確定さ（indéterminé）というそれ、国家という〔無際限化-可能な権力としての〕それ、政治という〔国家権力を先行規制しうる力としての〕それ、によって合成されている。そして、〈一〉〔ウルトラ-ワン〕によって完成される。〔……〕〈一〉〔ウルトラ-ワン〕が〈même〉と〈平等性〉の数字なのである。この数理学は、σ, ε, π(ε), π(π(ε)) ⇩ 1〔ウルトラ-ワン〕、と記される」（AMP. pp. 165-166.〔途中、簡略化のため、一部、取意訳〕）。「民主主義とは、ここにいう独異（singulier）な意味での、自由と平等の相嵌化（ajustage）である」（AMP. p. 166）。

　われわれ流に約言しよう。バディウにおいて「政治」あるいは「メタ政治」とは、「状況」「社会」とその「住民」たちの「全」態を、「国家」権力によって「再現的」に「統一化」することなく、それらの「現前性」をそれらに固有の「非-現前性」「生起」「成起」の「協成動」の「思惟」によって賦活し「方向づけ」ていく「実践」にある。他方、「真理」とは、「認識」や「知」の問題ではなく、事象の直接認識しえざる「生起」の諸「公準」を通じての「成起」化と、「公理的思惟」によるその不断の「構築」化・「実効」化・「方向づけ」の営みが担い続けるかぎりでの活動態である。「政治」はこうして「真理の実践動」とされる。M・フーコーは「真理の政治学」といって「真理」が政治権力によって造型されることを証した。バディウはむしろ逆に「政治の真理学」をもって、政治への疑念ではなく、政治への肯定でもなく、政治の使命への途を示す。政治の使命は根源的・類-普遍的・成起動（generico-événementiel）の方向づけ（orientation）にある。他のバディウ諸概念、「第四の多」、「(異同ならぬ）同異性」、〈α∈α〉、「諸-独異態の共-可能性」、「〈n'importe qui〉としての一般意志と平等理念」、……も、ここに含まれる。

3 科学と真理

科学とは言え、バディウの場合は、もっぱら数学である。[14]

数学と真理の関係については、すでに第二章Ⅱ5・6で確認した。「数学の限界——存在ありて、真理・主体なし」と「哲学の再興——存在ありて、真理・主体あり」である。「主体」については、次章で、サルトルの後の時代から今日までつづく「反・脱-主体主義」の風潮を尊重しつつも、革《あらた》めて未来に向かって考察する。ここでは数学と「真理」の関係のみ、補論的に再考しよう。

①既述のところでは、こうであった。伝統的・旧-存在論は〈一〉を単位・原理・究極態・至高存在（同一律・一者・唯一至高神、……等）とし〈多〉をその派生態とする傾向にあるが、バディウのメタ存在論は〈一〉を〈多〉からの〈一化・算定〉の結果とし、伝統的・旧-存在論の知らなかった近現代-数理集合論を介して、〈一〉を成立させる〈多・純粋-多〉、さらにその〈多・純粋-多〉を成立させる〈多・純粋-多〉、さらにそれを成立させる〈多・純粋-多〉、……なる〈多の多〉を追って、その窮極である〈無限-多〉〈空-集合〉にいたり、それをもって「存在」の究極の「名」とした。しかし、数理-集合論はこの〈空-集合〉を出発点として前提するにとどまり、それに対してバディウは「空-集合」そのものの「存在」の如何を問うて、これを「生起」

（événement）によって支えられるものとした。ただし、「生起」は偶有的なものにすぎないともいえるから、人間思惟はこれを根源的・類‐普遍的・「成起」動（le générique）へと捉え直し、「真理」成立への途を開いた。さて、こうなると、数学は「空‐集合」にまで導きはしたが、「真理」はその先の（「空‐起‐動」プラス）「生起・成起」の所産だったことになる。バディウが『〔哲学の〕条件』（一九九二年）（Cond. p. 116）と『推移・包摂的‐存在論小論』（一九九八年）（OT. pp. 32-33）で適切にも引用したプラトン『国家編』におけるソクラテス／グラウコンの教養高い対話が示すように、数学という〈ディアノイア〉は、〈ドクサ〉（臆見）と〈ヌース〉（理知性、真理）の中間をなすものであった。

②すこし細部を補っていこう。「数学は〈ドクサ〉との非‐連続性を如実に凝縮しているが、しかし哲学のみがその非連続性の原理のなかに思惟を確立する（établir la pensée）ことができる。哲学は数学のなす〔ドクサや経験的現実への〕切断の暴力性を止揚する。非連続性のなかにひとつの和平を建立するのだ」（Cond. p. 169）。哲学は軟弱な調停者なのではない。切断の暴力性を克服する非‐暴力性はより高度の統合力の徴である。「数学は（直近の臆断とは断絶する力を行使するという）その卓抜さ（éminente）と同時にその闇雲《やみくも》な暴力性ゆえの狭隘さによって）不全性（insuffisance）を露呈する。数学はひとつの真理（vérité）ではあろうが、〈叡智（sagesse）にまでは至らない〉（原文イタ）それである」（Ibid.）。バディウは名うての唯物論者であり、可能なかぎりいわゆる精神主義的・価値論的な概念・語彙は使わず、数理論的還元をはかるが、ここではプラトン論でもあるためか、しかしわざわざイタリック表現に強調までして、いわゆる個別科学の数学的「真理」よりも「叡知」の追究にこそ哲学的「真理」の本分を見ている。「プラトン的‐弁証法は、知性態を〈その全体性おいて〉（*en son entier*）捉え（saisit）、知的なものを感覚的なものから分離する非‐連続性の一方の側のみを偏重することなく、数学をひとつの上位連続性（continuité supérieure）のなかに、統合（intègre）していく」（Cond. p. 170. 傍点、引用者）。バディウは「多」性の哲学者であり、「一化・算定」のみならず、「統一・統合」についても安易に語る

とはしないが、「一」と「多」を超えるいわば「離接的‐総態性」(disjonction, ensemble disjonctif) は、忌避することはしていない。数理学的‐唯物論の厳しさによって禊《みそぎ》を果たしながら人類に可能な至高・至深にいたろうとするその基本姿勢を垣間見せているといってもよい。「数学は真理（vérité）と真理の自由（liberté de la vérité）の中間態（l'entre-deux）である」(Ibid. p. 170)。一見紛らわしい区別・対比であるが、いわゆる科学的真理の必然性よりも、ヨーロッパ伝来の「自由」概念・理念にこそ「真」なる「真理」の真髄を見ていることを確認しよう。やがて、この発想は「生起」(événement)・「成起」(générique) 概念へと繋がっていく。その点、「数学的真理は〔……〕依然として非‐自由 (non-liberté) の虜である。〔……〕真理の必然性の上位 (au-dessus) と彼方 (au-delà) に自由があり、それが非‐連続性の闇を明らめ、そしてそれが哲学なのである」(Ibid. 一部取意訳)。「数学は臆見には従い〈えない〉(原文イタ) ことによってひとつの規範を示す。〔……〕哲学が数学を〈根拠づけ〉(*fonder*) なければならないといわれるのは、規範を真の規範たらしめているものはなにか、それを思惟しそれに名をつけ、非‐連続性のただなかに、連続性の光明を確然化することを意味する」(Ibid.)。「古典哲学は、それゆえ、真理に向かっての数学の救済〔補助〕機能の認容と〔……〕その〔補完〕機能を〈他処〉(原文イタ) に、哲学のなかに、確立しなければならないという責務〔……〕のあいだを行き来している。この行き来の重心は、数学〔的切断〕は自由たるにはあまりにも暴力的であるか、それとも、絶対的な真たるにはあまりにも自由と暴力の双方が行き過ぎているか、その点にある」(Ibid. pp. 170-171)。

③「数学が哲学の真理探究にあたって発動する救済〔補完〕機能」について、近年（一九六三年と一九六八年）の二事例が挙げられている。

（i）ラカンは、周知のとおり、象徴（言語・記号）系 (le Symbolique) と現実（実在・存在）系 (le Réel) をきっぱりと分け、前者から後者への及び難さを強調し、ために「真理」の場を放棄せざるをえないかの窮地に陥った。そこへ「一九六三年」、厳密な数学的手続きによってその実在性が証明されたP・コーエン集合論の「ジエネリックな下位集合」（un sous-ensemble générique）概念が、「援けに来る」（vient au secours）（Cond. p. 203）。「ジェネリックな下位集合」は、一切の言語・記号から「脱去」しているが、実在する。ただし、ラカン自身は「非-可算数など神話にすぎない」（Ibid. p. 204）として、コーエンのこの発見・成果を重視することはしなかった。これに対し、ラカンの学生であったバディウは、コーエンのこの発見・成果が「諸真理が実在しうる」（des vérités peuvent exister）ことを示唆するものと受け取った。ここから「数学からの援け（recours）」を得てのバディウの哲学的-真理論の出発となる。まず、あのカント以来の、「思考」と「認識」の区別を思い起こそう。ラカンの「現実・実在系」（le Réel）に対応するかのコーエンの「ジェネリック下位集合」は、直接的な「認識」はできないとしても数学的証明によって実在的であり「思考」はできる。他方、「真理」はすでに出来上がって（achevée）存在しているわけではなく、――この点については先のバディウ的「永遠」概念を思い起こしていただきたいが、――別言すれば「発見」すればよいものであるのではなく（Cond. p. 208）、つねに「未完」（inachevable）（Ibid. p. 205）で、つねに「成就（完遂）すべく」（à achever. 先に〈à fonder〉という言い回しがあった）「強制」（forçage, forcer）（これも既述）していかなければならない性格・本質のものである。そして、バディウ的-思考・思惟とは、もともと、なんらかの対象の認識ではなく、対象化されざる事態（とくに、「生起」（événement））の、「諸公準」を踏まえての、「公理論的思惟」であり、そのつどの「未完」から「完遂・成就」への産出・創出的-「過程」（procédure）であった。目下の場合も、バディウ「哲学」は、コーエン「数学」の「ジェネリック下位集合」概念からの「援け」を得て、自らの「公理的思惟」を通じて、前未来的投企のかたちで、「真理」の産出に向かう、ということである。

（ii）「哲学への数学の救済〔補助〕機能」のもうひとつの事例、「ここでもまた数学がわれわれを援けに来ている」（Ibid. p. 210）は、詳しい記述がないが、論理学者フュルケン（Furkhen）による「一九六八年」の指摘である。思い起こしていただきたいが、既述の「ガンマ（γ）図式」は、ひとつの「真理への強制」が成就された後に、〈innommable〉（名状不可能な）事態なるものを記していた。〈Bien／Mal〉（善／悪）との付記もあるところから、われわれは、「真理」というバディウの場合には「実践」を伴うがしかし何といっても知的な営みが、その先で、そのつどの「成就」の先で、出会う現実世界、の謂いかと、解してもみた。出典不明となった関係文献では、ニーチェのいう「善悪の彼岸」としての「力への意志」の露呈・発現に、このバディウ的な「真理（真偽・真誤）の彼岸」を擬する解釈もあり、バディウ自身は別テクスト（MPhII. p. 8, *Idéation*）ではプラトン的〈Bien〉（通常、「善」と訳されるが、ニーチェのいう「道徳的‐善」ではない）を無頓着に自ら自身の大文字の「真理」（Vérité）に置き換えて論ずるという作業（MPhII. p. 119）もおこなっているところから、ここにあの「ガンマ図式」の出発点に置かれていた「非（前）‐決定状態」（l'indécidable）あるいは「真理」〈générique〉〈nomination〉以前の原初的（originaire）（既述）な〈événement〉との「再‐邂逅（rencontre）」（既述）を想定することも可能かもしれない。ここでは、しかし、あるいはむしろ、それゆえ（?-）、バディウはこの「ひとつの成就」の後に出くわす「真理の非力さ」（impuissance）の受諾、あるいは真理の「力・可能力」（puissance）と「非力さ」（impuisance）双方の受諾に、「真理」実践の「倫理（学）」（Cond. p. 211）を見る。「レーニンは〈理論は真ゆえ、全能（toute-puissnte）なのだ〉と記しているが、〔……〕〈理論は真ゆえ、非力（impuissante)〉でもある」（Ibid. p. 212）。「S・ベケットの『名づけえぬもの』（*L'Innommable*）は、〈続けなければならない、続けることができないが、続けよう〉と記している」（Ibid.）。（まるで、カントだ!?）。要するに、「真理」は「実践」あってこそ真理なのであり、「実践」が伴わぬかぎり、「真理」は存在しない。フュルケンの功は、「名状不可能な事態は、真理の存在への障害ではない。むしろ真理の実践への数学的‐状況の創出（crée）である」（Ibid. p. 210）ことを証明（?）したことにある。「数学的‐状況」とは、端的な明示を心がければ、いっさいの「多」を支える「空‐集合」、「無際限‐多」を拒否して「無限‐多」への「選択・決定」を駆動する、そしてその先はあえて言ってしまえば人間固有のものの準備となる、（「生起」）「成起」（générique）の動態ということではあるまいか。

「空」は「反-人間主義の表示」(cf. Ibid. p. 250) とも言っているが、「公理論的・実存的-決定」は、単なる「ドクサ」ではない、「ディアノイア」としての、「ヌース」(既述)への「方向づけ」(既述)であることに変わりはない。

④バディウ的問題とはいえない「直観」(intuition) 概念にも、それがゲーデル/カントール集合論にもかかわることから、ここで触れておこう。「公理論的・実存的-決定」による「真理」の「産出・構成」(produire, constituer) が「ドクサ」の所産でないことは、「決定」行為の主体が、既述もし追って再論もするように、「生起・成起」動によって貫かれていることによるが、他方では「生起(・成起)」が直接的認識不可能とされている以上、主体における「決定」と「認識不可能な生起」を連接させるものを何とするのか、その説明が必要ということになるのではないだろうか。バディウ的にはこう解すればよいのかと思われる。「直観」は主体による対象の受作のようになされるのみではない。すでに、これまた認識問題にはあまり詳論のないドゥルーズにわれわれ(筆者)はドゥルーズ自身がギュルヴィッチから借り受ける「意志的直観」(intuition volitive) なる能作的・産出的-直観を見出し指摘しておいた。[15] ハイデガーにまで関説すれば、「実存」は認識不可能な存在そのものの漠然たる存在了覚 (Verstehen) のなかから「真理」の担い手としての例えば「芸術作品」を創出するにいたる。バディウはハイデガー流の解釈学を排撃するから、それは尊重するとして、しかし、バディウの「公理論的・実存的-主体」の「思惟・行為」が「真理」を「産出・構成」しうるのは、既述「諸公準」を介しての、自らを貫く「生起・成起」動態の一「直覚」を通じて、その「直覚」における、「主客」ならぬ、われわれのいう「原為-人為」の相嵌を通じて、「真理」の(前-真理的な)産出行為と(真理という)産出結果の相即性においてであると、いえないであろうか。バディウは、こう記す。「〈直観〉という語は、ここでは、諸公理の可解性 (intelligibilité) にかかわる発明的-思惟 (pensée inventive) による決定 (décision) という以外の意味はもたない。[……] 直覚機能は〈外的〉実体を把握するのではなく、還元不可能な第一命題を明確に決定 (décision) す

ることにある。諸公理の総態的な創出（invention compréhensive）こそ、数学的命題が〔思惟の名に値する〕思惟であることを証し、それによってその命題を真理たらしめている」（OT. p. 100）。別言すれば、バディウの「公理論的・実存的‐決定・発明」は、「ドクサ」と異なり、「真理」たるに相応しく、主体の自己直覚において「生起・成起」の「直観」を孕んでいるといってよい。

数学は数学的真理（vérités véridiques）をもたらすのみではない。それを超える名状し難い「叡知」（sagesse）としての大文字の「真理」（Vérité générique）への、ひとつの決定的な跳躍台でもありうる。

そして、ここにいう「数学」を、バディウにおいては「科学」一般へと敷衍したとて、大きく過つことはないだろう。

4 芸術と真理

「芸術」といっても、主題化されるのは文学、それも詩のみ、しかも、ランボー、マラルメ、ルクレチウス、名としてはユゴー、くらいのものである。音楽論としては単著『ワグナー五論考』[16]があり、戯曲も数編執筆して小論の演劇考もあるが、あとは中型の『反‐美学的‐小マニュアル』[17]所収の、映画・ダンス論各一編はあるにしても、他の八章は詩論のみ。とくに、フランス知識人としては珍しく、美術論稿はおそらくまったくない。上記第三章で取り上げた『ゲルニカ』も、内容的には筆者がバディウ流に試考してみただけのことで、バディウ自身の別稿があるわけではない。

とはいえ、ランボー、マラルメ、については、多弁・豊饒、である。ここでは真理問題に関説する幾つかの部分のみ、取り上げるにとどめる。

（1）詩とは何か

もっとも簡略な定義でいえば、「未決定態（l'indécidable）の把捉である」（Cond. p. 150）。既述「ガンマ図式」の出発点を思い出していただきたい。政治も科学も「未決定態の生起」を「把捉」（saisi, capture）し「公理論的・実存的-決定」によって「不可識別態」「ジェネリック態」から「真理」としての「絶対平等」「純粋-多」を成立させていくところにあった。あらかじめ存在している主体がそれ〈Es〉？）を為すというより、それ（〈Es〉？）を成す動きが次第に主体となっていく、という人為と原為の未分態のレヴェルから、われわれは（昨今の〈iPS〉細胞論さえ参照しつつ）バディウ流の唯物論的記述を理解（試解）しておいた。詩の成立もほぼ同様であり、ただし、今度は、（「平等・純粋-多」ならぬ）、哲学が諸真理の「共-可能性」の成立場を確認すると相似て、「未決定態」「生起動」「不可識別態」「成起動」……さらに言語、イメージ、音素、それらおのおのの相互差異、空隙、消失、消失項の逆説的-作用力、空の生成、……等、諸事象・（広義）諸形象（figures）の相関-共成動（con-figur(e)-ation）による、「無限」の「有限」化と「有限」からの「無限」の（再-）産出・創出の営み・動き、である。芸術・詩とは一言でいえば〈configuration artistique〉（芸術的・人為的-協成・共象-産出動）（後注24参照）、それとしての「真理」の生成・創成といってよい。すこし長くなるが、引用しよう。

「芸術作品は生起動を受け継ぐ（postévénementielle）位相で自らの真理を合成していく。後者（「生起動」）が、〈芸術的-共象動への強制作用力〉（*contrainte d'une configuration artistique*）をなすのだ」（PMI. p. 25. cf. Ibid. p. 21）。

「芸術という内在的で独異な真理の本来の構成単位は、最終的には作品でも作者でもなく、（先行する共象動態を〔……〕陳腐と化すような）ひとつの切断-生起（une rupture événementielle）による芸術-共象動の謂いである。この共象動は、一個のジェネリックな〔成起-〕多-態として、固有名も、有限枠も、単一の述語で語りうるような全体性も、持たない。述語的に規定し尽くしうるものではなく、ただ不全のままに記述しうるだけのものである。芸術的‐真理とはそのようなものであり、〔それが真理なのだと説明してくれるような〕真理の真理など存在しないことは、誰しも知っている。説明するとしても概して（形態美とか、音色とか、悲劇味、といったような）抽象的概念でそれを示すことになる」(Ibid. pp. 25-26)。「《芸術的‐共成動》とは、より正確には、どのようなものか？／共象態とは、〔単に〕ひとつの芸術を意味するものではなく、そのジャンルのことでもなく、芸術史上の《客観的》な一時代のことでもなければ、《技術的な》処方の問題ですらない。なんらかの生起動から出発する、それと特定しうるひとつの事象展開、さまざまの著名作品から成る一個の潜在的‐無限性の複合体として合成されるもの、そして、それは、当該芸術に厳密な意味で内在的なかたちで、ほかならぬ〈その芸術〉(原文イタ)のひとつの真理、ひとつの芸術‐真理(une vérité-art)を産出していると、有意味的に断言しうるもの、そのような事象展開の謂いである。哲学は、その共成動態がどのような意味で真理カテゴリーによって把握されるにいたるのか、それを示す任務を背負って、その共成動態の成果・痕跡を刻すだろう。ちなみに、逆にいえば、真理カテゴリーの哲学版は、時代のさまざまの芸術‐共成態によって、自らの個別版を得ることになる。それゆえ、ひとつの共成動態はおおむね芸術成果のプロセスとそれを把握する諸哲学の接合点においてこそ思考可能になる、それも確かなところである」(Ibid. p. 26)。

（2）ランボー――真理と中断

ランボーやマラルメにとって青春期の決定的な事件は、来襲するプロシャ・ドイツ軍を前に蜂起し崩壊する新興のフランス民衆・労働者群の悲劇だったらしい(cf. Cond. p. 151)。加えて、『地獄の季節』の末尾は、それを、「真理」の語をもって、伝えている。「まだまだ前夜だ。〔……〕暁が来たら俺達は、燃え上がる忍辱の鎧を著て、光り輝やく街々に這入ろう。／俺には、魂の裡にも肉體の裡にも、眞實を所有することが許されよう」(小林秀雄訳)(cf. Cond. p. 140)。ちなみに、バディウは自分自身も含めて記している。「ランボーは、ペタン的‐妥協の世界観に抗し、ロベスピエールとサン＝ジュストは、私も彼らに同調するが、ランボー、マラルメ、そしてユゴーや他の数名とともに、フランスについて唯一我慢のできる理念を創出し、鼻持ちならない固定的なフランスとは別だと、断罪することをやめなかった。実際、フランスは、実存（existe）するかぎり、存在（un être）ではなく、ひとつの生起（un événement）なのである。フランスそれ自体が決断されるのでなければならない」（Cond. p. 136）。

ランボー的‐世界の二元性はバディウによって実に多様な言葉で語られているが、それをここで整理している余裕はない。既述のところに合わせて数点のみ挙げれば、「世法の支配する状況（situation légale）と純粋生起（événement pur）の消失（disparition）性」（Cond. p. 136）、「失われた永遠と再び見出される永遠」（Ibid. p. 142）、「便所と天なる透明の火」（Ibid. p. 145）、等。〈disparition〉を「消失」と訳さず「消失性」と訳したのは、既述のとおり「純粋生起」はもともと「不可視」的でありそれでいてマラルメの「欠如の原因性」（causalité du manque）と同じく（「心眼」には、この語はバディウにはないが）それなりに実効的なのだからである。

しかし、バディウの結論するところ、ランボーの天分（génie. cf. Ibid. p. 151）はこの二元性の「断絶」（interruption）を超えることができなかった。筆者はランボーには詳しくないので驚いたが、ランボーは、途中、測量術等を学んで（詩ならぬ）科学に賭けようとしたこともあったらしい（cf. Cond. p. 147）が、それも果たせなかった。「ランボーの詩は、おおむね断絶そのものに充てられている。言語にもたらすべきは、〔ハイデガー的な?〕存在贈与のエクスタシーか、それとも〔カント的な?〕現存在の形象化不可能な当為か、というよりも、むしろ両者の間の忙《せわ》しない往き来なのである。ランボーを捉えるのはこの断絶の謎なのであり、彼が詩の力を必要とするのは、そこから思惟の純粋生起としての真理を取り出すためなのだ」（Cond. p. 135）。

結局、バディウはランボーよりもマラルメに軍配を上げることになる。「〔断絶における〕中断とは、未決定態の把握と延期にかかわる貫徹力の欠如を意味する」（Cond. p. 151）。「貫徹力の欠如は、執着なき潔さと根気なき未全さという二つの意味で、ランボー詩を特色づける。そしてそれは詩作の問題にとどまるものではない。私が真理実践と名づけるものすべての問題である」（Ibid. p. 149）。「ランボーは、真理が状況全体と広がりを同じくすることを夢見た。思惟を述語なき無限性の定言命法のもとに継続すること、その純粋な独異性を消失した生起（surprise）の命法のもとで跡づけること、そうした欲望は彼には生じなかった」（Ibid. p. 150）。「ランボーが中断するまさしくそのところで、あるいはランボーがその中断の天分を中断させるそのところで、マラルメの形姿が立ち上がってる。マラルメの断固たる〈忍辱〉（patience. cf. 先述、小林訳語）の形姿が」（Ibid. p. 151）。

（3）マラルメ――真理と孤高の忍辱

プラトンが国家を論じて詩人を追放しようとしたのは、詩が、イデアを思惟するとは逆に、経験的・感覚的‐事象を模写するミメーシスだからであった。これに対して、「近代詩は」とバディウは強調する。「自らを思惟であると自認する。詩は、単なる思考の結果を言語という肉体に引き渡したものではなく、その思考が思考するその諸操作の総体である。詩がもたらす著名な諸形象、マラルメのいう〈星座〉、〈墓〉、〈白鳥〉であれ、ランボーのいう〈キリスト〉、〈労働者〉、〈地獄の夫〉であれ、盲滅法に作った比喩形象などではない。一個の思考体制を感覚的に提示するために作動する堅固な装置なのである。ランボーではそれが現前化と中断化の作動であったが、マラルメでは控除化と孤高化のそれとなる」（PMI. p. 37）。ここにいう「思考が思考するその諸操作の総体」「思考を提示するために作動する堅固な装置」が、既述の「芸術的‐共成動態」にあたるものであることはいうまでもないことだろう。

さて、マラルメは、これを、さらに、「詩は純粋観念（Notion）を産出（production）する」（Cond. p. 99）ともいう。詩人は「言葉の錬金術師」（PMI. p. 39）であり、たとえプラトンが「イデアの観照」を造物神デミウルゴスにも論じて詩人の「言葉の錬金術」を排したとしても、既述近代デカルトの神が「真理の（観照者ならぬ）創造者」に転じ、これまた既述現代人が「ガンマ（γ）」図式の作動において「真理」を「成起」せしめるにいたっているのであれば、詩人の「言葉と観念の錬金術」がおのずからオーソライズされることはいうまでもない。「マラルメの詩は、悲歌でもなければ、頌歌でも、抒情詩でも、ない。何をもたらそうとしているのか。マラルメははっきりいう。詩の賭け金は純粋観念（Notion）であり、純粋‐数（Nombre）もまたそのメタファーである、と。だが、観念（notion）とは何か。〈ひとつの対象の純粋観念（Notion）という局面は〔……〕その対象の純粋現前あるいはその現前の純粋性を反映する局面である〉。観念（notion）の特徴をなす属性は、その〈純粋性〉（*pureté*）にある。詩の賭け金は純粋性（le pur）にあり、詩の錬金機械は純粋化を目途《もくと》し、自己控除する」（Cond. p. 119）。「だが、純粋性とは何か。いかなる〔自然的・経験的な〕関りからも解放されているイデーの構成であるといおう」（Ibid. p. 119）。「観念（Notion）の純粋性、詩が到来（advenir）させるべく発動（agence）させられるその純粋性とは、なによりも、存在（l'être）の絆を断ち切られた（dé-liée）孤絶性（solitude）、存在を拘束し再‐拘束するあらゆる法、あらゆる契約の、非‐実効性（ineffectif）の謂いである。詩は、存在の条件はなにものとも（rien）関わらないことであると、告げる。思惟‐詩（pensée-poème）の英雄性は三言で語られる。（一）すべての自然的関係の破砕、（二）障害の乗り越え、これは、それ自体、主体を無‐絆（non-lien）性の不安へと晒す、（三）勝利としてのイデアの現出（surgissement）。〔……〕絆の支配から根こぎにされ、自然からも意識のパトスからも控除（soustrait）され、無の底（fond de néant）の上に置かれて、純粋‐多の潜勢的‐空〔虚〕（vide latent）へと直面し、存在は輝く、遠くはるかに、しかし、その真理性において（*en vérité*）は、確然として。存在の純粋性は詩の為すもろもろの操作によって把握され、〔……〕」（Ibid. p. 120）。このとくに第三の引用文はマラルメ詩の使用語からの抜粋が多く、散漫かつ判りにくくなっているかもしれないが、既述のバディウ語も少なからず使用されているので、筆者もあえて煩雑なまま引用した。

さて、ここでやむなく一点に絞ろう。マラルメ／バディウはこの脱‐絆の控除・脱去性から、ランボーの「中断・断絶」に対応させるかのように、「分離」(séparation)と「孤高」(isolement)を取り出し、最後は「孤高」に賭ける。〈isolement〉は「孤高」ではなくむしろ「孤絶」に近いかもしれないが、バディウに教えられるかたちでマラルメを再(真)-発見した筆者にとっては、ランボーにすらない堅忍不抜の意志力を開示するマラルメには「孤高」のほうが相応しい。バディウは記す。「〈isolement〉とはひとつの無(néant)の輪郭を現出させることにある。自らではないものとのあらゆる近接関係の与件、あらゆる隣人関係を廃絶することにある。そうすることによって、われわれは可算的-多、安定した多から、純粋な多-存在(pur être-multiple)、算定から脱去(soustrait au compte)し、非-現出的(inexistant)な、存在論的-純粋性の力(capacité de pureté ontologique)へと、移行することになる。〔……〕〈isolement〉こそ、真理プロジェクト(projet de vérité)として構想(conçue)されているマラルメ詩学の至高の能作(opération suprême)なのである。〔……〕かく〈isolé〉されているものが真理(une vérité)以外のものでありうるか、とくと考えよ」(Ibid. pp. 120-121)。

バディウには、ランボー詩の場合と同じく、マラルメ詩の分析・評釈も多く、また理論的な関説も少なくないが、ここでは断念し、あと一点を取り上げるにとどめよう。既述のところでも時々触れ、われわれの旧著『現代を哲学する——バディウ、ハイデガー、ウィトゲンシュタイン』[18]ではかなりの詳論もおこなった、「消失項の作用力」(opération du terme évanouissant)「欠如の因果律」(causalité du manqué)(ThS. p. 79, 83 他)と、ここでの「真理」問題との関係である。例えば、初期秀作『主体の理論』[19]第二章第一節は「消失としての力、その結果がその力がそこから消失した全体である」(De la force comme disparition, dont l'effet est le Tout d'où elle a disparu)(ThS. p. 71)と題されている。

まず、(i)時代背景とバディウ哲学登場の意味を確認しよう。時代は構造主義のそれであった。構造とは、基本の基本、「+」と「−」の相互差異関係とその多様なヴァリエーション、そこへの諸事象の還元の謂いである。そして、それら諸関係・諸ヴァリエーションは同一平面上に置かれる。これに対し、バディウは、構造主義（structuralisme）に抗して、構造弁証法（dialectique structurale）（ThS. p. 72 他）と自称し、これら諸項の相互関係とは別に、それら諸項が相互関係的に現出している場（lieu）と、両者の差異のみならず、両者の及ぼし合う「力」関係の重要さに着目する。ここまでくれば、この発想があの「一化・算定」レヴェルの「状況」と「純粋‐多」から「無際限・無限‐多」（さらには「空」「生起」）へといたる「存在」（「メタ存在」）の問題であることは容易に想定できるだろう。

（ii）これをマラルメ詩学問題へと近寄せてみれば、「構造弁証法の四つの主要概念」とは、こうである。「（α）諸項の相互差異（différence）における配置関係、（β）その総体（tout）はなんらかの消失項（terme évanouissant）によって成立していること、（γ）消失が成立させるということで、欠如としての原因作用（causalité du manque）という事態動が考えられるということ、（δ）各項は総体への帰属（appartenance）・含有（inclusion）と消失（évanouissance）・欠如（manque）からの作用において二分状態（clivage）となっていること」（cf. ThS. p. 88）、別言すれば、（α）多様な諸要素から成る集合・状況、（β）（α）の現前（présents）化にあたって、非‐現前的（imprésent）的に控除・脱去動となる「純粋‐多」「空集合」、（γ）（β）の非‐現前化・控除・脱去は、排除（forclusion）・無化ではなく、（超越なき）内在論ゆえいわば内除・含有（inclusion）・保留なのであるから、捻転（torsion）していわば「空‐成（起）‐動」「生起」（événement）「成起」（générer）として再‐到来（ad-venir）してくることもありえ、（δ）とりわけ、「状況」レヴェルの相互差異関係から成立する「散文」言語に対して、「詩の語は二分態（clive）である。語（mot）にして非‐語（non-mot）、言葉（verbe）にして沈黙（silence）、光にして影、……」（ThS. p. 90）。

（iii）ここで注目すべきは、「諸関係」の成立する「場」が、「原因力」（puissance causale）とまでいわれながら、堅牢な岩盤のような根底（Grund）でもなければ、神のような特別な実体（substance）でもなく、控除・脱去、消失・欠如、空、……等と、いわば虚態的な作用性において語られているということであろう。今日的な哲学思想状況からすれば、これはさして特殊なことでも異常なことでもない。現代思想家たちが好むフロイトは「法」の成立因を権力者である父親を息子たちが殺害してそれにかわる相互合意の規則を設営するところに指摘していたし、否定神学は「神」は人間的言述を超えるがゆえに否定的にしか言表できないとし、ハイデガーは「存在」は「存在者」では無いゆえに「無」とまで記すほかに、「壺」の存在本質は外観でなく「内部の空」にあるとか、最終的には「存在」の「無」的「現成」は「天・地・神・人」の「四交遊舞」(Geviert) の奥・下に覆蔵されている、とか論じた。これに対応するかたちで、伝統的哲学思想のなかにも、古代ギリシャ幾何学の成立にヴェイユは「無理数・非-合理数の克服」とやがてキリスト教的-「仲保」思想へと繋がっていく「比例中項」概念の成立を指摘し、これに慫慂されるかたちでわれわれ(筆者)もプラトン自身がギリシャ的-「正義」の象徴である正方形のなかに二本の内角線交叉によって抹消・覆蔵されている「正義者(ソクラテス)の苦患」「十字架のキリスト」「アガペー」を示唆していることを見出し、また、複数の思想家たちがルクレチウスの「クリナーメン」概念のなかに世界・宇宙の発祥にかかわる現代天体物理学最先端の素粒子的事態に通ずるものを指摘し、やがて中世諸哲学全体が「神の子の十字架上の死」に「真-世界」の成立を論ずることになり、さらに現代数学が集合論をもって「空」概念に到達することになったが、それを承けて、セールは世界創成の「ホワイト・ボックス」を語り[20]、デリダの差異律は世界事象の自己同一的-実体性を指示する語々に「×」表記を重ねるにいたった[21]。とはいえ、バディウが、ハイデガーと同じく、その該博な哲学史的学殖のなかからあるいはその傍らに、マラルメにおける「消失項の原因力」「欠落の因果律」なる発想を取り出し・設営したことは、充分に新鮮であったといわなければならない。

(iv) マラルメについてはさらにどう記すか。まず、身近な視点から。(α) マラルメは、ランボーがパリ・コミューンで蜂起する民衆・労働者に着目すると同様、当時のパリで催されはじめた花火大会に、夜空に打ち上げられる花火の華美さとは別に、それを見上げ、かつ、実質的には夜の闇のなかに埋もれながらも大会の開催慫慂者である「大衆」の存在・動向に着目し、歴史を動かしながらもそこから自己控除している、あるいは逆に、歴史から控除されながらも実質上歴史を動かしている、「原因力ある消失項」(terme évanouissant ayant la puissance causale)(先述)を指摘する(ThS. pp. 83-84, 88)。(β)他方、マラルメ詩は、しばしば生起した事件(événement)の痕跡(trace)であるような状況、例えば「無人の荒らされた室内」(EE. p. 213)や「これまた無人の夜の海での難破船の情景」(ThS. pp. 95-97)を提示するが、これらは、「原因力あった消失項」を示唆する以上に、対象の再現でもなければ、心的状態の表現でもなく、近現代詩人に特有の問題意識、自らの創造行為、それ以上に詩・文学・芸術‐一般の、生起・展開・結果‐如何の問題の凝縮である。後者については、ここではもう多言は必要ないだろう。「マラルメの詩は微かな生起の場を固定する。その痕跡から出発して、探索しなければならない」「マラルメ世界には、推理小説のような謎がある。この誰もいない(vide)部屋、この壺、この薄暗い海、これらはどのような犯罪、カタストロフィー、どのような主犯の逃亡(manquement majeur)の徴なのであろうか」(EE. p. 213)。「非‐存在物(non-étant)の〈存在〉(《il y a》)〔avoir lieu, 生起〕、あれこれの所作から切り離された純粋態の到来(advenir)を、マラルメ詩は言葉によって永遠化する」(Ibid. p. 213, 218)。「消失項、クリナーメンが、単なる交換通過としての日常言語から詩を分離(disjoint)させる。〈稀有もしくは多貌的(multiple)な諸関係〉を明示し、〈世界を脱雑化(simplifier)させる〉に相応しい言語を構成する」(ThS. p. 84)。「沈黙をこそ言わなければならないのであれば、詩はそれぞれの単語をその消失側面(face évanouisante)へと縮減しなければならない」(Ibid. p. 90)。「対象は沈黙へと還元され、〔……〕それが詩の原因ならぬ原因(cause absente〔欠落の因果律〕)である。黙せる事物を、同じように静寂に帰着する暗示的な語で呼び起こすこと」(Ibid. p. 90)。「マラルメの詩は、ひとつの全体として構造弁証法そのものを不在の対象としている」(Ibid. p. 92)(一部、取意訳、略述)……。より関心のあるかたがたは、とくに上記『主体の理論』第二章全体を御参照いただきたい。バディウは能弁・多弁なので、引用が最適か否かしばしば心配になるのだが、マラルメ詩分析についてはとくにその感を強くする。

（v）真理問題については、ひとつの新しい指摘がある。マラルメがどのような真理や真理観を与えてくれるかではなく、われわれがどれほどの真理関心をもってアプローチするかに応じて、真理は与えられてくるということである。考えてみれば、バディウ真理論の全体がそのようにしてこそわれわれのものになるともいえるわけだが。「詩が言語の本質的な使用であるとしても、それは言語を神なる現前者に捧げるからではなく、逆に、あまりにも根本的に独異（singulier）な純粋活動態（action pure）であるために言語なくしては場の不毛さのなかへと再び落ち込んでしまうであろうものを保持するという、その逆説的な機能に向かってこそ、言語を折り返すことによる。詩は、空（集合 vide）のうえに生ずる純粋活動であるこの規定しがたいもの（indécidable）、われわれが真理に賭けて（*parie*）いないかぎりそれが生起した（a eu lieu）とは知りえないこの事柄を、精神の星座へと被昇天（assonption stellaire）せしめる営みなのである」（EE. pp. 213-214. 傍点、引用者）。

（4）真理の潜勢力

もっとも、「真理に賭ける」以上は、「真理」に関する少なくとも暫定的な先行理解がなくてはならない。目下参照している一冊『反-美学的-小マニュアル』（PMI）は端的にいう。「あらゆる真理は、〔数学的〕計算と繋がっていようと自然言語による歌唱から抽出されるものであろうと、なによりもまず〈ひとつの〔潜勢〕力〉（une puissance）である。真理は自らに固有の無限生成動（devenir infini）を踏まえるひとつの〔潜勢〕力なのだ。真理はそこから完結するはずのない〔無限〕宇宙（univers inachevable）を断片的（fragmentairement）に先行把握（anticiper）する。目下生起する真理の完全な結果が際限なき展開を完遂するあかつきには宇宙はどうなるか、その予測（supposition）に強制をかけることができる（peut forcer）。／一個の新たで強力な定理をめぐってわれわれがその諸帰結を予想（suppute）し、それがわれわれの思惟を再方向（réorientent）づけ、さまざまの新たな諸実践に向かって秩序づけていくのも、こうしてなのである。／こうして、一編の独創的（fondatrice）な詩から、新たな詩的思惟の諸方法が導出され、新たな言語的資源の開拓（nouvelle prospection des ressources de la langue）が遂行され、〔プラトンがそれゆえに詩を国家・共和国から追放したあの〕単なる現前の輝きの愉悦（délectation d'un éclat de présence）を超えることにもなるのである」（PMI. p. 40）。あまりにも楽観的すぎる、今日的ではない、と非難する向きもあるかもしれないが、「万有引力」理論、「相対性原理」理論らとともに、『イーリアス』『出エジプト記』『ファウスト』や「ラ・マルセイエーズ」「星条旗」……すらをも、考えてみればよいだろう。

われわれがバディウ芸術論に確認した「諸形象‐相関・共成動」も、ランボーが「世法の規則」を「中断」して性急に世界と一体化させようとした「永遠の透明な光」も、マラルメがランボーには欠けていた「英雄的な孤高の忍耐力」をもって「星座」にまで高めようとした「消失・欠落した項の原因力」も、これらに共通するのは、ここにいう、一見素朴な、しかし近現代‐知性による精錬を経た、「潜勢力」観念であるといってよい。

また、この4（3）（iv）（v）（4）には、あの「公理論的思惟」が、直接的認識なきままに、いわば前‐真理としての「生起」「成起」‐動から「真理」を成立させていく過程の典型をみることもできる、というより、必要であろう。芸術も、バディウにとっては、政治や科学と同じように「思考」の問題である。

5　愛と真理

「愛」はわが国では哲学語彙ではないし、フランスでもモラリストたちは欲望（性、権益）の擬装のようにあしらう傾向が強いといわれるが、フランス唯心論哲学はポジティヴに主題化するところがあるし、バディウも堂々と、しかも最重要の真理実践の一として、論ずる。

（1）愛と時間と永遠

まず、ここでもあの「ガンマ（γ）図式」を念頭におこう。マラルメは「詩」作とは一語一語、「偶然」を克服していくこと[22]（EA. p. 71）とし、われわれ（筆者）は旧著[23]で、理論的思惟が「思惟必然」に則って展開していくとすれば、「詩作」は「詩惟必然」によって展開していく、それが日常言語や理論言語と異‐様なところ、それ以上に、前二者からは異様の印象を与えながらも、たんなる「恣意」操作を超え、すくなくとも「詩惟必然」を理解しうる読者たちには可解的になっていく条件、とした。バディウは「必然」という語・概念は使わず、意志主義を標榜することもないが、ここでは二人の人間の「出会いの偶然」というあの「未・非‐決定態」（indécidable）・「生起」を、「命名」（nomination）という「愛の告白」なる言語行為を自明の前提として「定着」させ、その後の「主体」的な「忠実さ」（fidélité）による「持続」を通じて、「永遠」を「時間」のなかに導入していくところに、愛の実践を指摘する。「どのようにして、〔この偶然の出会いが〕二つの人生の完全な意味になり、それによって二人は、視界の差異を媒介としながら、世界の誕生についての恒常的で長きにわたる経験をすることになるのでしょうか？〔……〕実のところ、これはまったく神秘的です。〔……〕ところが、まさにこの点を擁護する必要があります。見かけ上取るに足りないひとつの出来事が、実はミクロのレベルで見た生にとっての根本的出来事であり、それへの執拗なこだわり、その持続を通じて、普遍的な意味を担うことになるのです〔から〕」（Ibid. p. 67）。「忠実さとは、〔……〕出会いが偶然性から解放されるように、持続を構築するという約束です。〔……〕出会いの偶然性が日々、ひとつの世界を可能にする持続の創造によって打ち破られていくのです」（Ibid. p. 71）。「〈いつまでも愛する〉という言葉が、偶然を永遠という次元のうちに定着させます。躊躇わずにこの言葉を用いましょう。偶然の定着は永遠を告げているのです。そしてある意味、あらゆる愛は自らの永遠性を宣言しているのです。愛の告白以後、すべての問題はこの永遠を時間の内部に刻むことになります。愛とは結局、そのことなのです。誓われた永遠が、時間のなかで実現され、展開されなければならないのです。永遠が時間のなかに降り立つのです」(Ibid. p. 73)。「永遠がまさに人生という時間のうちに存在するということ〔……〕。愛がもたらす幸福が、時間が永遠を受け入れるということの証しです。人が革命に参加するときに味わう政治的熱狂、芸術作品がもたらす快楽、科学的理論をようやく根底において理解しえたときに経験する、ほとんど超自然的な喜びが、同様にこの時間内における永遠の存在の証しです」(Ibid. p. 74)。「永遠」とは超越態とはかぎらない。内在論的に「命名」に先立つ「未・非 - 決定態」「生起」さらには「成起」「不可命名態」に充てることも、すくなくともバディウ的には可能である。「神秘的」「超自然的」等も唯物論者しては不用意な単語使用ともいえるし、われわれ研究者が解説する必要もあろうかというところだが、ここでは煩雑を避けて、省こう。「真理」概念も、充分に使われている。「[愛とは、事実上] 私が〈真理の生成過程〉と名づけるもの、つまりあるタイプの真理がそのなかで構築されるような経験です。この真理とは、まったく単純に、〈二であること〉に関わる真理〔……〕です。〔……〕試練や持続を受け入れ、差異の観点から行われる世界の経験を受け入れるあらゆる愛は、差異に関する新たな真理を独自な仕方で生産しているのです」(Ibid. p. 64)。この文章の解説も、既述のところと後述のところに任せることにする。

(2) 愛と〈二〉と離接

バディウにおいて重要なのは、永遠よりむしろ「二人」という場合の「二」(Deux) 性である。われわれは第一章Ⅲでもいちおう取り上げたが、あのときは算定上の「一」を単位とする「二」(deux calculé) ではなく「根源的」(primordial, originaire) なそれであると抽象的に付言するにとどまった。ここでは「離接的な」(disjonctif) と、より内実ある言い回しとなる。「離接」性とは何か (cf. Cond. p. 258)。正直なところ、自明の概念だということではあるまいが、充分な説明・定義はないように思われる。既述のところや目下の言及箇所の前後などからすれば、典型的には〈1＋1＝2〉のような共通態の総合としての「二」ではなく（cf. Ibid. p. 262）、相互に共通項を持たず、相異なる構成要素から成る、二つの集合をもって、いわば「非・異‐二‐態」となっている「二」という異例の事態の謂いであるように思われる。あるいは、よりバディウ的にいえば、算定的な「二」（deux）に対するその控除・脱去態（Ibid.）としての「二、異‐二、真‐二」（Deux）（cf. Ibid.）というべきか。「愛とは、まさしくこのパラドックスが出来する場なのである。〔……〕愛は、〔合一・一体化などとして〕このパラドックスの止揚なのではなく、このパラドックスを主題化する場なのだ。より精確にいえば、愛はこのパラドックスをもって真理と成す営みなのである」（Ibid. pp. 260-261）。別言すれば、「愛」とは、世界の、（メタ）存在の、このパラドクス、この離接性、あるいはあの｛(α∈α)｝（既述）、という「真理」を、成起、産出、非‐現前的（imprésent）に現前化（présenter）させる真理実践、ということかもしれない。

（3）愛の意識か、愛のプロセスか——現象学とバディウ哲学

バディウ哲学は世代的に先立つ現象学とは対極的な立場に立ち、その対比・優劣を主題的に論ずることはしていないが、「愛」問題をめぐっては異同が鮮明になる。現象学は「他者」認識を論じて、他者への意味賦与能作としての主体性に主眼を置くか、他者への志向性という脱我を論じて主体の無化にいたるか、サルトルの場合には、ここから、愛はサディズムかマゾヒズムになる（Cond. pp. 262-263）が、バディウは、「愛の意識」論（conscience amoureuse）ではなく、「愛のプロセス」論議（amour comme processus）（Ibid. p. 263）に立脚するとして、結局、あの「ガンマ（γ）図式」論の展開となる。愛は、「出会いの偶然」という「未‐決定態・生起」を「告白」という「命名」を通じて「非‐現前的に現前化」し、「決定」への唯一度ならぬ繰り返しの「忠実さ」によって「持続」性から「永遠」性への方途を開拓し、「永遠」を「時間」のなかに保持し続ける、それによって「二」という「離接」性の「真理」を「成起」させていく（cf. p. 263）、それが「愛」というものなのであって、

それ以外の事態は付帯事項にすぎない。「愛の実践に特有の〈数的‐図式〉(*schéma numérique*) がある。〈[離接的‐] 二〉(Deux) が〈一〉(Un) を抉《こ》じ開け、状況の無限性を経験する、ということだ。一、二、無限、これが愛‐実践の数理なのである。これがジェネリック真理の生成 (devenir d'une vérité générique) を構造化する。何の真理か？ 〈二つの離接的なポジションが実存するかぎりでの〉(原文イタ) 状況の真理である。愛とは、離接についての、ジェネリックな〈二〉についての、一連の試練に充ちた探索行 (une suite éprouvante d'enquêtes) 以外のなにものでもない。〔……〕われわれの世界において、愛は真なるもの (le vrai) の普遍性の守護者である。愛は、〈離接性を真理とすることによって〉(原文イタ)、その可能性を明らかにする」(Ibid, pp. 263-264. 傍点、引用者)。「われわれが愛を愛するのは、愛が真理の産出だからにほかならない」(Ibid. 頁数、不明化)。

愛についても、愛と真理についても、他の言及もあるが、ここでは省略する。「離接」を踏まえての「世界経験」が、「男性のポジション」と「女性のポジション」では違う。男性は「論理〔学〕的」、女性は「存在論的」、というような附論 (Ibid. p. 261sq.) もあり、関心ある読者諸氏は本書の邦訳『哲学の条件』も最近刊行されたことゆえ御参照願いたいが、当方にとってはむしろ「論理〔学〕的」と「存在論的」の「離接」(差異と協成、相反‐相伴) のほうが重要なので、細部は省くということである。

V　真理と四種活動

真理は、既述の一般的規定に則るかたちで、具体的にはこのように四種の人間活動を通じて成立するが、ここで三点、付言・確認しておかなければならない。

①ひとつは、このような具体性を目途《もくと》しての説明もそうはいってもやはり抽象論の域を出ず、実際にはおのおのの領域での真理の成立はそのつどそのつどに固有のより具体的なかたちを取るということである。バディウは

そのつどというような言い回しはしないが、〈singulier〉という形容語がそれにあたる。この特殊な・奇妙な・単独の、と邦訳されがちな語を、われわれは重要な内実を含むものとして「独異な」と造語する。別言すれば、バディウにおいては、政治における真理とは平等性のことだ、「科学」（数学）における真理とは多数性のことだ、……等の安直な約言は控えなければならない。〈nomination〉（命名）概念はバディウにとって重要だが、命名の恣意性や過度な一般性を放任するものではない。

②もうひとつは、既述した共‐可能性の理説と同じく、バディウにおいてこれら四種活動領域と四種真理成起（quadrangle de la vérité）（ThS. p. 55）は、やはり共‐可能を含意しつつハイデガー流‐四交遊舞論（Geviert）的に、四者総括（quadripartite, quadruple, quadrangle）のかたちで言表されるのがよいらしいということである（cf. ThS. p. 155, MPhI. p. 80, MPhII. pp. 97-98, AMP. p. 157, EM. pp. 81-82, Cond. pp. 102-103, LM. pp. 80-87 他）。ここでは一カ所のみ引用しておこう。「真理はすべてその存在が全面的に非‐現前的（inapparente）であったものを現前（apparaître）の明るみ（éclat）へと到来（venue）させるというかたちで実践される。政治においては、古代の奴隷たちや現代のプロレタリアートたち。芸術においては、形態論的（formelle）になんの価値もなかったものが、世に形態（forme）すくなくとも変形態《デフォルメ》（dé-formée）とされていたものと非‐形態性（informe）のうちに放置されていたものの境界線が予想もしなかった変更をうけることによって、突如として新‐形態（transfiguré）となる、といった事態。愛においては、〔伝統的な〕〈一〉なるもの（l'Un）の堅牢性が、〔愛し合う〕〈二人〉（Deux）という、もっぱら自分たちのために世界を経験し、この経験によって無限性に与かろうとする〔……〕ものたちによって侵害されること。科学においては、物質的・生命的な質の次元の全体が、それとは正反対の数学的記号に服属してしまうこと。そしてこれらの出来事《しゅつたいじ》（surgissements）に〔離接ならぬ〕合接（conjoints）する名（noms）とは、スパルタクスあるいはレーニン、アイスキュロスあるいはニコラ・ドゥ・スタール、エロイーズとアベラール、エディット・ピアフとマルセル・セルダン、アルキメデスあるいはガリレオ、である」（MPhII. pp. 97-98）。

最後の行まで来ると、わが国の大学哲学者たちは呆然とするかもしれないが、バディウはフランス最高学府エコール・ノルマル哲学科の主任教授である（であった）。あるいはこれとは別のLM. pp. 87-88を紹介・提示すべきだったかもしれないが、こちらは長文すぎた。

③ところでわれわれは上記のところをこう整理する。「真理」は、四種の「真理実践」を通じて、前‐真理から、「真理」へと、「成起」してくる。「未‐規定態」の「生起」動を「公理論的・実存的‐思惟・決定」とその「反覆」「持続」によって「根源的・類‐普遍的・成起動」へと変容させ、それを「永遠性」に向けて「間断なく」（inachevé）「発動」（projeter）させていくかぎりにおいて。政治的実践においてはそれは「平等性」への投企（projet）のかたちを取り、科学においては「多数性」への純粋化、芸術においては諸象の「共象化」[24]、愛においては「離接性」による「世界経験」のかたちを取る。ただし、「平等性」「多数性」「共象性」はすべて「離接性」を踏まえ、「多数性」「共象性」「離接性」はすべて「平等性」を踏まえ、「共象性」「離接性」「平等性」はすべて「多数性」を踏まえ、「多数性」「離接性」「平等性」はすべて「共象性」を踏まえて構成（constituer）されるのでなければならない。ちなみに、念のために付言しておけば、「真理」は、伝統的思惟が理解しているような、われわれの「実践」以前に唯一永遠のものとして先在し、それを発見・認知・観照することが主題であるような「認識」対象項なのではなく、われわれがそれに向かって絶えざる「実践」を続けるかぎりにおいて、そこにおおむねそのつど「成立」してくる、あらかじめ想定していた「認識」対象項とはかならずしもあるいはおおむね同一でない、「実践」相関項にほかならない。われわれがそれに向かってという場合のその目途《もくと》事象はあらかじめ「知性」によって（例えば）「平等性」「多数性」「共象性」「離接性」あるいはそれらの「四交織成態」等として先行了解・先行期待されているとしても、そのつど実際に成立してくるのは、それとは同一ではない、ただし、既述のところからして、これが内在論議として重要なところであるが、とまれそのたんなる先行認識を上回る多重実践によってははるかに豊饒化している新事態、しかも、新たに即刻乗り超えられていくであろう過程相

対項としての、新事態、の謂いである。「公理論的-思惟」も「公理論的・実存的-決定」も、むろん、この過程の一環をなす。

バディウ真理論一般は、その基本の基本の全容を旧著で詳論したので、ここでは「ガンマ（γ）図式」から出発する実践論に限定した。本稿を執筆中に新たな大著『真理の内在性——存在と生起Ⅲ』（全七〇〇頁）[25]が到着した。後者は、ここで急ぎ組み込むよりも、今後の新刊稿に委ねることにする。

第六章　主体

I　現代哲学と近代的主体の失効

バディウの指摘するところ、哲学の三つの主要問題は、存在、真理、主体、であった。中世哲学から近代哲学への移行が（神・信仰‐中心主義から）人間主義・認識論哲学への転回であったとすれば、近代哲学から現代哲学への移行は存在論的転回とされるから、バディウにおける存在の主題化にはなんの不思議もない。他方、真理問題は近代末（ニーチェ等）から現代哲学の一部分もしくは主要部分（プラグマチシズム、ドゥルーズ、等）から副次視・排斥されもするから、バディウの問題意識はこの潮流に抗し、ただし時代錯誤というより、哲学の今日なおかつ本来の任務を想起させる筋合いのものでもありうる。これらに対し、主体の問題は、今日の哲学のみならず良識一般にとって、問題の多い（problématique な）問題（problème）である。主体はおおむね客体と相関する概念、人間が周囲・内外の諸・全‐事象を主体（sujet）としての自らに従属する客体・対象（objet）として支配していくいわばヘイト概念であることから、近代的‐人間主義の悪弊の一でありうる。ために、今日の哲学と良識の自省・自粛を慫慂するところとなった。客体化・対象化（obojet 化）は客観化（objet 化）でもありえ、主体（sujet）がそれら諸・全‐事象に対する主観（sujet）性から脱してそれらの客観（objet）性を介してそれらを主体（sujet）化していく方向も、ヘイト関係ならぬ、主体‐主体（協‐主体）のウイン‐ウイン関係として可能であるようにも思われるが、目下のところはどうやらヘイト・主従‐関係化への危惧のほうが強い。

さて、バディウの主体概念は、この種の問題にどうかかわっていくのであろうか。むろん、一方には、まず、デカルトからカントを通ってフッサール／サルトルへの主体主義があり、他方には、すでに、その主要潮流への批判としてのハイデガー・脱‐人間主義的・存在思惟と構造主義諸派の脱‐主体主義の新動向がある。バディウの主体論議は両者にたいする第三の見地として、どのような立脚点に立つか、まず、予備的な考察から入っていこう。

II 「主体の後に何が来るのか？」――客体・対象なき新しい主体が……

J＝L・ナンシーがこれを題名としての諸家十五名による論集を編纂し[1]、「誰が」ではなく「何が」と対応することも可能・必要であろうが、バディウは、ナンシーによる序言の後の第二論文で[2]「客体なき主体について」（'On a Finally Objectless Subject', pp. 24-32. 以下、OSと略記する）を執筆している。「客体なき主体」とは、われわれとしては、既述のところから、（デカルトからサルトルまでの近代的主体の後には、むろん「一化・算定」されうる客体ではないとして）、「誰であれ（n'importe qui）、匿名（anonyme）、純粋‐多‐性（multiplicité pure）、ウルトラ‐ワン（ultra-Un. 脱‐一）態、根源的・離接的‐二‐性（Deux originaire）、無限（infini）・空‐成‐動（vide）、類・普遍的‐成起態（le générique événementiel）、ガンマ（γ）動態、……といったメタ存在論‐事態に立脚する、いわば一時期のプロレタリアートのような、……」主体が来る、あるいは、到来すべし、……と解しうるだろうが、とまれこの論稿を検討してみよう。

①まず、バディウは、近代・主体の終焉を語る風潮に対して、他の論者たちが関説し（え?）ない近代から現代への数学史・集合論の開展を踏まえて（OS. p. 24）、ハーバーマスと同じく、むしろ近代・主体のさらなる推進を提唱する（Ibid. p. 25）。

②だが、「客体なき主体」が成立するためには、真理観念を変えなければならない。真理は、伝統的思惟や常識の考えるような主観と客観との合致（correspondance）によるものでもなければ、ハイデガーのいうように人間思惟が開披（unveiling）すべき客観的-伏蔵態なのでもない（Ibid. p. 25）。真理は、例えば「ガンマ（γ）図式論」が示唆していたように、「生起」を「主体」がそれへの「忍耐強い忠実さ」によって、あるいは「公理論的・実存的-思惟・決定」によって、「類-普遍的-成起態」へと変容させる、その、「客体なき」、「主体」の営み（procédure）を通じて、はじめて「成起」してくるものなのである。別言すれば、真理は人間主体以前に永遠次元に先在して、それがそのまま人間主体の営みを介して人間世界に現出してくるのでもなければ、逆に、人間主体が無から創出するのでもない。真理は、「生起」と「成起」というメタ存在論-事態と「ウルトラ-ワン＝超・脱-一・根源的-二者」としての人間主体の「協(共)-成-動」（configuration）（Ibid. p. 27）を通じて「成起」してくる。このかぎりで、「主体は真理の有限で局処的な通過点」（Ibid. p. 25）でもある。

③主体そのものも生成・変容の動態性のなかにある。バディウにおいてはゼロからの主体の発生を論ずることはないが、既述のところからすれば、「状況の住人」が「一化・算定」態を「現前態」から「非-現前態」（imprésent）へと「控除」するか、「現前態」が「非-現前態」へと自己控除するその「脱去」の動きに「介入」（intervenir「間-入」とも訳せる）することによって、（たんなる「状況の住人」が）「主体」と成っていくか、「ガンマ（γ）図式」とて、いわば「前-主体」が「非・未-決定態、生起」（indécidable, événement）を「命名」（nomination）・「可識別態」化（discerner）するその「忠実性」（fidélité）をもって、「主体」と成り・「主体」と成りつづけていくか、……である。ここでは、それが、歴史的事例として（Ibid. p. 27）、「キリスト＝生起」を「教

会」と成していく、あるいは「革命」を「政党」と成していく、その動きとして、〈subjectivization〉〈主体化‐、主体構成‐〉動（Ibid. p. 27）として、語られる。「真理」への、というよりいわば「前‐真理」から「真理」への動きに「忠実」な、その営みを通じて、「真理」の「生起・成起」へと「間断なく、耐強く、忠実」な、主体への「主体化、主体構成」が成されていく。このいわば未来志向性・投企動、あるいは「いずれ未来において現実化するであろう」、いわば「未来完了的」、フランス語では「前‐未来」（futur antérieur）（Ibid. p. 26）的な「先取り・先行規定」（anticipation）（Ibid.）の時間構造が、バディウ流の実践論においては決定的に重要である。この「状況」内における「一化」態と「生起」動の、あるいはわれわれのいう「人為」と「原為」の、「連結」（connection）動態に、「操作態」（operator）としての主体の本質構造を確認しておくことも必要かもしれない。さらに別言すれば、「主体化は〔……〕〈二〉（Two〔根源的・二‐態‐性〕）を包摂（subsumer.〔既述〕）していく」（Ibid. p. 27）。以下、珍しく具体例の記述もあるので、やや長文だが、引用しておけば、……。「聖パウロと教会、レーニンと党、カントールと存在論、シェーンベルクと音楽、〔……〕は、すべて、一定の生起（神の死、革命、無限の〔唯一性ならぬ〕多数性〔の発見〕、音階法〔の発明〕、〔……〕）の名称と、その〔類‐普遍的な〕成起実践の動きへのセッティング（カトリック教会、ボルシェヴィキ、集合論、セリー音楽理論、〔……〕）、両者の〔離接的〕分裂（scission）をはらむ主体構成の謂いである。固有名詞は、ここでは、主体が、状況づけられ、局処的なものと規定されるとしても、〔単なる〕介入態でも忠誠の操作態でもなく、むしろ、自らを構成する〔根源的〕〈二〉性の到来（advent）であり、生起動（event）が成起実践（generic procedure）のかたちで状況のなかに統合（incorporation）されていくその動きであることを示している」（Ibid. pp. 27-28. 一部、取意訳）。「主体構成は〔そのつど〕ひとつの真理を可能にしていく動きである。〔……〕それは生起を、それがその生起である状況の真理へと方向づけていく。固有名詞は、こうして、生起と状況の双方の事跡を維持し、もうひとつの事態、真理の成起と展開へと向かわせる。〈レーニン〉〔という単なる一つの固有名詞〕は、（歴史的生起としての）十月革命と同時に、（半世紀にわたる革命政治の内実を構成する）〔新しく成起した政治的真理である〕真なる多数を主格とするレーニン主義を指し示す。〈カントール〉とは、いっときは、純粋多数性を概念化し、存在としての存在の無限の超剰性を空集合概念へと連関させて自他を驚嘆させた狂気であると同時に、（今日のブルバキ学派、さらにはその先へと）数学言説の全面的な再構築をはかるそのプロセスである。……」（Ibid. p. 28）。

④問題を簡潔化するために、ここでひとまずナンシー提題「主体の後に誰が来るのか？」へのバディウ回答「客体なき主体が来る」をもう少し内容づけて言い換えておこう。（i）新しい真理概念の担い手としての新しい主体が到来する。（ii）新しい真理概念とは、「客体を前提しない」、生起と成起を通じて産出されてくるそれである。（iii）新しい主体とは、生起を引き継ぎ、決断と忠実と忍耐をもって、成起からの真理の産出に協成する主体である。（iv）ちなみに確認すれば、ここにいうそのような新しい真理とは、政治、科学、芸術、愛、が代現する、メタ存在論的‐全域に立脚する、四種真理‐協成動としての真理であり、ここにいう主体も、そのような真理‐協成動の一環としての、もはやおそらく近代的個人ではありえない、ただし、無限‐真理を有限‐次元において局処的に荷担・成立させる、前未来的‐時間構造と類‐普遍的な妥当可能性を孕んだ脱‐個人的な（おそらく何らかの、バディウ的には六八年五月革命や文化大革命の民衆のような、集団的な、とはいえ聖パウロ／レーニン／カントール／アインシュタイン／ピカソ／シェーンベルク／……等の個的名称態を排除することもないはずの）主体である。

⑤この（バディウの）寄稿論文は、このあとさらにおおむね二点を論じている。

（i）出発点としての「生起」（既述、「ガンマ（γ）図式」参照）は「たんなる純粋な出会い」（encounter）であり、「局処的動態（locally）としては、ただきまざまの不規則な出会いがあるのみで、〔出会われる〕或る項を一定の時点・地点で評定（evaluated）するよう命ずる（ordains）ものは、生起の名においてであれ、結合操作態によるものであれ、何もない。〈主体の材料〉（*the subject's material*）になるようなものは忠実な結合操作に服属する諸項のはずだと考えられるとしても、ここでの——多態としての——材料は、ポジティヴ結果（……）をネガティヴ結果（……）から分かつような規則とはそれと指摘しうるような関係はまったくもたない。〔……〕主体〔前‐主体?〕が出会う諸々のランダムさ（randomness）ゆえに〔追って与えられるはずの〕知（knowledge）からはほとんど隔てられている。ランダム態が一項また一項と排除・克服（vanquished）されていくということで、しかし、この勝利が、言語から控除（subtracted）されて、もっぱら真理として成就（accomplished）されるのである」（Ibid. pp. 28-29）。実のところ、われわれ（筆者）としては、この「出発点」から「真理の成就」までの「諸々の出会い」における「連戦・連勝」の栄光（！）に、何の（いわばア・プリオリな）方向性・規則もないのか、それとも、「局処的・ミクロ的」レヴェルではなく、〈grobally〉には、たとえば既述〈iPS〉動向のような、人類誕生に向かっての方向性・規則があるといえるのか、それともすべてが（前‐）主体の自律的（もしくは準・半‐自律的）な力・意志の問題なのだというのか、その場合、「勝利」への戦いはどのようになされていくのか、……バディウ回答はすでに別処では出ているのかもしれないが、ここでは、問いが残る。

（ii）もうひとつは、これも「ガンマ（γ）図式」動の初期段階を構成する「不可識別性と命名操作」にかかわる問題である。あるいは、これも重要だが、あの「公理論的‐思惟・決定」における、直接的認識‐不可能な実在（生起）に対する、実践論的のみならず、それこそ認識論的な、妥当性の問題である。つまり、直接的認識‐不可能なものについて、どうして「公理論的思惟」が妥当性を自証しうるのか。バディウは、問い、応える。主体は有限、真理は無限、主体は知り計算し、真理は控除・脱去する、主体は言語を構成し、真理は言語を超える、主体は可視的な状況にあり、真理は不可視・不可識別的（indiscernable）で主体を超越（transcends）する、両者は相互‐不可通約的（incommensurable）である（Ibid. pp. 29-30）はずなのに、どうして相互関係が？……（応え）「主体から真理への関係の独異さは、主体が真理は存在すると信じ（believe）ており、であるからこそそれが知（knowledge）のかたちを取るという点にある。私はこの盲目的ならぬ（educated）信に〈信頼〉

(*confidence*) という語を充てる。／信頼とは何を意味するか。〔先述の〕操作態は、その忠実さをもって、自らの有限性の次元で、状況内の多象態 (multiples) と生起 (event) として名をつけた事態との、連結・非連結-関係を識別 (discerns) する。この識別 (discerning) は、連結関係がポジティヴなかたちで指摘される場合には、これから-そう成る (yet-to-come)〔傍点、引用者〕、つまり真理になるということで、ひとつの〈近似的-真理〉(a *appromative truth*) である。この〈これから-そう成る〉は主体のなす〔ポジティヴ〕判断の優勝的な特色であり、信とはここでは、真理の名で呼びうる〈これから-そう成る〉、なのである。／そう考えることの正当性 (legitimacy) は、生起の名が状況をひとつの逆説的なかたち〔たとえば、既述の{(α∈α)}として〕で補完し、評価判断のなかに入り込み、さながら、状況の存在に空 (void) が潜勢的に憑きまとうように、作動している、という事実 (fact) に由来 (derives) する。一連の有限な評価判断は、こうして、実効的であると同時に断片的に、状況そのものの状況-内-存在 (being-in-situation) 性を所有する。この断片は、知によって局処化されうるとはいえ、不可識別的-行程の断片でもあるゆえ、〈これから-そう成る〉を物質材料レヴェルから予告している。信は、たんに、出会いのランダム性は忠義の連結-操作態によって徒《いたずら》に掻き集められるわけではない、ということを示すだけではない。信は、真なるものの成起性の何であるか (what is generic of the true) を、それがたんに生起 (the event only) のみによってひとつの約束 (a promise) として提示されるものだとしても、それを真理行程の諸段階の局処的な有限性に捕縛されているがゆえのものとして、〔然るべく〕代現 (represents) する。〔……〕／この信は知のかたちを取ることがあるかもしれないが、それは〈すべての主体は〔事象の〕名を創出 (generates) する〔成起させる〕〉ことによる。〔……〕出来合いの既成語を二重化するためではない。〈新しい状況〉において、つまり〈前-未来〉的に存在するであろう (will have been) 諸名称を創出する〔成起させる〕、ということである」(Ibid. pp. 30-31. 傍点、引用者。一部、取意訳)。

精確を心がけながら生硬な訳文になってしまったが、とまれ、公理論的思惟が直接的認識-不可能な生起から真理の言表を成立させうるのは、両者のあいだに、すでにそれなりの「信」に値する少なからぬ諸公理が潜動・躍動しており、公理論的思惟から生起への、また、状況・諸主体から公理論的思惟への、これまたそれなりの「信」がすでに寄せられているからだ、ということであろう。ここに安易な楽天主義はなく、むしろバディウ思惟の積極性をみなければならない。上記（ｉ）の末尾に付した「闘いと勝利」の詳細如何もここでの「信」の具体性如何も、既述した四種主要活動領域のおのおのであらためて再考しなければならないとしても。

Ⅲ　主体をめぐる諸問題

バディウには初期に講義録としての『主体の理論』[3]があり、むろんその後の主要諸文献にも主体概念への論究・考察は多い。右述のところでは問題にアクチュアリティを確認するために焦点を絞ったが、今度はもっと全般的な目配りを心がけながら、細部を検討してみよう。便宜上、一、『主体の理論』の場合、二、われわれのこの論考でのメイン・テクスト『存在と生起　第一巻』とその周辺、三、その後の『世界の論理、存在と生起、第二巻』の示唆するところ、に分ける。三段階で大きな変化があるわけではない。興味深い指摘が多いための、たんなる枠組み設定である。

なお、これも整理の便宜上、バディウ主体論の基本の基本を（あらかじめ）確認しておく。

二十世紀フランス哲学思想あるいはそれと相関して世界の諸哲学思想も、サルトル流の活発な主体論以後、構造主義を中心とする欧米近代主義批判としてのいわゆる「脱-主体」論の傾向を強うしはじめた。今日でもわれわれはその思潮のうちにある。この場合、「脱-主体」という場合の近代的「主体」とは大雑把にいって二側面がある。①デカルト流に「主体」と「客体」がはじめから実体的に存在していて（これはむろん中世における神による人間と世界の創造と維持という通念・公理の近代人間主義的な、ただし、副次的な、継承である。したがって、デカルトではまだ「主体」(sujet)ではなく「基体」(substance)なのだという指摘もある。)、「主体」は主に後者にたいする認識主体とされるか、あるいは、②カント流に、「主体」が「客体」(objet)というより「対象」(objet)を、経験的に認識する以前に、先験的あるいは超越論的に構成しているという、いわば行為主体とされるか。①も②も、「主体」は、(i)一方では「客体」「対象」と相関的に規定されるとともに、(ii)他方では「客体」「対象」に対して優劣・主従‐関係におかれる、というよりむしろ、優劣・主従‐関係へと自己措定していく。現代哲学思想が近代的「主体」を「脱‐主体化」しようと務めるのもこの(ii)の悪弊を克服するためであるといってよいが、ところで、バディウは、(ii)への不‐同調(あの〈n'importe qui〉の平等主義を考えよ)もさることながら、右述のところで、「客体(対象)なき主体」と、(i)への不‐同調も示していた。

バディウが、哲学の三大主題として、存在、真理、のほか、とくに「主体」を挙げるとき、現代の「脱‐主体」思潮にある多くの読者たちはバディウ思惟になにやら古臭い時代錯誤の長物を見るような気持になるかもしれないが、それは正しくない。バディウ思惟は、われわれと同じく「脱‐主体」志向であるとともに、われわれが無自覚的に主客関係において主体を考えてしまっているのとは異なり、いわば「脱‐主客」主義的、「脱‐対象」主義的でもある「脱‐主体」主義者として、要するに、「新たな主体」論者、「主体は、対象・客体とは別に、いかにして前‐主体・非‐主体・脱‐主体から、主体に成っていくか」、それを論ずる「主体」論なのである。

さて、細部をこの見地から検討しよう。便宜上、三つの時期に分ける。(なお、行間に「＊」とするのは、ここでの各引用文中での各文言についての「注」である。本著全体に配置してある「後注」とは異なり、本著末尾の「後注」欄への記入はない。)

1 『主体の理論』とその周辺

サルトル以降、同時代の構造主義・ポスト構造主義の「脱-主体」論に抗するかたちで、自らの主体論を組み立てていく時期である。最初期の主要著作が主体論（先述『主体の理論』）であるということにバディウ哲学の特色を見ることもできるかもしれない。

（1）主体の十個の局面

『主体の理論』は「主体」を十局面に分けている（ThS. pp. 293-294）。既述のところを補うことにもなるので、取り上げておく。

「第一局面――結果-主体*（effet-sujet）は、ひとつの空-場**（place vide）を取りまくある種の構造的-拍動***（un battement structural）と、この場への過剰としての力****（excès forcé）、の分離・連接から成り立っている（articule en scission）」。

*――上記もしたように、近代的主体は一切の出発点であるが、バディウ的主体は前-主体から主体への生（成）起-結果といえる。フロイト／ラカンの有名な〈Wo Es war, soll Ich werden〉（〈Es〉在りしところに、〈Ich〉（主体）ぞ「成る」べし）の〈Es〉に、前-主体を想定するということだろう。デカルトのそれは創造神の思惟のなかにあったし、カントの「魂の奥底なる隠れた技倆」の作動もそれであったかもしれないし、フロイト／ラカンが「成る・べし」と病者への提言命法を発しているに対し、バディウの場合は「原因消失」の「欠如の因果律」（causalité du manque）（既述）による生（成）起-結果で、しかしそこから「公理論的-思惟・判断・決定」へと出発していくその出発点であるが。この場合、〈effet〉を効果と訳す論者もいると思うが、〈効果〉という語

は価値ニュアンスが強すぎる。〈結果〉も事後持続性のニュアンスを含みすぎるが、やむをえない。

**——既述の、純粋‐多の究極ともいえる空‐集合の謂いである。「空」とは虚無ではなく、単なる対象‐知（対象的‐規定）の不可能性の謂いである。非‐可算数的・究極‐多ともいえるかもしれない。

***——それは、また、われわれが既述のところで空‐起（成）‐動とまで訳語したように、バディウではおのずからなる動態性のうちにある。構造主義のいうどちらかといえば静態的な構造に、ラカン経由で連接するバディウが、独自の動態性を持ち込み変換させているものと解しうる。

****——既述の、〈événement〉（〈-venir-〉, 起来・到来）という「生起」の「力」である。この「力」の起源・由来については、既述のところでは〈causalité du manque〉〈terme-, cause-évanouissante〉〈sans-fond〉（欠如の因果律、消失因、無底）等とされており、ドゥルーズ論にもそれなりの（つまり、根拠あまり定かでない）言及があった（「外と力」）。バディウ自身の思想としては、詳論はないように思われるが、重要な問題なので後述のところで再考・試論する。

「第二局面——唯物論者*の観点からすれば、結果‐主体は、その場所‐定位の代数学**とそこでの余剰力‐作動のトポロジー***を、認識にもたらしている。それは、その場から消失しているものに起因（cause）するとともに、その原因の近傍****（voisinages）に留まる」。

*——バディウはときどき自らが唯物論者であることを自称・強調する。最終的には「弁証法的‐唯物論」者ともいう。

**——これは集合論のことといってよい。バディウ主体はまず純粋‐多、そのいわば究極としての空‐集合に立脚・定位している。

***——これは、集合論・空‐集合の彼方の、あるいは彼方からの、生起の到来‐動態力をも考量しうるメタ

存在論の謂いである。ただし、メタ存在論という呼称自体は最後まで使用されるわけではない。バディウ的には少なくとも、簡略呼称としても、根源生起的-成起存在論（ontologie générico-événementielle）くらいには言表しなければならない。われわれはさらに（「存-在-論」に抗して）「存-起-論」「存-現-論」とも略称するが。追って最終呼称を試案する。

****——原因といってしまうのは至当ではないだろう。原因は「消失」してしまっているのだから。その点、近傍という語が重要になる。

「第三局面——構造的-拍動が生起の過剰力（l'excès）によって切断・突破されるという事態を、われわれは主体化〔成立〕動（subjectivation）と呼ぶ。ひとつの破壊事態である*」。

*——やはり、構造（structure）論議は生起（événement）論議によって克服・補完されることになる。ただし、最終的には、生起論も抑止され、真理・成起（générique）論の強調となる。後述参照。

「第四局面——過剰力が過剰力そのものを中心に広がる空間にあらためて定位・開展するとき、われわれはこれを主体実践〔展開〕動《プロセス》（procès subjectif）と呼ぶ。ひとつの再構成化動である*」。

*——力と動態性と実践、われわれのいう人為と原為の、重相的-展開があらためて強調されている。

「第五局面——結果-主体とは主体成立動（subjectivation）と主体実践動（procès subjectif）の可分的-統合態（unité divisible）にほかならない。両者の一方の契機《モーメント》だけでは抽象態に過ぎない。主体なるものを語りうるのは、破壊動と再構成動をひとつのプロセスにおいて見る場合のみである。この可分的-統合態は、既述の欠如と過剰の弁証法（dialectique du manque et de l'excès）に、第二の分節-連関として、服属する」。

「第六局面――これら二つの分節‐連関（articulations divisées）の交錯から、主体成立動は不安と勇気*の分裂‐連関から成るということが結果する」。

＊――バディウは唯物論者だが、構造主義に先立つ実存主義の諸概念もこの時点では入ってくる。多少、ボーイスカウト的、「男児のモラル」的（ニーチェ的？）な言表（「不安と勇気」等）がときどき現れるが、この種の素朴さも佳いではないか。

「第七局面――同じ原理から、主体実践動は自らの分裂‐連関を正義*と超自我**の分節‐連関に有するということが帰結する」。

＊――この唯物論者は、また、行動的な正義派でもある。

＊＊――むろんフロイト用語。バディウ自身の語としてはほとんど使用しない。どこかでフロイト劇場と皮肉り、バディウ的には生起概念のなかに解消される。

「第八局面――結果‐主体は、全体・統合態*（intégralement）としては、不安、勇気、正義、超自我、という四概念がトポロジー**を成すところによって***、それと示される」。

＊――ドゥルーズ＝ガタリでは全体（intégral）などという語は滅多に使えず、前著では気苦労したが、バディウでは使用可能である。類似の多態‐思想でもノマド分散型か数理集合論型か、の異同といってよいか。

＊＊――原語は〈topique〉であるが、あえて取意的にこう訳語した。日本語としては四者（不安、勇気、正義、超自我）の相互‐位置関係と解して。

＊＊＊――これら四概念のみならず、既述したメタ存在論や根源的・生起‐成起・存在論を構成するすべての概

念・事態が統合的に総体化され方向づけられるところによって「それと示される」というべきであろう。実存倫理の主体は十分に知的かつ深甚の存在論に立脚・定位している。

「第九局面――このトポロジーは、別言すれば、二つの概念カップルを結びつけていることになる。不安‐超自我は〈effet-Ψ〉* を示し、勇気‐正義は〈effet-α〉** を示す。主体についてしかるべく語りうるのは、〈Ψ〉と〈α〉が分裂して一体をなす一個のプロセス性において主体を考察する場合にのみである***」。

*――〈effet-Ψ〉とは、後述のところによれば「剰余（超剰）態（excès）を定位（位置）態（placement）へと従属（subordonne）させる」（p. 302）とあるから、おそらくフロイト流に「（獏たる）不安を（指令態としての）超自我に従属させる」であろう。

**――〈effet-α〉とは、「この（右記の）順序を逆（inversant）にする」（Ibid.）こととあるから、「この定位（位置）態を剰余（超剰）態へと従属させる」（Ibid.）、つまり、（こちらはフロイトとは別に、バディウ流に）「正義を勇気に従属させる」ということであろう。あるいは、単に「勇気を正義に従属させる」かもしれないが、これでは「（主体的な真心《しんしん》としての）勇気を（出来合いの教条的な）正義に従属させる」ともなり、後述もする「党‐精神」（l'esprit de parti）への「従属」ではなく、その「パラドクス」（後述）の「解消」（disparition）をもって「倫理」（éthique）とする（cf. p. 325）バディウ流儀とは充分に一致しなくなる。バディウが、たんに良心派・道徳派ではなく、むしろ集団行動への「忠誠」を尊ぶ思想家であるだけに、この判断は慎重を要するが、ここではわれわれ（筆者）の責任において、そう理解する。

***――先に「欠如と過剰の弁証法」とあり、ここでの発想もヘーゲル弁証法を思わせるかもしれないが、既述もしたとおり、バディウには「正‐反‐合」図式はない。バディウ弁証法とは、バディウ自身はそう自称しているわけではないが、一言でいえば、{¬(α∈α)} と {(α∈α)} の、集合論と生起論の、〈disjonction〉（離接）

の「止揚なき葛藤」にあるのではなかろうか。[4]

「第十局面――主体は（認識へと）与えられる（donné）ものではない。主体は発見されるのでなければならない＊（doit être trouvé）」。

＊――バディウは既述のどこかで、「発見される」とは「先在している」ことを前提しての発想であるとして、排除していた。ここでも、相応しい言表ではない。「主体は産出・創出（produit, crée）されるのでなければならない」、いやむしろ「主体は自己成起（se génère）していくものでなければならない」というべきだろう。それも、一回的に、ではなく、常に、新たに、である。

（2）ラカンとバディウ

　バディウはエコール・ノルマル学生時代、旧師アルチュセールが招聘してきたラカンに接して以来、思想的にも強い絆を築いており、一冊の単著のほか数多くの参照・論及をなし、簡単に扱うのは躊躇せざるをえない。われわれの既述のところも、ラカンの象徴系（le Symbolique）vsレェール系（le Réel）（vs想像系（l'Imaginaire））の強固な二（三）元論をハイデガーの（存在（Sein）vs存在者（seiende）の）存在論的差異に系譜づけるかたちで、あいまいに言及するに止めてきた。しかし、ハイデガー後期の存在思惟が主体問題の解消に終わるに対し、その〈Licht-ung〉（分開‐光与‐動）思惟から再出発して新たな主体の再（新、真）建への努力をはじめたわれわれ（筆者）（拙著『創造力の論理』第二章、他、参照）としては、このハイデガーと目下のバディウとの間にすくなくとも簡単なかたちではラカンあるいは後期ラカンの主体論議を確認しておかざるをえない。

　バディウのラカン言及の基本はこうである。

　「マルクスにとってのヘーゲルと同じく、われわれにとってはラカンは本質的に重要であり、区別もされなければならない。〔ラカンにおける〕構造の優位は、象徴系をもって主体の〔集合論とも言うべき〕代数学とし、〔ディスクール言説に先立つ含意ニュアンスとしての〕ララング（lalangue）をもって主体の超越論的地平とするが、いわゆる換質換位法によって（se contrapose）、次第に、〔先述した集合論を補完するメタ存在論としての〕トポロジックな問題意識となり、そこで、動態性（mouvance）をなすもの、また進化（progrès）するものが、レエール系（le réel）〔現実系、実在系、存在系〕の優位に起因するとされることになる。／おおまかにいえば、二人のラカンが相次いで出現していることになる。〔これも既述の、マラルメなみの〕存在欠如（manque à être）のラカンと、穴（trou〔既述〕）の存在論、振動静止点（*topos* nodal）、それゆえ欠如の存在（l'être du manque）のラカンとが、である。／象徴系の優位から、レエール系の厳在（consistance）へ」（ThS. pp. 150-151）。

「二人のラカン」のうち、前期ラカンは人間は言葉で生きる存在者ゆえ「象徴系」によって貫かれているものとし、「レエール系」（実在事象、現実系）は言葉によって取り零《こぼ》されるものにすぎないとして、副次視されるに止まった。しかし、途中、有名な逸話であるが「貴下の存在論はどうなっているのか」と問われ、「レエール系」を考量することになった。ラカン思想もバディウの（それへの）関わりも深甚・複雑だが、ここでは二点に限定しよう。「〔上記の〕結果‐主体」は、「複数個の言語系の網状態のなかで分節化されている虚（vide）ろな全態」であるか、それとも、「その虚（vide）ろさが、純粋数学のみが知へともたらしうる、要するに存在へと縫合（suture）されつつ機能している、存在の生起（événement）、存在からの浸潤（intervention）、存在への忠実さ（fidélité）の成起（génériques）によって支えられているそれか」（EE. p. 472. 簡明化のため取意訳）、である。この点、「ラカンはいまだデカルト時代の科学に固着し、主体コギトを純粋‐空（pur vide）のなかにおいている」（Ibid.）。しかし、「主体の起因するところを見定めるということになれば、それは〔純粋‐空ではなく、無限‐多としての空である〕生起（événement）にでしかありえない」（EE. p. 473）。

実際、後期ラカンが〈レエール系〉を考量するにいたっているにしても、コーエンの「ジェネリック連続体」

が数学の範域を超えるにいたっていない（EE. p. 376, 446）ように、それは精神分析学の範域（社会的現実、等）を超えて、バディウの「生起・成起」レヴェルの能作的積極性にまではいたっていない。バディウ的「生起・成起」の動態性が、「無底・消失因」（sans fond, cause évanouissante）とされながらも、たんなるドグマでない以上、どこから起因しているのか、さらに問い詰める必要があるにしても[5]……。

（3）主体と倫理

（i）現代哲学と〈倫理への回帰〉

主体を生起（の結果・所産）とすることは、存在論的・メタ存在論的-規定であるが、なにやら自然主義的-発生論やそれをモデルとする安易な独断的形而上学的-発想のようにも思われるかもしれない。近代的主体は、対象支配の認識論的・行為論的、さらには倫理・道徳的-能作性を自負するものであった。『倫理』[6]が哲学的常識をうまく整理している。われわれに必要な二点のみ確認する。

①近代的主体にとっては〈倫理〉（éthique）と〈道徳〉（moralité）はほぼ同義であり、「カントなら（理論理性と区別して）実践理性というだろう。主体的行動とその表象上の志向・意図の、普遍律法への関係の謂いである。倫理とは、個人的もしくは集団的な〈主体〉〔原文大文字〕の、実践上の判断原理である」（Eth. pp. 4-5）。「ヘーゲルは〈倫理〉（Sittlichkeit）と〈道徳〉（Moralität）のあいだにわずかな区別を持ち込む。倫理という原理は直接的（*immédiate*）行動に充て、道徳性は反省（*réfléchie*）が先立つ行動に充てる。たとえば、〈倫理的命法は本質的に直接的な既定性（décision）にある〉という」（Ibid. p. 5）。「直接的」（immédiate）とは、文字通り、「反省」を媒介としない、を意味する。「既定性」の原語は〈décision〉であり、あるいは「決定」とするほうがよいかもしれないが、ここではこう訳しておく。

②この時期（一九九三年前後）、フランス思潮界は、構造主義の科学的客観主義や六八年革命の熱気が後退

し、「倫理へ戻れ」の合言葉のうちで、「ヘーゲル（決定性の倫理学）よりもカント（判断の倫理学）により近い」（ibid.）、さまざまの倫理思想が輩出した。「人間の権利〔人権〕の倫理学」「生命・生命体の倫理学」「共存在・共同体の倫理学」「コミュニケーション倫理学」（Eth. p. 5）。他の箇所では、カント系譜の「人権の倫理学[7]」、レヴィナスの「他者の倫理学」、ニーチェ系譜の「生の倫理学」（Ibid. p. 6 他）。バディウはこれらのうち、「人間、権利、他者、……」の倫理学についてはこれを抽象的な「原理」の倫理学として、自らには「より状況に密着した」具体性の倫理学を主張し（Ibid. p. 6 他）、またすでに制度化もしている（Ibid. p. 5）「人権の倫理学」については、「人権」とはひとも知るとおり「生きる権利、安全に生きる権利、幸福に生きる権利」であるが、これは人間をあたかも「犠牲者」（Ibid. p. 17 他）のように前提してかかるネガティヴ思想、「他者の倫理学」については他者（autre）とは結局は絶対他者（Autre）でしかありえず倫理学を宗教へと解体するもの（Ibid. p. 21sq.）、「生の倫理学」とは西欧的な「死への反感」（Ibid. pp. 32-33 他）によるもの、等として、自らには「真理の倫理学」（後述、Ibid. p. 43）、ただし既述の「政治、科学、芸術、愛」の四（全）領域にわたって具体的なかたちで成立・成起してくる真理（真諦、真義、精確性、真正さ、真実、等）——「〈真理〉とはそのつどの生起に関わる忠誠さの現実的展開（processus réel）のことであり、この忠實さが状況のなかで産出（produit）するところのものである」（Ibid. p. 39）——、の謂いであるが。

（ii）生起と倫理：ギリシャ哲学以来の〈abîme〉——ヴェイユとバディウ（再論）

さて、ここで何が問題なのか。主体が生起（の結果（effet））であるとして、そのことは主体がその倫理的・道徳的-正当性にかかわる審問からはじめから放免されているということなのか、この問題である。デカルト的コギトであればいっさいの懐疑から払拭されているおそらく神によって創造された実体として、カントの超越論統覚としての主体であれば、いっさいの経験論的汚濁に無縁なその超越（論）性において、いずれもそのまま倫理的・道徳的‐正当性を具備し・認証されているといってもよいであろう。しかし、「生起」は直接的認識は不可能な非‐現前態（imprésent）であり、ひょっとするとデカルトが警戒に警戒したあの自己隠蔽に長けた「マラン・ジェニー」（悪の邪霊）の所為でもあるかもしれない、のではなかろうか。別言すれば、存在論的・メタ存在論的‐次元と倫理・道徳・価値論的‐次元の関係‐非関係の問題である。生起動は倫理的次元とどのように関係・非‐関係しているのか。バディウはこの問題に直接的にはおそらく一度も対応してくれていない。しかし、やや趣きを変えれば、これはバディウにとっても第一の枢要な問題である。バディウは、いう。「哲学は、その始原から〔現代集合論の〕カントールにいたるまで、数的‐分別《ぶんべつ》態（discrétion numérique〔可算数群〕）を幾何学〔形象〕的‐連続性（continu géométrique〔非‐可算数態〕）から分離（sépare）するその深淵（abîme）を凝視（scruté）してきた」（EE. p. 311）。関連問題は少なくない。既述のところから拾うだけでも、非‐連続性と連続性（連続体）、代数・算数態と幾何形態、状況（situation）とその固定的・閉鎖態としての（国家（État）を主とする）部分集合態（état）、集合論のいう帰属（appartenance）と含有・内除態（inclusion）、多数態（*Wo*）とその部分集合（*P (Wo)*）、……、そしてバディウはここにいう「と」としての「分離」の「深淵」（abîme）を「存在の蝕（éclipse）」として、「消失する存在」（Être évanouissant）（EE. p. 312）、ただしあの「欠落の因果律」（causalité du manque）「消失する原因」（cause évanuissante）のいう（「分離」されている両者を支える）根源的な「生起」動として、論じてきたのであった。「伝統的な存在論はこの消失している作用動を〔正体不明・所属不明・混迷動としての〕〈彷徨態〉（errance）としてしか考量しえない」（EE. p. 312）が、「メタ存在論はこれを〈生起〉動として重視・包摂する」（既述。cf. Ibid.）と付言し、「この裂け目（béance）を〈閉じる〉(*fermer*)〔架橋する〕ためにこそ、主体が必要なのだ」（EE. p. 468. 傍点引用者）（後述再論）と指摘しながら。存在論・メタ存在論‐次元と倫理・道徳・価値論‐次元の「と」なる根源的な「異次元性」「分離」「深淵」からこそ出発して、「生起」と「倫理」の相互織成を本格的に論じてもらいたかったような思いがするが、……。それとも、「生起」から

「成起」への「変容」に、この問題も含まれているというべきか。

ちなみに、われわれも「序章」で、ヴェイユに倣って、ある意味、バディウと同様のアプローチをした。古代ギリシャ・オリエント一帯に算術（arithmétique, calcul）は流布していたが、ギリシャだけはさらに幾何学（géométrie）を自らの数学として産出・採用・顕揚した。理由は、①計算数学は実用つまり奴隷の仕事の道具にすぎず、あのギリシャ的‐形象美感覚が幾何学を必要としたこと、②ピュタゴラス派による無理数・非合理数の発見はギリシャ的‐整数感覚を脅かしたが、幾何学が直角三角形の斜辺としてそれを幾何学的‐合理性のなかに救いあげえたこと、③さらにこれこそヴェイユが強調したことだが、直角三角形の斜辺が他の二辺の調和・協成を支えるように、諸形象はA：B＝B：CといったBという比例中項を媒介としてこれまた調和・協成‐関係に入るが、幾何学こそがその比例中項を確定する合理操作であり、それこそユダヤ的‐二元論に対してキリスト教の三位一体思想・仲保者キリストという発想を可能にしたものであること、そして、④プラトン自身が、ギリシャ的‐正義の象徴ともいうべき正方形の、その内なる二本の対角線交叉に、正義者でありながら正義を支えて苦患するソクラテスを示唆するように、ヴェイユはこの対角線交叉に十字架の先駆を見、そこにもギリシャ幾何学の精神史的‐画期性（ギリシャという「生起」（événement））を感知したこと、等々による。これに対して、バディウは、幾何学を貶価はしないが特別に顕揚もせず、むしろプラトン／ヴェイユが幾何学・内的対角線‐交叉・正方形・十字（架）形象によって抹殺してしまった観のある（先述の）「非‐幾何学的・数的‐分別態」（discrétion numérique）のほうをその後の今日における集合論‐数理に向けて賦活させている観がある。方向は逆だともいえるだろう。だが、両者のいずれもが、「数的‐分別態」と「幾何学的‐連続態」の一方か他方に傾きながらも、両者の間のその「と」なる「分離」「深淵」「存在欠如の原因作動」に「凝視」（scrute）の思惟を向けていることに変わりはない。

バディウは、しかし、既述のとおり、「生起」次元と「倫理」次元の根源的交叉から明示的に考察するということはせず、むしろ経験主義的にというべきか、すくなくとももっぱら存在論的・メタ存在論的かつ（客観的）過程論的にとはいえるであろうが、「状況の住人」が「状況・一化-算定態」からその「存在」「真理」である「純粋-多-態」を「控除」する、あるいは「状況・一化-算定態」からその「存在」「真理」「純粋-多-態」が自己控除・「脱去」する、そこへと「状況の住人」が「参入」「介入」（intervenir, intervention）（EE. p. 314他）していく、そうすることによって「空」（-集合）にも達し、「生起」にもそれも「たまたま出会う」（既述、EE. p. 370, 371他）、そしてそのようにして「主体」が成立するにいたる、という（過程論の）かたちで、考察した。上記のところで「真理の倫理学」（Eth. p. 37）という語・発想が出てくるのもこの過程の「純粋化」の営みとしてである。「公理論的-思惟」の「主体」が、「生起」の直接的認識不可能のままに、これまでの諸公理を踏まえてもう一歩前進の「生起」的思惟を投企する場合にも、先述「信用」（believe）（EE. p. 467他）概念が含意するように、先行諸公理その他の随所にこの「真理の倫理学」が含まれていることを前提していた。

（iii）〈Ψ〉と〈χ〉——「不安と超自我」から「勇気と正義」へ

さて、この存在論的・メタ存在論的-過程論的論議とは別に、この主体論では、「状況の住人」が「主体」へと変容していくそのいわば主体成立の内的構造動態への考察も、加えられている。この章「Ⅲ」の冒頭で示した「主体の十局面」の「第九局面」のいう「〈Ψ〉と〈α〉が分裂しつつ一体を成す」という事態展開が、それに該当する。フロイト流の「超自我」「不安」概念とギリシャ悲劇が描く該当症例とバディウ流「正義と勇気」概念が動的に重なり合うこの部分（ThS. pp. 296-312）を仔細に引用することは紙幅的にも困難なので、われわれ（筆者）流に思い切って簡略化してしまえば、こうである。「状況の住人」は、「状況」レヴェルで安穏に生きることを控えて、まさしく「真理の倫理学」によって、「控除・脱去」態に「参入・介入」していくとき、やわな「知」性によっては処理し切れない多層・多相的な「純粋-多」「部分集合」さらには「空-集合」態に遭遇し、

「不安」（angoisse）状態になる。その場合、平安状態の回復を求めてなんらの依拠対象を求めるとすれば、それは神や両親を含む心の師や最悪の場合には状況レヴェルの強力者というつまりは「超自我」（surmoi）ということになるだろう。「真理の倫理学」はここで頓挫することになる。それをバディウ流に遂行しつづけるためには、「不安」を引き受け、それを貫徹する「勇気」（courage）をもってその先に、まさしくあの「前‐未来的」投企（anticipation）によって、「真理」、ここではギリシャ悲劇を引照するから、ただしこれもバディウ的だが、「正義」（justice）、を「産出」していくのでなければならない。既述したように、〈Ψ〉とは「超剰態」（excès）の「心的過程」への「位置づけ」（placement）であり、〈α〉とは心的過程内での「位置づけ」からその外なる「剰余態」への変換であるが、これは同一レベル・同一物の循環（circulation）ではなく、「心的過程」におけるあの「（真理、真理の生起・成起への）忠実さ」とここでの「勇気」によって内実変容を得ていく「捻転」（torsion）（cf. ThS. p. 142 他。後述再論）である。ここでバディウは「真理への」とか「正義への」という目的論的言表はおこなわない。目的論とは未来を現時点において規定・決定すると自己撞着に陥ることになるからであり、「真理」も「正義」も成立・成起するとすれば、それは、あくまでも、しかもそのつど暫定的な、「結果」（effet）としてにすぎないからである。とまれ、「不安‐超自我」の心的状態（procès-, état-psychologique）は、こうして「捻転」動態を通じて、「勇気‐正義」の現実過程（procès réel）へと変容していく。

バディウ主体論は存在論的には「状況の住人」が「状況」を構成する「純粋‐多」「空‐成‐動」を経て「公理論的‐思惟」へと「成」っていく過程であるが、この「住人」から「主体」への変換は〈Ψ〉から〈α〉への、不安・超自我・勇気・正義を内実としての、主体そのものの構造転換であり、ここに「公理論的‐思惟・決定」が同時に「実存（論）的‐思惟・決定」とも呼称される理由も見ることができる。たんに先立つ世代の現代思惟としての精神分析論議や実存主義ではなく、遠くギリシャ悲劇の問題意識を継承・賦活する哲学的な本来の人間論・主体論と見なければならない。そして、ここにも見られる「正義」への「前‐未来的投企」の営みは、さらに、追って、人間主体のいわば可能性の条件としての「人間存在の自己先行的構造」（antécédence du sujet à soi-même. cf. ThS. p. 158sq., 296）によって根拠づけられることになるだろう。われわれとしては、その「自己先行性」という〈inconsistance〉（不安定性ではなくポジティヴな非‐安定性）に、存在次元と倫理次元を分断的に支える「と」の「消失する存在」（Être évanouissant）としての、存在論的からすらも区別してメタ存在論的・存‐起‐論的とすべき、「生起」を想定することができるはずである。

（4）真理と倫理

（i）真理の倫理学

①倫理・道徳は、通常、善悪をめぐる分別《ふんべつ》問題であり、……。ここで小さい確認をしておこう。バディウは、倫理と道徳を区別し、後者はおおむね個々の主体の内面的な思惟・判断・志向の問題、前者はおおむね集団レヴェルの主体の外向的なそれ（ThS. p. 326他。既述）、分別問題ではあるが、既述の「数的分別《ぶんべつ》態」（discrétion numérique. 可算的‐多数態）の問題であるように見えても、「善」「悪」と「知」識的にも規定可能である以上、「一化・算定」レヴェルのものであって、「純粋‐多」態レヴェルのそれではなく、われわれは右述のところで「正義」概念も考量したが、後者を倫理・道徳問題から区別して法的概念とするほどの必要はなく、また、バディウはプラトン主義者であるが、仏語訳でいう〈Bien〉（通常、「最高善」のように訳される）にはさほど特別な関心は示さず（cf. Cond. pp. 312-314）、自らのいう「真理」（Vérité）とほぼ同様に扱い（cf. MphII. p. 119, Eth. pp. 53-54, 78）、〈bien〉はたんなる「利益財」のように扱うにとどまる。「悪」（mal, Mal）については一著『倫理――悪の意識について』[8]を刊行しているが、これも「善」ならぬ「真理」の裏面現象のように消極的に扱う（Eth. p. 55sq., 63, 77-79）にとどまっている。

②バディウ哲学とはもともと既成の固定的な二元態の一方を選択する思想ではない。集合と空‐集合の間、「数

的‐分別態」と「無限‐多」の間の、多相‐動態から「真理」や善悪・正邪を生起・成起させていく、しかも動植物の場合のように自然発生的にではなく、「忠実」（既述）さと「尽力」（labeur）（Ibid. p. 28. cf. StP. p. 96）をもって、われわれ流に言い換えれば「原為」と「人為」の「離接‐動態」（disjonctif）をもって、「産出」させていく、そのような営みの哲学である。倫理（・道徳）の名に値するものがあるとすれば、それはそのような「真理」の生起・成起への「忠実・尽力」、つまり「真理の倫理学」（cf. Ibid. p. 28, 41, 43, 60, 79）としてにほかならない。そして、この場合、「真理」とは、学術的・抽象的なそれではなく、既述の「政治、科学、芸術、愛」において具体的に成立する「真諦、真義、精確性、普遍性、共成・調和、真正性、真実性、……」といった「諸」真理の謂いである。「倫理は諸真理（*des* vérités）のそれとしてしかありえない。より精確にいえば、真理のための諸実践、なんらかの真理（*quelques* vérités）をこの世界に到来させる（faire advenir）努力（labeur）にかかわるそれとしてしか、倫理は存在しない。倫理は、ラカンがカントと道徳（morale）一般に抗して語るときに前提していた意味において、つまり精神分析という倫理（éthique *de* la psychanalyse）として、理解されなければならない。倫理一般など存在せず、存在するのは（政治、愛、科学、芸術）ための倫理（l'éthique-*de*）なのである」（Ibid. p. 28）。「ラカンは〈君の欲望（désir）について譲歩するな〉といった。欲望とは無意識の主体を構成するものであり、〔ラカン倫理は〕〈自分自身における自分の知らないものについて譲歩するな〉ということになる。われわれは追加しよう。〈真理実践において汝が把握（saisie）するものについて譲歩するな〉、と」（Ibid. p. 43）。「真理の倫理学とは、簡単にいえばこうである。〈君の頑張り（persévérance）を超えた（excédé）ものを存続させる（faire persérvér）ために為しうることを全て為せ〉。断絶（interruption）において不屈（persévère）であれ。君を捉え（saisi）かつ挫折させた（rommpu）ものを、君の存在そのもののなかで把握（saisis）せよ〉」（Ibid. p. 43）。

……ボクたち現代青年はもっとさりげなくエレガントなのよ、という反応が返ってくるかもしれないが、これはかって単身マッターホルンを征服し吹雪のエヴェレスト山頂に消えたあのG・マロリーのような、今日もなお存在しつづける、「真理」に向かっての、「真理」というついには人間存在におそらく知識（savoir）化-不可能なものに向かって挑み続ける、要するに「勇者」（ニーチェ）たちのレヴェルでの問題である。

「真理の倫理学」について、バディウに、概念的な定義はないようである。断片的な言及――既出・後出の「生起に無節操に期待しすぎるな」「真理を追って性急な命名をおこなうな」――や、目下の全八十頁の小冊子『倫理』の諸文言（とくに、Eth. p. 60 等参照）を踏まえて、こう――要するに、「人為」でどうするか、ではなく、「人為」をもって「原為」にどうかかわるか、ということだが――要約できるように思われる。

（i）「生起」をして「生起」たらしめよ。われわれはわれわれを取り巻く「状況」としての「知の体系」（savoirs encyclopédiques）のなかに生きているが、そこから「脱去」するものあり、それを「控除」し、「脱去-生起」を「到来-生起」として、捉え直し、賦活せよ。

（ii）「成起」をして「成起」たらしめよ。「脱去・控除-生起」は「状況」と相反-相伴的な具体的-現実性に富むはずであるが、同時にそれらは「純粋-多」とそれら多くの「純粋-多」（部分-集合）群を支える「無限-多」としての（量的ならぬ質的な）「空-集合」「空」「空-起（成）-動」を介して相互に連関しあっており、後者（その相互連関性）において「生起」の具体的-現実性つまり「偶有性・局処性」（hasard, local）は、「普遍性」（universel）といえば（近代・カント的な）抽象性に陥るゆえこれを回避すれば、バディウ的な「生起」-相関的なつまり具体的・現実的な「準-普遍性」としての〈généricité〉を獲得することになる。これを「成起」と呼ぼう。そして、この「成起」の、$\{\neg(\alpha \in \alpha)\}$ に抗する $\{(\alpha \in \alpha)\}$ の「前-未来」（futur antérieur）的な、偶有的な投企ならぬ、「公理論的・実存的-思惟・判断・決定」に相反-相伴する、自己創出的-動態性に、「真理」への開路を見よう。窮極的な真理の何であるかなど、「真理」（vérité）を「知識」（savoirs）レヴェルに貶価するだけのことにすぎない。「結果-真理」への引責問題も、本質的には「公理論的・実存的-思惟・判断・決定」のなかに予め含まれている副次問題にすぎない。可能なかぎり万全の準備を整えて、いまだ知られざる、未来の可能性へと賭けるということである。バディウのよく引照するマラルメの「骰子一擲」(un coup de dés)のいうことも、別ではない。

「真理の倫理学」とは、かくて、〈いまだ未然の「真理」に向かって、「公理論的・実存的‐思惟・判断・決定」をもって、「生起・成起」に賭けよ〉である。

(ii) 真理とプラトンの「至高善」

バディウはプラトン哲学の信奉者であり、プラトン哲学の主要概念のひとつに、バディウもフランス知識人たち一般も〈Bien〉と仏語表現する概念があり、これは日本語では「善」もしくは「至高善」と訳出する習慣となっている。この場合、「善」とは倫理道徳のいう「善悪」の「善」と同じではないということも前提されており、西田幾多郎の初期代表作『善の研究』も、出版社の希望でこの題名になったが、西田のもともとの意図としては、「純粋経験と実在」と存在論的な内実のものであった。

ところで、バディウにおける「真理と倫理」ということになれば、やはり、「真理」とこの〈Bien〉の関係の問題となる。われわれ(筆者)はすでに上記のところで簡略に言及し、〈Bien〉と言われるものについては、二様・重相的に理解して対応した。①ハイデガーのいう〈das erste Vermögende〉[9](万象を可能にする究極の根拠)と解すること。②書籍上は確認していないが、院生時代に西欧研究の基礎の基礎である「ギリシャ哲学とキリスト教」について熱心に勉強し、今道友信教授の講義「プラトンの美学」から、ここにいう〈Bien〉とは、倫理・道徳上の「善」でないことはむろん、もともとギリシャ・プラトン語では、〈τὸ ἀγαθόν〉は〈καλὸς καὶ ἀγαθός〉を含意し、最終的には〈ἡ καλο-κἀγαθία〉と解すべきことを学び、納得した。〈kalos〉とは「美しい」で、充分にギリシャ的であり、であるとすれば、〈agathos〉は「善き」というより、「佳き」であろう、というのが筆者の納得内実であった。①と②は矛盾しない。ギリシャ哲学は、近代哲学と違って、「存在(論)」と「価値（論）」を区別しておらず、「万象の窮極の根拠」とは、自ずから「佳きもの」であった。われわれは本著の「まえがき」で、プラトン／ヴェイユとともに、「正方形」といういかにもギリシャ好みの形象による「正義」と、その内角・二直線の十字交叉に含まれた「正義者」＝「キリスト」の「十字架」＝「アガペー」（ἀγάπη）の重相性を見たが、すでにギリシャ語「アガトン」（ἀγαθόν）が、ギリシャ的「美」の「真」とキリスト教的「醜」の「真」を含んで、人類の〈générique〉（類的‐普遍性）を代現していたといえなくもないだろう。

ところで、バディウはいう。「〈Bien〉とは〈認識可能なものに真理性を贈与（prodigue）し、認識するものにそれを認識する能力を贈与（prodigue）するもの〉である。ラカンにとっては、そのことは、〈他者の他者〉（Autre de l'Autre）は存在しない、ということを言っている。プラトンにとっては、そのことは、〈Bien〉はイデアではなく、存在者においてイデアに接しているものでもない、ということを言っている」（Cond. p. 313）。多少解りにくいところもあるが、こう理解しておこう。〈Bien〉はわれわれ人間に「真理」の存在と「真理」を認識する能力を「贈与」してくれる、つまり、ハイデガーのいう「可能にしてくれるもの」（Vermögende）にして、今道教授のいう「恵与」してくれる「佳きもの」（kalo-kagathia）である、と。ただし、バディウは、他処で、ハイデガーの有名な「存在‐贈与」（Es gibt Sein, Seins sich-geben）に抗して、「贈与・恵与」などありえない（記載頁、不明化）、あのマラルメのいう「消失項」（terme-, cause-, évanouissante）しかないのだから（既述）、と、神無き、ハイデガーにすら残存するかのロマン派的‐霊感をも廃棄する（cf. Cond. p. 162, 175 他）、現代哲学思想家たるに相応しい、たしかにバディウらしいことも、いっている。であるから、ここで、バディウ自身のいう「プラトニスム」と「多のプラトニスム」の違いを思い起こすべきかもしれない。バディウでは、〈Bien〉なる「贈与・恵与」者の代わりに、あの「謎めいた」生起から、「公理論的・実存的‐思惟・判断・決定」に対応しつつ、「真理」は自ずから（cf. Cond. pp. 207-208, 193 他）「成起」してくる、あるいは、いく。ハイデガーも、われわれ（筆者）からすれば、「存在‐贈与」よりもう一歩先の「エルアイクニス」「リヒトゥング」まで論を進めるが、バディウには数理論的‐還元が入るから、「生起」の非・脱‐人称化はより徹底することになる。

（5）真理と倫理――補いの諸側面

『主体の理論』とその周辺には、ほかにも記すに値いする発想が少なくないが、全面的・体系的に論ずることは紙幅上も控えて、バディウ思想をより良く伝えるための数点を断片的に列挙するに止めよう。

（i）プロメテウス倫理学

まず、旧倫理学を四種に分け（ThS. pp. 335-336）て、（a）「讃仰の倫理学」（ライプニッツ流の共‐可能態〈con-possible〉の最善世界論議か。むろん、プラトンやカントのイデア次元・理想共和国論議を充てることもできる。別処で〈賢者〉（sage）の倫理学ともしている）、（b）「諦念の倫理学」（その逆か。筆者なら、ポジティヴに〈窮すれば己れを磨き、達すれば世界を磨く〉の前者と見る）、（c）「価値喪失の世界に〈非‐場〉（horslieu）を設定して」、世界との対立・葛藤を維持・耐忍する「反‐適合の倫理学」（バディウの先輩世代でいえば、カミュの「反抗的人間」か）、に加えて、（d）「現実世界に対する超過態（excès）としての正義――〔別処（ThS. pp. 311-312）に定義はあるが、ここでは、バディウ流の平等（égalité）さらにあの〈générique〉に対応すると見てよい〕――が再構成する価値ある世界にこそ、然るべき場（place）が到来する」と発想する、現実主義的でかつ理念建設型の、「プロメテウス倫理学」。「プロメテウスは、神々に挑戦するかたちで、神なき虚ろの世界（à vide）のただなかで、勇気の生成を保持しつづける」（ThS. p. 336）。〈à vide〉を「神なき虚ろの世界」などと取意訳したのは、サルトル戯曲『悪魔と神』結語の名文句「このからっぽの空の下、為すべき闘いがあり、俺はそれを為そう！」に連関させると同時に、バディウ的‐内在論における「空‐集合」の「空‐虚」性と「無限‐多」性の両立のパラドクスを示唆したかったからである。バディウ倫理学は、むろん、ここでの分類ではこの（d）型に入る。この種の発想は、この時代（二十世紀後半）には、サルトルのみならず、バディウの支持する左翼政党などでも共有されていた理念・呼称で、わが国の常識ではベートーヴェン型の人生観・世界観ということになるはずだが——（中・高校時期の筆者はシュヴァイツァーの『キリスト教と世界宗教』にはまって、キリスト教のこの種の姿勢を最良としていた）——、他方、今日的にはいささか旧弊の観あるいわゆる昭和型の挙措ともいえ、ここではこれ（のみ）をもってバディウ哲学・倫理学の特色と読者に紹介するのはややためらわざるをえない。

（ii）定言命法「継続せよ！」——〈生起に英雄は要らない〉

既述のとおり、「真理への、善・正義への倫理」と呼称することは、前‐未来的投企の対象・主題を現時点で規定・確定してしまう錯誤であり、未然の主題・対象をもって現行の行為を正当化してしまう詐欺行為にもなりかねず、古代神話名プロメテスほどではないが、やはり事大主義の観を免れない。この点、『倫理——悪の意識について』の結章は意外なほど、といってもあの〈n'importe qui〉（誰であれ）主義と同じ路線ということか、——既述のところで、「生起論議に英雄は要らない」、ともいっていた——、控えめで、「生起」への「忠実・奉献」を「続けよ！」をもって定言命法（Eth. p. 79）とする。「われわれは倫理の〔誇大化なき〕認容可能な概念を再構成し、真理の生成（devenir）への服属をもって格率（maxime）とする。〈続けよ〉（Continuer!）が格率である。ひとりの他の人間たちと同様の動物‐人間（un animal humain）としての〈誰か〉（quelqu'un）であることを続けよ、ただし、そのつどなんらかの真理の生起・展開（processus événementiel）によって〈捕縛〉（*saisi*）され〈転位〉（*déplacé*）させられていくことを自らとしている（s'est trouvé）、そのような人間であることを、である。われわれはたまたま〔動物ならぬ〕人間という真理の受取人（être partie-prenant）になってしまったわけだが、その運命を担いつづけるのでなければならない」（Ibid. p. 78. 一部、取意訳）。「倫理はそれゆえ、〈続けよ〉の定言命法のもとで、（紛《まが》いものに捕縛されることない）識別力と、（紛いものの誘惑に譲歩しない）勇気と、（なんであれ〈全体〉(Totalité) の極限にまでいくことは控える) 謙譲さとを、結びつけることにある。/諸真理の倫理学は、世界を一個の抽象的な〈法〉(Droit) に従わせることもなければ、〔カントのいうそれも個人ならぬ人類規模のエゴイズムとしての〕外的・根源的な〈悪〉(Mal) と闘うこともしない〔前者の〈抽象的な法〉もカント流の普遍法を含意しているのか〕。それは、逆に、諸真理への自らに固有の忠実さをもって、それら諸真理の裏面 (envers) であるか、あるいはその闇の顔 (face d'ombre) であると自らが認識している悪 (Mal) に向かって、備えることを目途《もくと》する」(Ibid. p. 79)。なにやら、とくに第二文など、「真理の闘士」(militant de la vérité) (cf. SP. p. 55 他) をもって自認するバディウにしては倹《つ》ましい発想となっているような印象もあるが、しかし、第一文の「真理の生起・展開によって捕縛され転位させられていく人間」とか、第二文の「諸真理の裏面であるかあるいはその闇の顔である根源悪」とか、深甚な理解を課している部分もあり、全体的には今日のいう「持続可能な展開」への最初期の提言といえる性格の文言かもしれない。「連続性」がなんらかの飛躍・切断を含むこともありうる。「真理の倫理学は、つぎのようにも命ずる。汝の忍耐力 (persévérance) を超える (excède) ものを存続させる (faire persévérer) ために、汝に為しうることをすべて為せ。断絶 (interruption) のなかで堅牢 (persévère) であれ。汝の存在 (être) のなかに、汝を捕縛し切断したもの (ce qui t'a saisi et rompu) を捕縛せよ (saisis)」(Ibid. p. 43)。

われわれは、しかし、あるいは、それゆえ、①と②のあいだにバディウに相応しい二段階をさらに確認することにしよう。

(iii) 第二の刻印――生起キリストと聖パウロの系譜

バディウはいう。「弁証法的‐唯物論は、ヘーゲル弁証法に抗して、万象は (少なくとも) 二度、登記されにくる、という断絶を導入する。/複数回、刻印 (double sceau) があるとは、歴史が刷新 (nouveauté) を得るための代価だ。／〔……〕マルクス主義は、マルクスとともに、またレーニンとともに、開始した。〈マルクス‐レーニン主義〉とは、二度の刻印の名称である。あの根源的‐〈二〉(Deux)の歴史上における〈ウルトラ‐ワン(Un)〉。／キリスト教も、二度、開始する。キリストとともに、また聖パウロとともに。第一刻印の堅牢(certitude)さが、第二刻印の真理性(vérité)に依拠(s'attache)していることに留意しよう。聖パウロの創設(fondatrice)のための闘い、福音を――ペトロとは逆に――〔世界的に〕普遍化しようという理念、〔ユダヤ教の〕律法から脱出しようという発想、ユダヤ世界を超えようという発想、がなかったならば、〔……〕普遍教会の政治が、聖パウロはその闘いにおけるレーニンであったわけだが、〔神の、キリストへの〕〈受肉〉(Incarnation)を朔及的に事実(fait)として確立することはできなかったであろう」(ThS. p. 143)。

第一刻印である〔キリストというより〕イエス(?)は、「純粋‐生起」(événement pur)(SP. p. 51他)であり、第二刻印は、パウロはもともとユダヤ教の指導者格であったから、その「公理論的・実存的‐思惟・判断・決定」は(「生起」を)「成起」に向かわせるに充分であったろうが、いまは通常の一般信者を考えれば、「キリスト‐生起」(événement-Christ)への(既述もした)「忠誠」(fidélité)が倫理・道徳の一範例である。「忠誠とは、要するに、現前する多の総体のなかで、生起に依拠するそれを分離する装置である。／忠実であるとは、生起の偶然性に拠りながらしかも正規の生成(devenir légal)であるところのものを取り集め際立たせることにある」(EE. p. 257)。「真理は啓示されるものではなく、ひとつのプロセスを通じて荷担されつづけるものである。真理は全面的に主観的・主体的なものであり、それゆえ自らの言明・潜元した事柄への忠実さこそが、決定的な核心をなす」(SP. p. 16, 15)。「倫理は、独自の真理の産出ではなく、政治、科学、芸術、愛、におけるジェネリックなものの不確かな生起・到来への実のある忠実さの維持にある。／倫理は、このかぎりで、真理をめぐってしか、ありえない。より精確にいえば、真理のさまざまの産出過程において、そのつどさまざまの真理を世界に到来させる(faire advenir)労苦(labeur)としてしかありえない」(Eth. p. 28他)。

二点、付加・確認する。①第一刻印は「生起」であり、「あえかな」（aléatoire）存在性しかもたず、第二刻印とは、それに強固な存在性を賦与する主体ということができる。晩年のハイデガーは、純粋な「存在思惟」を、哲学者ならぬ、「牧人」（Hirt）に期待した。ドストエフスキーはキリストをポジティヴな意味での「白痴」に擬した。上記の引用文では、〈certitude〉となっているが、それは第二刻印パウロによって「溯及的に根拠づけられて」とのニュアンスも含んでいるようにも見える。実際、今日のわれわれの知識からいえば、イエスは少年期から近隣の丘の上を歩きながら神様とお話しして対人的には独言的な人物であり、三十歳になってから世人たちに奇妙なしかしなにか感動的な説話をするようになった。世間的には変人・奇人ということだが、よりまともに考えれば、対人語を語るのではなく、神との対話で得た「原為-語」での「真理」を語りはじめたということである。それを同時代の大知識人であるパウロが理解しはじめ、パウロの学識にして初めて可能になったということだが、自らの改宗とともに、世に「通訳」しはじめ、こうしてキリスト教の成立となった。「生起」が「忠誠」の「倫理」を介して「真理」への「成起」へと「変換」するにいたったということである。

②もうひとつ重要なのは、これが単なる宗教的な独言の閉鎖的な伝達ではなく、「真理」の共有の営みであったということであろう。教祖から信者への主従伝達ではなく、関係者全員の己がじし自発的な共通思惟の開展であり、「忠誠」とはその協成営為への参加の謂いであった。バディウは、そのかぎりで、ここにいう第一刻印と第二刻印の関係を重視する。キリストとパウロばかりではない、とりあえず、マルクスとレーニン、フロイトとラカン、セザンヌとピカソ、カントールとコーエン、……であるが、他にも少なからず考えうるであろう。バディウ自身については？　サルトルとバディウ、と、一案を申し上げておきたい。

(iv) 信頼の倫理学

上記四種の倫理学を（常識レヴェルで）統合（synthétique）するかたちで、他の二つの呼称（surnoms）（ThS.

p. 337）も提示している。〈croyance〉の倫理学と〈confiance〉の倫理学である。〈croyance〉は常識の用法では「信ずる、思う、思い込む」等で、ここでは一語には訳しにくいが、テクスト上、主題になっているのは当時の社会主義国家の「指導者崇拝と生産力信仰」なので「信奉の倫理学」と仮訳しておくことにすれば、肝心なのは後者で「信頼の倫理学」である。「信頼するためには信用〔信奉〕しなければならないか。私についていえば、私は民衆と労働者階級に信頼の念を抱いているが、そのまま信奉しているわけではない。信奉しているとすれば、民衆レヴェルの大規模な動きを待つことになるが、この点に関しては、私の信頼観は揺らぐ。とはいえ、動揺もまた主体の構造をなすと知っているから、信用（信奉）を止めるわけではない」（Ibid. p. 338. 一部、取意訳）。であるから、「信頼」は、心理学の事態ではなく、倫理学の問題なのである。「信頼は、政治に先立つ〔より根源的な心の〕構えであり、利得計算行動の外なる超過であり、これなくしてはマルクス主義は決して始まることはなかったし、再開されることもない」（ThS. p. 338）。「マルクス主義倫理学の根本概念はこの信頼にある」（Ibid. p. 327）。「毛沢東は倫理をマルクス主義政治から切り離し、信頼をマルクス主義政治から切り離す。〈民衆への信頼の念を維持しなければならない、党への信頼の念を維持しなければならない。そこにこそ根本的原理の二つがある。この点につきいささかなりとも疑念を持つようであれば、われわれは何事も完遂しえないであろう〉」（Ibid. p. 345）。アルチュセールという脱‐ヒューマニズム的‐構造主義的‐マルクス主義者の学生であったバディウにこのヒューマニスティックなマルクス主義的‐信頼の倫理学とは驚かされる読者もおられるであろうが、実際、この学生向け講義本のこの最終二頁は、ほとんどこれ以上のマルクス思想論議には踏み込んでいない。バディウ流の「愛」が「信頼」を内実にすることを考えれば、ほとんどあの「アガペー」に近いまでの「定言命法」が末尾に発せられている。「汝らが二度と信奉することを望まないもの、それを愛せ」（Ibid. p. 346）。

（v）反-人権の倫理学

主体概念と同じく人権概念も現代思想家たちからは疎んじられる傾向にあるが、バディウは、上記の通り、主体概念はこれを対象・客体との関係から切り離して生起・成起-動から捉えなおすように、人権概念も、……。これは、簡単にいえば「生きる権利、安全に生きる権利、幸福に生きる権利」等のように、他例からいえば、「何故、人を殺してはいけないのか」という問いに、「何故」などという根拠はない、それがここ数万年の人類史上に浮かび上がって（「生起」して）きた「公理」なのだ、と応えるべき筋合いの問題であり、該当する人間たちではなく、彼らを取りまく「強い」人間たちが人間としての当然の義務として荷担・実践していくべしと（これまたここ数万年の人類史上に）浮かび上がって（「成起」して）きた「公理」的な問題、要するにいずれにせよわれわれの常識であると同時に勝れてバディウ的な問題なのだが、ところがバディウ自身はここでは該当する「弱い」人間たちの問題として否定的に処理し、人間一般の問題として「強さ」の「三テーゼ」（Eth. p. 18）を提起する。

「第一テーゼ——人間が自ら自身と成る（s'identifie）のは、自らの肯定的な思惟によって、自らに可能な独自な諸真理によって、自らを諸動物のうちで最も抵抗力あるもっとも逆説的な存在となしてくれるところの不死なるもの（l'immortel）によって、である」。

人間＝自己＝〈s'identifie〉（「自己同一化」）とはまがまがしい実体的・不変固定的な近代的自我の再来・反復のように見えるかもしれないが、そうではない。であるから、〈identité〉＝「自己同一性」なる訳語は避けて、「自ら自身と成る」と訳した。このテクストの後述（Eth. p. 27）のところにも、〈同〉（même）は、「在る、存在する」（ce qui est）のではなく、「到来する」（ce qui advient）、とある。人間＝自己も、「多から自らに成る、自らに到来する」、その自己生起・自己生成の動態性なのである。「同一律」に代（替）えて「同成律」「自己同成」とも、既述のところで試訳した。

「第二テーゼ――われわれは善（Bien）へのポジティヴな能力から出発して、それゆえ自らに可能なものを拡大しつつ、たとえ存在の保持としてであれ保守主義は拒否しながら、悪（Mal）を規定していく。逆ではない」。

「善」とは、バディウの場合、既述のとおり「真理」とほぼ同義であり、「悪」も、これも既述のとおり、「真理」の否定・「裏側・闇の顔」のことである。あらかじめ存在する「善」と「悪」から（「目的」的に）一方または双方を選択するわけではない。「生起」への「忠実」と「努力」（labeur, effort）（SP. p. 96, Cond. p. 150, EE. p. 233）において「真理・善」が結果・成果（effet. 先述）として「成起」し、「忠実」と「努力」の不全・怠慢として「悪」が結果・幽起する。

「第三テーゼ――人類はすべて、さまざまの状況との思惟における一体化の動きのなかに根を張っている。倫理一般などというものはない。そのつどの状況のさまざまの可能性を――そのつどの必要に応じて――処理・加工していくさまざまの手続き・実践の倫理としてしか、倫理は存在ない」。

倫理とは技術である、などということではない。倫理は、観念的な「べき」論ではなく、そのつどの現実的・具体的な真理実践（真諦、信義、多成、共成、精確性、眞實、真率、真正、……等の現実化）におけるその貫徹・遂行にほかならない、ということである。

この「三テーゼ」は特に目新しいものなく平凡・素朴・陳腐・旧弊の観もあるかもしれない。そう思われる読者諸氏には既述の「存在」「真理」「主体」についてのバディウの論述を然るべく想起・考量していただかなければならないが、ここでもあと二点ほど、加えておこう。

(vi) 反-他者（反-差異）の倫理学――同一律、差異律、同成律

「三テーゼ」に纏めながら、バディウはおそらく周辺に広がりはじめていたいわゆる（レヴィナス系譜の）他者

（差異）の倫理学を気にしてか、付言している。「こう論じて来ると、洗練度の高い倫理学者氏が呟くかもしれない。〈方向が逆だよ！　はじめから逆になっている。倫理というものは主体（Sujet）のアイデンティティに立脚するものではない。被害者のそれに立脚するものでもない。倫理は、原理的にも、〈他者のため〉の倫理であり、原理的に他者に向かって開かれているもので、アイデンティティは差異に従属するのだ〉、と」（Eth. p. 18）。

重要なのは、つぎの三文である。バディウ哲学の上記の本質が一点からだが巧く要約されている。やや長文となるが、引用する。

「われわれの公理（axiome）を確認しよう。神は存在しない、ということは、また、〈一なるもの〉（l'Un）も存在しない。〈一なき〉（sans Un）多、――すべての多はこれまた〔一なるものの多ではなく〕多の多なのであるが――が存在の法（loi de l'être）である。それでなくなる唯一のところは空（vide）だ。無限（l'infini）は、すでにパスカルが知っていたように、あらゆる状況に通常の事態であり、なんらかの超越体を示す述語ではない。無限は、カントールが集合の理論を創出したときに示したように、多‐存在（l'être-multiple）のもっとも一般的な形式にすぎない。実際、すべての状況は、状況であるだけで、無限の要素の合成から成る多であり、その〔無限な〕要素のおのおのもそれじたい多である。ホモ・サピエンスなる動物たちは、なんらかの（それじたい、無限‐多である）状況に帰属しているということだけで、〔おのおの〕通常の多‐態なのである。／さて、そういうことであれば、他者（l'autre）だの、諸々の差異（les différences）だの、それらの倫理的な認識などをめぐって、何を〔哲学的に〕思惟すべしというのか。／無限な他者性（altelité）とは、まったく単純に、〔すでに〕〈存在しているところのもの〉（ce qu'il y a）にすぎない。どのような経験も無限数の差異物の無限な展開〔の結果〕である。自己自身についての反省的経験といわれるものすらも、なんらかの一なるもの（une unité）の直観などではまったくなく、さまざまの差異化‐動（différentiations）の迷宮であり、ランボーが〈〈私〉とは他者である〉（*Je est un autre*）と高言したのも、むろん誤りなどではなかった。言ってみれば、私‐自身（moi-même）と――私自身を含む——何人《なんぴと》か（n'importe qui）の間には、ひとりの中国の農夫とひとりのノルウェーの青年士官の間にあるのと同じだけの差異があるのである」（Ibid. pp. 25-26）。

「とはいえ、真の思惟は、こう確言しなければならない。さまざまの差異は〔たんに〕存在する（ce qu'il y a）だけのものであり、そして真理のすべてはいまだ存在していないもの（ce qui n'est pas encore）が存在へと到来する（venir-à-l'être）ところにある、と。さまざまの差異はまさしくすべての真理が〈廃位〉（*dépose*）させるところのものであるか、あるいは〔たんに〕没-意味態（insignifiant）として現前（apparaître）させるだけのものである」（Ibid. p. 27）。

「哲学的には、〔……（差）異や〈一〉化よりも、……〕〈同〉（Même）のほうにこそ難しい問題がある。〈同〉（Même）とは、（たとえ、さまざまの差異からなる多を含意する場合でも）、〔たんに〕存在するもの（ce qui est）ではなく、〈到来する〉もの（ce qui *advient*）である。〔それゆえわれわれ（筆者、引用者）も、既述の〈生起〉〈成起〉等に合わせ、かつ〈同一性〉（identité）とは違《たが》えて、〈同成態、同成動、到来動、……〉等と邦訳しよう。〈……成〉や〈……来〉の動態性のなかに〈différence〉をも含めて、である。〕われわれ〔バディウ〕は、すでに、〈同成態〉の到来〔成起〕（la venue du Même）をこそ核とする問題に、「真理」という名を与えてきた。真理のみが、それじたいにおいて、諸差異に対する非-差異（indifférénce aux différénce）〔としての〈同〉〕なのである。誰もが先刻承知のように、すべての時代のソフィスト〔擬似哲学者〕たちが必死になって誤魔化しを決め込んできたにしても、〔いつも〕真理は万人にとって同じ、であった。／〔……〕倫理は、〈諸〉真理の倫理としてしか存在しない。より精確にいえば、真理の実践過程、なんらかの真理をこの世界に到来させようとする努力・労苦（labeur）をめぐってしか、倫理は存在しない〔傍点、引用者〕。倫理は、ラカンがカントと一般道徳に抗して精神分析の倫理を語ったときに踏まえていた意味において、理解されなければならない。倫理一般など存在せず、（政治、愛、芸術、科学、の、という）具体的-倫理（éthique-de）しか存在しない。／〔……〕哲学は、時代に独自の諸真理をめぐってさまざまに相異なる主体が共‐存在（*coexistent*）するその〈思惟の場〉を構築することを目途《もくと》する。しかし、その共存在（coexistence）とは、なんらかの統一態（unification）ではなく、〔差異を含む同成態・協成態であって〕、それゆえ単一の倫理など可能ではない」（Ibid. pp. 27-28）。

バディウ思想‐追考の現段階では、容易に理解可能な文章であろうが、一点のみ、説明が必要かもしれない。「ラカンがカントと一般道徳に抗して精神分析の倫理を語ったときに踏まえていた意味」とは何か、である。ラカン思想は難解でわれわれ（筆者）は勉強のための別の一巻を予定しており、ここでは暫定的な対応にとどめるが、①「一般道徳」とは一般的な社会秩序への適応・適合の道徳であり、ベルクソンはこれを「閉じた社会秩序」への適応と呼び、精神分析もこの時期のアメリカでは健全な社会復帰の方策であった。②カントは、『実践理性批判』の末尾で「天空の星辰と胸中の道徳律」に最大の敬意を示し、①より高いレヴェルでの「自律的理性を体現する諸個人・諸市民による理性の共同体」の構成に「倫理・道徳」の核心を指摘した。③これに対し、ラカンの『精神分析の倫理』は、①はむろん②の市民社会道徳をも超える、「有限・悲劇的な〈人間の条件〉のただなか」で、自らに相応しい「生・死・存在」を問うこと、そのような状況に病者を直面させることに、「精神分析の倫理」を見出した。娘たちの腕のなかで幸福な生活をつづけようとしたリア王、ではなく、自ら自分の両眼を潰して社会秩序を拒否し、存在論的な自己審問に没入したオイディプス王。……カントのいう「天空の星辰」とは、マラルメ／バディウの称揚する「星辰」と相通じるのであろうか。ニーチェの「太陽」ではなく、なぜ「星辰」なのか。「太陽はもう本当に消えた」のか。……

引用文がだんだん散漫になっている印象があるかもしれないが、ここでのポイントは、同一律から脱して差異律・差延律を駆使して「差異」と「他者」を重視する現代思想の倫理学に対して、「多」の思想家であるバディウが、「差異」や「他者」は事実問題にすぎず、倫理問題はそれらの総態を導くこととし、たんなる平凡な「共」思想ではなく、「同一律」（identité）とは別の、新たな「同成律」（Même）を語り始めていることであろう。この思想も一見平凡な良識論にみえるかもしれないが、それが｛￢(α∈α)｝という「差異律」が排除した｛(α∈α)｝であることを考えれば、これからの考察も必要となる。

2 『存在と生起Ⅰ』とその周辺

上記「1」では一般思潮を背景に主体の内的構造に力点を置いたが、今度はバディウ存在論・メタ存在論のなかで同じ主体の境位と活動を見ることになる。存在論・メタ存在論の諸部分については既述のところで検討したから、ここではなるべく簡潔に再論することにする。

(1) カント『純粋理性批判』とバディウ『存在と生起』

主著『存在と生起』は、「序文」の宣言するとおり、ここでも主題は、既述もした、主体、しかもカント流の主観の、バディウ的-捉え直しである。カントは「〈純粋数学はいかにして可能であるのか〉と問い、〈超越論的主観によって可能になる〉と応えた。われわれは、むしろ、〈純粋数学は存在者の学であり、主体はいかにして可能であるのか〉、と問う」(EE. p. 12)。ここで第一文「〈純粋数学はいかにして可能であるのか〉」を、「〈対象・客観はいかにして可能であるのか〉」に変えても、なんら問題はないだろう。ただし、ここでバディウ的に重要なのは、それらが「〈超越論的主観によって可能である〉」ではなく、その「〈超越論的主観をも含む〉主観・主体」(そのもののほう)は「いかにして可能であるのか」ということだということである。

この問題も、すでに既述のところで、バディウ的に応えられている。もっとも判りやすい古代ギリシャ的な二分法によれば、「対象・客体」、あるいは「人間的な身体・人格態」として考えられるかぎりでの主体は、「存在としての存在」(l'être-en-tant-qu'être) であるが、それらと区別される思惟機能としての主観・主体は「存在としての存在ではないもの」(ce-qui-n'est-pas-l'être-en-tant-qu'ette) としての「生起」によって可能である、と。

ちなみに、ここで、いくつかの関連事項にも戻っておこう。

①まず、あの「〈γ〉図式」において、「未・不-決定態」「生起動」と「命名作動」「不可識別態」の後に「主体」が置かれていた。われわれはこれをバディウ的発想に則って、人間以前の「未・不-決定態」(の一部?)が「生起」し、それが恣意的な「命名」を受け(たとえば、ある民族によって地震が神の怒りと神話的に命名されるように)、しかしそれがやがて(複数の地層の接触・擦れ合いの結果の一と)科学的・因果関係の一般性においてつまり「不可識別態」レヴェルで捉え直され、ここに(標識をつける動物の一としての)「人間」とそれを普遍的・一般的に妥当なかたちで理解しなおす「主体」が成立する、と受け取った。

②他方、われわれは、バディウ存在論の入口で、「状況の住人」が「状況」から「控除」するかたちでその「(状況の)真理・存在」へとかかわる、そのかぎりで「主体」とされ、また、「状況」のほうも「一化・算定」の結果にすぎないものとして、その「真理・存在」が「純粋-多」として「一化・算定」からの自己控除・「脱離・脱去」の動きにあり、しかも、そのような「住人」も「状況」もメタ存在論的な「生起」によって支えられている、そうした両者の対応・相互包摂に、動物とは異なる、人間に特有の在りかたを理解した。

③この①②で留意すべきは、人間・主体が存在・メタ存在-事態を主導しているのではなく、両者の重相性(あるいは離接性というバディウ語をここでも充てうるか)、というより、むしろ後者の前者にたいする主導性、とすらいわざるをえない発想であろう。②においては、存在の「純粋-多」性こそが主題であるとはいえ、説明の便宜上ながら、控除作動をする人間の主導性も認容されている観があるが、①においては、「未(不)-決定態」を前に人間(主体)が「生起」を受け取り、主導的に「命名」し、「不可識別態」へと一般化・普遍化していく、のではなく、むしろ(「未(不)-決定態」と)「生起」「命名」「不可識別化」作動というメタ存在論的-事態を前提に、(それによって、とはいわぬまでも)、それとともに、はじめて(人間)「主体」が成立していく、

といった観が強い。この場合、「受け取り、命名し、一般化・普遍化していく」のは、誰（何）なのか。バディウは「前‐主体」という語は使わない。バディウの重視する〈n'importe qui〉（誰であれ）だというのか。しかし、バディウの〈n'importe qui〉とは、むしろ「不可識別態化」を経てこそ可能になるある種の理想態であろう。結局、「受け取り、命名し、一般化・普遍化していく」のは、やがて（前未来的に）「主体」として成立するにいたる、その先行態としての、擬人化された、一定の存在態だということになるだろう。「主体という自己先行的‐存在態」（cf. ThS. p. 158, 267）ともバディウはいっている（先述）。あるいは、むしろ、逆に、これをも「生起」の一部に含めてしまうことも可能なのかもしれない。「生起」はやがて「成起」ともなって「真理」を産出することにもなるのであるから。

④実のところ、筆者は、かって、ハイデガーの存在認識を前提としない存在思惟をどう扱うべきか思い迷っているとき、サルトル青年期の『戦時下ノート』[10]のなかで、デカルトからカントを通ってフッサールに達していた要するに近代意識哲学コギト派の青年期サルトルが、隣国ドイツで声望を得はじめたハイデガー存在論に接して「哲学が退行現象を起こしているのではないか……？」と呆然とした、と記しているところを見て、ひとつの開眼を得た。その後、ハイデガー問題は解決したが、さらにその後、今度はバディウの唯物論的‐存在論・メタ存在論に接して、認識不可能のはずの「生起」について縷々語り、それを主題化するという姿勢に、なにやら独断論的な強弁のようなものを感じて、右記サルトルと同じような困惑を覚えた。しかし、これも、既述のように、哲学史的に正当と認められている「認識」と「思惟」の区別、直観的認識に代わる「公理論的‐思惟・決定」の哲学史的‐合法性を前提すれば、許容可能となる。近代から現代への存在論的‐転回とそれによって補強される唯物論的‐存在論の一環として、ここにいう「生起」概念も許容可能ということになるだろう。

⑤カントの「超越論的主観」がそれによって可能になる存在論的基盤とは、カントが超越論的哲学を確立するとともにその素朴な未全態として廃嫡したあの「魂の奥底なる隠れたテクノロジー」であろうが、ドゥルーズは

現代・存在論的‐転回の一環として、それを現代・ミクロ分子生物学の成果を介して復権させ、われわれも前々著[11]でそれを確認した。バディウの控除・脱去論的‐メタ存在論はこの問題にはまったく触れていないが、それはそれでとやかく難ずる筋合いのことではない。ドゥルーズの「魂の奥底のテクノロジー」が分子生物学モデルの、つまりは数理的集合論に包摂可能なレヴェルの事態であるとすれば、おそらくそうであろうが、バディウは、既述のように、まさしくその数理的集合論・空集合のさらなる下・外に、その「生起」動の到来性を位置づけるのであるから。そして、公理論的‐思惟・決定が、それをしかるべきかたちで状況のなかに賦活していくのであるから。

（2）存在と生起の弁証法

「存在と生起の弁証法」という言い回しは『存在と生起Ⅰ』にはほとんど——一度しか？（EE. p. 257）——出てこない。しかし、この期の主要大著の題名が『存在と生起』である以上、「存在」と「生起」という二語カップリングへの一顧は必要である。ただし、題名のほうにはない「弁証法」という語とその内実を多分に右記「1」の『主体の理論』から移行させて。われわれ（筆者）はこの問題を旧著[12]で詳論したので、ここではやむなく略述のかたちをとる。

①バディウにおいては弁証法はヘーゲルのそれのようにいわゆる「正」と「反」の相殺と「合」における「止揚」というかたちを取ることはない。「正」と「反」という言いかたも気をつけなければならないが、あえてそのままにすれば、両者は相互に異次元で（相殺ならぬ、いわば）相活し合い、その相活の「離接動」（disjonction）において事態（作品）を成立させる。

②たとえば、マラルメの詩作品は、（α）一定の単語の「欠落・消去」等によって通常のコミュニケーション次元とは別の次元を開展させ、（β）現前的（présent）事象の複写ならぬ、その現出の終結した「痕跡」（trace）

を言語化することによって「非‐現前」（imprésent）次元を開示し、（γ）要するに作品を、「消失した原因」（cause-, terme-évanouissant）の結果として、「欠落の因果性」（causalité du manque）において、成立させる。「マラルメ世界には、推理小説のような謎がある。この誰もいない部屋、この壺、この薄暗い海、これらはどのような犯罪カタストロフィー、どのような主犯の逃亡の徴なのであろうか」（EE. p. 213）。「マラルメ詩の構造は、生起（il y a eu）して消え去った（défunt）事件（événement）によってこそ、ドラマ的なのだ」（cf. Ibid. p. 217）。「生起（il y a）、非存在者（non-étant）、あれこれの所作から切り離された純粋型の到来（advenir）を、マラルメは詩によって永遠化する」（Ibid. p. 213, 218）。「マラルメの弁証法的機構の核心には、消失項、欠如の原因性、分開態（clivage）、の三位一体のみならず、二次的なレヴェルでの、いってみれば欠如の欠如のようなものがある」（ThS. p. 90）。「消失項というあの思惟不可能のものを思惟する弁証法的思惟……」（Ibid. p. 81. ここにいう「思惟不可能なもの」の原語は〈impensable〉で、われわれの本書での文脈・論脈上は、「認識不可能のもの」に該当する）。

③ラカンはあの「象徴系、実在系、想像系」概念をもってヘーゲルの「止揚」を「想像系」の暴走による「キマイラ」（妄想）と一蹴し（cf. Ibid. pp. 131, 137）、マラルメの（言語に対する）「消失項」を（言語という）「象徴系」が取り零す「実在界」として捉え直す。捉え直すとは、すなわち、少なくとも二点において修正を加えるということである。（α）マラルメは「消失項」を詩作品によって「暗示」（allusion）されるだけのものとするが、精神分析学を佳く踏まえるラカンにとっては、その種の「消失項」は無意識項として、言語表現の、とくにそれが綻《ほころ》びる「裂け目」（déchirure）に、たとえばラカンのいう「半‐語・半‐言」（mi-dire, mi-dite）（cf. Cond. pp. 201-202）として、発現してくる。たんに消失しているもの・消去されうるもの・不在・非‐実在のもの、ではなく、それなりに現実的・実在的（réel）なものである。（β）マラルメは「消失項」を主題化せず、要するに消失態として一義的に処理してしまっているが、ラカンはこれを「実在態」ゆえ両義的・多義的なものと捉え、右記の「半‐語・半‐言」を既述の「真理実践の四活動」に対応する「真理」発現の四種の「半‐語・半‐言」と

まで解する。この無意識界の構造分析は、先の「γ図式」などとともに、たとえば「Z図式」論等として有名であり、われわれもヘーゲル弁証法とラカン弁証法のみならず、ドイツ・ゲルマン系‐弁証法とフランス・カトリック系‐弁証法、印欧語族系・三辺型‐発想と脱欧米系・アジア・汎人類的・四辺型‐発想、等、さまざまな考察を誘発されたことがあったが、ここでは省こう。

④バディウ弁証法は、私淑したラカン思惟に準ずるが、異同はこうである。(α)まず、前期ラカンと後期ラカンに分ける。前者は「象徴系」「言語態」をもって人間主体の超越論的地平とし、構造優位の発想であるが、後者は「実在系」を主題化することによって運動や進展を考量する位相学的動向を示し、別言すれば、あるいは「実在」論的視点でいいなおせば、前者は「存在における欠如性」(manque à être)の思想、後者は「欠如の存在性」(être du manque)の認承、要するに、「象徴系」の優位から「実在系」の恒常動態(consistance)へ、「場所と力、弁証法の構造的側面から歴史的側面へ」の移行である(cf. ThS. p. 150sq., 132)。(β)バディウのラカンへの不満は、この移行が不十分であることに向けられる。「ラカンが弁証法を自称するなら、自らの気づかぬことに気づかなければならない。欠如の法則の構造論的な第一義性をいかに主張したとて、別の側面、破壊のそれ、より多くの実在系のそれ、力のそれを、先鋭化させぬかぎり、われわれのヘーゲルとは認めえない」(Ibid. p. 162)。「われわれがラカンに反立するのは、欠如のプロセスと破壊のプロセスの区別をラカン自身が矮小化していることをめぐってだ。欠如と破壊、これこそが、この弁証法が代数学とトポロジーのそれに変換可能である以上、われわれの争点である」(Ibid. p. 149)。(多少、説明が遅れてしまったかもしれないが、ここにいう「代数学」と「トポロジー」の区別は、既述の「集合論」と「生起論」のそれに、ほぼ対応する。)

⑤もっとも、バディウは、バディウとしては珍しく、この『主体の理論』(一九八二年)の言説を、『存在と生起I』(一九八八年)で撤回・修正している。「言っておかなければならないが、『主体の理論』では破壊のテーマをめぐっていささか行きすぎた(un peu égaré)。当時はまだ刷新は破壊と本質的な関係のうちにあるという

発想に囚われていた。経験的には（例えば政治においては）刷新は破壊を伴う。しかし、この相伴は刷新それ自体に内具的なものではない。刷新は逆につねに真理による補完（supplémentation）なのだ。〈破壊とは旧きものに対する新しき補完の旧き結果にすぎない〉〔原文イタ強調〕……破壊とは知のレヴェルの事態であって、真（vrai）なるものの事態ではない」（EE. p. 446）。このことをバディウ流に別言すれば、「破壊」は「状況的現実」（réalité）のそれであり、「状況的現実」の「帰属態」（apprtenance, ∈）を破壊するのみならず、その「内含態」（inclusion, ⊂）をも破壊してしまう、他方、真の「実在態」（Réel）はそのつど固有の「状況的現実」の「含有態」であってこそ真の「具体的 - 実在態」なのであって、それを確保・賦活するためには、……。厄介な問題である。第七章でもう一度考えよう。

⑥本節「2」の冒頭の問題に立ち返れば、カントの超越論的 - 主観が「魂の隠れたテクノロジー」を廃嫡するかたちで超越論哲学の地平を開展させ、現代哲学のドゥルーズが存在論的 - 転回の名において後者を復権させたとすれば、バディウは廃嫡論議をおのおの別様に展開するマラルメ／前期ラカンを重く継承しつつ、後期ラカン／ドゥルーズ的 - 転回を生起論議によって賦活させ、超越論的哲学と新たな内在哲学を後者による主導のもとに相反 - 相伴させることによって、いささか図式的な要約になるとはいえ、「状況と存在」から「存在と生起」へと、その独自の弁証法を成立・駆動させていると見ることができるだろう。

（3）主体の存在意義、主体のメタ存在論的 - 不可避性――〈主体は存在することができるのでなければならない〉

主体の存在意義もこうして最終的に明らかになる。バディウ的 - 主体論議は、構造主義・ポスト構造主義による「脱 - 主体」論議の意義を踏まえぬ旧弊な近代的主体への退行（先述）ではなく、主体を近代的な対 - 客体（対象）関係からひとまず切り離し、主体を生起との止揚なき厳しい相反 - 相伴の弁証法の担い手として、バディウ語で言い換えれば、存在と生起の「間」の「深淵」（abîme. 先述）を架橋・離接化（liaison disjonctive. cf. EE.

p. 264 他）するメタ存在論的機能として、再規定するところにある。「伝統的存在論の思惟装置の欠点は、それが、〔例えば集合論のいう〕帰属（appartenance〔∈〕）と含有（inclusion〔⊂〕）の間の測り知れぬ裂け目（béance sans mesure〔深淵〕）を〈閉じる〉（*fermer*〔埋める〕）に無力（incapacité）だということである。この分裂は、〔伝統的存在論のいう〕存在としての存在（l'être-en-tant-qu'être）の言語化可能性と〔われわれのいう〕〈主体〉（Sujet）がそこから起源する非-存在（者）態（non-étant）、両者の間の齟齬《そご》によるものである。〔別言すれば〕この分裂は、〈主体〉（Sujet）というものが、〈存在としての存在ではないもの〉（《ce-qui-n'est-pas-l'être-en-tant-qu'être》）に帰属（appartient）する生起（événement）に依拠するものであるとはいえ、〔それでも、やはり〕〈存在することができるのでなければならない〉（doit être *pouvoir*）（傍点、引用者）ということを〔前提的に〕示唆している」（EE. p. 468）。内実のある、正確な佳い文章だ。内容的には、確認すれば、むろん、二点がポイントである。①「主体」は「人間」が「存在」と「真理」とのかかわりにおいて成立するに不可欠な局面であり、哲学という「存在」「真理」「人間」を問う営みに不可避の重要性・有意義性をもつ。「脱-主体」という発想は、再考の上、捉え直されなければならない。②われわれの直接問題としては、「主体」とその存在的・存在論的-根拠は、カントが「超越論的主観」を獲得して「魂の奥底の隠れたテクノロジー」を軽視・廃嫡し、ドゥルーズが「主体」概念の曖昧なまま「魂の奥底のテクノロジー」をミクロ生科学的に復権・提示するに対し、バディウにおいては両者を相反-相伴的に、つまり、「人間」（住人）からの「控除・脱去」と「存在」（生起）からの「到来・生起」、別言すれば、「脱去-生起」と「到来-生起」の重相的-同時性において、把握される、ということである。

この問題は上記引用文の前後にもより具体的な諸事態をめぐって具体的な諸指摘があり（EE. p. 311, 437, 438, 439, 469, 470, 478 等）、われわれもそれらを逐一分析・説明しながら推論する手筈であったが、最終的には上記の引用文に収斂するため、紙幅の都合上、途中経過は省いた。

他方、この問題は、既述の諸部分でも、①主体は一者・個体ではなく「ウルトラ‐ワン」であること、②主体は、代数的な「二」ではないが、根源的な「二」性（Deux originaire）、「離接態」（disjonctif）、であること、③主体は、同一律（identité）の問題でも、差異律（différence）の問題でもなく、差異を内含しつつ成立する同成律（Même）の問題であること、④主体は、近代的主体のように実体でもなく対象構成機能でもなく、生起・成起‐動とその監視・忠誠・駆動の努力、真理と倫理の問題であること、⑤主体は、〔まさしく上記引用文のいう〕帰属と含有の公理的‐決定による離接的‐統合の営みでありうること、⑥主体は前‐未来的な投企をおこなう自己先行的（antécédence à soi-même）（ThS. p. 158）な構造における活動態であること、等々、多くのテーマと相互に含み合っている。広範な目配りとともに、理解することが望ましい。

（4）存在・生起への主体の介入・間入——〈陽ノ下ニ新シキモノ有リ〉〈無カラノ創造ナドナイ〉

われわれは、哲学は状況からその存在・真理を控除するといい、他方また状況・存在から真理・生起は自己控除・脱去するともいい、状況の住人は存在・真理・生起に公理論的‐思惟・決断をもってかかわることによって主体と成る、控除‐生起と到来‐生起は重相的な動態性のうちにある、ともいった。こう要約すると文脈の違いゆえの多少の齟齬も見えてくるが、いまはそのことにさほどこだわる必要はない。ここで取り上げるのは、哲学・住人・主体の存在・真理・生起へのかかわりが『存在と生起Ⅰ』などにおいてはより積極的に〈intervention〉（介入、関与、間‐入、参‐入、……）として語られていること、またそれに伴ういくつかのメタ存在論的に重要な問題が顔をのぞかせているということである。

定義の二文——「私はなんらかの多‐態（un multiple）を生起（événement）として認承するにいたるすべての操作手続き（procédure）を〈介入〉（*intervention*）と呼ぶことにする」（EE. p. 224）。「介入の本質は、〔……〕〔生起の〕〈il y a〉〔「がある」、「が〔出来《しゅったい》した〕」〕に名をつけ、この命名の諸帰結をして状況空間のなかに展開させていくことにある」（Ibid. p. 225）。かなりの規模の出来《しゅったい》‐事態に関してもそれへの人為のかかわりをなにやら手仕事操作のように言表するのはバディウの常套癖である。ここでの事例は簡単だろう。一七八九年、一九一七年、一九六八年、……のあの出来事をフランス革命、ロシア革命、文化大革命、……と呼び、世界史におけるその展開をフォローすること。一九六八年フランス事態についてはバディウによる命名はないようだが、われわれ（筆者）にとってはI・ウォーラーステインの汎世界的‐「反システム運動」の一とする指摘などが判りやすい。科学分野ではコペルニクス・ガリレオ革命、集合論革命、アインシュタイン革命、芸術分野では未来派、シュルレアリスム、ピカソ革命、愛の領域ではバディウは触れないが第十二世紀南仏宮廷文化におけるあの「恋愛の発明」、等。

この概念のメタ存在論的な重要性はたとえばつぎの点にある。「介入はどのような条件において可能なのであるか。要は、〔……〕『伝道の書』のいう〈*Nihil novi sub sole*〉〈陽ノモトニ新シキモノ無シ〉に抗して〈存在のもとに新しきもの有り〉（〈il y a du nouveau dans l'être〉）のテーゼを根拠づける（fonder）ことにある」（Ibid. p. 231）。確認しておけば、既述のとおり、この『存在と生起I』の最後の最後の一文は、マラルメの（ランボー張りの）「無は去った、純粋さの城が残る」（〈Le Néant parti, reste le château de la pureté〉）であった。バディウ世界に「無」（Néant）はなく、「無からの存在」（cratio ex nihilo）もなく、「新」は「無」の先行を前提としない。「存在のもとに新しきもの有り」を「根拠づける」のは、御想致のとおり、（「存在」ではないとすれば）「生起」である。「介入」は状況を裂き・存在を裂いて、その裂け目から「生起」に向かって「間‐入」し、「生起」とともに「新しきもの」の産出と命名へと向かう。「生起のみが、〔……〕介入の可能性を根拠づける（fonde）のだ」（Ibid. p. 231）。もっとも、バディウはここで、われわれが〈creatio ex nihilo〉か〈creatio ex ens〉かのメタ存在論的問題に向かいかけるところで、なぜか、平俗なといっては語弊があるが、「思弁的左翼」（gauchisme spéculatif）の「無からの（再‐、新‐）出発」論議への批判に向かってしまう。「思弁的左翼は、介入は自ら以外のいかなる権威にも依拠せず、状況との絶縁はもっぱら自ら自身の否定意志によってなされると、思い込んでいる。この――〈世界史を真っ二つに割る〉という――妄想めいた敢為の発想は、介入を可能にする諸条件の実際はすでにひとたびは決定されたなんらかの生起の循環のうちにあり、それゆえ、たとえ潜勢的にであれ、すでになんらかの介入がなされているものであるという前提を、認識していない。〔……〕生起そのものが、なんらかの、それが可能であるからには反復を、――それゆえ、非‐開始を、――要請する介入によって、状況の規則だった構造に服属（s'est *soumis*）するかぎりにおいて存在しているのであり、〔……〕どのような新しい事態の新しさも結局は相対的なものにすぎない、ということを識らないのである。生起の教義がわれわれに伝えるのは、むしろ、すべての努力は先行する諸帰結に次ぐ（suivre）ことにあり、無からの現出（occurrence）を顕揚することにあるのではない、ということだ。生起には英雄などいないということ以上に、天使の御告げもない。存在には開始などないのである（L'être ne commence pas）」（Ibid. pp. 232-233）。やはり、存在問題に戻ってきた。存在、あるいは存在者の全体としてのこの大宇宙は無から生まれたのではなく、バディウ的にはまず存在と存在者の全体の存在が有り、無はその後から存在の否定として人間によって発案されたのである。無を発案するとは立派なことだ。人間の尊厳の一端がそこにある。無の発案あっておそらくはじめてわれわれ人間の文明世界も可能となった。バディウはそのこと、無あるいは無の発想の有意義性には一顧も与えない。それは一思想家の選択としてやむをえないが、存在の当初からのあるいは永遠の相反‐相伴態として、（無ではなく）生起を提示する。そしてその存在と生起のいわば汎有性のなかに、別言すれば生起から生起への連続性のなかに、通常の唯物論と異なり、人間主体の、「介入」と「新しきものの有化」を通じての、内在論的な尊厳を証示する。

ここでもう一件、加えておこう。バディウにおいて主体は客体（対象）と相《あい》対するのではなく、生起との離接性において成立していた。主体から客体への関りも、主体に固有の生起と客体・対象に固有の生起の相関性において、また主体・客体（対象）おのおのにおける存在の無との相互否定的な「対立」性ではなく存在と生起の離接的‐重相性といういわば「斜交」性において、成立している。この斜交的相関性――バディウ自身、どこかでこれをラカンの〈par-être〉（傍在）概念に近づけていたように思うが――に、ここ（Ibid. p. 232）でのバディウは（生起と生起の反覆的‐連続性（「反覆」は「反復」ではない。覆す「刷新」も含む）として）メタ存在論における時間と歴史の境位を指摘し、かつカントール／コーエン集合論のいう〈diagonal〉の語を名称として与えている。数理的集合論における〈diagonal〉（対角線態）概念は簡単なものではないが、ここでは一応、既述もした可算数の点的集合態から零れ落ちる、あるいは「脱去」する、非‐可算的な相反‐相伴態と見て大過ないだろう。バディウにおける生起とは、存在・状況に（対する、という語を避けるならば、それに）かかわる、あるいは、〈かかわり来る〉（控除‐生起と到来‐生起。先述）この斜在（biais）態・斜交的‐相関態の謂いである。「主体とはジェネリック態の展開であり、状況の〈対角線態〉（diagonal）である」（EE. p. 429. 傍点、引用者）という意義深い指摘もある。

主体は、こうして、控除・脱去態としての生起動に、介入行為を通して、〈diagonal〉（斜交）的にかかわる。「消え去った無」に代わる「純粋性の城」とは、この「純粋‐多」であり、〈陽ノモトニ新シキモノ有リ〉を可能にし根拠づけるのもこの斜交的‐生起動である。

なお、この〈diagonal〉観念は、したがって、われわれが上記に触れたギリシャ的‐正義の象徴である正方形の斜辺でもありうるゆえ、その二本の内的‐対角線とその交叉として無理数の吸収・内含と抑制・禁圧、正義とアガペーの相関‐関係をも含むことになりうるが、バディウにはこの問題をめぐる言及はないので、ここでは控えておこう。

（5）主体は介入して「強制」する

主体は「状況」を裂いて「生起」へと「介（間）‐入」し相関するが、既述のところからすれば、これには主体の「自己先行的（antécédence à soi）‐構造」が前提され、それによる「前‐未来的‐投企」の可能性も語られていた。ここで、もうひとつ、「自己先行性」を前提としての「介入」と「投企」の間に、これまた〈diagonal〉観念と同じくカントールとくにコーエンの集合論から得られる、ポスト‐ラカン的（EE. p. 22）とバディウのいう、――後期ラカンもすでに「レエール（réel）系」の動態性についてそれなりに触れていたわけだが――、〈forcing, forçage〉（強制法、強制的‐駆動）概念を加えなければならない。

実のところ、コーエンの「強制法」概念そのものは、数学・集合論の専門家ではないわれわれ（筆者）には理解に簡単ではない）。バディウのような優秀な半‐専門家ですら「数学・物理学の公式の哲学的意味が納得できたときの喜び」とか、「コーエン公式は数学性にこだわりすぎ、その哲学的意味に気づいていない」（Ibid. p. 451）などと記しているほどであるから、彼我の程度・水準の違いは別として、ここでは筆者が理解するかぎりでのコーエン「強制法」概念の「バディウ哲学的意味」に限定することにする。

バディウは、まず、いう。「私は主体の根本法則に含まれている関係を〈forçage〉と呼ぼう」（Ibid. p. 441）。「主体の根本法則」（loi fondamentale du sujet）とは、すぐ前の頁の定義によれば、「これはまたひとつの前‐未来性の法則（loi du futur antérieur）であるが」（Ibid. p. 439）ともいう。ここで、まず一言、われわれ（筆者）の理解に入ってしまおう。バディウにおいて、「生起」の直接的な認識は不可能であり、――ただし、一、二度、〈intuition du générique〉（生起・成起態の直観（cf. Ibid. p. 407, 459））といった言い回しもある。もっとも、他処では、私淑するプラトンに準じてだが、「〈直観〉とは、さまざまの公理の理解に関していえば、ひとつの創出〔発明〕的思惟の〔による、への〕決定（une décision de pensée inventive）以外の意味をもたない」（OT. p. 100）ともいう。われわれは、他方、ドゥルーズに、対象の存在を前提しての通常の受動的直観に対して、対象創出的な〈intuition volitive〉（意志的直観）なるものを見た（拙著『ドゥルーズ』、二〇一九年、二二六頁）。バディウにおいても、既述の〈croyance〉概念の肯定的使用（EE. p. 467 他。先述、ハイデガーの〈vor-verstehen〉も参照）からしても、「生起・成起」の「創出的・発明的、とくに意志的な直観」というものも不可能ではないかもしれない。ただし、そうなれば、それは、結局、ということでいえば、――既述した、「生起」へのアプローチは、先行的な諸公理を尊重しながらの〔非ユークリッド幾何学のユークリッド幾何学への関係を参照せよ〕、新たな「公理論的・実存的〔既述〕‐決定・決断」（既述）による「理解・提示」、それが「やがて来る」（à venir）新たな未来（avenir）の状況においては（ユークリッド幾何学に対する非ユークリッド幾何学のように）新たな真理・公理的‐真理になってしまっているであろう（futur antérieur, 前‐未来性）、そのような「理解・提示」に向かっての、「自己先行的」な投企、それが「主体の根本法則」だということである。そして、〈forçage〉とは、そのような存在構造・行動様式において成立している、しかも、これも既述のとおり、それ自身が「生起」に支えられている、――もはやたんなる「住人」ではない――、「主体」においては、その存在構造・行動様式・存在内実そのもの、つまり「主体の根本法則」が、彼（「主体」）をして、生起から生起への生起連関を通じての新たな状況へのあるいは新たな状況での「新ラシキモノ」（先述）の産出・創出へと「方向」（orienter. cf. Ibid. p. 458, 311）づけている、あるいは、――これも先述のように、――「服属」（cf. Ibid. p. 233.〈s'est soumis〉参照）させている、あるいはあえて旧来の語彙を使えば要するに運命づけている（cf. Ibid. p. 311sq.〈destin ontologique〉とある）、その内容を言い表す概念といってよいだろう。われわれ（筆者）の理解では、あのサルトルの作家論その他のいう「実存論的‐存在投企」の、これはバディウ版といえるかもしれない。

念のため、いくつかの引用文と説明をもって補完する。この部分は、上記のところからしても難渋な言い回しが少なくなく、引用者（筆者）の責任において、〈forçage〉概念の使用例が中心ゆえ、他は多少とも簡略化する場合がある。

①「コーエンの〈強制法〉（forçage）とは、目下の状況の事態にかかわる言表〈λ(μ1)〉と、拡大集合における言表〈λ(R♀(μ1))〉と、両者あるいは前者から後者へと移行させる条件〈π〉のあいだの、関係の規定にあ

る」(EE. p. 450)。〈λ〉とはロゴス・「言表」のこと。〈μ1〉とは拡大集合における当該事象の「名称」――例えばバディウ流の「平等」なき状況における、しかし拡大集合で現実化・レエール化されるであろう「平等」など、のこと。〈♀〉とは、現時点の状況では、――状況の普通の「住人」にとっては、状況・集合の「帰属」態である「元《げん》」は「知」の対象であるが、同じく集合論のいう「含有」部分は「知」られていないわけだが、その――「住人」によっては「知」られていない「不可識別的な」(indiscernable) 部分のことであり、それが、ここ、拡大集合では集合に「帰属」化しているということを言い表している。〈R〉は、拡大集合で「帰属」化され、「知」の対象となった時点で成立する言表の「指示対象」(Référant) のこと。〈π〉とは、現時点の状況・集合から新しい拡大集合・状況へと移行させる〈条件〉としての、いわば強制‐駆動態としての〈forçage〉のこと、である。われわれはこの動き全体を、現状況においては「言表真理」(véridicité) にすぎないもの(「平等」の理念)が、新しい拡大状況(たとえば「民主主義」社会)で現実的・実在的・事実としての真理、「レエール真理」(vérité réelle) となる、〈forçage〉とはそれを行わせる「強制‐駆動作用」であると簡約理解する。

②「〈π force λ〉〔πがλを強制‐駆動する〕とは、現時点の状況〈S〉においてこの言表の真偽如何は検討可能(vérifiable)なのであるから、われわれはすでにこの時点で新しい拡大状況〈S(♀)〉で可能となる真理(véridicité〔これは言表真理のみでなく、レエール真理をも含みうるだろう〕)の主導者(maîtres)になる(devenons)ことになる、ということを意味する。現時点の状況内で〈強制‐駆動〉関係(⇅)は規定可能なのであるから、そこから〈脱出〉(sortir)する必要なきままに、である。状況の住人は拡大集合における事態を可識別化するまでもなく、真理(véridicité〔同上〕)を強制‐駆動しうる(peut forcer)ことになるのだ」(Ibid. p. 451)。この引用文で重要なのは、〈forçage〉を前提すれば、将来の新状況における「言表的かつレエールな真理」を、現時点において「検討」することも、その「主導者」になることも可能だということである。「主導者」(maîtres)という語が軽率であるとすれば、後述④の「コントロールすることができる」(Ibid. p. 468) に代

えればよい。
③「現状況に含有（inclus）されている不可識別態（indiscernable, ♀）を産出化（production）〔可識別態化〕する主体は、現状況を破壊することはありえない。彼がなすのは、それまでは存否‐未決定（indécidables）であったもろもろの言表真理を存在させるにいたる（engendre）、ということである。われわれ流の主体概念をそこに見る思いがする。〈forçage〉の忠実な実践者として、主体は、〔状況、現状況の〕不可識別態（l'indiscernable）を未‐決定態（un indécidable）の決定化（décision）へと連結するのである。ただし、それ以前に、自らが作動させるその補完作業（supplémentation）が状況の諸論理（lois〔「法」と訳すのはまずい〕）にも適っている（adéquate）ことを、証示（établir）することが必要である。拡大集合は、それはそれで（elle aussi）、現状況でもあるのだということを。〔……〕現状況の多数者の諸理念への適合は、〈forçage〉を媒介として、拡大状況への適合をも含意する」（Ibid. p. 456）。バディウはフランス六八年革命の青年リーダーでもあったから、このあたりは当時のわが国学生運動のなかでの路線対立の一方に類するようにも思われるかもしれないが、どのみち対比考察をするなら、もっとおおらかに（笑）、われらが日本人御好みの信長路線か家康路線かのそれに引き比べてみるのもよいだろう。バディウはフランス・毛派のリーダーでもあったのであるから、毛派のなかの家康派ということか。ちょっと見だけでは信長派のようにも見えるが。
④「こうした諸事態を考量すれば、新しい拡大集合における〔レエールかつ言表上の〕諸真理（véridicités）は、現状況においても、〈forçage〉操作を介して、コントロール可能（controlâble）だということになる」（Ibid. p. 468）。目下の問題については、この④の文言が最適に思われる。われわれは現状況に欠けている事態についての「言表真理」を、先述のようにたんに「思弁的」に定立するのではなく、「主体」にしてはじめて可能な――上記②の引用文では「住人」にも可能であるかのように記されているが、いまは拘泥しなくてよい――状況の「不可識別的」部分に「含有」されている「潜勢態」をあの「公理論的・実存的‐思惟・判断」によって汲み上げ、新たな

拡大状況に「連結」せていく、あるいはむしろそれを新状況の「帰属」部分へと「産出化」していく、そういうかたちで「レエールかつ言表上」の「真理」を「成起」させていく、ということである。いずれにしてももっとも重要なのは、新状況の「構成・帰属」態部分たりうるような事態もしくは前-事態を現状況の「含有」部分から「公理論的・実存的-思惟・判断」によって析出し、新状況の「構成・帰属」可能態へと「到来-生起」させていく、その現実主義的手法の合理性と堅忍不抜さである。

⑤「強制-駆動の操作は、なんらかの真理（une vérité）が状況を補遺（supplémente）するような来るべき世界（l'univers-à-venir）の部分的な描写を可能にする（autorise）。われわれは条件によってはどのような言表がそのような状況において真理（véridiques）たるチャンスをもつか、それは〔知レヴェルで〕知る（savoir）ことができるのであるから。主体は、来るべき状況（la situation à-venir）における〔真理の〕存在（être）を見定めることはできないとしても、その〈新しさ〉（*nouveauté*）を見定めることはできるのである」（Ibid. p. 444）。

⑥「こうしてわれわれは一個の不可識別態（un *indiscernable*）を拡大集合のなかへと強制-駆動することによって、その拡大集合のなかで存在論の未-決定（*indécidable*）であった言表が〔レエールかつ言表上の〕真理（véridique）になるよう、つまり決定（décidé）されるにいたるよう、仕向けることができる。／不可-識別態（l'indiscernable）と未-決定態（l'indécidable）のこの最終的な連結点は、〈主体〉（Sujet）が存在論から〔存-起-論へと〕飛び去ってしまった、存在論における〈主体〉の存在痕跡（trace d'être）なのである」（Ibid. p. 468）。

⑦「生起は、存在論から排除（forclos）されているが、未-決定態が決定へと持ちこまれるのはもっぱら先行-不可識別態の孕む真理（véridicité）を強制-駆動（forçant）することによってであるということから、それはまた〔メタ存在論としての〕存在論〔存-起-論〕に帰趨することになる」（Ibid. pp. 468-469）。

⑧「来るべき状況は、現状況が現前化しているすべてを現前化するが、それに加えて（*en outre*）ひとつの真理（une vérité）を現前化し、それによって、無数の新たな多（innombrables nouveaux multiples）を現前化させる

ことになる」(Ibid. p. 446)。

⑨「主体とは、なんらかの真理の有限な審級として、不可識別態の可識別態化の営みとして、自律的な言語として、決定を強制‐駆動(force)し、不正・不平等を失効させ、独異(singulier)なものを救出する。これら三つの作動によって、〔……〕存在の不全さを補遺していた生起(événement)は、存在(être)へと到る(vient〔venir〕)ことになる」(Ibid. p. 447)。

引用に値する文言はほかにもあるが、ここで止めておこう。われわれの目下のこの一連の考察はカントの「反省的判断力」が「基準のそのつどの創定」という「パラドックス」を通じて「独異態」を「未聞の成員」へと高めていく目途《もくと》から出発してここまで来ているわけだが、ここでバディウとも合流していることになる。

(6)「強制」は「手続き」を踏んで

〈forçage〉概念を論じて、あるいは「主体」の能力・力量に誇大な印象を与えてしまったかもしれない。念のために多少の修正も加えておこう。

「主体」とは、バディウの場合、神による創造物(中世)でもなければ、万象にたいする基体・実体(デカルト)でもなく、認識論的対象への構成機能(カント)でもなければ、構造・正方形の内的対角線交叉に禁圧・抹消される正義者・非合理数(プラトン/ヴェイユ/レヴィ＝ストロース)でもなかった。実数界における可算数の全体に対する非‐可算数態として〈diagonal〉(斜交態・対角線態)(カントール)ではあったかもしれないが、バディウは数理的集合論に抗してメタ存在論を設営することによって、これを「生起」の動態性において捉えなおしていた。

ここで既述のあの「ガンマ(γ)図式」を思い出してみよう(**二二七頁参照**)。数点、指摘する。①あそこでは、〈生起〉が人間的「有限態」(Fini)への行路(trajet)性において示されており、バディウ的(既述)に

〈procédure〉（操作手続き、行程・過程、われわれ（筆者）の通常訳語では、多くの場合、実践）とも呼ばれていた。②行程の第一段階は「〈Événement, Indécidable〉から〈Indiscernable〉へ」とされ、目下のここでは逆に「〈Indiscernable〉から〈Indécidable〉へ」とされるが、これは拘泥する必要はない。前者の〈Indécidable〉（未（非）‐決定的な）は「人間的行程によって決定される以前」、〈Indiscernable〉（不可識別的な）は「真偽その他の可識別化の以前」ということであり、後者の「〈Indiscernable〉は「人間的な可識別化の以前」、〈Indécidable〉は「真偽決定以前」ということで、一見紛らわしいが、要するに段階の前後差異による命名のずれ、ということにすぎないからである。唯物論のいう「量から質へ」の転換に対応するものか、とわれわれは附言しておいた。③この転換点に該当する②のそれは、ここでの上記の引用文⑥（p. 468）の「主体が飛び去ってしまった後の存在論におけるその〈主体の存在痕跡（trace d'être)〉」に該当する。問題はやや微妙だが、ここでは重要な一点である。「主体」はもともとバディウにおいては「存在論」のなかに場をもたず「メタ存在論」のほうに属するわけだが、既述マラルメ論等におけるように「消失点、消失‐起因場」（terme-, cause-évanouissant）というものは重要で、「ガンマ（γ）図式論」では「主体」はすでに「有限性」確定の時点に記されているものとはいえ、それ以前の「量から質へ」の転換点に、「主体」のなんらかの起因‐作用、「不在」の起因‐作用を考えざるをえず、ここでの「主体の存在痕跡」とは、その「存在論には初めから不在であるはずの主体」の「あたかも存在していたが〔存‐起‐論へと〕飛び去ってしまったがゆえのものであるかのようなその（存在）痕跡」を含意する、からである。④このことをもっと端的に言い換えれば、「転換点」にすでに「主体」は存在していて「転換」を〈forçage〉（強制‐駆動）したのか、それとも「転換」後の行程のなかで初めてその行程から「主体」は成立してきたのか、という問題になる。唯物論、唯物史観、マルクス主義、サルトル弁証法的理性論が、歴史の科学的法則性と人間主体のアンガジュマンとの関係をどう解決してきたのか、その問題はいまは措こう。バディウにおける目下の問題は、上記（5）では「主体」が転換を「強制‐駆動」するような印象を与えていたが、ここでは

〈procédure〉（展開過程）の「自律性」（autonomie）（EE. p. 446）があらためて指摘され、「主体」の〈forçage〉作用が相対化されるということである。「ジェネリック〔準‐普遍的な生起・成起レヴェル（既述参照）〕な展開過程の自律性は〈強制‐駆動・関係〉（rapports de force）による思惟をすべて排除（exclut）する。〈強制‐駆動・関係〉とは（百科全書的な）知の次元の判断である。主体の正当性を根拠づけるのは、不可識別態（l'indiscernable）、準‐普遍的な生起・成起動（le générique）、その補完的な到来（advenu supplémentaire）が生起のグローバルな作用結果を意味する、これらの事態にほかならない」（Ibid. p. 446）。

とはいえ、主体ははじめから生起の成立場であり、主体による〈forçage〉もたんなる「知」レヴェルに止まるものではなく、「生起」の深味からの成果でもありうるのであるから、ここでの「知レヴェルの論議ゆえ、排除する」という断言は最終のものとはいえないだろう。「補遺・補完」（supplémentation）概念の「知」レヴェルと「生起」レヴェルの双方にわたる重相性を十分に考量しなければならない。（既述のところでも、「数学における〈切断の暴力性〉」と「新たな関係の構築」を目途《もくと》する「哲学的叡知」（sagesse）の対比・重相が語られていた。）

（7）「生起」はどこから来るのか

ここで、これまでの、とくに直近のいくつかの引用文から、これまで問題の性格上、明確には対応できていなかったことがらに、一応の対応を試みることができるようになったと思われる。バディウのいう「生起」はどこから由来・起源・起因しているのか、という問題である。「生起」という以上、根拠・根源・原因など問うべくもなく、本質的な偶有性・偶然性を前提に思考しなければならない、ともいえるだろう。バディウがどこかで明確に回答しており、それをわれわれ（筆者）が見落としているというのであれば別だが、そうでないとすれば、バディウ自身が問うべくもない問題として回答もしていないということになるだろう。しかし、その場合には、問い応えていないそのところに、宗教（神）でなければ形而上学的な超越者が入り込んでくる可能性もある。

バディウのいう内在論の立場からなんらかの対応をしておかなければならない。カントは、歴史の起源・始原・究極原因を問い応えるのは悟性のカテゴリーの濫用ともいうであろうが、歴史の途上において「中間原因」を試問・試答するのは理性的に健全であるともいった。「人間の本性に内具する根源的素質から自由が最初に開展する過程[13]」などという文言は、「存在に向けて生起が最初に開展する過程」と解すれば、ここでのわれわれのためにあるようなものである。

バディウからのこれまでのまた直近の引用文とは、こうだ。

①生起の「原因」は、マラルメ的には、「消失」しており、むしろその「消失項」からの「原因作用」をこそ思惟しなければならない。われわれはこれをシェリング流の「無底」概念から否定神学への哲学史的展開のなかで受け取り、また、ハイデガーが、サルトルのように「存在は在る」(l'être est) ではなく、〈Es gibt Sein〉(存在は投与されて在る) あるいは〈Es gibt Sein und Nichts〉(存在と無は投与されて在る) から、「存在(と無)」の「自己投与」(Sich-Geben) の動態性において、受け取った。なお、この「自己投与」の「到来」性は、前記「消失」の「自己控除・自己脱去」性と重相的でもある。ハイデガーにおいて「存在」が「存在者では無く」つまりは「無」とすら語られるように。バディウにおいてもこの「脱去-生起」と「到来-生起」の重相をみなければならないだろう。

②「生起は存在へと到来 (vient) する」(EE. p. 447)。ここでは「生起」の「起源・原因」が問われているわけではないが、「存在」の「起源・原因」が問われているわけでもない。語られているのは「存在」と「生起」の重相性、「離接的」(disjointif)-重相性である。「到来-生起」と「控除・脱去-生起」の「離接的-重相性」も語られているともいえる。

③「存在は開始しない」(L'être ne commence pas) (EE. p. 233)。これは「存在」は「無-存在」「無」から〈creatio ex nihilo〉(無から創造) されるわけではないことを言っている。今日の宇宙科学はこの大宇宙の開闢を

語るにあたって、百数十億年前の遍在的な無数の素粒子vs反素粒子の対-生成が数億分の一の格率をもって破れて宇宙の存在が発祥したことを指摘し、一般人向けには、これを〈無からの発祥〉(creatio ex nihilo) ともいうが、バディウ的にはこの大宇宙も「無から生起」したわけではなく、永遠の昔から「存在」と「生起」の離接的-重相性においてつまり「存在と生起」の「到来-生起」と「脱去-生起」の重相性において、「存在」していたことになる。「存在」がまず前提されて、そのかぎりで「生起」「生起の到来」が語られる。ギリシャ的-宇宙・存在観かヘブライ・キリスト教的-宇宙・存在観かの「前提の違い」[14]、バディウが前者に属するといっておいても判りやすくなるかもしれない。

④「存在」は永遠の昔から存在し、「生起は繰り返し出来《しゅったい》(récurrence) するが、〔上記の〕介入 (intervention) は、絶対的始原 (commencement radical)、あるいは最初の生起 (premier événement)、としてなされなければならないということではない」(cf. Ibid. p. 232)。ここでは、「生起」の「無-生起」「無」からの「最初の生起」という発想も封殺されている。「存在」あるいは「存在と生起の離接的-重相」の「無からの開始」などないという上記の確認に、これは含まれていたともいえるが。

結局、「生起」は「存在」「(他の、先行する) 生起」からしか由来・起源・起因しない、ということになる。

⑤「生起の教義がわれわれに教えるのは、〔生起についてのわれわれのメタ存在論的〕努力 (effort〔先述、〈labeur〉参照〕) は、発祥 (occurrence) を顕揚することではなく、〔繰り返し出来《しゅったい》する (上記)〕生起の諸帰結 (conséquences) に従う (suivre) ことにある、ということである」(EE. p. 233)。「生起そのものが、〔……〕状況の構造規則に服属する (s'est soumis) かぎりにおいて実在 (existe) にいたる」(Ibid. p. 233)。「生起が出来《しゅったい》(il y a) するためには、他の生起 (un autre) の諸帰結のなかに存在しうることが必要である」(Ibid. p. 232)。

要するに、無数の相異なる「存在」がこれまた無数の相異なる「到来-生起」と「脱去-生起」の相反-相伴・動態において存在し、そのつど「到来-生起」が「帰属態」を構成するとともに「内除」の「脱去-生起」が「含有態」を結果させ、とりわけ後者の「不可識別的・未決定態」がむろんそのままではなくそのつどのそれなりの変容を経緯しながら新たな「到来‐生起」「帰属態‐形成」と「脱去‐生起」「含有態‐内除」の（同一態）反復ならぬ（異質・変容動としての）反復をもって、このメタ存在論的‐事態の汎動性を再・新‐創出・連続化させていく、……。生起ははまさしく内在論に相応しく生起から生起し生起に向かって生起していくといわなければならない。

この動き、いわば世界の基盤を構成するこの複雑・豊饒の生起動を、われわれは便宜上の一語では「捻転動」（torsion）と呼ぼう。〈torsion〉とは代数概念でもあってバディウも別処（ThS. p. 165sq., V. p. 142）で詳論もしているが、ここでは目下の主体論での発想を活用する。試注も加えて二文引用する。

（-i）「マルクス主義はすべての（党）政治の支持‐主体を論ずるにあたって、三つの主要概念から出発する。階級闘争、プロレタリア独裁、コミュニズム、である。〔……〕／私としては、ラカンの（象徴系、想像系、レエール系、という）固定態を越えて、原因と〔結果の〕安定性の確保ために、主体‐過程はひとつの諸矛盾の矛盾＊（une contradiction des contradictions）動であり、ふたつのプロセス、一方は超剰態（excès）を既定場（placement）に回収しようという〈Ψ〉動、他方はその逆転（inversant）としての〈α〉動〔いずれも既述〕、両者の交錯‐捻転動（torsade）にあると提言しよう。／これらふたつのプロセスは支配抗争を錯綜させており、いずれか一項を支配項と〈決定〉（décide）することはできない、とは、主体の理論の本質に属する」（ThS. p. 302）。

＊――「諸矛盾の矛盾」とは、諸矛盾の解決・止揚ではない、諸矛盾のままの放置、というより、さらなる推進、である。現代フランス思想のいう弁証法は、ヘーゲル流の止揚・統一・一化‐弁証法ではなく、おおむね相互‐異他化の推進・先鋭化の謂いであるとは、先述[15]した。ただし、バディウの場合は、矛盾の止揚・統一・一化はないとしても、差異化のみには終わらず、差異化を孕み続けるかぎりでの〈Même〉という発想はあり、既述のところではこれを「同一性・同一律」（identité）と異なる「同成動・同成律」と試訳した。「生起」もまた差異

を孕み続ける「同成動」である。数学集合論が｛¬(α∈α)｝を前提とすれば、数理集合論を尊重しながら最終的にはこれに抗するバディウ流メタ存在論の「生起」概念の核心は｛(α∈α)｝にありと試論したのも、この趣旨からである。

（ii）「ヘルダーリンはドイツ弁証法の第二の思惟である。ヘーゲルが円環（cercle）構成をおこなうところ、ヘルダーリンは捻転（torsion）構成をおこなう。／ヘルダーリンにとって、ドイツはギリシャの〔論理学のいう〕換質換位態*（contraposition）である。ドイツの近代性とは、まさしくカント的ということだが、初期ギリシャのディオニュソス祭儀が〈アジア的〉狂乱（furie）から出発して至高の神殿形態（forme）を創出したに対して、形態的（formel）なものから出発して非‐形態的（informe）なものを創出するところにある」（Ibid. p. 303）。

＊——論理学のいう「換質換位法」とは、「すべてのSはPである」から「換質」して「すべてのSは非Pではない」をつくり、ついで「換位」させて「すべての非PはSでない」とすることにある。「すべての非PがSなのではない」としても「或る非Pが（は）Sである」ということはありうるのではないかとも思われるが、ここでは内容的に、アジアの非‐形態をギリシャが（立派な）形態とし、ヨーロッパ中世がこれをどうしたのかはともかく、近代ヘーゲルが（ヘーゲル流に）ギリシャの（円）形態を復活させ、近代（カント）ヘルダーリンがこれを現実に即してより柔軟に「捻」らせ、「捻転」形態を創出した、ということであろう。（ギリシャ神ゼウスに「円」形象は似つかわしいとして、ギリシャの知らなかった「無限」がヨーロッパで〈∞〉となっているのは、その一事例か。しかし、ギリシャ人たちが北方から移動（流浪？）してくる以前の古代地中海神話では、〈∞〉・〈8〉は終わることのない永遠不死の象徴として「水紋」や「へび蛇行」に形象化され、女神たちの紋章であり、慶賀すべきオリンピックが四年に一度の開催になったのは、〈8〉年は長すぎる・待ち遠しいとして、便宜上〈4〉へと半分化させた結果であった。ヘルダーリン／バディウの判断の是か非かとは関係なく、一応付記しておく。）

とまれ、こうして、バディウ流「生起」とは、あるいは結局はバディウ的‐諸事態とはこのような汎動的‐捻転運動において成立していることになる。

(ちなみに、既述の「空」論で川田氏が「存在(有)」と「空」の「相待性」を「縁」「縁‐起」として語るにあたって、筆者は、「存在と無」「存在と生起」は、すくなくとも内在論の立場に立つかぎりは、いずれかが先でいずれかが後と考えずに、おのおの「相反‐相伴」性において捉えるべし、としていたところからして、バディウにおける「存在と生起(成起)」も、とくに万象における「力」の根源も、この「相反‐相伴」のダイナミズムに由来するのではないか、バディウのこの点での発想は、バディウはその方向に論を進めることはないが、とにかくその方向で突きつめれば、この「縁‐起」思想に類同してくるのではないか、と思ったが、東西古今を一緒くたにする素人流‐比較思想の危険を避けて、黙過しておいた。ただ、東西古今の差異を尊重するかぎりにおいて、やはり一言いっておきたいとも思う。また、現代物理学の実に高度な発展に達している最先端が、いわゆる「重力波」の由来をいまもって不明としていることも、これに関わるはずである。)

3 『世界の論理　存在と生起II』とその周辺

上記「1」の『主体の理論』がほぼ同時代の構造主義・ポスト構造主義による「脱‐主体」論議にたいして、「脱‐主体」とは近代的コギト主体による客体の支配への批判を基軸とすることから、「客体・対象なき主体」への探究であったとすれば、そして「2」の『存在と生起I』がその「客体・対象なき主体」の存在論的・メタ存在論的・生起論的な再考察(「根拠づけ」といってしまってもよいか)[16]の努力であったとすれば、この『世界の論理』は「1」「2」の「状況からの控除・脱去」としての主体が「生起論的‐主体」として「状況」へと「(再‐)到来」[17]してくる、その「(再‐)現出」(apparaître)(同右)と諸展開[18](déploiement)の論である。

基本的な確認から始めよう。

（1）「世界」と「論理」、単数表記と複数表記

「世界の論理」と記したが、原語では「世界」も「論理」も複数形（mondes, logiques）である。ドゥルーズもバディウも現代思想一般が（理由は説明するまでもなく）多元論・多様性‐論議の気を示し、日本語には簡略な複数表記法がなくそのつど「諸」を付記するのは厄介かつ無粋なのだが、文脈上うまく処理できる場合は別として、以下の記述では、読者諸氏に誤解を生じさせないよう、いちおう「諸」を付し、ただし右記の初出の場合にかぎっては読者諸氏にまず全体の概容を予示すべく、このように（つまり二つの「諸」抜きで）表記した。

（2）「世界」とは

「世界」とは、「まず、諸々の実在態（objets）の現われ（apparaître〔現前、現出〕）の場」（LM. p. 612）であり、もう少し詳しくいえば「現われ〔現前、現出〕の〔その〕現存‐論理（logiques）の〈ひとつ〉を指し示している」（Ibid.）。この第一文は判りやすいので最初に挙げたが、ただし、〈objets〉を（通例のように）対象・客体と訳さずにおくのは、従来の「観念論やカント流の批判哲学」（Ibid. p. 613）のように認識論的関係の内部に位置づけずに、そのいわば自律的な「実在」（réel. Ibid.）性を示唆したかったからである。もっとも、ここにいう「実在」性とは、「存在もしくは存在論（ontologie）のカテゴリー」（Ibid.）に属するそれではなく、「現われ〔現前、現出〕もしくは論理学（logique）のカテゴリー」（Ibid.）に属するそれである。われわれ（筆者）も、それゆえ、「〈現〉存〔現前、現出〕‐論理学」と訳出した。この〈logiques〉の（注意深い読者は気づいたかもしれない〈現〉観念にかかわるというやや特異な）バディウ的‐意味内容は以下の（3）で再論する。「世界」概念に戻れば、「われわれ〔バディウ〕は、ひとつの存在論的な閉鎖系としての集合、ひとつの超越論態T (un transcendantal T, 先験態T〔既述、後述再論〕) と、その超越論態〔先験態〕に立脚するすべての多‐態における超越論的な〔同一性・差異性といった〕相互示唆‐関係 (indexations transcendantales) を含む存在論的集合を、〈世界〉(monde) と呼ぶ」(Ibid. p. 612)。カントが経験的認識に先立つ認識能作を〈transcendantal〉と呼び、今日の日本語が「超越論的」と呼びならわしているところをわれわれは判りやすさをむねとして「先験的」と訳述(既出) もしたが、他方、M・セール学徒たちが (カント流の「超越論的‐主観」に対して)「超越論的‐客観」と呼ぶところを、(19) われわれはバディウ哲学にも応用可能ではないかとも問うておいた (既出)。いまここでの場合がそれに当たる。カントは、超越論的・先験的‐認識能作によって現象は対象として認識可能であるが、いわゆる物自体 (われわれ流には原象) はそうではないとする。これに対してバディウは、カントの識りえなかった数学・集合論をもって (「状況、一化・算定‐態」に対する)「存在、純粋‐多」を、(すくなくとも数学的には)「認識可能」(parfaitement connaissable) (Ibid. p. 613) とし、さらにその究極態ともいうべき「無限‐多」の「識別化・分別化‐不可能」(不可識別性) (indiscernable) ゆえに (殆ど無規定として)「空」(vide) とまで呼称される事態 (例えば数理集合論のいう空‐集合) とそこへと「到来」(advenir) する「生起」という相反‐相伴態、両者の「離接的‐重相性」への「公理論的・実存的‐思惟・判断」をもって、これをいわば拡大‐合理性のなかに組み入れる。バディウのいう「超越論態」とは、この既述したカント的「主体」をも、それが向かう彼方 (対象) からではなく、その根底、空なる脱底から支える、そういってみれば要するに「超越論的‐客観態」なのではあるまいか。言い遅れたかもしれないが、ひとつのより具体的ないいかたを試みておけば、バディウ自身もある箇所 (LM. p. 255) でそのように語っている、カントにとっては物自体のすべてが認識不可能であったかもしれないが、バディウにおいては存在・生起はすくなくとも「局処的」(localement) にはあるいは「痕跡」(trace) 的には現出化可能であり、その現出態の可能性の条件としての超越論的客観態ということは十分語りうるところのはずである。この問題は追って再考察する。

(3)「論理」とは

「論理」とはわれわれの常識にとっては思惟・言表の同一律・矛盾律に則った正しい筋道のことをいうが、バディウはこれを「通常の論理」(logique ordinaire)・「小論理」(petite logique)(LM. p. 611)と呼び、もうひとつ「大・論理」(Grande Logique)(Ibid.)なるものを指摘して、前者を後者の「ひとつの小さな部分」(Ibid.)にすぎないとする。内容的には、前者はこの通りでよいが、後者は存在者・実在事象の「〈現〉出性」を可能にするその超越論的条件の謂いであり、われわれはこれを「大・小」で分けるのではなく、前者を認識論的な「言表-論理」、後者を存在論的な「現存-論理」と呼び換えてもおこう。両者の主・副-関係もこの新(仮)名称には含まれている。「われわれ(バディウ)は〈論理〉(〈logique〉)をもって現われ(apparaître〔現出〕)あるいは現-存在(être-là〔存在-現〕)についての一般理論の呼称とする。すなわち、世界、あるいは現出性(exister)(または非-現出性 inexister)へと到来するもの全体についての理論とする」(Ibid. p. 611)。〈exister, inexister〉は、通常の日本語では「実存する、現実存在する、本質の〈外〉(ex-)に存在する、しない」と訳出するところ、ここでは既述の〈imprésenter〉(非-現前)の「外」に「現前、現出、する」と、いわば「現存性のカテゴリー」において訳出した。

結局、「世界の論理」「諸世界の諸論理」とは、「存在・生起」という「非-現前」動が、自らの「外」、「状況」のなかに、たとえ「痕跡」的・「局所」的にであれ、「現」出し、展開するに到る、そのさまざまの多様な「諸」ケース、ということになるだろう。『世界の論理』は「存在と生起II」とも副題されて、「存在・生起」のドラマが「世界・状況」のレヴェルでどのように展開するかを検討するむね示唆しており、バディウはこの転換と重相性を「〈*onto-logie*〉から〈onto-*logie*〉へ」(LM. p. 48)とも記している。われわれ流に再整理すれば、さらに、『主体の理論』から『存在と生起I』を通って『世界の論理　存在と生起II』への行程は、伝統的「存-在-論」

からメタ存在論としての「存‐起‐論」を通って「存‐現‐論」へのそれと纏め直すこともできるはずである。

（4）唯物論と唯物‐弁証法

バディウ哲学は唯物論とも自称するが、「世界の論理」とはどのように関係するのだろうか。

バディウは「通常の唯物論」（matérialisme démocratique）と自らの「唯物‐弁証法」（dialectique matérialiste）（LM. p. 26 他）を区別する。前者の仏語は〈démocratique〉とあるが、これはプラトンから見てのソフィスト流儀への蔑称であって、バディウは既述のとおり〈n'importe-qui〉（誰であれ）の「平等主義」者であるから、近現代‐民主主義への偏頗な蔑視を含むものではない。違いは、結局のところ、「通常の唯物論」が、これはマラルメ譲りの規定（LM. p. 12 他）なのだが、世界は「〈corps〉と諸言語」から成るとするに対し、「唯物‐弁証法」は、唯物論的‐内在主義にとどまりながらも、「世界（〈corps〉と言語）」と「真理、主体」の相反‐相伴を認めるところにある。いま〈corps〉をとりあえず原語のままにしたのは、辞書的には、物体、身体、……、専門用語としては「体」ともされるらしいが、バディウ的には、物体、生体、身体、……等、多義的で、われわれ（筆者）としては、（例えば、従来の「コギト・意識‐主体」ならぬ、「生起」の）有躯体（態）といったような取意訳も試みざるをえなくなるはずであり、実際、バディウ自身も生起・存在ならぬ現存性のレヴェルでは「真理の、主体の、〈corps〉」とも語る、いや、『世界の論理』そのものが「真理の、主体の、〈corps〉」動態を主題とするともいえ（cf. LM. p. 44）、とにかく扱いに注意を要する語・概念だからである。たんなる唯物論と似て非なる「唯物‐弁証法[20]」とは、結局、「物象的（physique）な有体性としての〈corps〉‐諸言語」と「真理の、主体の、上位・別位‐物象的（méta-physique）（cf. LM. p. 51, 473）な有躯性」の複雑・ダイナミックな相関関係を含意するものと見てよいだろう。

（5）唯物‐弁証法と有躯的‐主体の生成——対象（客体）なき主体

『世界の論理』の「序章」（Préface）と「第一書」（Livre I）は旧著の「主体、真理」論の要約・確認・補填といえ、しかし、われわれの既述のところの欠落を補うにも役に立つ。たとえば、

①われわれはバディウの主体論を同時代の脱‐主体論の思潮との関係のなかで扱ってきたが、同じく、同時代の他の主体論との異同も確認しておかなければならない。バディウは三種、挙げる（LM. pp. 55-56）。（i）デカルト以来のフッサール／サルトル流のコギト・意識‐主体論、（ii）カント系譜の道徳的な主体論、（iii）アルチュセールの提唱するイデオロギー的‐主体論。これに対して、バディウは〈corps〉論的‐主体論、とするが、〈corps〉を簡単に邦訳することは難しい。生命哲学ではないので身体・生体とはいえず、むしろ唯物論の物体に近い印象もあるがまさか物体ですむわけでもなく、やむなく、われわれは有躯態的‐主体論と仮訳しておこう。実のところ、筆者はこれまで（i）の系譜のなかにいたので、バディウ的‐発想には躓くことも多いが、ともあれ、バディウ的‐主体論は、志向的・投企的‐意識論とは異質の、後述のように、存在・作用‐形態（formes）論のかたちを取るといえる。

②われわれはあの「ガンマ（γ）‐図式」論（Cond. p. 187）を追考するにあたって、「主体」は図示どおり「不可識別態」時点で成立するのか、それとも「生起」への「命名」作用とともに成立するのか、と問い、最終的な回答はあの時点では留保しておいた。いま、この時点で、「主体」の「成立」が明示されるように思われる。直接の明示ではないが、バディウの自己了解として。つまり、こうだ。「〈corps〉と諸言語」からなる「唯物論的」実在界で、或る一定の〈corps〉が「言語」を得て、他のすべての〈corps〉に主導的な作用を及ぼしはじめる［た］ときに、という、常識的にも納得しうる時点で、ということである。バディウは記す。「唯物‐弁証法はいう。〈もろもろの〈corps〉と諸言語しか存在しない、ただし（sinon que）、諸真理を除いては〉、と。この

〈sinon que〉〔試訳「無かりせば」〕が主体（sujet）として〈現出〉（*existe*）するのだ。別言すれば、或るひとつ〔一種類〕の〈corps〉が、〈corps- 諸言語〉システムを越える（excèdent）諸作用結果（effets）を産出（produire）する能力を証すならば（その作用結果が諸真理と呼ばれているわけだが）、この〈corps〉をわれわれは主体として成立した（subjective）といおう、ということである」（LM. p. 53）。「私」とか「われわれ」という「代名詞」以前の、「〈例外態〉（《excepte》）、〈無かりせば〉（《sinon que》、〔……〕、それによって、ひとつの世界の連続性（continuité）のなかに、存在する場なきもの（ce qui n'a pas lieu d'être）のあえかな煌めき（fragile scintillation）が、隙間をつくるに到来する（vient faire incise）、そのようなもの、〔それが、主体なのである〕」（Ibid. p. 53）。「〈corps〉は世界を合成する要素であり、主体は〈corps〉のなかに自らが産出する諸作用結果の秘密を固定するところのものである」（Ibid. p. 54）。

「或る〈corps〉が〈corps- 諸言語〉システムを越える能力を得るにいたる」のはどうして・どのようにしてなのか、われわれは、〈corps〉そのものが〈言語〉を獲得することによって、と応えておいたが、むしろ逆に、いわば源《もと》に戻って、その〈corps〉が〈corps〉と「諸言語」を「産出」してよこす「生起」を（再）獲得することによって、というべきであろう。しかし、さて、その場合、その一定の「或る〈corps〉」のみが、他の諸〈corps〉と違って、「生起」を（再）獲得しうるのはどうして・どのようにしてなのか、それを明示せぬかぎり、「主体」の成立を語ったことにはならないだろう。他方、「例外態が世界を構成する連続態に隙間を造りに来る」とは、内在論議には尽くせぬなんらかの超越態の来入をも感じさせるが、これは、バディウ的には、まさしく「生起」の所為ということである。「量が質を産出する」という唯物論のテーゼは、バディウ的には「量」が「量」と「質」を「産出」する「生起」に戻って再出発するときに「質」が可能になるということであろう。

とまれ、「或る一定の〈corps〉のみ」が「生起」を再獲得するのはどうしてか・どのようにしてなのかは曖昧であるとしても、バディウ的-主体が、コギト・意識・志向性ではなく、〈corps〉・「有躯態」であることは確認された。このことはここではポジティヴな前提としなければならない。「〈corps〉とは、ひとつの主体的形式を担いながら、世界におけるなんらかの真理に客観性の現存的ステイタスを授与するところのものである」(Ibid. p. 45)。「本書の結章は〔生起にかかわる〕主体的 - 形而上学(métaphysique subjective)から、存在論的 - 現出化論理(Grande Logique)と変容の思惟を経て〈corps〉の唯物論(physique des corps)へといたる)〈真〉への同成化(同体化、同躯化)(incorporation au Vrai. cf. 先述、〈Même〉論議参照)の行程の諸帰結を扱う」(Ibid. p. 49)。「二十年前の『主体の理論』は世界という範域と主体という脱 - 場(horslieu)との弁証法を語って正しかったが、そこに含まれる存在論的 - 現出化論理(Grande Logique)の諸問題を主題化するに十分ではなかった。諸真理は有躯性に支えられて(en-corps)現出化するのだ。この『世界の論理』では主体の問題は〈corps- 諸言語〉システムを現出論的・〈存 - 現 - 論〉的に超脱(excès)する実効的な有躯態(un corps efficace)を前提にすることが明らかにされるはずである」(Ibid. pp. 53-54. 簡略化のため取意訳)。

(6) 有躯的 - 主体の在りよう・為しよう

主体は有躯的(corporel)なのであるから、形態論的(formel)、さらには形式論的(formel)に、考察されることになる(cf. LM. p. 54sq.)。近代コギト主義は既述フロイト流「超自我 - 不安」の情念論議への半壊からいささか形式的すぎる健全ボーイスカウト流「正義と勇気」の有躯性論議へと吸収されていたが、もっと真面目に扱うとしても、直近の先立つ思潮には、精神分析を志向的行動分析へと転換させるサルトル流 - 実存分析が展開していたのであり、そこから見ても、——バディウは言論人としてのサルトルには私淑しており、哲学的レヴェルからしてもフランスを代表する後継者と自負しているはずであるが、——とにかく、すくなくとも筆者には、バディウのこのあたりの形式論議には強い関心は抱けない。ただし、現代科学とりわけ現代医療は、ポジティヴな意味でも、人間・人体をもろもろの科学的システムらなる生命機構ロボットと見ており、この新たな時代における人間機械論の先行哲学版と解するとも不可能はないのであるから一応整理しておくと、……。

①まず、生起・真理にたいする人間の基本姿勢（figures）を三種に分ける。（ⅰ）忠実（fidel）であるか、（ⅱ）反動的（réactif）であるか、（ⅲ）盲目的（obscur）であるか（Ibid. p. 55 他）。これまで論じてきた主体とは（ⅰ）のそれであり、これは内容的には既述のところでほぼよく、加えるべきことがあるとすれば、バディウにおいては最終的には、主体は真理・生起に同成化（incorporation. 先述）すれば消えてよい（cf. Ibid. pp. 17-18. 裏表紙[21]）、主体のための真理ではなく、真理のための主体、という発想があるようにみえることである。正義は成されよ、たとえ世界滅ぶとも、という言があるが、真理は成起されよ、たとえ人間・主体滅ぶとも、ということか。フランス革命のなかでもバディウが内心もっとも共感しているのがロベスピエール／サン＝ジュストであることからしても、それは伺える。しかし、（ⅱ）（ⅲ）のケースも考量しているのであるから、（ⅰ）のみとはいえない。とはいえ、生起・真理には既述のように「新しさ」という構成要素も附帯しており、（ⅱ）はそれに抗して旧に服するメンタリティ、（ⅲ）は「新しさ」にも気づかぬ凡庸さを含意し、要するに（ⅰ）からの派生態であるから、ここで再論するまでもない。

②つぎに、主体を構成する組織化‐操作動（opérations）という局面があり、これは主体の構造を固定化するに機能する（LM. p. 57, 70）。（ⅰ）閉鎖化動（barre）、（ⅱ）内析化動（implication）、（ⅲ）削除化動（rature）、（ⅳ）否認化動（négation）、（ⅴ）抹消化動（extinction）、であり、具体的な詳細説明はないようだが、最近のネットを媒体としての遠隔地手術等に見られる、あのネット画面に浮かび上がってくる人体映像を考えれば、哲学的主体論としては陰画態にすぎないであろうが、医療作業上は立派な意味をもつ構造体といわなければならない。

③相対的にもっとも主体構成にポジティヴに機能しているのは、構造固定化動（opérations）ではなく、方向規定化動（destinations）の諸局面であろう。これには、（ⅰ）産出化動（productions）、（ⅱ）拒否化動（déni）、（ⅲ）隠蔽化動（occultations）、（ⅳ）再生化動（résurrections）、が数えられている。われわれはわれわれの目下の

一連の研究を、近代的な「対象付きの主体」から離れてまずは現代的な「対象なき主体」へと移り、カントの超越論的-認識能作が合法的に葬った感のある「魂の奥底の隠れた伎倆」から（規定的判断力ならぬ）「反省的判断力」への行程から出発して、一方ではミクロ核物理学の発見により初めて自己壊滅の可能性をも得るにいたると同時に、他方ではミクロ細胞生物学の発見により自己再生の可能性をも得るにいたって、いわば存在の第二サイクルへと歩を踏み入れた人類史の動きのなかで、バディウにおける「主体」の「生成」を問うにいたっているわけだが、それが「〈corps〉-諸言語」システムを「乗り越える」一定ミクロ〈corps〉の「自己産出（productions）・自己再生（résurrections）-力」に指摘されるにいたる、というのであれば、これは慶賀にあたいすることといわなければならない。『世界の論理　存在と生起Ⅱ』の第二書（Livres II）以下は、おおむねこの問題をめぐって展開されている。原理論的には既述のところを踏まえて、また新たな問題領域としては〈Grande Logique〉としての存在論的-現存化・存-現-化・論理の開展の裡で。われわれはわれわれでその範域でのわれわれの問題の帰趨を見定めよう。

（7）有躯的-主体における真理と自由

バディウ思想は能動的だがサルトルやフランス人の好む「自由」概念がこれまでほとんど出てこなかった。それがここにいたって語られる。状況（situation）・存在者（étant）界は「〈corps〉（諸有躯態）-諸言語」システムから成るとしても、それは「主体・真理」が「無い」とすれば（〈sinon que〉）であって、バディウ的には、その〈sinon que〉に組み込まれる「主体」「真理」と共に、である。「諸有躯態-諸言語」システムのほかに「主体、真理、自由」を認めるということになれば、もう唯物論ではなくなるのではないか、とも思われるが、観念論とはいえないのであるから、「通常の唯物論ではないが、唯物-弁証法」ということになるのであろう。

主体についてはむろん真理についてもすでにかなり詳論したが、「二十年後」（先述）とはいわずとも「十八年後」のこの『世界の論理』での真理概念というものもそれなりに一顧に値いするから（さらに「十二年後」二〇一八年の七〇〇頁の大著は題名すらもが『諸真理の内在性　存在と生起Ⅲ』である！）、ここでは真理概念の再整理から自由概念に入っていくことにする。

真理は八点から再論される（LM. pp. 42-43）。以下、「　」内は要約的取意訳でもありうる。

①「真理は、経験的時間のなかで産出・算定されるとしても、永遠的である」。唯物論に「永遠性」の概念は似つかわしくないようにみえるかもしれないが、「唯物-弁証法」がいう「生起」の遍在性・汎動性がこれに充たる。ちなみにベルクソンは、プラトン流の永遠不変のイデアにたいして、むろんその後のキリスト教哲学における神＝永遠を踏まえて、「生ける（活ける）永遠」を語っていた。バディウ的には、「科学、芸術、政治、愛」という「経験的時間」のなかで真理＝永遠が生起的に成起しうる。

②「真理は、真理への思惟が個々の言語から分離可能であるところから、諸言語システムを越える（trans-langagière）」。「真理への思惟が言語システムあるいは諸有躯態-諸言語システムを越える」とは、「真理への思惟」が、なによりもまず「生起」への「同成」（incorporation）だからである。〈incorporation〉は、辞書的には一体化、既述の〈corps〉理解からすれば「同躯化」ともいえないことはないが、「生起」はすでに「有躯性」を越えており、ここでは「真理」の「成起」（générique）への、同一化（identité）・合体化（unir, compte pour un）ならぬ、既述した「ウルトラ-ワン」（Ultra-Un）や〈Même〉の「差異を前提する同」の「離接的-共（協、合）成[22]」を含意させるほうがよい。

③「真理は、〔生起の〕物質的-諸痕跡（traces matérielles）のひとつの閉鎖系としての組織的-集合態（un ensemble organiquement clos）を前提する」。急ぎ付言すれば、存在論的・メタ存在論的・存-起-論的に「前提する」ではなく、われわれがアプローチするには（いわば認識論的には）それを媒介・契機とする、という意味での「前提する」である。すでに引用者が（適切にも）「生起の」と付言してしまったが、バディウ自身もこの項

の末尾で「痕跡とは生起のそれである」と説明している。

④「これらの諸痕跡には、われわれが主体と呼ぶものの、〔既述の〕組織化・構造化‐操作動としての基本姿勢（une figure opératoire）が、対応していく。主体とは、生起の諸痕跡とそれらが世界のなかで駆動するところのものの、組織化・構造化的‐操作機構配置（disposition opératoire）の謂いである」。ひどい漢字の羅列だが、結論的‐成句の取意訳であるからやむをえない。

⑤「真理は、自らを構成（compose）するものを、たんなる所与から出発してではなく、そのような操作の諸帰結（conséquences）から出発して、相関（article）させ、価値（évalue）あるものとする」。

⑥「真理は、そのような諸帰結の相互連関化（articulation）から出発して、さまざまの主体の基本形姿（figures）を、さまざまの多様な相互連関を産出する源‐多様的な母態（matrice d'articulation invariante）の諸審級として、招来していく」。〈invariante〉は「不変の」などと訳すとバディウ的ではなくなるので、むろん苦肉の策として、「原（源）‐多様」とした。

⑦「真理は、無限（infinie）にして、かつ〈générique〉（準‐普遍的・純粋‐成起）である。根源的な例外態（exception radicale）であり、個別的名称を越える現出・存‐現‐態（existence anonyme）のイデア（Idée）である」。第一文は①と同じく「生起」概念を前提すれば充分に可解的であろう。第二文の〈existence〉は、バディウ的には、「実存」でも「本質‐外‐存在」でもなく、「非‐現前動」（imprésentation）からのその「外」（ex-）への「現出・現前・存‐現」‐態である。〈anonyme〉は辞書的には「匿名」だが、ネガティヴな印象もあるので、ここではポジティヴに「個別的名称を越える」と訳す。同じく第二文の〈Idée〉は唯物論ならぬプラトン用語だが、バディウは「〈一〉ならぬ〈多〉のプラトン主義」とも自称しているので、「生起」からのさらなる「純粋‐多化である「成起態」と解しておけばよい。「公理論」（axiomatique）という発想も、これと相関する。

つぎの総括付言がある。「真理のこれらの特色は、（通常の唯物論という）今日支配的な擬似哲学に抗して、一個の現代形而上学（une métaphysique contemporaine）（としての唯物‐弁証法）の思惟空間を支える〔既述した〕《sinon que》の哲学的正当性を、立証（légitiment）している」（Ibid. p. 43）。「唯物論」と「形而上学」が共存・両立するのは可笑しいではないか、と通常の哲学常識は異論するであろうが、歴史的・哲学的には共存・両立は不可能ではないはずであり、いまはそのための原理論を展開する余裕はないが、既述のところではこれを「上位・別種‐物理学」（méta-physique）と解・訳して、「唯物論」ならぬ、「唯物‐弁証法」「弁証法的‐唯物論」のなかに、収めた。

「自由」について語るのが遅れてしまった。だが、バディウにおいては、自由も主体と同じく真理との同成化の所産である。「ひとつの有躯態は、諸言語を貫いて真理という例外態に参入するのか、参入するとすればどのようにしてか、それを知ることが重要である。こういってよいだろう。自由（être libre）であるとは、（諸有躯態と諸言語のあいだの）関係の秩序に属するものではなく、直接的に、（なんらかの真理への）同成性（incorporation）に属するものである、と。別言すれば、自由（liberté）は、なんらかの新たな有躯態（un nouveau corps）が世界のなかに現出することを前提する。その未聞の有躯態によって可能となる同成化のさまざまの主体的‐形態（formes subjectives）が――その有躯態そのものが〔世界の、といってしまってよいだろう〕ひとつの切断（une rupture）のうえに、あるいは切断を出来させながら、成立するのだが――自由の諸ニュアンスを規定するのである」（Ibid. p. 43）。

「真理への同成性」とは、「自由」が主体や真理とともに、「生起」から「成起」への純粋‐動態性の所為であることを意味する。「自由」も「主体」も「真理」も「生起‐成起」の動態性に属するとは、いささか安易な同一化思想にも見えるかもしれないが、「主体」の「自由」が「真理」によって担われるとは、哲学発祥以来の暗黙の前提であり、バディウは「現代‐数理集合論」と「現代‐形而上学」（Ibid. p. 43. 上記）をもってそれを新たに捉えなおしていると位置・意味づけてよい。

（8）有躯的 - 主体の四種の真理実践——政治、科学、芸術、愛

真理について多くを語ってきたが、多少、抽象論の気があったかもしれない。真理実践は人間活動の四領域に展開され、われわれはわれわれ流の言葉で「政治、科学、芸術、愛」における真理を「真諦、真態、真正、真実、……」などと言い換えてもきたが、目下の『世界の諸論理』「第一書」の末尾 LM. p. 86）で、バディウは一覧表まで作って整理している。一覧表のままに邦訳するというやりかたもあるが、ここでは機械的にならぬよう、枠を外して、最小限の説明をしよう。

まず、判りやすいところから。

①真理の有躯性（corps）というものも語りえ、政治においては「組織化」、芸術においては「作品」、科学においては「結果（法則、理論、原理）」、愛においては「カップル」（あの〈二〉か）。政治における「組織化」が真理であるとは大雑把すぎるだろうが、「平等」理念の組織化 - 具現と解すれば、それなりに解る。

②「（局所的）現存」（présent (local)）態としては、政治においては「新しい平等公理」、芸術においては「新たな感覚的強度」、科学においては「新たな解決法」、愛においては「新たな実存的強度」。何が真理であるかは、定義はできない。真理・真実は、カント流にいえば「規定的判断」の問題ではなく、まずは「反省的判断」の問題だからだ。「成起」があってはじめてそれと推定しうる。「（感覚的・実存的 -）強度（intensité）」という非 - 合理的な言表が、その当惑ぶりを示している。「新しさ」の印象も、既述にもあったが、同様である。

③「情動」（affect）的な反応も、それゆえ重要である、政治においては「熱狂」（enthousiasme）。これはカントが隣国フランスの革命に歓喜するドイツ民衆のうちに指摘し、現代思想家のJ＝F・リオタールのカント論[23]が主題化している。芸術においては「快」（plaisir）、愛においては「幸福」。科学においては、バディウ自身が述べ

ている「難解な科学理論の哲学的意味が分かったときの喜び（joie）」。

④「存在論的根底」（fond ontologique）としては、政治は「国家と一般人たち（gens）」。「一般人たち」は「現存態」（présenrs）だが、国家はその「再現態」（représentation）であり、バディウは前者を至宝とするが、後者は派生態である。芸術においては「感覚的強度と諸形象の静謐」。科学においては「文字・言語によって捉えられる世界か捉えられない世界か、両者の境界態」。愛においては、上記〈二〉問題に類する「性的‐隣接関係」。

⑤「生起の痕跡」としては、これが「存在」「生起」へと朔行するための最良の契機のはずだが、政治においては「国家という過剰権力の固定化」。むしろ、一般人たちという現存態・存在‐現（être-là）の活動、とでもいうべきではないかと思うが、前者でも判らないわけではない。芸術においては「非‐形象態が形象態と成りうること」。科学においては、「文字・言語に逆らう事象が、文字・言語に服すること」。愛においては「出会い」。ちなみに、「生起」との関わりはときに「偶然の出会い」（既述）ともされる。必然などではありえないとしても、〈effort〉や〈labeur〉の言もあったのであるから、それを踏まえての「偶然の出会い」というべきだろう。（なお、この③⑤あたりの問題、心理・情動論的‐言表も可能というのであれば、筆者的には例えば「十全完遂の充足感・達成感」、ただし、あの「空‐起（成）‐動」の澎湃《ほろよい》としてのそれ、のような概念をもって一括しうるような思いもするが、如何なものか[24]。）

やや散漫になったが、バディウのいう真理実践（procédure de vérité）とは、要するに、ちょうど古代ギリシャ人たちが「ゲニウス・ロキ」（霊気あふれる場）に大神殿を建立したように、想定しうる最全の事態から出発してその史的偶有態を贈り届けてきた「準‐普遍的な生起・成起‐動」へと朔行し、そこから再出発して「新たな準‐普遍的な生起・成起‐動」を産出・有躯態化していくことにある。そして、それを「前‐未来的・投企」の敢為性において遂行するのがあの聡明にして堅忍不抜の「公理論的・実存的‐思惟・判断・決定」である。ある意味ではよくある発想ともいえるが、「数理的‐集合論」「真理‐多元論」「現代‐形而上学」（LM. p. 43既述）に立脚してのこの発想は、今日有力な差異・分解思想と同じく、それなりの今日的な意義を自証しているはずである。

Ⅳ　主体を超えて――〈世界の分析論〉

『世界の論理』は、『主体の理論』『存在と生起』の主体論を新たに反復・補完するかたちで「序説」と「第一部」の約一〇〇頁を構成しており、内容も豊かなのでわれわれもあらためてやや深入りするかたちになったが、本書の主題は題名からすれば「世界の分析論」[25]（LM）約五〇〇頁であり、主体がそのなかで・そのために活動・展開する「世界」とその「論理」の「分析」である（cf. Ibid. p. 354）。われわれ自身の主題はバディウ流にいえば人間主体はどのようにして存在と真理をめぐって世界を創造・刷新していくのかであるから、バディウのいう「世界の分析論」は最重要問題であり、既述の「Ⅲ３（1）～（3）」でも型どおり最初に着手したわけだが、簡潔を心がけるあまりいきなり直接の引用文の分析からはじめ、一般読者には判りにくくなってしまったかもしれない。実のところ本書のバディウの「世界の分析論」に筆者はあまり満足できず、ここでも全五〇〇頁を解読・論述・解説することは控えさせていただく。ただ既述全体の諸問題との関連を確認するにとどめさせていただきたい。

1　世界の有規定性

「世界」とは一般的には万象がそのなかに存在している宇宙全体と同義に解されることも多いが、逆に「世界観」といえば全人類すべてのひとびとの一人ひとりに独自・別様であり、バディウのここにいう「世界、諸世界」（monde, mondes）とはいわばその中間の「文明」あるいはそのようなものとしての「社会」にほぼ該当する。

「文明」（civilisation）という語は、現代フランス思想家たちによっては、多様な意味を含めていわば十九世紀的な概念であり、ほとんど使用されない。だからといってわれわれがこの語を使用するに時代錯誤を卑下する必要などなく、イギリス・ドイツ・アメリカ・日本の知識人たちが総体的に前提する現象を、フランス知性はのっけから鋭利分析的に解明しようとする、その知的慣習の違いとみておけばよい。他方、「社会」概念はフランスではいたるところに使用され、簡便な対象規定に向かない。バディウが複数形の〈mondes〉で意味しているのも、生活社会のみならず一定の有‐規定的だがただしそれなりに可変的な世界観・価値観・存在感覚を生きる大小さまざまの人間集合態の有りよう・為しよう、の謂いであろう。バディウの「ものの考えかた」の根本・中心にはどうやらいわゆる数学‐集合論の発想があるようだが、〈mondes〉とは、世界というより、その多様・複数の人間集合態といってよい。

2　世界の重相性

われわれは「状況」「状況の住人」から出発し、やがてハイデガーの仏語版に使われる〈étant〉（存在者）にも出くわしたが、他方、バディウはこれら「状況」等のレヴェルから「(状況の) 存在・真理」を区別し、後者をまさしく集合論的に「多」数態、「純粋‐多数態」、諸「部分・下位‐集合」、とし、前者を後者からの人為的な「一化・算定」態とし、通常のわれわれの経験的諸事象・諸対象をもそこに位置づけた。後者の「(純粋) 多」態は、古代あるいはラテン期ルクレティウスの原子論やライプニッツの単子論を思わせるかもしれず、それも理解の一方便ではあるだろうが、これも最終的には彼ら（原子論者・単子論者）の知らなかった現代数学の出発点ともいうべき集合論に属するものとみなければならない。そしてこの後者は広大な拡がりや数多の位層・位相を予想させるが、バディウは今度は集合論的には考察せず、むしろ一般的に「無限‐多」と「空‐集合」を強調する程度にとどまる。ただし、「空-集合」とは、邦語の文字通りの空っぽ（量的ゼロ状態）を意味するものではなく、多すぎる過剰（excès）にして規定不可能（indiscernable）（質的・無-元-態）ということで、原語の仏教用語でもそうだが、邦語のまさしく「無数」を含意する。おのおの「集合」はこの「空-集合」のそのつど多様な（有-規定-的）「部分-集合」である。もっとも、「空-集合」は「すべての部分集合の全体」つまり「集合の集合」ではない。「集合の集合」とは（これはこれなりに）「〈一〉なる集合」を含意し、「反-〈一〉」・{「(α∈α)} としての集合論の本旨に反する。「〈一〉化されざる」（無-規定-的・原-初-態）が「空」の原意といってもよい。なお、バディウでは、このレヴェルでは、「絶対-多」、規定・算定されざるの意での「非-可算数態」、P・コーエン集合論の功に帰せられる「連続体」（continu）概念、分数的-有理数群からすら外《は》みだす「対角線態」（diagonal）、等も重要である。とはいえ、筆者にとっては、ギリシャ好みの「整数・自然数・有理数」に反するがゆえに、ピュタゴラス派によって不本意にも発見されながら不吉として葬られ、あるいは幾何学図形へと吸収・解消されることによって実務算数中心のオリエント全域に対するギリシャの文化的・覇を示すことになったあの「無理数」を、バディウがどう位置・意味づけているのか、不明なのが残念である。[26] とまれ、「世界」は、「状況・一化-算定態」、「純粋-多」態・諸集合（ほとんど無数の諸帰属態（∈）と諸含有態（⊂））、「空-集合」（φ）、「到来-生起」（événements）、……、または、「真理」（真態）、「主体」、「物象的-有躯態群と言語的-有躯態群」……、の多層性・重相性において成り立っている。

3 「〈空〉の被-昇天」

「空-集合」は「純粋-多」態の果てではなくむしろ多様・無数の「部分-集合」の条件（condition）でもあるとは、〈condition〉が〈con-do-ition〉であることからしても、この「空、（殆）無」態の能作性・産出力を意味しているが、バディウはこれをいみじくも〈assomption〉(LM. p. 404)とも呼んでいる。〈assomption〉とは、キリストは神の子であるからその死もおのずから「帰(昇)天」(ascension)であるが、母マリアは人間であるからその死(後)はどうなるかと斯界が考え、「聖」の冠を付するとともに神の力によって昇天も可能としていわば受動態のそれとして案出した「被-昇天」の謂いである。加えてバディウの場合、超越神からの作用はなくとも、数学-集合論の究極態としての「空-集合」にとどまることなく、一方では「集合」にその「元」としての構成要素の「帰属」(appartenance, ∈)を提供すると同時に、他方では正規の構成要素以外の不可識別態(indiscernable)の「含有」(inclusion, ⊂)をも認め、これを踏まえて、「空-集合」の「外」(既述)からのあの({(α∈α)}ともいうべき)「生起」の到来をも考量する「メタ存在論」「現代-形而上学」(Ibid. p. 43)によって、「空-集合」のみならず「多」種・「多」様・「多」相的な「部分-集合」群の可能性・現実性を産出し、さらに「状況」「状況の住人」「存在者」「対象」にすぎなかった諸事象を「現出態」「主体」「有躯態」等として(現存在ならぬ)「存在-現」させていくことになる。「生起」そのものを「成起」へと成就させていくとすらいっても大過ないところだろう。人為側からの「公理論的・実存的-思惟・判断・決定」に、原為側から対応するのが、この「生起」の一階梯としての「聖・被-昇天」であるといってよい。

4 「空、消失、非在」の力

記し遅れたかもしれないが、たんなる「状況の住人」「存在者」は「状況」「一化・算定・可算的」事象に埋もれて生き、バディウはこれを「百科全書的(などというほどのこともない)既存知識の組織体」としており、ここから「存在・真理・純粋-多-態性」を「控除」しうるのは「(状況の)主体」であるが、「控除」しうる「主体」からすれば前者(一化・算定・可算的-知識態)は人間的作為の所産にすぎず、後者(存在・真理・純粋

-多-態）は前者を貫きおのずから前者からの「（自己控除）脱去」性のうちに自律的に生動している。物活論的・生命論的・自然主義的-実在論に類似しているが、バディウのいうかぎりではそれらとは相異なる数学的-集合論モデル（いわゆる「ブラウン運動」「真空のエネルギー」等も考えよ）の「空」なる「生起」的-律動である。原子論・単子論の場合と同じくドゥルーズやスピノザの実体論的-生成論とは区別することをバディウは要請しているらしい。ハイデガーの解釈学的存在論でもなく、「存在」さらにそれと区別されていく「生起」は、「〈多〉のプラトン主義」として「集合論」という「現代合理主義」によって「認識可能」ともいう。ただし、その「認識可能性」は、直観主義的なそれではなく、既述の「公理論的-思惟・判断」によるそのつど「局所的」「決断的」なものともいわなければならない。なお、われわれは、バディウのこのような思惟展開を、通常の存在論とは異なるメタ存在論あるいは「存-在-論」から「存-起-論」さらに「存-現-論」へのそれと再整理も試みておいた。さらには、「控除・脱去論的-生起論」と「到来・帰来論的-生起論」の交錯動態とも再整理した。〈événement〉と〈générique〉という主要概念を「生起」と「成起」と、仏語表記とはやや離れる邦語レヴェルでの整合性を目《もく》しての造語-対へと変容させたのも、同じ敢為の試みである。ちなみに、ここにいうような「空」「消去」「非在」の「力」というものを、バディウは敬愛するパリ・コミューンの闘いをめぐって、こう記してもいる。「〈非在〉の存在とは、現前態の内部において、それ（〔非在〕）を支える存在（〔空、無限、被-昇天の力〕）によって、（現前態における）転覆をもたらすものである。世界史上初の労働者による権力奪取を刻むコミューンの宣言は、ひとつの歴史的存在を構成する。その絶対性は、世界にその現れについてのまったく新しい配置が、世界の論理のひとつの変容が、到来したことを強く示している」[27]（HC. p. 182）。

5　世界と〈超越論態・先験態〉――カントとバディウ（再論）

「世界の分析論」に関するもっとも重要な問題は、しかし、既述にも触れたように「〈世界〉」（mondes）を構成する〈超越論態・先験態〉（le transcendantal, T）という発想であろう。われわれの哲学史的常識によれば伝統的な哲学・形而上学は神や至高存在といった「超越者・超越態」を信仰・思惟・認識の区別不全のままに奉じてきたが、近代哲学という自覚の時代の営みにおいて、まず信仰を宗教に委ねて思惟・認識を分離し、ついで思惟・認識の範域の如何を問い、おのおのが自らの存在‐妥当・正当性を主張しうるその可能性の条件への審問を、個々の思惟・認識‐経験を超える思惟・認識‐一般への「超越論的‐問い」として設営するにいたった。伝統的形而上学が世界のいわば存在論的究極条件を問うたとすれば、近代あるいはカントの批判主義が代表する近代哲学はわれわれ人間思惟一般の認識論的究極条件を問うにいたったといって大過はないはずである。

バディウが「世界」における「超越論態・先験態」というとき、われわれあるいは少なくとも筆者は、ちょうど若年期のサルトルがデカルト・コギト（意識）哲学から出発してカント／フッサールにまで到達していた近現代哲学が新たに盛名を博しはじめたハイデガー存在論に一瞬「哲学の退行現象」を見る思いがしたように（既述）、バディウ流の唯物論が近代コギト哲学の多大な成果をないがしろにして伝統的な形而上学の存在論を持ち出すかの印象を受けるかもしれない。しかし、エコール・ノルマル哲学科の主任教授はそのような錯行に陥ることはない。カント近代哲学からの「退行」ならぬそこからの現代哲学への「突破」をこそそこに含意させている。こうだ。近代哲学が信仰から思惟・認識を峻別したように、カント批判哲学はさらに「思惟」と「認識」を区別する。「認識」は直観的所与を前提し、それを「直観の形式と悟性のカテゴリー（範疇）」をもって構成することによって成立するが、「思惟」はそれを前提しなくとも成立しうる。そこから伝統的形而上学のもろもろの独断的思念も結果するし、現代のもろもろの素朴な独断主義の妄念も結果するが、他方、「思惟」「認識」の妥当性を検証する「認識論的 - 超越論」の営みも、それを「認識」することは不可能だが、それを「思惟」することは可能である。人間的「認識」の有限性を前提するカントが万能のごとく駆使したのは、この「思惟」であった。

だが、バディウはカントと同じく「思惟」と「認識」を区別するが、バディウの見るところ、これは今日では専門家たちの常識でもあろうが、その（カントの）「思惟」観念は狭隘すぎた。人間的「思惟」「認識」の有限性は認めるとしてもそれを「直観の形式と悟性の諸カテゴリーの組み合わせ」行使とすることは、ライプニッツもデカルトすらも踏まえぬアリストテレス形式論理学の復活にすぎない（cf. LM. p. 25）。これでは「原象」（物自体）ならぬ「現象」もたんなる「一般的な対象群」（objets généraux）（Ibid. p. 252）として構成されるにすぎず、それらの〈singularités〉（特異性、独異性）（cf. Ibid.）ははじめから捨象されている。しかし、バディウのいうところ、（思惟は事象を多少とも変形することはありうるかもしれないとはいえ）、「事象の規定性は、思惟のなかで、〔……〕事象の現 - 存 - 在（son être-là〔存在 - 現〕）の現出論理（思惟の形式論理をも包摂する、超越論的 - 現出化論理。logique transcendental, subsumant la logique formelle）によって自己構成（se fait）していく」（Ibid. p. 254）のであって、バディウはこの「思惟と事象の思惟内における出会いと相互変形動」を、〈général〉（一般的）に対する、あの〈générique〉（類成的、事象・事態に固有の、そのままの、それでいて準 - 普遍的な妥当性を主張しうる、生成的というより生起・成起的で、知へと一般化されない真理性をはらむ）概念（Ibid.）によって、論じている。この引用文はこのままでは目下説明不足の語彙・概念を含んでしまっており、これはすぐ追って説明しなおすが、ともあれ、〈le transcendantal〉概念が、認識論的範域にとどまることなく、存在・世界の範域にも無理なく広がっていきうることの証左にはなるだろう。

なお、「超越論態」と「先験態」という別語をほとんど同義的に記しているのは、既述もしたとおり、もともと独仏語〈transcendantal〉は、かっては「先験的」と邦訳され、その後「超越論的」と邦訳されるようになり、われわれ（筆者）としてはここでは「先験態」の方が使いやすいが、世の風潮に対応するためであり、読者各位は御自分の了見で選択してくださってよい。

6 〈超越論態・先験態〉の存在論的機能

「世界」に「超越論態・先験態」の存在・作動を想定・思惟せざるをえないのは、どうしてか。『世界の論理』末には「使用概念解説」部分があり本件にも一頁近い解説文（LM. p. 618）が記されているが、なにやら記号論理学者の原理説明のような「基礎の基礎」の味気なさがあり、ここで分析・解説するのも退屈であるから、いっそ、むろんバディウの趣旨を踏まえて、われわれ流に説明・考察してしまうことにしよう。

（1）現出化機能

カントにおける認識論的‐超越論が人間思惟の多様・無数の経験レヴェルでの認識活動を支えるその可能性の条件の探索であり、古代・中世‐神話・宗教においては自然・世界‐事象の一切が自然や神の企画・演出の結果とされていたとすれば、バディウのいう超越論態・先験態とは神なき人類を含む、あるいはカント的な認識論的‐超越論態を一個の派生態（上記、LM. p. 254）として内包する、世界そのものの事象‐現出（apparaître）化の作動・機能力である。認識論的にはすべての事象は「純粋‐多」の諸集合であって非‐現前的ともいえるのであるから、これをわれわれの常識・経験が知っている諸形象へと現出化する超越論的な機能動とはまことに稀有なものといわなければならない。ただし、どのような多‐集合がどのような形象動態を産出‐現出化していくのかの論述はなく、抽象論にとどまっているように思われる。

(2) 有意味化機能

いま、現出化を可視化・形象化(のみ)のように論じてしまったが、もっと広範に意味賦与・有意味化と補言しておくことも必要かもしれない。バディウは、ドゥルーズが意味概念を重視するにたいし、これを主観的能作の結果として、準‐普遍的な真理概念を極力重要視するが、とくに超越論態については意味投与(donner sens)(LM. p. 473, 595等)の機能も見ており、これによって〈monde〉が人類世界一般ではなく、むしろ個々の文明に近い内実構成を抱懐していることが判る。つまり、或る事象aは或るmondeにおいては現出化しているが、他のmondeにおいては現出化していないこともあり、しかしいずれのmondeにおいてもその超越論態は機能しており、ふたつの別々の超越論態がふたつの別々のmondesを構成している。同じように、或る事象aは或るmondeにおいては或る意味を持たされているが、他のmondeにおいては別の意味を持たされているか、あるいは現出化しているのに意味を持たされていないか、逆に現出化していないのになんらかの意味を持たされているか、これらの場合にもおのおのべつの超越論態は作動し、別々のmondeを成立させている。

(3) 組織化機能

超越論態は、したがって、諸事象の現出化や有意味化というより、むしろ諸事象の相互連関を成立させているというべきかもしれない。個々の事象の意味は他のもろもろの事象の意味との相関のなかで成立してくるものであるし、事象の現出・非現出なるものも、有意味性・非‐有意味性との連関においてしか、われわれ人類にとっては問題にならない。バディウは超越論態を組織化(organisation)するとか、その「図式」(schème)を動態化するとか、さらにはその構成諸要素の相互示唆関係(indexation)に則る、ともいうが、要するに、超越論態とは、われわれ個々の思惟・認識主体とそれを包摂するその〈monde〉の全域にわたるひとつの総態動において現出化と有意味化を成立させているということだろう。

（4）破毀と再建

ここでまたいくつかの新たな問題に出会うことになる。ひとつは、このような総動性における超越論態と状況・〈monde〉に対応する（内含される？）純粋‐多との関係で、既述のところで前者がどのように後者をわれわれのよく知る経験レヴェルの諸形象動に変容させていくのかについてのバディウの論述はないようだとしたが、他方、もうひとつ、この超越論態の総動的な拡がりはバディウが純粋‐多という当然広範であるはずの範域に想定する空（無限）‐集合を基とする諸部分集合態とどう関係するのかということで、そのなかでももっとも簡単な問題に絞っておいても、両者（超越論態と数理‐集合論）のいわば存亡にかかわるそれである。カントは超越論的‐認識論を確立したとき、あの「魂の奥底なる隠れた諸伎倆」なる生成論的起源を素朴形而上学の謬論として（おそらく）葬った。バディウは、この点、自らの超越論態を、空‐集合をその外から到来する生起に根拠づけた以上、（この超越論態をも）生起と命運をともにするものと、いわば非‐超越論的な生成・生起論のなかに根拠づけるという操作に陥っているのではあるまいか。いや、ここで、バディウの論理的混乱を指摘などしているわけではない。バディウは既述したところで超越論態の「組織化」（organisation）ということを語っていたが、それに対応するかのように超越論態の「破壊」（destruction）や「再編」（refonte）なることをも語っており、つまり、バディウのいう超越論態とは、まさしく〈個々の文明体にも対応しうるかの〉〈monde〉に内属的なものとして、たとえば歴史・文明史の展開の動態力のようなものによって変化・変容していくものらしいということである。ただし、それはわれわれ個々の主体の力によってではない（LM. pp. 517-519 等、参照。毛沢東が決定したという事例を挙げているが、最終的にはもっと広範に当時の中国民衆たちが、と解すべきであろう）。個人的主体を超えるなんらかの集合力・総勢力（先述メルロ＝ポンティのいう「感性世界のロゴス」もその一か）によってであり、バディウ的には生起の動態力によってである。主体は、支配・統御・嚮導するにとどまらず、さりとて自己抹消するには及ばず、生起から成起への動態成のなかに同成化していく。

7 〈主体なき物象（客体・対象）〉vs〈対象（客体・物象）なき主体〉

もうひとつはもっと局所的な問題だが、同様に、あるいはもっと具体的でそれだけにより重要な問題である。われわれはバディウがフランス思潮史上直前の「脱（反）-主体」主義に抗するかたちで主体概念の再-構築に向かったことを確認したが、それは批判される近代的主体が事象を客体化・対象化し、その主体-客体（対象）の直接的・直線的な関係のなかで主体が客体（対象）を支配するかたちになっていることにたいして、主体を対-客体（対象）関係から外し、主体を生起との関係のなかで、「対象・客体なき主体」（sujet sans objet）として捉えなおすことによってであった。その後、われわれは主体と存在・生起・真理の関係を追考して対象・客体の問題を放念していたわけだが、いま、ここ、世界と超越論態・先験態の問題を考察するにいたって、まさしく近代思惟の超越論態が事象を対象・客体と意味づけていたのであるから、その超越論態・先験態を「破壊・再建」（既述）することによって事象を「主-客」関係から外し、事象を「主体なき客体」（objet sans sujet）として、事象としての事象として、その一般性においてではなく独異性・自律性において遇することが可能になる。主体と事象はおのおの生起からの別々の分岐線上にあり、両者を直線上で、主-客として、さらには主-主として、客-主として、客-客として、扱うことは可能であるが、それらはすべて偶有的な作為の結果にすぎず、必然的にはなどということはバディウ哲学にはありえないが、とにかく事の真実性においては、「客体なき主体」と「主体なき客体」という二つの事象が、あの「真理-生起の一領域」である「愛」の場合のように、二者関係というより、異一性・異二性（超-一-性・脱-一-性）としての「ウルトラ-ワン」（ultra-un）の、「集合」{¬(α∈α)}

ですらない「生起」{(α∈α)}として、成起するということである。ラカンはたしかすでに、主客の直線的な「対-在」(vis-être)に対して、「斜-在」(biais-être)・「傍-在」(par-être)を語っていた。バディウのいう可算的-実数の総体に対する「非-可算数」の場(site)としての〈diagonal〉(対角線態)の関係がこれに該当する。これからの超越論態・先験態は、多-態-性の集合論モデルをも超えて、多-態-成として、空-成(起)-動としての、論理的-不可能性(impossible)としての{(α∈α)}を、現出化(apparaître)・現実化(réel)させていくようなものでなければならないということでもあろう。

8 論理：二つの機能――〈思惟構成〉と〈「存在-現」構成〉、フッサールとバディウ

論理概念についても、これも一応上記したが、あらためて確認しておこう。論理・論理性・論理学とは、通常、言表をおおむね同一律に則って構成しその意味内容を可解的・有意味的にする思惟・認識論上の作動・機能であるが、可解的にするとはわれわれのここでの語彙では有意味的にする・顕かにする・現前化するに対応し、存在論的・メタ存在論的に拡大して「存在-現」を可能にする機能・作動とも解しうる。バディウは、それゆえ既述の「世界」レヴェルの「超越論態・先験態」にもこれを充て、思惟・認識-言表レヴェルの論理を「通常の、小規模の、形式-論理(性、学)」、「世界」レヴェルのそれを「大規模、大型の、存在-論理(性、態、学、作動)」と呼び、前者を後者の派生態と位置づける(LM. p. 611 他)。われわれはこれを、「大論理学、小論理学」と呼ぶのはヘーゲル流の誤解に導きかねないことから、「思惟・認識論的-現出化論理(性、学)」と「メタ存在論的-現出化論理(性、学)」とでも区別しておこう。さて、既述のところではカント参照であったこの区別を、ここではフサール参照でおこなっている。「フッサールと私は相共に形式論理学を超越論的作動に従属させる。しかし、最終的には、語意が逆になる。私は論理学という語の通常の理解はまったく二次的な人間主義的主観の営

みに充て、代わって存在‐現（l'être-là）の内具的構成にこそ〔第一義的意味は〕充てなければならないと考える。それに対して、フッサールは形式的操作の主観的（意識的）な台座の構成がなされてはじめて論理学の核心は定まると見る。現象学にとっては、実在とは最終的に意識のことだ。私にとっては、意識とはせいぜい（au mieux）実在諸能作の遠く及ぶ効果（un lointain effet des agencements réels）にすぎず〔……〕、主体は〔……〕、構成者（constituant）ではなく、構成されるもの（constitué）である。なんらかの真理への関わりあって、初めて構成されるもの。最終的には、論理学は、フッサールにとっても、私にとっても、たしかに、超越論的な本質のものだが、フッサールにとっては意識の構成能作が主題であるにたいし、私にとっては存在状況の存在論的理論が主題なのである」（LM. pp. 185-186. 簡明化のため、一部、取意訳）。

論理（学）と超越論態が本質的に似たものでありながら双方登場してくるのはなぜか、バディウに根拠説明はないようだが、既述の存在論的‐超越論態と認識論的‐超越論態の関係を参照すればおのずから納得可能であろう。つまり、後者が前者からのあるいは前者への派生態・未全態であるように、前者はMonde全体に広がる潜勢的・顕勢的な網状態であるにたいし、後者はそれに向かってあるいはそこから分岐して冒険的に自己生成していくそのつどの単線動だということである。前者がそのつどの多少とも総態的・部分的な潜成化・顕成化の往復運動にて伸縮していくとすれば、後者はそれらの伸縮・往復運動をそのつど形成していく具体的な動きといえる。両者あいまってMondeのあるいは諸Mondesの生動態となっていく。

9　超越論態と生起‐動

なお、念のために確認しておけば、これは（も）既述のところでそれなりに触れたはずだが、バディウ自身は主題化していないのでわれわれ流の理解で補っておけば、ここにいう超越論態と生起の関係は、いずれも主体の所為・能作を超えるあるいはそれに先立つとはいえ、前者という存-現-論的・事態は後者という存-起-論的・事態の結果・所産であるといわなければならない。狭義での原因-結果ではなく、また生起という｛(α∈α)｝なる「非-識別態」(indiscernable) がどのようにして超越論態という｛¬(α∈α)｝(可-識別態) に転換するのか、原理的な説明はないが、ドゥルーズ流には〈se déplier〉(皺が自己開皺していく) とでも論ずるところ、また、コーエンが「可算数」群に対する「非-可算数」態としての「連続体」(continu) の「非-矛盾」性を証明するところには、数学者としての自己制御と哲学としての限界を指摘するように、バディウは、ドゥルーズは「一・全」からの「多(皺)」への連続的な展開を前提にし (cf. LM. p. 403sq., 413)、コーエンは数学的な「非-矛盾」性を超えて哲学的次元の「離接的な両立性」への一歩を踏み出しえていないとして (cf. EE. p. 451)、新たに｛¬(α∈α)｝(数理-集合論) と｛(α∈α)｝(存-起-論・哲学) の「離接的-両立・重相性」(discontinu, disjonctif) としての自らの哲学を定立する、そこに事柄の本質を見ておくべきであろう。

V　「主体」と「世界」、ふたたび

『世界の論理』は全六〇〇頁を越えるバディウ流の力作であり、数理-集合論モデルでバディウのいう monde(s) の諸局面を独自の記号操作をもって分析・考察し、多くの問題を提起していく。ここではそれを全面的に追考していくわけにはいかない。われわれにとっての主題は、哲学を構成するという存在と真理と主体がどのように世界のなかで創造的な三幅対を展開していくかであって、ここではあと数点の検討に絞らせていただく。

1 「点」と「決定」

バディウにおいて「主体」は多く語られるが、その主体は個人ではなくむしろ集合態であり、ただし最終的には〈n'importe qui〉（誰であれ）である（匿名の）個人でもありうる、ただしこれまた数理-集合論的な「多」態である、それである。数理論的には、というのはやや大げさだが、とにかく数理論的には、バディウの重視（LM. pp. 419-470, Livre VI）する「点」がこれに該当する。ただし、われわれ常識の教科書のいうように、「点」は、面積や大きさつまり物象的なものはもたない、いわばたんなる「位置」表示態である。バディウ自身も関説（Ibid. p. 614）するようにこれは「点」が物象を超える「超越論態」に属することを含意する。

さて、「点」は超越論態として、さらに何を含意するか。バディウはキェルケゴール（やサルトル）（cf. Ibid. 447sq., 429, 444sq.）の有名な「あれか、これか」発想を例示する。ここでは人生・実存・存在論的・実践論的……に重要な問題が「点」「択一点」に凝縮され、別言すれば複雑・多彩であるはずの「(世界の）超越論態」が簡略化・簡潔化・純粋化……されている。「点」とは構造論的には「真理」が生起・成起する裂開口であり、「たんなる状況」としての「弛緩した世界」（mondes atones）（Ibid. p. 443 他）がこれによって「緊張感豊かな世界」（mondes tendus）（Ibid. p. 445 他）となる。「点とは、択一態形式での、真理の現出のための超越論的審問口である」。「点とは、要するに、ひとつのトポロジック〔トポス＝真理成起の場、ロジック＝生起・成起を現出化する作動。cf. Ibid. p. 459 他〕操作、超越論態にかかわるひとつの有躯的・局在的-決定（décision corporelle et locale）の謂いであり、（真理実践としての）主体的能作性と（世界に現出している多数態という）客体的・客観的事態性との同時的-合接成（simultanément conjoint. 既述「離接性」参照）の謂いである」（LM. p. 421. 多少取意訳）。「世界におけるひとつの点とは、（実際にはひとつの世界における超越論態のそれということだが）、ひとつの世界における無限のニュアンス、現出強度の多様性、さまざまの同一性・差異性の分岐網、ウイかノンか、肯定か否認か、放置か拒否か、賛同か無関心か、……を相共に現出化するところのものである。一言でいえば無限態の結晶化（cristallisation de l'infini）……」（Ibid. pp. 421-422）。

「点」は、構造論的には真理の（可能的？）裂開口であるが、機能論的には、裂開する真理が「状況」レヴェルで一定の方向づけをおこなう起点でもありうる。このことはすでにキェルケゴール（やサルトル）の「あれか、これか」にも含まれていた。「既述第四書で展開させた〈点〉概念の分析論を思い起こそう。ざっくりいって、ひとつの点とは、世界にかかわる超越論態の、世界という〔事実的・事態的な〕集合態のうえ（sur）への、ひとつの〈投企〉（une projection）なのである」（Ibid. p. 490）。

実のところ、筆者の現段階での印象では、「既述第四書・全五〇頁」（Ibid. pp. 313-363）に、ここにいう「点」の「投企」論的-能作・積極性が十分に論述されているようには思われない。「投企」といえば、バディウももっとも私淑するサルトルである。私事ながら若年期（高校期）の筆者は、なにやら本質的に嫌悪するフロイト流-精神分析に抗してサルトルが果敢に展開する実存分析の「存在投企」論に意を同じくし、目下のバディウ追考も過去約二十年にわたるハイデガー研究を踏まえて、そこからの脱却として、サルトル流のコギト論的-投企論よりもより広範・濃密なかたちでの「準-普遍的」（générique）な「存在投企」論を求めるものだが、目下のところそれを見出しえてはいない。このことはこの『世界の論理』（一九八二年）の数カ月あとにバディウらエコール・ノルマル校関係の若い哲学者たちがおこなった合評・シンポジウム『〈世界の論理〉の周囲』（刊行は二〇一一年）末尾のバディウ自身の（後述の）述懐に重なるのかも知れず、あるいは本書には組み込む余裕のなかった最新刊七〇〇頁の大著『真理の内在性』（二〇一八年）になんらかの補完論考が含まれているのかもしれず、いずれにせよ（筆者としては）今後の研鑽をもって責を果たしたいと思うが、とにかくここでの『世界の論理』には見出せないと思われる。

とはいえ、問題意識としては当然のことで、「点」は、物象を超える「超越論態」の一環としては、形象なきまま、「空」の「被-昇天」的-作動態として、「前-未来」（未来完了）的な方向性において躍動している。「あれか、これか」という認識論的分節がそのまま実践論的分節を含むことに不思議はない。

2 「変化」と「変動」

バディウ哲学もわれわれのここでの問題意識もかなり実践論的なものだが、現実世界の変容をめぐっては、バディウは、〈révolution〉という常套語以外、あまり多様・積極的な言語使用をおこなっていない。ただ、本書のこのあたり「第五書」（LM. pp. 375-418）は、表題に〈changement〉を当て、〈modification〉と併用している。さしあたり問題なのは、両者にどういう邦語を充てるかである。結論的にいってしまえば、筆者は筆者自身の通常の邦訳習慣とは別に、後者には表面的な事態である「変化」を当て、前者には上記の「点」の場合と同様の、根源的事態としての「変動」を当てる。後者は世界にかかわる「超越論態」内部に収まりうるもの、前者は「超越論態」そのものをも切断して新たな事態を出来・到来させる例外的なもの、と付言しておいてもよい、例文をひとつのみ挙げる。「変動（changement）は、変化（modification）のようなたんなる〔先行事象からの〕帰結ではなく、独異なものであり、多様性の思惟を根拠づける数学的次元のものでもなければ、現出態の整合性を律する超越論的規制作用とも別のものとして、新たに到来（survenir）する。〔……〕純粋存在（être pur）と現出態（apparaître）のひとつの混成態（un mixte）として到来（advenir）するといってもよいかもしれない」（LM. p. 380. 判りやすいように、構文やや変形。cf. Ibid. pp. 378, 379-380, 393, 412, 413）。要するに、「存在、存-在-態」でもなければ「現出、存-現-態」でもなく「生起、存-起-（動）態」だということだが、なぜかこの辺りでは、〈survenir〉〈advenir〉（新たに到来、と訳した）とはいうが、「生起」（événement）の語は使用していない。いずれにしても、「世界の論理、世界の分析論」に相応しく、既述「主体の分析論」に加えて、「生起の分析論」が宣言され、「単なる生成（devenir simple）と真の変動（changement vrai）」の章（Ibid. pp. 386-401）とまであるのに、すくなくとも目下の筆者の見るところ、十全な実践論は浮かび上がってこない。バディウ自身はかなり積極的な政治言動もおこない、歴史上の「変動」の諸例にも詳しいはずであるのに、この辺りでは一八七一年パリ・コミューンへの言及しかない。理由は後述のところで推測するが、われわれもこの辺りでわれわれなりの。むろん可能なかぎりポジティヴな理解を纏め上げることになるのかもしれない。

3 {¬(α∈α)} vs {(α∈α)}

ここでもうひとつ重要な問題に触れなければならない。われわれは既述のところでバディウ哲学の独自性・独創性がどこにあるのかを、可能なかぎり適正・簡潔に示すに努め、試行的に、数理-集合論の｛¬(α∈α)｝とバディウ流の｛(α∈α)｝と表記可能な「生起・成起」論の「離接的-重相性」（conjonction disjonctive）に見始めてきていた。この『世界の論理』にいたってその根拠たりうる文言に出会う。これまでのところでは詳論する機会のなかったいくつかの概念の説明を文中・文後に簡略に挿入・付加しながら、やや長文だが引用する。

「ひとつの世界、〔当然、あの自らに独自の〕超越論態（T）を纏《まと》う世界のひとつの事象（A）に、〔そのTとは別の、自らに固有のTを纏った、その意味で〕自己反映（réflexivité）的な、自己-重相態（auto-appartenance）としてのAが到来（arrive）すると仮定してみよう。A∈A〔われわれの表記では（α∈α）〕という事態が出来（arrive）することになる。このA事象をひとつのサイト（site〔到来・出来・生起-場〕）と呼ぼう。

なぜ、〈到来する〉（《il arrive》〔出来する、生起する、以下略〕）といわなければならないのか。〈存在する〉（*être*）ではないからである。純粋な多は、思考される場合には〔単数的に単純化されることのないよう〕、集合論理説の諸公理によって保全されなければならない。さて、集合論の基礎公理は、〔多を自へと一体化させてしまう〕自己‐帰属性（auto-appartnance）を厳禁する。〔同様に〕存在（être）の法（loi de l'être）は、いかなる多もその一体性のなかに入ってきてはならないということである。A∈Aなる表記は存在論的（数学的）には不可能な表記（une impossibilité ontologique (mathématique)）なのだ。ひとつのサイト（到来・生起‐場）はそれゆえ公理論的禁止の突然の撤廃ということになる。そして、それによって不可能態（l'impossible）の可能化（possibilité）が到来（advient）〔傍点、引用者。以下、同〕することになる。〔……〕

むろん、Aにかかわるこの突然の出来事が長期持続することは、〔……〕考えられない。存在（être）の法は例外（exception）に対しては、即刻、自己閉鎖する。自己‐帰属化は、強行するや、出来するや、たちまち無化する。サイト（生起・到来‐場）とは、〔現出項であるとともに、それ以上に、あの既述マラルメのいう〕ひとつの消失項（un terme évanouissant）なのである。それは消失（disparaître）するためにしか現出（apparaître）しない。問題はその諸帰結をどのように現出態（l'apparaître）のなかに登記（enregistrer）するか、である」（LM. p. 413. cf. Ibid. pp. 412, 388-389, 398 他）。

丁寧に訳出したつもりであったが、かえって煩わしくなったかもしれない。簡単にいえば、要するに、①存在論・存在の法・数理‐集合論は「自己‐帰属性の禁止」{¬(α∈α)}を第一の基礎公理とするが、②生起・到来・出来の思惟はメタ存在論・存‐起‐論として、存在・数理‐集合論の「外」（cf. Ibid. p. 403）なる諸問題を重視し、{(α∈α)}なる事態（を、旧式に、自己‐帰属性、と呼ぶかいなかはともかく、そ）の問題妥当性を認めると同時に、③「存在」と「生起」の両立性（上記、第二段末）も認めるが、④ただし、「生起」は「現出」であると同時に「消失」でもあるとし、⑤その「消失」の哲学思惟への「登記」を宗とする。……

われわれはこうしてバディウ哲学を{¬(α∈α)}と{(α∈α)}の「離接的‐重相性・同成動」（conjonction-, incorporation-, même-disjonctif. 既述）の思惟とし、結局、本稿・本著の既述全体がそのおのおのの細部・局面を

（「自己同一性」と混同されうる「自己帰属性」という訳語を避けつつ）「自己-重相性」「自己-創成動」等々と試訳しながら、考察・論述したのであった。

念のために整理・確認しておけば、{(α∈α)} は数理-集合論では「自己帰属性」とされ、バディウにおいてももっとも具体的な論述の文脈においては、ルソーの「政治」概念の規定にあたって（EE. p. 314, 379-390 他）、「政治とは、アリストテレスやホッブズにおけるように〈人間本性（nature）〉や〈生存本能（自己保存本能）〉に帰せられる（還元される）ものではなく、それ自体の独自性・独異性（auto-appartenance）において、〈一般意志〉（volonté générale.〔volonté générique〕）の展開にあると解されなければならない」、としていた。この独自性・固有性（propriété）、（個性 individualité ではない）自律性（autonomie）・独異性（singularité）は他の幾つかの言表にも含まれていた。①「ウルトラ-ワン」（Ultra-Un.〈一〉や〈一化可能〉態ではなく、超-一・脱-一・異-一、としての）、②「根源的-〈二〉」（Deux originaire.〈計量的-二〉（deux calculé）ではなく、超-二・脱-二、異-二、としての）、③「非-可算数態」、④「対角線態」（diagonal）、⑤「第四（種）の-多」（「生起的-多」「重相的-多）、⑥「哲学的再解釈による連続態」（単なる数学概念ではなく存在論的・動的-作用性をも示す）、⑦「生起-動」、⑧「主体-動」、⑨「同異-動」（自己同一性ではなく）、⑩「同成-動」（自己差異性を前提として孕む）、⑪「独異態の共（協）-可能-成」、⑫「空（vide）の被-昇天」動、……、さらには、「成-起」への「方向動」……。これらを包括・総称する動的事態として、われわれ（筆者）は（自己帰属性ではなく）「自己重相性」「自己同成動」さらには「自己創成性（動）」と試訳する。

4　サイト論――自己帰属を備えた多様態

ここで「サイト」（site）概念にも触れておこう。現代語「ウェブサイト」（website）の〈site〉であるが、バディウ語では、一言でいえば、上記「超越論態」という世間的（mondain）-平面態・水平軸を「生起」が「切断」する、その切断（烈開）の「場」を、生起に「固有」の生起自身のいわば縦軸-超越論動（cf. sa propre indexation transcendantale. LM. p. 381, 617）を考量しつつ呼称する造語であり、「ひとつの逆説的な存在者」（un étant paradoxal）（Ibid. p. 380）、「自己帰属〔自己創成〕（α∈α）を備えた多様体」（HC. 市川訳、一八〇頁）、「生起-場」とでもしておこう。いましがた右記した「点」「変動」「〈存在の法〉〈集合論の基礎公理〉に対抗する〈自己-重相態〉」「例外態」（exception）「強度の独異態」（une singularité forte）（cf. LM. pp. 388-389, 398 他）……にも通ずる。ある頁では三点に纏め、久しぶりにあの「空」（vide）概念も呼び込まれている。「（1）生起-場はひとつの自己反映的（réflexive）な多であり、自己自身に帰属し、それによって存在の法に背反する。（2）生起-場は、すべての多に取り憑いて（hante）いる空（vide）の瞬間的な開示であり、存在（être）と存在-現（être-là）の間の間隔をそれが操作するそのつどの無化作動（annulation）によってそれを開示する。（3）生起-場は、瞬間の存在論的形姿（figure）である。〔現出すると同時に消失し、いわば〕消失（disparaître）するためにしか現出（apparaître）しない」（LM. p. 389）。（1）はいましがたも既述した。（2）は、多は常識的にも「空」間に散在し、多少専門的には可算数群として各数を区切る「空」隙を自らの存在条件とし、最高態は哲学的にも「無」数とも呼ばれ、要するに多は自らの相反-相伴態としての「空」「無」に「取り憑かれ」ているわけだが、「生起-場」とはそのような多における「空」「無」という相反-相伴態の「逆説的」（既述）な「開示」であり、他方、「存在」（être）は既述のとおり「状況」に対する「非-現前態」（im-présent）として「存在-現」（être-là）との「間」（entre）の「懸隔」（écart）裡にあるが、この「懸隔」という「無化」（annulation〔空化〕）を出来させているのは「存在、存在-現」の相反-相伴態としての「無、空」であり、「生起-場」とはそのような、通常は目に見えない「逆説態」を「開示」しているところのものである、そのことを語っている。（3）は、既述マラルメの「消失項」（terme évanouissant）「欠如の原因性」（causalité du manque）観念とともに、「存在-現」に対する「生起」の独自・独異な、つまり原因‐結果論とは異次元・異質の、「生起」の作動力、この目下の『世界の論理』では、既述の「生起‐場とは、数理‐集合論・存在の法の公理論的‐禁止事項（interdit axiomatique）が突然撤廃されるところ、不可能が可能へと到来するところ（par quoi advient la possibilité de l'impossible）」（Ibid. p. 413）を示唆している。（既述・後述の）『シンポ後話』は「生起」の意義を貶価しているが、「生起」は地下マグマの爆発のように襲ってくるのではなく、「消失項として現出・到来する」ところを、あるいは、その「痕跡」（trace）を、どのように「把握」（saisi）するか、それが重要なのである。「このサイトは生起のそれである。非‐現出態〔ヴァレリーの『海辺の墓地』では、詩人の「意識」〕が最大限の現出性へと達し、存在論的敗者が活ける勝利者となり、排除の空（vide）しかなかった服属の詩の頁を破り捨てるあの力の身体が到来するところ……」（Ibid. p. 481. 一部、取意訳）。

5　生成と生起、連続か非‐連続か、意味と真理――ドゥルーズとバディウ（再論）

ここでもう一度、ドゥルーズ的‐生起とバディウ的‐生起の異同を確認しておこう。{┐(α∈α)} と {(α∈α)} の区別の有無をめぐってである。『世界の論理』の後半の一章「ドゥルーズにおける生起」（LM. pp. 403-410）は、ハイデガー（*Ereignis*. cf. Ibid. p. 403）、ウィトゲンシュタイン、サルトルから、ラカン、ドゥルーズ、バディウまで、現代思想の核心をめぐってひとつの好個な小思想史となっている（大学院初年度の一時間ゼミで使うには恰好のテクストだろう）。ここでは一、二点にしぼる。

（1）「全般的に見て、ドゥルーズは〈一〔者〕〉（l'Un）を存在論的条件（カオス、一個の全体（Tout）、根源的‐生（Vie））として、また、稀に到達しうる結果（résultat événementiel）として、措定しているといってよいだろう。これに対して、私は、〈一〔者〕〉など存在論的には存在せず（in-existe）（多とは〈一〉なし（《sans-

Un》）なのであるから）、四種真理にかかわるにしても、到達点としてなのではなく、生起的‐構成原理（principe événementiel）としてである、という。ドゥルーズは諸生起を〈稀有なる結果〉（événements-effets）と呼ぶにいたるが、われわれは諸生起を〈結果にすぎない〉などと称することはできない。むろん原因（cause）であるとかいわんや〈本質〉（《essence》）であるなどということではない。諸生起はあれこれの真理の資材原理（le site〔生起‐場〕）として、能動的作動態（actes）、あるいは協働作動者（actants）なのである。ドゥルーズにとって、生起はさまざまの生成（devenirs）もしくは根源的‐生（Vie）の内在的帰結（conséquences immanente）であるが、私にとっては、生起は、生成に対する例外態（exceptions au devenir）、あるいは、諸根源的真理（Vérités）の、内在的構成原理（principe immanent）である」（LM. p. 407）。上記本文中の訳語との多少の違い、その他、とくに細部の諸類似概念の根本的な相互差異、等、一年坊主たちに嗅ぎ分けさせるかわりにここでも多く注釈したいところもあるが、いまは各位に御任せしよう。

（2）上記（1）は科学的「知識」と哲学的思考・「真理」の異同を判別する試金石でもありうるが、この（2）は、今回のこの考察書では何故か主題化する機会がなかったが、「真理」と「意味」の異同をめぐる問題である。「諸事象の生命論的‐連続性を主張するすべての哲学者たちと同じく、ドゥルーズは、現出態の超越論的‐法である意味（sens）と、そこからの永遠なる例外である真理（vérités）、両者の間の懸隔を認めることができない。ときには同一視しているようにも見える。いっときは、私への書簡で、真理というカテゴリーなど自分には〈必要がない〉と、いってきた。十分に理のあるところではある。根源的なレヴェルでの意味（Sens）とは、真理（vérités）たるにも十分な名称だからだ。しかし、この同一視は歪んだ結果をもたらすこともある。生命哲学は多‐態の〔現前的な〕現実性（actualisation）を潜勢的（virtuel）な〈一〔者〕としての全〉（l'Un-Tout）の法に服属させ、諸生起は意味（sens）にして、ドゥルーズ自身も認める〈永遠真理〉（《une vérité éternelle》）をもつ、と双方を同時に宣言する純粋宗教との違いを、見損なわさせる、からである。実際、意味（le sens）は永遠真理

(-vérité) を持つ、とすれば、神は、意味の真理 (vérité du sens) でしかないとしても、現実に存在する (existe) ことになる。〔……〕」(LM. p. 409)。念のために一点のみ解説しておけば、「意味」とはあの「世界」が纏う「超越論態」の構成項であり、「真理」とは、「それと自らに固有の超越論態 (既述)」をもって「切断」的に「交叉 (交錯)」するもの。「純粋宗教」は双方を担っており、ドゥルーズ「哲学」は、そうなると、「宗教」と区別がつかなくなる……。バディウが宗教について語るのはきわめて珍しいが、「神が死んだ現代」の「哲学」においても、独自の (あるいは真のかたちでの)「永遠」が可能であることは、知っておいてよい。バディウはそれを、「無限‐多」の、「空‐起 (成)‐動」の、汎‐宇宙的‐遍在として示した (既述に、「ひとびとは人間の有限性を語ることを好むが、人間は宇宙的な無限‐多の一部、一下位集合なのである」(EE. p. 168)、とあった)。

(3)「ドゥルーズの哲学のような経験主義から離れるとは、生起を、あらゆる経験から控除されるもの (ce qui est soustrait) の到来 (advenue) として、思惟することである。存在論的には根拠づけえず、超越論的には非‐連続態として、思惟すること。そして、生‐哲学の独断から離れるとは、生起を、あらゆる一者経験から切り離すことである。それは、生起を、〔ドゥルーズ流の〕根源‐生 (Vie) から控除して、〔マラルメ流の〕星辰 (étoiles) へと、立ち帰らせることに、ほかならない」(Ibid. p. 410. 上記にも引用)。この文章は、ひとつの総括的な視野のもとで、バディウ哲学の独自性 (独創性?) を性格づけている。二点に絞る。

(i) ドゥルーズの「根源的‐生」(Vie) とは通常の「生」(vies) の根源として容易に理解可能であろうが、マラルメの「星辰」(étoiles) とは、「太陽という生起 (événement-soleil) の痕跡 (traces)」(Cond. p. 117) をいう。「痕跡」であるから「太陽という生起」はまさしくあのマラルメ的に「消失」しているのであろうし、ニーチェの「神の死」に次いで「太陽の死」ともいえ、そのほうがドゥルーズ発想との対照 (「生」か、「死」か) もはっきりするかもしれない。表層的事態・現象と根源的事態・根拠の関係が、ドゥルーズでは可解的・存在論的に「連続」的であり、バディウでは「何故か判らぬ」(「不可解的」な) ままに〈ハイデガーは〈ohne Warum〉といった）「非‐連続的」のみならず、一方・後者・根源のほうが「欠けて」（causalité du manque）いる。ドゥルーズのほうは安穏・楽天的で、積極的にいえばニーチェ流に絶対肯定的。バディウのほうは、現代ニヒリズムを踏まえて、悲観的・虚無的というより、厳しく自己規制的。ここから、既述の「意味」か「真理」かの異同も由来するが、バディウも現実肯定性についてはドゥルーズに劣らず、むしろ「死」「欠如」「消失」「脱去」等を前提して、より強力に肯定的……。

（ii）いや、個々の哲学思惟には止《とど》めるまい。「経験主義」「独断主義」の語が出てくるが、前者は説明するまでもなく、後者はおおむね「形而上学的‐独断主義」の謂いである。従来の哲学のほとんど全てが、現象とその根源を分け、後者の何であるかを規定することによって、哲学として成立してきた。「経験主義」「独断主義」というとは要するに既存哲学の全体ということである。両者から「離れる」（rompre）とは、多くの現代哲学思想が宣言するところでもあるが、バディウも、あるいは、バディウは、「状況」と「存在・真理」を峻別し従来の現象と根源の区別から出発して、「生起」「空」「成起」……と進んできたわけだが、これによってすべての既存哲学から「離れ」、「新しい哲学」を独創し（え）たか、バディウはそう確言・主張しており、その決め手の中心は、現象と根源の、つまり「状況」「現出態」と「存在」「生起」「空」あるいはその彼方の「消失項」との間の「非‐連続性」にあることになるが、われわれ（筆者）としては、決して否定的な姿勢をもってではなく、ただ哲学史の展開状況に関して、その現代段階についてすら充分な知識を所有していないという消極的な理由から、最終的な回答は控えておきたい。われわれはドゥルーズのなかにも「産出的‐直観」[28]（intuition volitive）のような、あるいはハイデガーのなかにも「存在論的‐差異」や「脱‐根拠律」にとどまらず「リヒトゥング」[29]（Licht-ung）のような、バディウの見ていない「非‐連続」の動態性を見てきた。われわれ（筆者）がバディウに見出して感銘を受けたのは、存在論的・メタ存在論的「非‐連続性」よりも、その「非‐連続性」を超えても成立・敢行しうる「公理論的・実存的‐思惟・判断・決定」という実践概念であった。存在論的「非‐連続性」については、「相反-相伴」概念をもって対応することが、目下のわれわれ（筆者）の方策である。

補　「生起」と「真理」――エコール・ノルマル・シンポ後話

『世界の論理』刊行後、数カ月して、バディウのいわば本拠であるエコール・ノルマルで、バディウの旧学生たちを中心に論者九名をもって記念討論会が開かれ、バディウが最後に、さすがにこれもそれなりに重要な後話を、付した。数点のみ取り上げて、おこう。

1　「ア・バ・〔ア〕ラン・〔バ〕ディウ！」

これは冗談混じりだが、かつて学生のひとりで今日では有名になっているQ・メイヤスーが「アラン・バディウ」（Alain Badiou）をもじって〈À bas l'Un Dieu!〉（ア・バ・ラン・ディウ！　唯一神よ倒れよ！）と茶化したらしい。〈Dieu〉はフランス語では「神」だが、バディウの出身地オクシタニア――バディウの父は数学者でもあるが一時期この地域のトゥルーズ市――かの画家トゥルーズ・ド・ロートレック伯爵家の旧領地――の市長でもあった（？）らしい――では「神」を〈Diou〉とも記したようで、ますますわれわれの哲学者の名に重なってくることになるが、この茶化し言辞の内実は、バディウが「反〈一〉なる多」の哲学者である以上、思想内容そのものにおいてもずばり「離接的-重相・同成」していることになる。（まさか、「くたばれ、アラン・バディウ！」ではあるまいな。かつてヤンキースの全盛時代、「くたばれヤンキース！」なる標語が流行り、映画の題名にまでなった。）さて、バディウ後話は、こういいながら、「しかし、本質的事態〔たとえばいわゆる〈神の死〉という事態〕は私の生前から語られていたとはいえ、私はそれと意図して、自ら、下方へ、状況へ、世界へ、向かってきたのです。存在論から合理的組成の現出存在論へ、言語から制度〔corps 有躯態〕へ、純粋多の数学から思惟関係の論理学へ、純粋切断としての生起から先行諸帰結のシステムへと、移ってきたのです」(Aut. p. 174. 一部取意訳)。

2 『存在と生起』から『世界の論理』へ――「生起」概念の後退化

「純粋切断としての生起から、先行諸帰結のシステムという制度態レヴェルへの移行」とは、ここで重要である。たとえばハイデガーの「存在」から、ハイデガーの「エルアイクニス」(生起)への、ならぬ、バディウの「生起」への、でもない、バディウ自身の『存在と生起』から、いわばハイデガーの「存在者」レヴェルにすらかかわる社会集合態としての『世界の論理』への、移行を語るものだからである。バディウの指摘(Aut. p. 173)するところ、サルトルの『存在と無』は予告もしていた実践倫理学としての「モラル論」へと十全に展開することと能わず、ハイデガーの『存在と時間』もこれまた予告していた後半・第二巻の実践論を(おそらく在り来たりの民族社会主義論とのすくなくとも外観上の混融の可能性を危惧して)放棄し、プラトンも『ソフィスト』『政治家』の後に計画していた『哲学者』を完成させることが出来なかった。交響楽界におけるいわゆる「第九」ジンクスに対応する、この存在論から実践論への展開のいわば「第二」ジンクスに、バディウも直面したらしい。『存在と生起』は既述のとおり「生起」概念の(ドゥルーズのそれとは別の)画期的な提示であった。しかし、「生起」事態になにやら「奇跡的」(miraculeuse)(Ibid.)な巨大な実効性を期待することは、社会的実践レヴェルでは、(かつてのいくつかの、必然的〔スピノザ、マルクス主義、等〕ならぬ、偶有的〔一八七一年、パリ・コミューン、等〕な諸事例を別とすれば)、誰しも予想しうるように、至難である。われわれ自身はそれでもそこに、たとえば次章で、バディウ的‐創造営為の可能性の一端を探しつづけるであろうが、バディウ自身は、ここで、なんと、驚いたことに、「生起」概念そのものを見限ってしまう。こうだ。「〈生起〉は私にとってさほど興味ある問題ではない。『世界の論理　存在と生起II』ではむろん再度取り上げ、〔〈世界〉の根本的刷新にかかわる〕変動（changement）の一般理論のなかに位置づけた。しかし、真理、主体、生起は、相互に差異-相関的で相互依存的な合理カテゴリーであることを常に思い起こさなければならない。『世界の論理』においては、生起は、存現態（existence〔現実存在〕）を存-現（現実存在化）（exister）させる〔存-起-動としての〕非-存現態（l'inexistant. cf. 既述〈imprésentation〉）の〔いわば〕質料面（matérialité）を含意するものにすぎない」（Ibid. p. 175. 一部、取意訳）。『存在と生起』における力強く入念な論述、二十世紀思惟の存在論的転回の首魁ともいうべきハイデガーの「エルアイクニス」をついに凌駕するかと思わせたあの「生起」概念に対して、これはなんとも失礼な対応（amincissement. cf. Ibid. p. 174）ともいわなければならない。しかし、これはわれわれが追って再検討・再規定することにして、いまはバディウが「生起」概念を犠牲してまでその意義を強調する側面のほうに目を向けよう。

3　「生起」より「真理-現出態」へ

バディウはいう。「〔生起より〕本質的に重要なのは、存在（être）と現出態（existence. cf. 現実存在、実存）の区別である」（Aut. p. 175）。これではまるで初期ハイデガーへの逆戻りではないか。しかし、バディウ流「区別」をフォローしよう。いう。「一方と他方を重ね合わせてしまえば、相互の関係構造は機能しない。『世界の論理』においては基本カテゴリーをなすのは、〔ハイデガーの場合のように「存在」（être, Sein）ではなく、むしろ逆に、「存在者」（Seiende, étant）にあたる〕現出態（existence. cf. 現実存在、実存）のほうである」（Ibid.）。であれば、われわれがここでハイデガーではなくバディウを取り上げる趣旨（現代哲学はハイデガーとともに「存在」思惟の果てまで行くことができた、いまやその成果を踏まえて「存在者」レヴェルに立ち戻り、後者の現実世界における実践営為を思惟しよう）に、やはり、適うかもしれない。さらに、いう。「私にとって重要なのは、〈諸真理は現出存在（existent〔現実存在、実存〕）する、ということを十分に可解的にすることである。〈どのように〉（*comment*）、それらは現出存在するのか。それが〔メタ存在論的・存‐起‐論的・存‐現‐論的〕論理学〔既述〕の問題である。私は、〔この場合、まず〕ほとんど経験レヴェルで、〔諸〕真理は在る〔存在する〕（**il y en a**）、と言明することから出発する。それ〔真理が存在するということ〕を証明するのは、〔そもそも、真理とはなにか、それを判定する基準としての〕メタ‐真理（méta-vérité）が存在しないかぎり、あきらかに不可能である。しかし、諸真理が現実的（現出的）に存在（existence）することは確認（constater）しうるし、その〔現実的な〕知解システム、諸真理はいかにして一定世界のなかに現出（apparaître）しうるのか、という問いに対する回答を〔例えば、プラトンにおける対話‐弁証法のように〕産出（produire）することはできる。その後〔その結果〕、緊張状態、弁証法的〔‐抗争〕状態が出来するかもしれないが、それはそれらの諸真理が、その当該世界のなかに、その世界への例外（exceptions）として、現出（apparaître）してくるからである。興味深いのは、真理の名のもとに、〈内在的例外〉（exception immanente）〔その当該世界に在って然るべきなのに無い事態‐言表など。本質的に無関係な事態・言表は、内在的でも無いし、例外でも無い。われわれのこの一連の考察・研究が、カントの「反省的判断」問題から出発していることにも、これは関係する。〕とは何か〔何が在るべくしてしかも無いのであるか〕を思惟することが可能になるということである。

ひとつの真理は〔普遍的コギトのような空疎なものではなく〕当該世界に内在的な有躯態（corps immanent）として現出存在（existe〔現実存在、実存〕）する。この現出存在性（existence）は、〔例えば唯物論者が〕〈世界〉にはさまざまの物体と言語〔のみ〕が存在する〈il y a〉という意味での単純（pur）な〈il y a〉に還元されうるものではない。ただし、『世界の論理』は諸真理が存在する（il y a）ということの証明を任とするものではないし、それは〔いましがたも上記のように〕不可能なのだ、物体と言語しか存在しないとすることは誤りであると証明することを任とするものではない、それも同じく不可能なのだ。『世界の論理』は、物体と言語しか存在しないという（唯物論的な）事態を認め、例外的には（en exception）、他のものも、ただし〔例外的とはいえ〕当該世界に内的（interne）に、現出存在（existe〔現実存在、実存〕）すること可能であると示す（démontre）、真理の有躯性理論を提言する書なのである」(Ibid. pp. 175-176)。

真理の現出存在性については、その有躯性とともに、既述した。ここでは付加的‐再論の要、なきにしもあらず、とはいえ、いまは、「生起」概念を凌駕するバディウ的‐重要概念として認知すればよいのであるから、ここで止めておこう。

4　『存在と生起Ⅰ』と『世界の論理　存在と生起Ⅱ』——普遍と独異

「シンポ後話」はこのほかにも意義深い指摘をすくなからず孕んでいるが、それらは放念するとすれば、「生起」概念をめぐる後退にもかかわらず、「真理」概念をめぐっては、あるいは哲学的思惟二種としては、『存在と生起』と『世界の論理』は相並んで評価されている。

「『存在と生起』においては、哲学は、事実上、〔政治、科学、芸術、愛、とともに〕真理実践の一端であり、その普遍的構造の析出である。『存在と生起』は諸真理の存在（être）にかかわる理論であり、真理の存在がどのようにして諸真理（vérités）が知（savoir）を超越することをオーソライズするかを示している。その最終的な方位はふたつ、第一は真理はジェネリックな多〔つまりあらゆる事象のおのおのを根本から支える純粋・無限の多〕であるということであり、第二は、われわれはこのジェネリックな多をもって知（savoir）を（これがコーエンのいう〈強制〉というものなのだが）を変形（transformer〔変動〕）させることができる、ということである。

〔……〕

『世界の論理』では、ひとつの真理はどのように創造（créée）されるのかが考察されている。具体的な独異状況のなかにどのように真理は現出するのか、どのように自らの生誕（sa genèse）の生成（devenir）のなかで獲得した自らに固有の有躯性〔身体性〕によって色付けされるにいたるのか、……。非‐人称的な匿名性の状況のなかに置かれるわけではない。当然、最小限のといえども世界関与のなかに置かれ、そこで自ら自身となっていく。そこに哲学の歴史を横切るなんらかの差異性も出来する。諸真理の形式にかかわる非‐人称的な論述か、あれこれの状況世界における、むしろ物語に近い、諸真理の生誕の経験論か」（Ibid. pp. 176-177. 一部、取意訳）。

簡単にいえば、真理をめぐる、『存在と生起』は存在論、『世界の論理』は実践論、……。

われわれも、むろん、バディウ研究としては両者双方を重視するが、前者については「生起」概念をもっと重要視し、後者についてはやや抽象論にとどまっている観があるも、バディウ自身は活発な実践家として他にも多くの言行資料を公にしているのであるから、それらの研究は今後の追考に委ねるとして、とりあえずここでは、両者を「存在と、真理と、主体」をめぐる創造実践営為論として、ひとつの暫定的‐総括に向かってみよう。

第七章　創造

バディウ哲学は「存在」「真理」「主体」を主要問題とし、われわれはそれらをフォローしてきたが、われわれの主題である「創造」営為についてはどう対応するであろうか。実は、表面的には主題化していないとしても、いわば潜勢的にはむしろ究極の問題としているような観も（が）ある。

I　バディウ、「創造」の重要さを語る——隠れた第四主題？

直接の言及箇所を数例のみだが挙げる。目配り広潤で、一般良識にも十分納得でき、哲学問題への緒《いとぐち》ともなっている。

（1）「哲学者（philosophe）をして賢者（sage）や宗教人（prêtre）とは別の存在たらしめているもの。哲学者をして戦う作家（écrivain combattant）、志操ある芸術家（artiste du sujet）、創造行為を尊ぶ者（amoureux de la création）たらしめているもの。マルローがド・ゴールに向けて〈偉大さとは未知のものへと向かうことである〉といったことを、私は思い出す。われわれここ五十年のフランス哲学は、究極の認識に到達することよりも、途上を進み探究することの意義を開示した。哲学言説の新たな様式を創造（créer）すること、十八世紀のあの哲学者群像を再創造（recréer）すること。学術界と情報次元を超えて、世界のただなかで、自らの言語と行為によって、正否に賭けること。真理（vérité）と正義（justice）はおなじことである」（Av. pp. 23-25）。実のところ、この文章は『フランス哲学の冒険――一九六〇年代以降の』[1]（二〇一二年）の「序文」（Préface）のもので、本文中はむろんこの序文のなかでもフランス哲学・哲学史をめぐって実に多くのことが語られているが、われわれの今回のこの研究論稿ではメイン・テクストとして取り上げる余裕なく、この引用文も多分に筆者による取意訳・再編文となっているが、むろんバディウの意に反する態のものではない。確認しておけば、①哲学は、他の多くの人間営為と同じく、窮極的に到達した「真理」の報告・提示ではなく、探索の行程の渦中における「創造」の試みであり、前者に独断・僭称の危険があると同様、後者には欺瞞なき真率さの現実主義が受諾されている、「創造」とは、〈but〉（終局点）ではなく、〈chemin〉（途上行程）をこそ含意する。②「真理」と「正義」の異同、「異」と「同」については、今回は言及する機会がなかったが、他日、試みよう。③バディウは自覚的な「左翼」であり、それがマルローやド・ゴールという「右派」と一緒くたになっているのはおかしいではないかとの異論もあるかもしれないが、「右・左」など、哲学的にはあまり意味をもたない。対ナチ・レジスタンスのマルロー／ド・ゴールは六八年五月のバディウと充分に重なるだろう。マルローが「ヒロイズムとは自己正当化のカテゴリーではなく、自己鍛錬の規律である」（LM. pp. 536-537）というとき、バディウは「哲学的に」同意している。

（2）「マルクスは労働する力以外のものをすべて剥奪されているプロレタリアは類（générique）としての人類を代表し、この事実によって近代という歴史的‐政治状況の真理を構成している、と主張した。私は諸真理の普遍性は、個々個別的な特色ある世界〔文明・社会、既述〕で創造される（créées）が、まさしくそれらの特色を脱しているところにある、と示した。この問題の要点は、類的（génériques）規模の多態性というものが存在しうることを指摘し——数学者ポール・コーエンの有名な定理はそれに充てられているわけだが——、次いで、真理（あるいは、同じことながら、普遍性）を産出せんとするすべての行為の尺度（norme）として、あれこれ多様な諸状況のなかでそれら諸状況に固有のさまざまの類的（génériques）-下位集合を創出（créer）していく能力を上程する、という発想にある」（MPhII. p. 140）。やや厄介な文章なので思い切って必要最小限に絞ってしまおう。①〈générique〉という語の理解と訳語には既述のところで腐心し、ただあのときの配慮はここでも通用するだろう。今日の哲学と常識に自然な「普遍」（universalité）にたいして〈générique〉を「準-普遍、類-普遍」と試訳したが、ここでも大きく修正する必要はなく、「人類」を事例として「類」概念が身近なものとなっているほかは、いわば万象に充てられうる「集合」にたいしてここでは〈génériques〉をもって「下位集合、部分集合」の概念がはっきり明確な輪郭を与えている。②われわれにとってもっとも重要なのは、「創造」行為なるものが「恣意」的なふるまいに堕さないようにするためには、なんといってもやはり抽象的・観念的すぎる（カント的、近代的な）「普遍的-妥当性」ではなく、より具体的な「下位・部分-集合」レヴェルでの「準-普遍性、準-普遍的-妥当性」を（創造）行為への「基本尺度」（norme）として課さなければならない、という要請がここに示されているということである。

（3）「デカルトは〔神による〕〈永遠真理の創造（création）〉を語った。私はあのプログラムを再開する、ただし、神からの援助なしで……」（MPhII. p. 144）。「私は永遠真理なるものを信じ、おのおのの世界〔文明、社会〕の現時点におけるその諸断片の創造（création fragmentée）を信ずる。この点に関する私の立ち位置はデカルトのそれとまったく同一である。諸真理は、それらが常に存在していたから永遠なのではなく、創造（créées）されたからこそ永遠なのである。〔……〕いうまでもなく、真理創造（création）のプロセスは、神の創造行為（acte créateur）によるそれと、今日のわれわれ有躯的-主体によるそれは、大きく異なる。しかし、根底においては、発想・理念は同じである」（LM. p. 534. 傍点、引用者）。ここで重要なのは、デカルト思惟の（反復ならぬ）反覆という哲学史上の問題もあるが、それ以上に、「永遠」とは、たんに「つねに存在する」(elles sont là depuis toujours)(Ibid.)ということではなく、「然るべく創造されて存在することにおいてこそ(のみ)存在する」(elles ont été créées)(Ibid.)ということであるということである。要するに、西欧的発想だ、東洋のものではない、というか? だが、われわれはたかが二、三千年の過去に規定されて存在するだけではない。バディウの「普遍性」も、マルクスの「準-普遍性」も、歴史的-特殊性のなかで現出して、しかし、それを超越するということは(自覚的な内在主義の発想ゆえ)ないが、そこへの(唯物-弁証法のいう)「例外的な補完態」(supplément exceptionnel)(既述)として「出来・生起(・成起)」する。「神が創造する」ではなく「神からの援助なしで(人間が)創造する」(上記)とバディウはいって、それ以上の詳論なく、「世界が自己創造(se crée)する」(LM. p. 95)とまでもいうが、これも詳論なく、追ってわれわれが「代返」しなければならなくなるが、とまれ、「永遠性」をめぐるたんなる「常に在る」と「創造されて在る」のこの決定的な違いは刮目に値いする。「西欧的」な「創造されて在る」と「東洋的」(?)な「なんらかの主体の創造行為とは関係なく(自然によって)〈自〉ずから〈然《しか》〉在る」のバディウ的な異同も、「代返」の必要・余地があるだろう。

(4)「政治とは、〔ルソーも示唆するように〕人類共同体のそのつど局所的(locale)で非永続的(fragile)な〈創造〉営為(*création*)なのであり、〔ホッブズのいうように〕生きるための必要を満たすための手当てなどではない」。「ホッブスは、社会契約を万人が自己利益を護って争う汎-戦争状態からの脱出の方策とみたが、これでは政治という人間営為を権力や欲望という外的規定性(détermination extrinsèque)に服属させることになる」。「しかし、政治の存在(être〔本質〕)は、政治自体の自ら自身への内的関係(rapport immanent à soi)から起源(s'origine)すると見なければならない。〈一般意志〉とは政治のその自己帰属性(auto-appartenance)という不抜の真理を名づけるものであり、〈社会契約〉とは、政治体が自らがそれ自体でありその創建的-出来事(événement fondateur)である民衆・多数態への自己帰属(auto-appartenance)を語るものにほかならない」。「政治はそうした創建の生起（événement）に起源（s'origine）するひとつの実践手続き行程（procédure）であり、存在のなかにしつらえられたなんらかの構造（structure soutenue dans l'être）などではない。人間は、〔自然の生んだ〕政治的動物なのではなく、政治そのものも自然を超える出来・生起態（un événement supranatural）なのである」。「社会契約の自然状態にたいするひとつの〈超過〉（《en trop》）性、その絶対的な非‐必然性（absolue non-necessité）、事後的にのみ思考されうるその到来（advenue）の合理的‐偶有性（hasard rationnel）、それらを確認しなければならない」。「政治は、かくて、自然・生命‐必然的（necessité vitale）なものではなく、それ〔政治〕を遂行させる偶有的な出来・生起事（événement qui l'institue）、ひとつの〈創造態〉（*création*）なのである」（EE. pp. 380-391. 傍点、引用者）。原書二頁にわたる重要文を判りやすく簡略化し、本稿既述の諸概念を再登場させようとして、バディウ論述文の分断・再構成をはかったが、やはりごたつき気味になったかもしれない。重要項を一点に絞れば、（3）の「永遠性」が「創造」の所産であるように、この（4）では「政治」の本質が（爾余事象の函数においてではなく）それ自らの固有性において、あるいは、別の言い方をすれば、自然‐必然的ならぬ、自らに固有の本質‐必然性において、[2]「創造」行為として把握され、その考察方法論において、バディウ哲学にひょっとするともっとも独自・独創的な、{(α∈α)}（自己帰属性）論の至高の範例を示しているようにすら思われる。

II　バディウ的「創造」概念の定義の試み

バディウは「創造」行為についてあちこちで肯定的に触れるが、主題的に組織的に論ずることはしていない。だからこそわれわれが主題化するといえるが、ただし、バディウ自身のあちこちでの言及を集め・整理して、そこからバディウ流の「創造」概念を構成・規定するという、つまりは既述のところと同様のアプローチをすることなく（それは煩雑になりすぎる）、むしろバディウ的‐諸主題についての上記の考察を踏まえて、まずわれわれ（筆者）流にいわばア・プリオリに構成・定義し、追ってそれをバディウ文言をもって内容づける、という逆のアプローチをおこなうことにしよう。しかも、常識的にも解りやすいレヴェルから積み上げていく、というやりかたで。

（1）「創造とは、われわれやわれわれの世界の存在の真理・真実を、そのつどの作品のなかに活性化し、その真理・真実性に向かって、存在の事実性を変動させていくことにある」。

（i）当たり前のことだ、常識だよ、佳くてもハイデガーの亜流だ、といわれるかもしれない。その通りである。常識レヴェルでまとめているのだから。創造とは、無からのそれ（creatio ex nihilo）ではなく、事実を踏まえてのそれ（creatio ex ens）、常識的には、前者は神による創造、しかし「神の援助によらない」（バディウ）のであるから、後者によるそれ、常識のいう前者は、精確には後者についてのひとつの言い回し、と付言すれば、常識とのまず最初の違いは確認できるかもしれない。「永遠性」とは、「常に在る」ではなく、「創造によって在る」ことなのだというバディウの先言（逆説？）を思い出してみるのもよいかもしれない。「自ずから然《しか》在る」の「自然」も、「常に在る」からの創造態かもしれない。事態を言葉に代えたというだけではなく、事態を創造し直したということである。事態そのものも、唯物論は前提して（逃げて？）しまうが、（バディウ流の唯物-弁証論からすれば）、世界が自己創造（se crée）する（既述、LM. p. 95）その自己創造態から創造的に創造したものかもしれない。人間は「永遠性」を得るために創造主体としての「神」を創造した、それゆえ「神」が死んだはずの今日においても、バディウのいう人類史上有数の創造態の一であるカントールの集合論（MPhII. p. 127）が「無限」を創出（発見ともいえるかもしれないが、創造ともいえ、ここでは控えめにこう言表しておくが）したことによって、（すくなくともバディウ的には）いまなお存在妥当を自証している。……この問題は、一般論としては重要だが、ここで切り上げよう。誤魔化すつもりはないが、いまはバディウ流の発想をより詳しく確認すべきところであるから。

(ii)「真理」とは、バディウの場合、いわゆる「唯一」ではなく、まず、すくなくとも、四つの実践活動-領域行程：科学、芸術、政治、愛、によって相異なり、多数のおのおのの「世界」においてもそれらおのおのの「超越論的・知の体系」との「例外」的-交錯において相異なり、それらの「世界」「活動領域行程」における「個々人」においても相異なる（cf. LM. pp. 15-16, MPhII. p. 123）。そのように多様に相異なるものに（真理という）共通の「名」を賦与することは可能なのであるかという問いには、「真理」という「集合」の、おのおの多様多数な「真理」を、「下位集合・部分集合」と見ることによって、一応の基本的了解を得られるだろう。

(iii)もっとも、われわれ「個々人」も「世界」も「諸活動領域」も、数理-集合論的な「純粋-多」に還元されて十分なわけではない。多様・多数の「純粋-多」の極限に「多」への「識別」すら不可能な「不可識別態」としての「空-集合・空-起（成）-動」が生動しているように、そして「世界」（個々人・諸活動領域）を構成する「超越論態・知の体系」が「真理」による「例外的-交錯」によって切断されうるように、人間個々人・可動領域行程・世界という数理論的-集合態はその「外部」から「到来」する「生起」動によっていわば破起・裂起・裂開・開起されるかのように貫かれ、たんなる数理性や自然性とは別種の新たな異質の活動態となる。数理-集合論が｛¬(α∈α)｝を基本公理とするものであるとすれば、この「生起（破起・裂起・裂開・開起）」の独自さは｛(α∈α)｝という（自己同一性ならぬ）「自己帰属・自己創造・ウルトラ-ワン」性によって特徴・表記されるであろう。

(iv)ただし、この「生起-動」は「破-、裂-」のネガティヴィテ（否定性）も孕んでおり、他方、「成起-動」としての「成-」のポジティヴィテをも相反-相伴している。単なる数理的-存在論が、これによって「生起-動」を孕む脱-数理的なメタ存在論の域に入り、さらに、空-起（成）-論・存-起-論・存-現-論の圏域を通って成-起-論の位相にて「真理の現出・実存」その「成-起-動」に近づいていくことになる。

（v）ここで重要なのは、「生-起-動」から「成-起-動」への転換である。旧来の存在論・形而上学が両者をいわば実体論的に繋げることに腐心したに反して、バディウは両者の非-連続・断絶をすら強調し、しかしあのマラルメの「消失項」「欠落の因果律」を前にしたときと同じように、この絶対的な裂開口（béance. 既述）を独自の「主体」の導入によって非-連続的に接合しようとする。

（vi）バディウ的「主体」とは、近代的な「客体・対象に対する主体」ではなく、「主体-客体」「知と対象のシステム」が成立する経験的な「一化・算定」レヴェルの「状況」から、それを構成する「存在」としての「純粋-多」の境域を「控除」し、その「控除」態としての「存在」がその「純粋-多」に特有の動態性によって構成する自動的な「脱去」域の多様・多層・多相的な「下位・部分-集合」の相互連関と、それらをいわば産出する「不可識別態」としての「無数」「超剰」「無-元」としての「空、空-集合、空-起-動」、さらにはそこへと「到来」してくる（既述の）「生起-動」、……それらを旧来の哲学のように「直接的に認識・直観」するのではなく、むしろ旧来の数学のようにすべての既存「公理」を踏まえ、それらを包摂する新たな「公理」を思惟・決定するかたちで、「創出」していく、そのような「公理論的・実存的-主体」である。認識はいまや「思惟」と「決定・決断」の問題となり、それが恣意に陥らないためには、「公理」論的-思惟・判断・決定の制約・拘束を受け担わなければならない。主体は$\{\neg(\alpha\in\alpha)\}$を抱える$\{(\alpha\in\alpha)\}$であるか、あるいはその逆か、いずれにせよ主体は$\{(\alpha\in\alpha)\}+\{\neg(\alpha\in\alpha)\}$に相応しいものでなければならない。

（vii）こうして、「知の体系、超越論態」を切断し、多-方向的でありうる「生起-動」から、「真理」への関わりである「成-起-動」が、「主体」によって、「存在」から、析出されていく。歴史的・地域的である「生起-動」から、あるいはその相反-相伴態から、カント流の抽象的-普遍というより、バディウ流の内在的・汎-人類的な「準-普遍」としての「ジェネリック」が、公理論的・実存的-主体の思惟と決定によって、定立されていく、といってもよい。「常に在る」が「主体」によってこそ「永遠性」となりえたように、「生起-動」と「成起‐動」「真理」の間には「主体」こそが唯一克服しうる絶対の断絶がある。とりあえず「真理」は「前‐未来」（未来完了）的にのみ、「思惟」可能な事態であり、バディウは、それゆえ、文脈によってはそれに資しうるプラトン流の「イデア」論を顕揚したり、現時点における「知」をやがて来る「真理」を構成するにいたるであろう「言表真理」たらしめるべく現代数学コーエンの「強制」理論を活用しようとしているが、ただし、最終的には、あるいはあの「四種‐実践行程」の具体的現実を超える一般理論レヴェルでは、既存の哲学・形而上学のいわば楽天的な完全・充足主義と自説を差異化するためか、「真理の成就」についてはほとんど語られない。

（viii）このことは、しかし、二つの世界大戦というより欧州大戦によって偉大な近代文明・哲学の自己崩壊を目撃した現代思想に特有の、否定神学的な有限主義・ペシミズムにバディウも浸潤されていたことを意味するものではない。「真理の成就」について語ることが少ないのは、バディウにおいては「真理」が、もともと、目的・到達点ではなく、現時点においては「前‐未来」（未来完了）的に思惟されうるだけの、しかしそれに向かっての、むろん、「個々人」「世界」「人類」ら諸規模の「主体」による不断・不抜の「実践行程」にほかならないからである。

（2）ここで上記Ⅱ（1）で常識の言語に平板化させたバディウ流「創造」概念を、既述のところを踏まえなおして、バディウ独自の語彙をもって、言い表してみよう。「創造とは、存在・世界・実存の孕む生起の‐無限性の空‐起‐動を主体の公理論的‐思惟・決断をもって真理の成‐起‐動へと変換させていく営みである」。

①「空‐起‐動」という語は、既述のところでも幾度か記したが、詳しい説明を加えている余裕がなかった。バディウ自身のいう〈vide〉の邦訳上の必要から筆者が造語したものだが、恣意的なものではなく、バディウ思想を活かすための、バディウ的根拠を踏まえての、造語である。こうだ。

（i）「一化・算定」レヴェルの「状況」からの「控除・脱去」態である「存在」境域は「純粋‐多」のそれで

あり、この場合、「多」は、常識の考えるように、「一」やその何倍かからなるものではなく、「多」そのものが「多」から成るのであり、その（後者の）「多」も「多」から成り、結局、「純粋‐多」の境域とは、「多」「多による多」「多による多による多」……、別言すれば、「多」、「多の多」、「多の多の多」……であり、それらが「部分的・下位‐集合」を形成することは充分あり、実際そうなっているわけだが、同時に、最終的には、「無数の多」あるいは「無数の多を多たらしめる多‐相互のあいだの空隙、いわゆる可算数を可能にする多‐相互の間の空隙」がほとんど無に近くなるような、先述の「殆無」を抱えた、「不可識別的」な「非‐可算数」の境域に達するか、至近にいたることになる。数理‐集合論のいう「空‐集合」とは、このような事態の数理的言表化なのではあるまいか。量はあれども質的‐識別規定の不可能性。存在論的‐無ではないが、質的‐無規定性。「空」とは、東洋思想でも、現代西欧思想でも、何も無い空っぽというネガティヴ態を意味するものではなく、何かが無い・規定性が無いことによって充実するという逆説的なポジティヴ態を意味する。「部分・下位‐集合」がなんらかの「元」によって成立するに対し、「空‐集合」は一定の「元」を持たな（無）い「無‐元‐態」であることによって、多くの「部分・下位‐集合」を可能にする。その「可能にする」に、バディウもいう「多」は自らの間の相互関係によって、それ自体において動態性を孕む（cf. Cond. p. 184, 205. 物理学のいうあの一般論としての〈ブラウン運動〉〈真空のエネルギー〉等も考えよ）、あるいはこれもバディウのいう「空」という「無限数」「無数」のネガティヴ態ならぬ「被‐昇天」（assomption）「準‐万能（神）」力（cf. Cond. p. 207, 192, 179 他）、その能動性をみることも、牽強付会とは言い切れないであろう。他方、数理‐集合論、数学モデルの存在論が、集合の $\{\neg(\alpha \in \alpha)\}$ 規定に止まるに対し、その「外」（dehors）（cf. LM. p. 404）をも配視して然るべき哲学・メタ存在論はさらに（集合）の「生起」なる $\{(\alpha \in \alpha)\}$ の「到来・補遺‐動」をも考量する。こうして「空‐集合」は「無数・無限‐多」のポジティヴィテにおいて、「空‐起‐動」と呼称せざるをえないものとなる。

（ii）さて、われわれ・世界・実存は、「純粋‐多・無数‐多、それらが孕む生起と無限の空‐起‐動」のただなかにありながら、たんにそこの「在る・住む（棲む）」だけにとどまらず、それらを「状況」から「控除」し、「脱去」させている「主体」でもあり、加えてそれらを人類史上の先陣たちが形成・蓄積してきた諸「公理」を踏まえて、新たに肯否・是非-判断し、変更・新設していく、「公理論的-主体」でもある。ここで二点、確認しよう。（a）バディウは政治的-公理としては「平等」を真諦とし、マルクス・プロレタリアが「われわれは何処の何さま（quelqu'un）でもない、では、むしろ何びとでもない（n'importe qui）人類（générique）であろうではないか」とする発想を佳しとし、ここに「生起」（événement）の「偶有性」（プロレタリアであること）から普遍すくなくとも「準-普遍」（générique）としての「人類的真理」（vérité générique）への転換・突破口を指摘していた。（b）マルクス・プロレタリアが特殊的すぎる事例であるとすれば、バディウの場合、「公理論的・実存的-主体による思惟・判断・決定」という条件そのものが、伝統的ユークリッド幾何学から現代を構成する非-ユークリッド幾何学への転換や、古代近代-代数からカントール集合論による驚天動地の大変換（実際、カントール自身が自らの発見の恐ろしさに悩んだ）（MPhII. p. 128）といった事例に見られるように、「空-起-動」に、ペシミズム・ニヒリズムもなければ、非ペシミズム・非ニヒリズムもない、無数・無限に類する高らかな広闊の無私性・無我性ともいうべき能動性・建設性を賦与している。こうして「生起」（événement）のダイナミズムが「人類的-真理」の「成起」（générique. cf. genesis, général）となる。空-起-動なる語がいささか突飛でバディウ研究者たちやバディウ自身によって受け容れがたいものであるとしても、バディウ的-主体の高潔さへの讃辞・賛同としてわれわれ（筆者）の研究作業はこれを記すことにする。

（iii）バディウ的「創造」は、こうして、一言でいえば、「状況」と「存在」を裂開する「生起」（événement）の「成起」（générique）化への営みである。個々の「生起」の個々の「真理」（vérités）の個々の作品への「現出態」（existences）化への実践（procédures）であり、それらの諸真理から「最終真理」（Vérité）が「成就」（générique）するはずの、しかし同時にまた「最終真理」はおそらく永久に成就（achever）しえず、その恒久の

「未然性」(inachevable)によってこそわれわれの無数・無限の営みが可能となる、そのような「生起-成起」場の開拓なのである。もうひとつ別の言いかたをすれば、「生起-成起」動とは、人類的主体(sujet générique)が自らの{¬(α∈α)}から{(α∈α)}への方向性において協-働-的に創開しつづけている、その自足的な動態性の謂いである。

III　バディウ引用文――もう少し加えて

最後にいくつか引用文を加えよう。バディウは能弁・健筆であり、われわれ(筆者)は既述の諸テクストをフォローしながらこの結語用の引用カードも記しつづけたが、それだけでもかなりの数になってしまった。廃棄するのはバディウ研究上惜しまれるので、既述のところを多少アトランダムに想起・確認させる断片として、いくつかを列挙する。(バディウ主旨の尊重をむろん前提に多少取意訳することもある。)

(1)「私の三十年来の哲学戦略とはなにか。私が〈諸真理の内在性〉[3]と呼ぶものを確立することにある。既述もしているように、私は普遍的価値をもつさまざまの独異-創造態[4](créations singulières à valeur universelle)、すなわち、(私にとって真理はつねに複数(vérités)であって、いわゆる「唯一・究極の真理」(《la》vérité)というものはないが)、さまざまの芸術作品、さまざまの科学理論、さまざまの解放の政治、さまざまの愛の情熱、を真理(vérités)と呼ぶ。可能なかぎり簡略なかたちでいいなおしてみよう。〔i〕科学理論とは、存在そのものにかかわる(数学)、あるいはわれわれが経験的に認識しうる諸世界の〈自然〉法則にかかわる(物理学と生物学)、諸真理である。〔ii〕政治的真理は諸社会の構成組織、集団生活とその再組織化のための諸法則、これらはすべて、自由のような、あるいは今日では主に平等のような、普遍的原理のもとに規定される。〔iii〕芸術における真理とは、われわれの諸感覚が受け取り得るもの、聴覚的には音楽、視覚的には絵画・彫刻、言語的には詩、……といったものを昇華する有限的な諸作品の広義形態にかかわる統合協和性の謂いである。〔iv〕最後に、愛における真理とは、世界を唯一神（l'Un）や一個人（singularité individuelle）から出発してではなく、〈ウルトラ-ワン〉（ultra-Un）〔超一-脱一-異一-異二性〕としての根源的〈二〉（Deux）から出発して、それゆえ他者の根源的な受諾において、経験することに含まれている弁証法的-力（puissance dialectique）を含意する。これらの真理は、お解りのように、哲学から由来するものでも、哲学的性格のものでも、ない。私の目的は、これらの諸真理を相互に分け命名する（哲学的）カテゴリーを、真理というものが絶対的かつ永遠的でありうることを論証することによって、救出することにある。

——絶対的、あれこれの局処的な構成であるにもかかわらず、

——永遠的、一定の世界の中で（その世界における一個の生起というかたちで）はじまり、それゆえその世界の時間に帰属している、そのようなプロセスの結果であるにもかかわらず、である。

これらふたつの特性からして、——科学的、芸術的、政治的、実存的、の——諸真理は、その無限性が要請されることになる、だからといって、どのようなかたちのものであれ、唯一の神という理念に訴えることなく、である。となれば、あきらかに、あの問いからはじめなければならない。無限存在に関する、どのような、宗教的なものではなく、あらゆる超越者を排除する、どのような存在論によって、われわれはわれわれのプロジェクトを根拠づけることができるのか?、と。無限性、より正確には複数の諸無限性、に関わる、——わけても数学的な——、新たな根源思惟が介入してくる長い考察の途が緒に就くのもここからである。

〔……〕

今日、つぎのことが一般の認めるところとなっている。芸術上の趣向はおのおの独自の文明の局処的な文化の問題であり、愛は、偶有的で解除可能な選択、カップルに相互利益と相互連繫の証書を与えるはずのもの、政

治においては、真理など存在するはずもなく、ただ移り気な諸意見が交錯して、そこから最良の意見を経験的に合成する活動、……と。私はまったく逆に考える。複数の絶対的真理が存在する、確かにそれらが創造されたときには、それらの独自の土壌から引き出されるが、しかし、それらの価値はおのずから普遍化(s'universalise)していく、そのように構築されるのだ、と。それを証明するために、私は、私の多の存在論の枠で、有限と無限のまったく新たな弁証法が、そして、また、それゆえ、われわれの通常の存在と、なんらかの絶対的価値との関係におけるわれわれの存在、両者のあいだのまったく新たな関係が、自ずから構成されてくるということを証明しなければならない。それが、私が同時に〈なんらかの理念の下《もと》に生きる〉、あるいは〈真の生を活きる〉と呼ぶところにあたる」(EM. pp. 81-84)。

急ぎ付注する。本著(原著)は対話態になっているが、ここで急に会話調で訳すのは不自然かと思い既述どおりの論文調のままにしたが、これもかえって不自然でぎくしゃく重苦しくなってしまったかもしれない。陳謝する。内容的には、末尾の二文からしても、平凡な初学者向き説法のようにも見えるかもしれない。しかし、バディウ哲学への幾つかの猪口にはなっているはずであり、現代思想とわれわれ平凡人の人生の初心を、この最高学府の練達の教師のもとで思い起こすのも悪いことではないではないか。

もうひとつ別種の注を加える。上記のところで、この第七章のためのメモ・カードが多くなり、いくつかにのみ絞って例挙すると申し上げ、全十文を準備した。しかし、いざ取りかかってると、第一文のみでも、この分量である。他の九文(LM. p. 382, DCE. pp. 97-98, EE. pp. 376-77, EE. pp. 379-382, LM. p. 532, MPhII. pp. 126-128, PhII. pp. 84-85, LM. p. 255, Cond. pp. 197-199)は、遺憾ながら、省くことにした。陳謝するというより、惰性化を防ぐための禁欲と切断である。

バディウはわれわれのこの本稿の作業中も全七〇〇頁の大著『真理の内在性　存在と生起Ⅲ』を刊行し、他にもゼミナール本の刊行が続いている。われわれのバディウ研究も続巻が必要となるかもしれない。今回の欠落・断念分については、続巻にて責を果たしたい。

結章　ゲルニカを活きる――〈ガザに盲いて〉――

Ⅰ　プラトン：『国家』と国家

われわれはプラトンの『国家』がギリシャ的「正義」観念を象徴する正方形を前提しつつ、それを内部から構成する不可視の二本の内角線交叉に、アテネ国家の自称・正義によって制裁される義人ソクラテスの苦悶を指摘するところから出発した。われわれはそこに、汎オリエント的に広がっている実務用具としての算数術と、先立つギリシャ思想としてのピュタゴラス派が発見してその不合理性ゆえに禁忌とした無理数$\sqrt{n}$、両者の知的純粋化・捨象・吸収・止揚としての、ギリシャ的-合理性のいわば公理である幾何学の成立を見ると同時に、S・ヴェイユがプラトンにおけるエレウシス密儀への敬虔なかかわり等に見られる単なる合理性を超える霊性を前提にして、ここに後代のキリスト教・義人と十字架・アガペー思想の遠い起源を指摘するのを見た。後者がけっして牽強付会の独断論議でないことは、今日の哲学史家J・ヒルシュベルガーの『国家』注釈によっても傍証しうる。「プラトンの理想主義は、悪の事実性を無視させるものではない。彼は〈善は、われわれ人間の場合、悪によって凌駕されている〉（『国家』三七九c）と記している。予言的にさえ聞こえる別の言葉もある。〈義人が地上に現れるとき、彼は鞭打たれ、拷問され、鎖を掛けられ、両眼を焼かれるであろう。そしてついにはあらゆる拷問の苦しみの後、彼は十字架につけられる（ans Kreuz schlagen）。これによって彼は、この世で正当なのは義であることでなく、義であるように見えることだけであると覚る〉[1]（『国家』三六一c）」。ここにルサンチマン思想を見ることは、ある種の偽善であろう。バディウの「控除・脱去」思想のみならず、やはりプラトニズムの精神的な高さと深味をも見なければならない。

ところで、そのバディウも「多のプラトニズム」として「控除・脱去」態に指摘するのは「純粋‐多」「無際限‐多」「無限‐多」「〈無‐元‐動〉としての空」「生起」といった数理‐集合論・メタ存在論態のみであったが、同じく現代哲学者のK・ポパーがプラトン『国家』論の歴史的背景、それが踏まえる歴史的‐実相を、哲学者には珍しいなまなましいまでの詳細な事実考量をもって、露わにする。[2]歴史的背景といっても、ギリシャ以前の東地中海地域にそれなりに広がっていた農耕祭儀・種子信仰・生死密儀の素朴ながらも純真な精神性にも、北方由来のギリシャ・イオニア族がアッチカ地方の先住民と融和し地中海植民政策で人口増大を調節しながら熟成させていったそれなりに安定的なアテネ都市国家社会と、遅れて到来し海洋政策不可能なペロポネソス半島への居住それゆえの先住民族との抗争のなかで自己維持を余儀なくされつづけたドーリア系スパルタ都市国家との異同などにも、なんら頓着することなく、いきなり、①ペルシャ戦争以後のペリクレス流‐民主制から脱皮しようとするアテネ寡頭制主義階級、②その民主制を維持しつづけようとするアテネ一般市民階級、③ギリシャ世界の新たな覇者たろうとするスパルタ貴族階層、三者の近現代政治境域さながらの虚々実々の権力闘争、それとしてのペロポネソス戦争である。一点のみに絞れば、①がアテネの主権を握るために、③と取引政治を策謀しつつ、②の弾圧に狂奔するすがたは、凄まじい。

「ペロポネソス戦争の歴史やアテネの没落は、トゥキュディデス権威による影響もあって、いつにせよアテネの敗北は民主主義体制の道徳的弱さの最終的証明であると語られてきた。しかし、こうした見方は底意のある立場を示しているにすぎない。熟知の事実はまったく反対の歴史を物語っている。敗戦の主たる責任は、スパルタとの共謀をつづけ裏切りを行った寡頭派にある。なかでもきわだっているのはソクラテス初期の弟子であった三人、アルキピアデス、〔プラトンが敬愛するふたりの叔父である〕クリティアス、カルミデスであった。紀元前四〇四年におけるアテネ陥落のあと、後者の二人は、もはやスパルタの傀儡政権以上のものでなかった三〇人僭主政の指導者となった。アテネの陥落と城壁取り壊しはしばしば、紀元前四三一年に始まった大戦争の最終結果であると見なされてきた。だが、ここにはまさにあの通説的な見方が表われている。なぜなら民主派は戦いつづけたからである。最初は七〇人の強者であったが、トラシュブロスとアニュトスの指導のもとに、アテネの解放を準備した。アテネではその間クリティアス〔と三〇人潜主〕が市民を大量〔一五〇〇名[3]〕に殺害していた。恐怖政治が行われていた八カ月のあいだに死亡者リストには〈ペロポネソス軍が戦争の一〇年間で殺害したよりもはるかに多数のアテネ人〉が含まれていた。八カ月後に、紀元前四〇三年のことであったが、クリティアスとスパルタの駐屯軍はピレウスに集結した民主派によって撃破され、プラトンの二人の叔父もこの会戦で命を落した。寡頭派の後継者たちはアテネでしばらく恐怖政治をつづけたが、その軍隊は混乱と解体のなかにあった。彼らが支配を担えなくなったことが明らかになったあと、彼らの保護者であったスパルタはついに彼らを見放した。そしてスパルタは、アテネに民主主義を回復したアテネ民主派の人たちと平和条約を結んだのであった。それによって民主主義的統治形態はそのもっとも困難な運命的試練のさなかにおいて圧倒的な強さを証明したのであり、敵でさえ彼らを打倒することはできないと考えはじめたのであった。〔……〕／民主主義が回復され、通例の法的状態が再建されると、すぐにソクラテスに対して告発がなされた。その意味はあまりにも明白であった。彼は国家の腐敗しきった敵、アルキピアデス、クリティアス、カルミデスの教育に大きな影響を与えたかどで告発されたのである」(同、一七一―一七二、三七九頁)。

この文章は「民主派」の立派な勝利で終わっているが、ポパーがプラトンとその『国家』について指摘しているのは、敗北した「寡頭派」の「綱領」の「全面的な再構築が必要だと感じた」（同、一七八頁）、その結果なのだということである。「老寡頭派の綱領は、別種の信念、すなわち古い部族の価値を再建し、それを開かれた社会〔民主社会〕への信念に対置するという信念のうえに基礎づけないならば存続しえないとプラトンは感じたのだ。人間には、正義とは不平等のことであり、そして、部族、すなわち集合体が個人の上に立つことが教えられなければならない、と」（同、傍点、ポパー）。

われわれ（筆者）はここでいずれか一方の「派」への賛意を表明する必要はない。プラトン『国家』を性格づけるここでのポパーの言辞は、なにやら野卑で時代遅れで、正当とはいいがたい。これをもっと真っ当な言辞で置き換えて、両「派」の国家論の然るべきハイ・レヴェルでの両立に、事の真理への途を開かなければならないだろう。

われわれがここでポパー言説を引用したのは、プラトン『国家』というそれなりの立派な業績が、ポパーのいう「階級闘争と〔都市国家〕ナショナリズム」の忌まわしいまでの交錯から「成-起」しているということの確認のためである。プラトン『国家』を「ユートピア社会工学」の所産、自らの反プラトン『国家』としての国家論を「ピースミール社会工学」、と対比・区別する操作法を。われわれの以下の考察にも活用させてもらうことにするとともに、である。

II　ピカソ：『ゲルニカ』とゲルニカ

ピカソ作品としての『ゲルニカ』については先に触れた。単なる人為としての作品ではなく、人為を超えるいわば原為の「生起」、その「生起」への人為の参与による「真理」に向かっての「無限・空-起-動」ともいうべき「成起」-方向性……。

ひとつの作品は「状況」という可視的・可感的‐次元にも属し、そこで局処的・偶有的な規定を受けているが、同時にそこから「脱去」し「控除」もされる不可視・「非‐現前」(im-présent)・不確定(indiscernable, indécidé)の相反‐相伴態を醸成し、それによって取りまかれている。その相反‐相伴態は、その状況においてその作品を制作する画家の、またその作品を観る鑑賞者の、いわゆる内面的な豊かさ高さ深さによって相異なるであろうし、その意味で、つまりその相関態として、作品そのものに帰属(∈)・含有(⊂)されているといえるものでもあろう。バディウはそれを、モラリスト・心理学者・精神医のように深層心理・無意識界の諸事象としてではなく、物象一般にも妥当しうる数理‐集合論的なさまざまの無数の「部分集合」「下位集合」の交錯・重合‐相互連関として捉え、それらすべてを包摂し共存させている「無限‐多」(multiplicité infinie)を、脱‐あるいは原‐規定態・「無‐元‐態」としての「空‐集合」「空」(vide)とし、そこへのメタ存在論的な「生起」‐動(événement)の「到来」(advenir)をも指摘して、「空」を「空‐起(成)‐動」として動態(assomption)化させる。「状況」レヴェルの時空的‐局処性・偶有性はこの「控除・脱去」態において脱‐有限化され、そこに醸成されてきているさまざまの「部分集合」「下位集合」は、画家・鑑賞者のいわば(肉眼ならぬ)心眼によって新たに再‐形象化・再‐連結構成化され、ここに単なる「生起」(événement)から「成起」(générique)つまり「真理性」(vérité)への方途が開起・創出されていくことになる。作品製作時の「生起」の個別性・固有性(singularité)から作品完成時の「成起」のこの「準‐普遍性」(générique)への存在変動(changement)が、鑑賞者たちの共感と感動の誘発源であることはいうまでもない。「準‐普遍性」といって「普遍性」といわないのは、むろん近代カント的な抽象性を避けて、「具体的‐普遍」であることを強調するためである。数理的‐集合$\{\neg(\alpha \in \alpha)\}$へと到来して、集合へと参入し、集合を「生起」から「成起」へと駆動・嚮導していくこの動き$\{(\alpha \in \alpha)\}$を、バディウは充分には仏語表現していないが、われわれは、数理‐集合論のいう、(旧来の「同一性」「自己同一性」(identité)と混同されがちな)「自己‐帰属」性と違《たが》えて、バディウ的に、「ウルトラ‐ワン」(l'ultra-Un)としての「超‐一・脱

-一-動」「異一・異二-動」「第四多-動」=「主体-動」に準ずるものと見ておいた。

もっとも、ここでの問題は控除・脱去態から生起・成起へといたる行程ではなく、前者を惹起させる「状況」レヴェルでの、プラトン『国家』のペロポネソス戦争に対応する、歴史的-出来事《しゆつたいじ》のほうである。それがスペイン内乱における、スペイン国家権力による、ナチ・ドイツ（イタリアも?）空軍力を利用しての、スペイン国民の大量虐殺であることは、すでに周知のところであろう。ポパーのいう「階級闘争とナショナリズム」交錯の、この「ゲルニカの惨劇」は、もうひとつの事例である。

ここで歴史学的に新しく提示するものはなにもない。旧知の史実を概略して「ゲルニカの惨劇」から『ゲルニカ』の創造」への連結を確認するだけである。

事の遠い発端は、われわれのバディウにとって重要ゆえ下記もする、一八七一年のパリ・コミューンに触発された、一八七三年の第一次スペイン革命である。数年で王政復古となるが、共和主義側の活動もこのころから活性化しはじめた。

次いで、一九三一年のわれわれの問題の出発である第二次革命となる。ここで、今度は、王政側が他国権力を頼んでの、自国民の虐殺という、異常異態を出来《しゆつたい》させることになる。一九三四年、王党派とイタリアの新権力ムッソリーニの間にスペイン王政復古支持の協定が成立した。一九三六年二月には人民戦線側の内閣が組織されるが、たちまち共和主義派と王党派の内乱となり、同九月には王党派フランコ将軍が国家主席に就任し、同十月にはドイツ新政権ヒトラーによるベルリン-ローマ枢軸の結成、フランコ・スペインも当然そこに組み込まれていく。一九三七年六月には日独伊防共協定成立となるが、ゲルニカ惨劇はいわばその直前の四月二十七日に出来《しゆつたい》した。

A・ブラント『ピカソ――〈ゲルニカ〉の誕生』[4]の邦訳に付された訳者にして歴史家の荒井信一氏の「ゲルニカ――歴史と象徴」（全四〇頁）は、単なる歴史家の記述を超えるなにか思想性のようなものを湛えて好個な一文であるが、この惨劇を最初に世界に伝えた新聞記者スティヤの記事文「ゲルニカの悲劇、空襲、町は破壊される。目撃者の証言」の全文を邦訳・転載している（同、八四―八六頁）。

「バスク地方最古の町であり、その文化的伝統の中心であるゲルニカは、昨日午後、反乱軍空襲部隊によって完全に破壊された。戦線のはるか後方にあるこの無防備都市の爆撃は、きっかり三時間一五分かかったが、その間、三機種のドイツ機、ユンカース型およびハインケル型爆撃機、ハインケル型戦闘機からなる強力な編隊は、四五〇キロからの爆弾と、計算によれば三〇〇〇個の一キロアルミニウム爆弾とを町に投下しつづけた。他方、戦闘機は屋外に避難した住民たちを機銃掃射するために、町の中心部上空に低空から侵入した。／ゲルニカ全体がまもなく焔に包まれた。〔……〕

五分後、一機のドイツ爆撃機が現れ、低い高度で町の上を旋回し、次いで六個の重爆弾を落したが、明らかに停車場をねらったものであった。爆弾は榴弾の雨をともないつつ、かつての研究所や、その周辺の家々や街路に落ちた。それから飛行機は去った。次の五分間に第二の爆撃機がやってきて、同数の爆弾を町のまん中におとした。その後約一五分、三機のユンカースが到着し破壊作業をつづけたが、その時から爆撃は密度をましながら連続し、七時四五分薄暮がせまってはじめてやんだ。七〇〇〇の住民と三〇〇〇の避難民をもつ町全体が、徐々にしかも組織的に破砕された。空襲は細かいものまで見残さず、半径八キロ以上にわたり、散在した農家を爆撃した。夜、それらは丘の上で小さな蝋燭のように燃えた。周辺のすべての村落は町自体と同じような密度で爆撃され、ゲルニカへの入り口の先端にある小集落では、住民は一五分にわたって機銃掃射をうけた。〔……〕

目標の選定はいうまでもなく、その遂行形態においても、破壊の規模においても、ゲルニカ空襲は軍事上、類をみない。ゲルニカは軍事目標ではなかった。戦争資材を生産する工場は、町の外にあり、攻撃をうけなかった。町からかなり離れたところにある二つの兵営もそうであった。町は戦線のはるか彼方にあった。爆撃の目的は、見たところ、市民の士気を阻喪させることと、バスク民族の揺籃の破壊にあった。空襲の行われたその日以来の、すべての事実が、この認識を支持している」。

ピカソはどうであったか。ピカソはもともと政治には無関心のアナーキストであったが、フランコ時代に入ると次第に共和主義に同調するようになり、パリ滞在のなかでロマン・ロランの『七月十四日』(フランス革命の日付)の緞帳の下絵を描いたり、一九三七年に入ってからは版画シリーズ『フランコの夢と嘘』を製作していたが、このゲルニカ惨劇の報を受けて「一挙に何ものか噴出させ」(上記、荒井稿、九三頁)、あの『ゲルニカ』のための準備と作画に専心しはじめた。このことは少なからぬ関係書が克明に記している。われわれは、ここで、ピカソの年来の「控除・脱去」態が一挙に爆発的に「生起」し、「成起」に向かって「現出化」「開展」しはじめたと見るべきだろう。ここにはもはや、いわゆるフランス絵画の「美と清寧の調和」[5](フェリエ、五一頁)などない、啓蒙フランス思惟の「理性と光の秩序」(同、三七―三八頁)もない。ガートルード・スタインは「どんな傑作も、なにがしかの醜さを伴ってこの世にやってくる。この醜さこそ、新しいことを新しいやりかたで語ろうとする作者の闘いの徴しなのだ」(同、五五頁)といったが、J゠L・フェリエも『ゲルニカ』に脱‐近代西欧の「暗黒の真理」を指摘し、A・ブラントは、西欧伝来の「黙示録‐芸術」の再‐開示を指摘する。

「理性がその法にものをいわせていた例外的な時代があった。その時代は、大きな影の部分があったにもかかわらず、自由、真実、権利、義務などといった概念が無意味なことばではない精神世界があったことに特徴がある。〔……〕それにひきかえ、今世紀はまずたわごとの、狂気と化した理性の時代である。憎しみ、そしてまた憎しみ、殺戮、新聞はそんなことでいっぱいだ。自殺、狂気は今日では、集団的にしかありえない。まさに『ゲルニカ』はそう語っているのである」(フェリエ、同右、五二頁)。

『ゲルニカ』でピカソが『黙示録』手稿を参考にしたにちがいないという推定はきわめて的をえたものであろう。いくつかの基礎的な細部において『ゲルニカ』が「嬰児虐殺」の伝統的な表現を念頭において制作されたものであったとしても、その基本的性格は『黙示録』だからである。実際『ゲルニカ』はヨーロッパ美術の偉大な伝統につらなるものであるが、〔……〕これらの画家はすべて『黙示録』または『最後の審判』を、世界の悪とそのたどるにちがいない運命のシンボルとして描いた。これらの作品の中で画家たちが関心をもったのは自然の美とか人間の気高さを示すことではなく、反対に世界の悪と獣性を示すことであった。〔……〕ピカソは〔……〕さらに先に進むことができた。〔……〕恐怖の表現はピカソが拠り所としたモデル〔事件としてのゲルニカ空襲?〕に見られるより、〔作品としての〕『ゲルニカ』において、はるかに深いものとなった」(ブラント、五五―五六頁)。

本題に戻って一点に絞ろう。山田明氏はピカソがかなりの読書家であったことを記し、とくにニーチェの『ツアラトゥストラ、かく語りき』を熟読していたといい、例えば『ゲルニカ』の中央の「腹を裂かれた馬」と『ツアラトゥストラ』の次の詩句を対比させる。「……国家! 国家とは何か。さあ、いまこそよく耳をひらいて聞くがいい。いまわたしは民族の死について語るのだから。〔……〕そうだ。多数者を招きよせる死が発明されたのだ。……」(6)。

「国家=悪」と「民族・民衆・国民・政治」の対比は、バディウの中心主題の一であり、上記ポパーの「ユートピア社会工学」と「ピースミール社会工学」にも含まれている、よくある陳腐な問題といってもよい。ただ、最大の問題は、一国家が、他国家の軍事力を借りて、自国民を殺戮するという、ポパーのいう「階級闘争」が「ナショナリズム」の名を借りてなされるという倒錯であろう。一国家が他国家の軍事力を借りて自国民を圧殺するとは、言語道断、そのような国家は、国家の名にも、階級の名にも、値しない。

ちなみに、『ゲルニカ』の「形象解釈作業」に一言、私見をもって参加させていただければ、筆者はフランス留学中にスペイン闘牛も二度ほど現場で見たが、『ゲルニカ』の「牡牛」(悪しき牡牛)と「腹を引き裂かれた馬・人間」(善き犠牲者たち)につき、通解とは別の印象を受けた。闘牛とは「善き」闘牛士・人間と「悪しき」野獣の死闘などというものではない。牡牛は有史前の地中海世界においては聖獣であり。それが文明史の展開とともに、スキタイ平原出自の馬の重用に代わっていった。闘牛の現場では、あらかじめ数頭の馬匹に騎乗した人間たちが槍をもって牡牛をつつきまわし、牡牛を狂暴化させるというより、卑小なつつきまわしによって弱体化させ、牡牛が弱ったところで闘牛士が〈カッコよく〉(?)刺し殺す、というかたちになる。これはもともと人間世界の最貴重品を神に捧げて神からの御加護を求めるという、奉納の儀式であったかもしれない。しかし、今日の実際は、その必要もない牡牛を征圧・犠牲にして恰好をつける、単なるパフォーマンス、しかも卑小な人間的-小細工によってあさましくも仕組まれたさまざまの手順をもってなされる三流パフォーマンスにすぎない、ように思われた。動物であれ、人間であれ、他者を不当に貶めることによって手前の価値を高めようとするなど、最低の下衆の振る舞いである。『ゲルニカ』では「牡牛」のみが然るべき「威厳と品格」をもった姿で描かれ、他は人間社会がこうむる惨劇・悲劇のみ、「牡牛」はファシズム・国家軍事権力・悪の象徴、他の惨憺たる全形象は……、とよく説明される。ピカソ自身はこの種の意味読解作業を嫌うが、それを承知のうえで筆者流に参戦すれば、これは要するに、不当な人間的-小細工によって抹消されたかつての原初の超-歴史的な聖獣が、その後の馬匹を下僕として展開してきた人間文明史の相互殺戮、相互破壊的な本質を、侮蔑のまなざしをもって見渡している、要するに、ピカソが代現するその人類文明史の自己批判の影像であるようにも思われる。

Ⅲ　バディウ：パリ・コミューン

バディウは青年期にフランス・毛沢東派のリーダー格であったが、最高の敬愛の念をもって挙例するのは一八七一年のパリ・コミューンである。一八七〇年、ナポレオン三世率いる第二帝政フランスはビスマルク率いるプロイセン・ドイツとの仏普戦争に敗れ、自らは捕虜となり、一方では後継のヴェルサイユ政府が「国防政府[7]」として敗戦処理にあたるとともに、他方では「パリ市民の一部が国民衛兵という形で武装し、労働者がその組織の支柱となった」（同右）。ところで、ここで出来《しゅったい》するのはポパーのいう「階級闘争とナショナリズム」交錯の典型ケースである。ヴェルサイユ政府は、一方では「決起したパリ市民、民衆に広がる愛国主義、におもねるために、ただちに〈共和国〉を宣言」（同、一四五頁）するとともに、他方、「ブルジョワ保護政府」（同、一四六頁）として、「政治改革を求める民衆勢力を抑え込み」（同、一四五頁）、「国民衛兵であるパリの労働者たちを武装解除する」（同、一四六頁）ために、「ビスマルクと取引〔別処では何度も「裏切り」ともいう〕を行なう」（同、一四五頁）。結果、「五月二十一日から二十八日にかけて、ヴェルサイユ政府軍が、バリケードを次々に打ち破り、パリを制圧する。〔……〕虐殺が、〈血塗られた一週間〉の後も絶えることなく相次ぐ。少なくとも二万人が銃殺された。五万人の逮捕者が出る。／〔……〕こうして、ある人々にとっては今日でもなお〈公民権〉の黄金時代とみなされている第三共和政が始まるのだ」（一四九頁）。

ちなみに、諸界・諸家の反応を瞥見してみよう。政治問題への各人の見解は他人が代言・約言することもっとも要注意のものだが、いまは大きな危険はない。当時のフランス文化人たちの多くはヴェルサイユ政府方針に妥協し、ヴェルレーヌとランボーだけはパリ・コミューン派を支持した。バディウはフランス革命にあたってはロベスピエールとサン＝ジュストをも支持したが、これに対応する姿勢かもしれない。興味深くユーモラスですらあるのはユゴーの場合で、バディウのおおらかな慧眼が一言でその本質を捉えている。「ユゴーは、何も理解しないままに、本能的に、そして気高さをもって、圧政に反対する」（同、一四八頁）。

マルクスは、「進行中の出来事を〔国外から〕目の当たりにしながら、全体としての国家の問題と相関させてコミューンの総括を提案する。コミューンは、マルクスの目には、プロレタリアートが社会全体を指導し、行政に携わる束の間の権限を引き受けた最初の歴史的ケースであった」（同、一四九頁、傍点、引用者）。「もし仮にコミューンが粉砕されたとしても、闘いは単に延期されたにすぎない。コミューンの諸原則は永遠であり、破壊されることはない。その原則は、労働者階級がその解放を勝ち取らない限りいつまでも、新たに、また直ちに実行に移すべき計画に留まるだろう」（同、一五七頁）。評価・採点上は「両義的」（同、一五一頁）で、一方では「国家、国民‐国家の解体の方向へと導く諸要素を讃え、〔……、他方では〕国家運営への能力不足を嘆いている」（同、一五〇頁）。「二十年後」（同）のエンゲルスも、ブランキ主義とプルードン主義の欠点を突きながら（同、一五一頁）、「コミューンにおける、状況への不適合」（同）を批判し、マルクスに同調する。「状況への然るべき適合」とはなにか。国家に先立つ「党」の結成である。「党とは純粋に政治的な機関であり、主体の意志による参加、あるいはイデオロギー的な断絶によって構成され、そのかぎりで国家に対して外的である。それは支配に対して自由を保持し、革命のテーマ、ブルジョア国家粉砕のテーマを掲げる」。「党はコミューンについてのマルクス主義的総括に見られた両義性を現実のものとし、それを具現化しているということができる。党は、解放の政治が持つ非‐国家的、さらには反‐国家的性格と、政治的勝利やこの政治の継続が持つ国家的性格との間の根本的緊張関係にとっての政治的場となるのだ」（同、一五二頁）。

ここでレーニン主義について詳論してもよいところ、スターリン主義に移ってしまったためか多くを語らず、いう。「しかし党は同時に、中心化され規律化された力、国家権力の奪取へと完全に方向づけられた力を組織するものである。党は新たな国家、プロレタリアート独裁国家の建設というテーマを掲げる」（同）。

ここに毛沢東と「初心」・文化大革命が位置づけられることは、おおかたの予想しうるところであろう。「文化大革命の時期、とりわけ一九六六年から一九七二年にかけて、コミューンは強い影響力を発揮し、非常に頻繁に言及される。それはあたかも、党‐国家の硬直し位階序列化した組織と争っていた中国の毛沢東主義者たちが、十月革命や公式のレーニン主義より以前に、新たな参照系を探しているかのようである。こうして、一九六六年八月の十六カ条の通達、おそらくその大半が毛沢東自身によって書かれたこのテクストにおいて、早くもパリ・コミューンから、とりわけ大衆運動の最中に生まれる新たな組織の指導者を選挙によって選出し罷免する可能性について着想を求めることが推奨されている。〔……〕」（同、一五六頁）。「一九七一年の中国におけるパリ・コミューン百周年記念祭においても、〔……〕なお中国人たちは、パリ・コミューンを労働者蜂起の歴史の輝かしいエピソードとしてではなく、再起動させるべき原則の歴史的例証と見なしている。〔……〕これによって、文化大革命を十月〔レーニン〕革命よりもむしろパリ・コミューンに繋ぐ絆が新たに結ばれるのである」（同、一五六—一五七頁）。「パリ・コミューンを引き合いに出すこと。〔……〕それは〔……〕その一部が常に予測不可能で束の間の決断であるような継続された革命の経験において、プロレタリアの国家の諸形態を、歴史上初めて一八七一年三月十八日にパリの労働者たちが行なったように、創造しなければならないということである」（同、一五八—一五九頁）。

政治史上の紆余曲折は、七月革命（一八三〇年）、二月革命（一八四八年）、目下の一八七〇年という、「輝かしい三つの日付」（一六〇頁）とともにさらに記されているが、紙幅の関係もあり、ここで止めておこう。

バディウ自身の反応はこうである。

「パリ・コミューンは従来、義務教育の歴史の必修科目として、小さく扱われてきたが、最近〔本著刊行時点二〇〇九年頃？〕、そこから削除された。〔……〕しかし、これまでと同様にここでもまた、問題は記憶に関わるのではなく、真理に関わるそれなのである。今日のわれわれにとって、パリ・コミューンの政治的真理はどのように集約されるのか。事実や資料による裏付けを軽視することなく、はっきりと哲学的な手法によって、新たなカテゴリー（状況、現出、場、独異性、出来事〔生起〕、非在）をもって、再構成してみることが必要である」（一四四頁、傍点、引用者）。

ここでいう「新しいカテゴリー」のほとんどすべてについて、われわれは既述した。ここではもはや紙幅の関係で再論は避け、読者諸氏にこれらの「カテゴリー」をもって「パリ・コミューン」を再考してくださるよう御願いしよう。われわれとしては、これまであまり触れることがなかった「非在」との関係において、ここでのバディウ結語を要約・整理することにする。

「非在」(inexistant) とは何のことか。われわれはこのわれわれのバディウ考を「状況」という「現前態」(présent) からの「存在・真理(真態)」の「控除・脱去」という発想から始め、後者を前者(現前態)に対する「非‐現前態」(imprésent) と訳出したが、やがて後者 (imprésent) を分析して数理‐集合論の「空‐集合・空」(vide) とその「外」(dehors) からのメタ存在論的な「生起」動との合成による「空‐成(起)‐動」から、「状況」への、その「超越論態」を横切っての〈ex-istence〉、ただしこれを「現実存在」と訳すことはまだしも、「実存」とは訳せず、結局、〈im-présent〉態からの〈現出化〉(ex-imprésent) による〈現出態〉(ex-istence) としたわけだが、ここにいう〈inexistant〉とは、この〈現出態〉(existence) に先立つ、〈非‐現前態〉(imprésent) に(逆?) 対応するところの、〈非‐現出態〉を意味する。パリ・コミューンとは、およそ世に知られていないこの「非‐現出態」としての「労働者・プロレタリアート」の世への「現出」であった。

「ある世界にそれまで存在していなかったものを出現させること以上に、強力な超越論的帰結はない。一八七一年三月十八日についても同様であり、その一日は政治的動乱の中心に一群の無名の労働者たちを登場させた。彼らは革命のスペシャリストで虐殺を免れた〈四八年二月革命の生き残り〉たちにも知られていなかった。〔……〕ヴェルサイユ政府の官報すら、こう問うている。〈この委員会のメンバーは誰なのだ? 奴らはコミュニストなのか、ボナパルト主義者なのか、プロイセン人なのか?〉すでにここにも、廃れることのない〈外国のスパイ〉というテーマ〔cf. ポパーのいう階級闘争へのナショナリズムの混入〕が垣間見られる。現実には、出来事が、その前夜まで存在していなかった労働者たちを、一時的に最高度に達した政治的存在にまで至らしめるという帰結を持ったのである」(同、一七九―一八〇頁、傍点、引用者。以下、同)。

「重要なのは、その特異性が出現時に持っていた例外的強度(それが現れることの暴力的でまた創造的なエピソードであったという事実)だけでなく、この出現がたとえ消え去ってしまったとしても、時間の持続のなかで輝かしく、いまだ確定しない諸帰結を持ちうるということでもある。/始まりとは、それが再開を可能にすることによって測られる。／世界に対して何かが偶然付加されるとき、それが、その継続や事実を越えて、単にひとつの特異性としてではなく、まさにひとつの〈出来事〉として受け取られるに値するか否かを判断できるのは、その付加されるものが、それ自身の外部において、同じ強度の凝縮を通じて継続されうるということに応じてである」（同、一七八―一七九頁）。

「われわれは、端的にこういおう。ひとつの出来事は、その存在の最高度の強度の真なる帰結として、ひとつの非‐現出態をもつ、と」（同、一八〇頁、一部、訳語変更）。

「非‐現出態の持つ〈永遠の〉存在性は、消え去った〈出来事〉の世界内における痕跡、あるいは表現である。世界史上初の労働者によるコミューン宣言は〔……〕世界にその現出性についてのまったく新しい配置が、世界の論理のひとつの変容が到来したことを強く示している」（同、一八一頁、一部、変更）。

「一八七一年コミューンという出来事は、たしかに支配グループや政治家たちを破壊するという帰結を持たなかった。しかしこの出来事が破壊した、より重要なものが在る。それは労働者と民衆の政治的隷属である。〔……〕服従という本質的形態に関わる必然性を破壊した。〔……〕コミューンは、あらゆる真正な〈出来事〉と同様に、可能なものを〈実現した〉のではなく、〈創出した〉のである。この可能なものとは、まったく単純に、自立したプロレタリアートによる〈政治〉の可能性である」（同、一八二―一八三頁）。

「私の考えでは、このもうひとつの世界とは、われわれにとってのコミューンのなかに存在する。〔……〕私がその最初のあり方と呼ぶもの、党‐国家や労働者というその社会的相関物、とは異なったところにである。その世界は、従来の世界との政治的決別とは、常に、自らの政治的能力を信じる主観的な力と、その能力からの（完全に国家とは独立した）諸帰結を組織化することとの組み合わせなのだという、確証のなかにある」（同、一八四頁）。

「われわれにとっての課題は、むしろ、レーニン以前まで遡り、その後崩壊したとはいえ、コミューンにおいて生きられていたものに立ち返ることである。〔……〕無名で無力な人々が、彼らの出現がもたらす諸帰結に賭けることができるのは、ひとつの新たな規律（思考の実践に関わる規律）というエレメントにおいてでしかない。〔……〕レーニン的な意味での党は、このような規律の創造を表象していた。しかし、それは、国家によって課される拘束への最終的な従属というかたちにおいてであった。今日の責務とは、国家による支配を免れた規律、徹頭徹尾〈政治〉であるような規律の創造を主張することである」（同、一八四―一八五頁）。

Ⅳ　バディウ：六八年五月革命

バディウは、学校秀才であると同時に大学時代から能動的な政治活動家、それも堂々と反体制側の活動家であり、いわゆる「一九六八年五月革命」にも、いまだ無名期ながら、当初からコミットしている。われわれのこの一連の研究は実践問題を主題とするとはいえ原理論的にアプローチするのであるから、個々の具体的事象を歴史学的・社会学的に追うことはせず、バディウの個々の言動に関する諸資料を考量することも断念する。ただ幾つかのポイントを、しかも邦語（邦訳）でも入手可能な資料をもって、確認するに止めよう。藤本一勇氏との対談による「六八年とフランス現代思想」[8]（略号WH68とする）、バディウ自身の二論稿「われわれはいまだに、六八年の五月革命と同じ時代を生きている」「人は何を敗北と呼ぶのか？」[9]（略号HCとする）である。

まず、ポパーのいう「階級闘争vsナショナリズム」の交錯、「ユートピア社会工学vsピースミール社会工学」という思考枠は、そのままでは通用しないが、多少とも変形すれば、いずれも有意味的である。（i）バディウは五月出来事《しゅつたいじ》を、①既存教育制度への青少年・学生たちの不満・反抗、②資本主義制度への労働者たちの異議申し立て、③社会風俗上の自由化への要求、④これらに対応する思想家・哲学者・知識人たちの新しい社会集団秩序への構想、からなるとし（WH68. p. 17sq., HC. p. 51sq.）、四者の一体性において見るのが妥当（WH68. pp. 17-

18, 20, 49sq.）とし、これはいわゆる旧来の階級図式が当時風にばらけたもので、背後・基底には旧来の「ブルジョアジー vs プロレタリアート」の図式がある。「いっときは町中の工場に赤旗が掲げられたが、ブルジョアジーのアパルトマンにも掲げたところがあった」（HC. p. 57）との微笑ましい記述もある。（ii）国内出来事《しゅったいじ》で外国権力の介入などないわけだが、その代わりにウォーラーステインの「汎世界的な反システム運動」（バディウはこれにはまったく言及しない）の一環なのであるから、別様の当代風のナショナリティは含まれていることになる。（iii）興味深いのは、この「革命」では「ユートピア社会工学」の華々しい提示はなく、結局、これも「ピースミール社会工学」へと縮退していくということであろう。実際、翌六月には総選挙がおこなわれてド・ゴール派・保守派の国民的大勝となり、その後は、ポンピドゥー政権が続き、その後にミッテラン社会党が二期十四年続くが、バディウたちから見ればこの種の「議会‐左翼」は「保守派」との妥協による新たな保守主義にすぎない（HC. p. 61 他）。ちなみに筆者は、この翌六九年九月にパリ大学大学院ソルボンヌ・パンテオン校に入学し以後四年間を過ごしたが、近郊のパリ大学ヴァンセンヌ分校に時々騒乱が出来《しゅったい》したものの、パリのほうには何の騒ぎもなかった。

　バディウ側から見れば、したがって「革命」は革命にならず「敗北」したわけだが、バディウ的には「勝 vs 敗」など資本主義的な発想にすぎず、重要なのは、「六八年五月の革命」、その「束の間」（HC. p. 57）の「勝利」と「敗北」に何を読み取るか・何を読み込むか、である。思い出してもらいたいが、バディウにとって「真理」とは、「真理」ではなく、「真理（と信じ得るもの）」に向かっての〈procédure〉（行程、諸段階を踏まえていく、その進行過程としての、実践）」であった。「読み込む」とは主観的‐恣意の謂いではなく、（「生起」との「出会い」に立脚する）「公理論的・実存的な主体による思惟・判断・決定」の産出動・創出動であった。……

　そのかぎりで、バディウはいう。

（1）「構成」より「方向づけ」の問題——「社会主義（現実の社会主義！）の失敗の一つは、秩序に対して別の秩序を対立させなくてはならないと思い込んだ点にあったと思います。しかし社会主義は資本主義よりはるかに構成的だったわけで、それは実は同じ思考の方向だったのです。そして今日では社会主義も資本主義も同類です。左翼はこの種の構成に明らかに内在的ですから、左翼は右翼と同類なのです。〔……〕重要なのは〈秩序〉でも〈無秩序〉でもなく、思考の方向づけです。私はといえば、こう提案していました。開放的思考の方向は〈類生成的《ジェネリック》〉〔市川訳〕である、と。〈類生成的〉〔同上〕とは私自身の言葉です。形而上学から脱出しなければならない、脱構築しなくてはならない、というアイデアがあります。イデオロギーを変えなくてはならないというアルチュセールの発想もありました。つまり各人が自分なりの言い方をしていたわけですが、みな同じことを言っていたのだとわかります。則ち根本的な政治問題は構成の問いなどではなく、方法づけの問いなのだ、と」（WH68. pp. 24-25）。

（2）「仮説（的理念）」の産出力――「たとえば数学上の仮説は、証明不可能にとどまっているあいだも、さまざまの証明の努力を通じて、数学の生命自体を動かしてきた。敗北は、それが仮説の放棄を導かない限り、仮説の正当化の歴史以外のなにものでもない。帝国主義者や反動家の論理が〈扇情による混乱の誘発、失敗、新たな煽情、あらたな失敗、これを滅びるまで続けること〉であるとすれば、民衆の論理とは〈闘争、失敗、新たな闘争、新たな失敗、さらに新たな闘争、これを勝利に至るまで続けること〉である。〔……〕六八年五月、文化大革命、パリ・コミューンという三つの例についても同様だが、〔……〕ときに凄惨な、見かけ上の敗北は、その仮説の歴史の諸段階だったのであり、〔……〕仮説の歴史的諸段階で在り続けているのだ。〔……〕真実の政治は、現実的なものの諸断片しか知らないのであり〔ここでは「真実」と「現実」を入れ替えることができる？〕、それについてのひとつの〈理念〉が、その真理の作用が進行中であることを証す」（HC. pp. 18-19）（簡略化のためやや文言・文脈、変更）。「今は、総括と認識に分け与えられた時、緊迫の時であり、それによって敗れたものたちにとって、悪しき出来事が、認識に裏打ちされた優れた闘争心へと変貌する」（HC. p. 21）。

(3)「自らの運動によって壁や境界を打ち壊していく社会」——「もし新たな解放の政治が可能であるとしたら、それは人々の分割する社会層の転覆であり、その政治は各々を自分の場所に置いたまま組織するのではなく、反対にそれは物質的、精神的に驚異的な〈移動〉を生み出すだろうと、われわれは、あのとき、真に理解することなく理解していた。〔……〕われわれを突き動かしていたものは、場所というものと決別すべきだという確信であった。それは一般的な意味において〈コミュニズム〉という美しい言葉が意味していることだ。平等な社会、それ自身の運動によって壁や境界を打ち壊す社会、多様な価値観に開かれた社会、人生において同じく労働においても人々の可変的なあり方を受け容れる社会。けれど同様に〈コミュニズム〉とは、そのモデルが諸々の地位の序列形態でない政治組織の形態をも意味している。第四の六八年五月とは、それであった」(HC. pp. 60-61)。

「第四の〜」? そういえば、冒頭で「五月革命は四つの側面から成り立っており、それらを統一的に捉えなければこの大規模な運動の意味は理解できない」というバディウの指摘を引用しながら、第一の側面は高校・大学レヴェルでの青少年たちの旧弊な教育システムへの反発・反抗、第二の側面は労働者たちの生活状況・待遇改善への要求、第三の側面は社会風俗上の世界的変化とフランス旧社会の遅滞のずれ、第四側面は戦後反ファシズム論戦から卒業して自国の有りように目を向けるようになった思想家たちによるさまざまの社会批判、……と挙げ、われわれのバディウ・フォローは、しかし、ここで中断してしまっていた。ある意味、奇妙な出来事《しゅったいじ》が突発したからである。パリ中心の大規模運動だったとはいえ国民的レヴェルの有意味性を自証していると思われたこの六八年五月の「革命」は、翌六月の総選挙による保守派の圧勝で、あっという間に否認・崩壊を余儀なくされるにいたった。民主主義の大義を担っているはずの総選挙が民主主義運動そのものを裏切ったようなものである。保守派は「(本格・左翼)革命」の危険を避けるために民主主義の選挙制度を活用し、進歩派・「革命派」は選挙というまさしく頼みの民主制度そのものが自らへの瞞着装置たりうることを知って敗北した(HC. p. 57)。(ポパーのいう「階級闘争とナショナリズム」がここでも奇妙なかたちで交錯している。)バディウはここで二点を指摘する。①ひとつは、上記「第四の～」で、「学生運動」と「労働者層」のより密接な連携をはかるべきであったということ（HC. p. 58sq.）。フランスは秀才競争の激しい国だが、大学学歴がなくともそれなりの生活はできるので、「学生」層と「労働者」層の懸隔は日本と違って大きい。これには、ただし上記の思想家・知識人たちとの一体化も含まれるだろう。②もうひとつもこれに重なる（第三側面の）問題だが、たとえば一般民衆が動員選挙に利用されることなどないよう、当然・素朴なことながら、政治の「主体化」の教育が必要であること（HC. p. 54sq.）。十年後の「ソ連邦、存続さすべきか否か」のソ連諸州の人民投票の結果が軒並み八〇―九〇パーセントの「賛成」を喧伝しながら一瞬にして「連邦壊滅」に結果したことを考えれば、六八年六月のフランス総選挙にもバディウらならずとも素直にはなれない。民主主義の本場であるヨーロッパ主要国にしてこのありさまというこことになれば、われわれ日本人にとってはひとつの安心材料となりうるが。バディウはここで「われわれが手探りで模索していたことの中心は、異なった五月革命相互を直接に繋ぐ絆を表現するもの、その全体であった。第四の五月とは、他の三つの五月を結ぶ対角線だったのだ」（HC. p. 58）という。「対角線」（diagonal）とはわれわれのバディウ・ギリシャ・キリスト教・数理-集合論のキー・ワードであり、バディウ自身においても「可算数」の全体濃度に対する「非-可算数」のそれであったが、「他の三つの五月を結ぶ対角線」とは、さて、どう図示しうるのか、しえないのか。

（4）「始まりの始まり」――「六八年五月は一つの信号だったのだと思います。六八年五月は、出来事というものが常にそうであるように、何かの始まりであったと同時に何ものかの終わりでもあったということをしっかりと見なければなりません。実際、六八年五月には矛盾（きわめて大きな矛盾だったと思いますが）、起ったことその起ったこととの表象とのあいだに矛盾がありました。起こったことは多くの新しい要素をはらんでいた。けれども精神の枠組みのほうはそれほど新しくなかった。なぜなら精神の枠組みはやはり大きく古典的なマルクス主義によって作られていたからです。労働者階級、権力、国家、帝国主義といったことが語りつづけられました。やはり古典的な語彙のなかにいたのです。語彙は或る種の思考方向をもっていました。そして状況は別の方向を持っていたのです。つまり混合した二つの方向があったわけです。そして結局、事後になってひとは気づいた。もちろんそれは何ものかの始まりではあったが、また何ものかの終りでもあったのだ、と。それが示したのは、ああした語彙、ああした思考の仕方がもはや情勢に適していないということでした。要するに六八年五月とは、私たちが語ってきたことに関係していえば、私たちが或る始まりにいるということ、知的な長い始まりにいるということです。そして敵対的なコンテクストのなかで六八年五月が私たちの興味をひくのは、それが始まりの始まりだったからです。それは始まりだった。けれどもまだ古い方向における始まりだった。その傍らにはあれらの哲学者たちがいた。彼らはおそらくもっと遠くを見ていたが、その言葉はまだ実践に翻訳されていなかった。つまり遠くを見つめていた哲学者たちの集団はあったが、その実践上の翻訳はなく、革命的マルクス主義の古い枠組みがあって、ひとはまだそれを使っていた。そして、多くの新しさを持つ集団的出来事はあったが、それはやみくもな新しさ、本当に〔は〕表象されていない新しさだった。その意味で。六八年五月という出来事は〈始まりの始まり〉の興味深い形象なのです」(WH68. pp. 31-32)。「始まりつつあるものと、終わりゆくものとのあいだの束の間の未分化状態があったのであり、それが六八年五月の不思議な強度をなしていたのである」(HC. p. 57)。

(5)「新しき否定性」へ――「根本問題の一つ、それは否定性の問いです。いかにして方向変化の道具を見つけるべきか――しかも否定の弁証法ではもはやありえない枠組みにおいて。革命のダイナミズムを保持しながらも、みな〔止揚されてしまう〕へーゲルの否定性から〔は〕脱出しようとしていた。多くの点でマルクスは両義的だといえます。〔……〕フーコー、ドゥルーズ、ラカン、私や他の人々とともに言われ始めたのは、〈いや、否定性の弁証法ではないような方向の弁証法を見つけなくてはならない〉ということだと思います。そして同時に、それは否定性が一切あってはならないということではなく、新しい否定を発明しなくてはならないということです。〈いかにして新しい否定性を発明すべきか〉――私たちはみなこの難問のまわりをめぐっていたのだと思います。だからこそ〔デリダの〕脱構築があり、〔アルチュセールの〕脱イデオロギー化があり、〔われわれ、バディウの〕免算〔控除〕などがあったわけです。これらはヘーゲルの否定性と同じくらい強力な、しかし乗り越えとか超克のための否定性でないような、新しい否定性の探求なのです」(WH68. pp. 25-26)。

(6)「議会民主制」から「直接民主制」へ――「六八年五月とは、直接民主制に対立する代表民主制の批判だったのです。ずいぶん古典的な対立です。すでに二〇世紀の革命家たちは民衆民主主義と代表民主主義とを対立させていました。けれども六八年五月で驚くべきことは、わずか一カ月の間に、この国でかつて例を見ないほどの民主主義が起こったことです。至るところに総会がありました。取るに足らないどんなところにもです」(WH68. p. 48)。「それは一瞬ではありましたが、私はこの出来事にとても感動しました。なぜならそこには〈民衆の意志〉ということがどういうことなのか、また〈民衆の意志〉が存在するのはどのような時なのかが垣間見えていたからです。それが現に存在するのは稀ではありますが、そこにはたしかにあったのです」(Ibid.)。「ランシエールは民主主義の概念を、平等の具体的形象として現実にあるものだとしてつねに擁護してきました。〔……〕彼のいう民主主義――一言でいえば、取るに足らない者の可能性の実際的出現、つまるところこれは類生成的〔ジェネリック〕側面のことですが――そうした民主主義というのは、代表〔代議制〕の問題ではなく、つまり権力の問題ではなく、存在様態の問題、つまり集団的実存の歴史的形態のことです。民主主義とは要するに、私の言葉に翻訳して言えば、つねに一個の出来事〔生起、成-起〕なのであって、決して構造ではありません」(Ibid. pp. 44-45)。

(7)「六八年五月とわれわれ」――「われわれは相変わらず六八年五月によって開かれた困難な問いのとばぐちに立たされている。〔……〕ある積極的な意味で、〔……〕六八年と同じ時代を生きている。〔……〕われわれは六八年が明らかにした問題、つまり解放の政治の旧来の姿はもはや機能しない、という事実と同じ時代を生きているのだ。〔……〕ここにおいてこそ、われわれは二十世紀についてのわれわれ自身の総括を行うのでなければならない。その総括は、社会主義諸国の敗北の後、われわれが生きている時代の条件のもとで、解放の仮説を再定式化することによって行われるだろう。他方、われわれはローカルな実験、政治闘争が始まっていることも知っており、新たな組織の形象はそれらを背景として創られる」(HC. pp. 62-65)。「人類の解放というテーマは、その実効力をなんら失っていない。かつてこの力を名指していた〈コミュニズム〉という言葉は、確かに貶められ、頽廃してしまった。しかし、今日その言葉の消滅は、既成秩序の保護者、破局を描く映像の熱心な役者たちにとってのみ役に立つ。われわれはこの言葉をその新たな明晰さのうちに蘇らせよう。それはかつて、マルクスがコミュニズムについて、〈それは伝統的な諸観念と最もラディカルなかたちで袂を分かち〉〈各々の自由な発展が全員の発展の条件であるような協同組織を〉出現させると語ったときに、この言葉が持っていた美徳である」(HC. p. 90)。

＊

われわれはこれら四つの事例を、哲学的・芸術的・精神的な営みの歴史・現実的‐実相の暴露として記したわけではない。逆に、現代の哲学・諸学がこれら現実の諸問題をも包摂するにいたっていることを確認するために記した。

他方、本稿全体はウクライナ・ブチャ事件前後に取りかかりゲルニカ事件は著者と共有の問題ゆえ自ずからこの結章の小題名となったが、二年後の今日、さらにイスラエル・パレスチナ問題が重なりきたり、やや奇異な副題付加となった。高校時代、いまだ英語しか読めなかったころ、受験誌で先達諸氏が挙げていた推薦図書の一冊にA・ハックスレーの *Eyeless In Gaza* があり、サムソンの悲劇に心惹かれたが諸種の事情でそれ以上の接触なきままに終わった。倹《つま》しい鎮魂の想いで彼らに一言捧げさせていただく。（おまけに、いまやさらに能登半島出来事《しゅったいじ》だ。こんな小さな国のあんな小さな一区画の災害への救助対策が、誰の責任でもなくこんなにも遅れて、……。いや、さらに中国地震、台湾地震、仏・南露の大洪水、……も……。）

バディウ哲学とは堅牢な唯物論かコギト派系譜か、原理論上の彼我の懸隔は語るまでもないが、この結章の常識論議も二点確認する。

バディウは「コミュニズム」という語を頻繁に発し、彼自身はフランス共産党の支持者かもしれないが、バディウ哲学のいう「コミュニズム」は政党イデオロギーの哲学的根拠づけのためのものではなく、それ自体の哲学的意味を内包し、別言すれば、現実の政治政党と哲学概念の立脚次元の差異は看過されてはならない。いわんやバディウ哲学思惟を評価・分析するわれわれ（筆者）とフランス共産党・日本共産党のあいだにはいかなる関係もない。バディウ自身、ほとんどすべての既存態を「準‐普遍的・匿名性（générique）」へと〔白紙〕還元することから（再）出発するのであるから、この種の名辞・呼称についても気をつけてもらいたいものである。

バディウ政治思想の核心のひとつは、多数態（民衆）社会としての現前態（présent）を「一化・算定」レヴェルから再‐現前化（re-présent）することによって現前態を封殺する「国家」を排して、バディウ流の政治主体の集合討議をもって「政治」を行なうという姿勢が濃厚[10]であるが、人口六、七千万のフランスならともかく、地球人類八十億から「国家」制度を「抜去」させてしまったら、どうなるか、バディウ・レヴェルの「政治」主体が八億活動するならともかく、「非‐政治的・利益‐権力‐集団」が七十二億、渦巻き争う混乱が出来するだけであろう。「国家」制度に至高の価値があるわけではないが、どのみち人類文明を構成する諸制度は、人間存在にとっての「次善の策」の集合にすぎない。「国家」と「政治」は二者択一の問題ではなく、共存の問題である。今後とも人類が心すべき「新たな集団体制」（先述）の一としなければならない。

注

まえがき

（1）　このプラトン・テクストとこの解釈については、後述「結章」にてもう一度触れる。『国家』論成立とソクラテス裁判をめぐる当時の歴史的背景、ペロポネス戦争期のアテネにおける、近代さながらの「ナショナリズムと階級闘争」（アテネとスパルタ、寡頭派と民主派）の交錯、その最中《さなか》で為される残忍な大量殺戮、等、古代ギリシャ・アテネ愛好家が驚くほどの、K・ポパーの記述にも注意されよ。

（2）　S. Weil, *L'Intuition pré-chrétienne*, La Colommbe, 1951. 拙訳『前キリスト教的‐直観』、『シモーヌ・ヴェーユ著作集』、第二巻、「ある文明の苦悶」、春秋社、一九六七年、所収（二三四―四〇七頁）。この春秋社版・著作集では拙訳は「神の降臨」となっており、かつ編集者二名のうちの一名との「共訳」となっている。しかし、「神の降臨」とは原著『前キリスト教的‐直観』の最大論文ではあれ一種の副題にすぎず、原著 *L'Intuition pré-chrétienne* のほぼ全体が当方の個人訳である。事態がこうなったのは編集者のもう一名のほうの（他事を含めての）「邪な策謀」による。御蔭で「前‐キリスト教的‐直観」という美しく意義高い概念も消されてしまった。

なお、この期の筆者のヴェイユ論として、「世界美（プラトン）と磔刑のコスモロジー――ヴェイユにおけるギリシャ哲学とキリスト教」、東京大学教養学部論集、『比較文化』、第七号、一九六六年、を挙げさせていただく。

（3）　Cf. G. Dumézil, *L'idéologie tripartie des Indo-Européens*, Latomus, 1958. G・デュメジル『神々の構造――印欧語族三区分イデオロギー』、国文社、一九八七年。なお、ちくま学芸文庫で「デュメジル・コレクション」が刊行されている。

（4） Cf. G. Jung, *Versuch einer psychologischen Deutung des Trinitätsdogma*, 1948. G・ユング『心理学と宗教』、第五章「第四のものの問題」、人文書院、一九八九年。追記――最近NHKTVで「世界の四大化計画」という特集番組を定期的に放映している。右記注3、注4・左記注5とわれわれの問題意識につながるものである。

（5） Cf. M. Heidegger, *Unterwegs zur Sprache*, Neske, 1975, p. 22. 拙論としては、『抗争と遊戯――ハイデガー論攷』、勁草書房、一九八七年、所収、「〈道〉の観念――ハイデガーと老子」、参照。

（6） 「数を算える」という素朴・基本的な営みに焦点を当てるため、「算術」とも「計算」ともいわず、あえて「算数」行為（営為）と異例の邦語にする。

（7） 拙著『現代思想と〈幾何学の起源〉――超越論的主観から超越論的客観へ』、水声社、二〇一四年、二三頁参照。

（8） 右掲拙著、八頁参照。

（9） 同拙著、参照。

（10） 同拙稿、参照。

（11） 斜辺も合理数である直角三角形は、一桁レヴェルでは、〈3：4：5〉のみであるが、したがってギリシャ神殿が、正方形ではなく、むしろ長方形となっているのは、非‐合理数√nを、合理数5として吸収・救済するためではないか、とも筆者はかつて推測したが、パルテノン神殿には旅行で二度訪れたものの測定には至らなかった。定説では黄金比論で解するらしい。右記拙著、参照。

（12） 伊東俊太郎氏の下記諸論著参照。『十二世紀ルネサンス』、講談社学術文庫、二〇〇六年、『伊東俊太郎著作集』、第二・三巻『ユークリッドとギリシャ数学』『中世哲学から近代科学へ』、麗澤大学出版会、二〇〇八―二〇二二年、等。

（13） 右掲拙著『現代思想と〈幾何学の起源〉』、参照。

（14） 右掲拙稿はその部分的な要約論稿にあたる。

（15） 右掲拙訳書、参照。

（16） シルヴィア・ヴェイユ著、稲葉延子訳『アンドレとシモーヌ――ヴェイユ家の物語』、春秋社、二〇一一年。その後、仏国女性首相として同名女史が登場し、この方の生涯も映画化された。

（17） Cf. J. Derrida, *Husserl, L'Origine de la géométrie*, PUF, 1962, pp. 84-85.

（18） 〈transcendantal〉は、今日のわが国では「超越論的」と訳す習慣となっているが、かつては「先験的」とも訳した。われわれの本稿では文脈に応じて後者も使うことにする。また、「主観」は認識論的文脈の場合、「主体」は実践論的文脈の場合、といちおう使い分けるが、これも、前記二者と場合と同じく、両者重合しあうケースもある。

（19） 伝統的哲学の場合と違って、今日では「哲学」という語の狭隘さを嫌って「哲学批判」「哲学の終焉」「脱‐哲学」の立場を標榜する論者たちも少なくない。例えば後期ハイデガーの場合、「ハイデガー哲学」と呼ぶより、「ハイデガー思惟」とするほうがハイデガー自身の真意にも適っているのだが、他の、とりわけ現実世界へのコミットメントを佳しとする論者たちの場合も、「哲学」と限定・規定せずに、広義・柔軟に「思想」としておくほうが妥当であることが多い。「哲学」のほうが「思想」より学術的な価値が高い、などという旧弊な評価判断はない。デリダの場合なども、ハイデガー系譜で、むしろ「哲学の終焉」「反‐哲学」「脱‐哲学」と自称しうるともいえ、「哲学」と分類・呼称するより、「思想」か「思惟」に止めるほうが相応といえるだろう。ただし、われわれのバディウは、これは自覚的に「哲学の終焉」思潮に抗する「哲学の再興・新（真）興」論者であるから、心置きなく「バディウ哲学」とする。なお、筆者自身は、私説を表面に出すことはなるべく控えるが、哲学至上主義者でも反‐哲学主義者でもなく、世界史・人類文明史の先頭にあってその過去・現在・未来の核心軸を可能なかぎり概念的に把握していこうとする思惟の先導・操縦‐主体としての営みをむろん広義の「哲学」として尊ぶ姿勢にある。もっとも、かといって、バディウ哲学は、「哲学」である以上、今日のたとえば「差異・差延」思惟にたいして時代遅れ・時代錯誤のゾンビ思考だなどと、とくに若い読者たちが性急に誤解・曲解・裁断されることのないよう、御願いする。バディウ哲学は、これはこれで、「差異・差延」思想による散逸的‐自由化・広義アナーキズムの危険を乗り越えての新たな前進への方向づけの努力の一といえる。旧弊なものの残存はあるにしても、とにかく一歩前進の努力ではあることを認めなければならない。ちなみに、「思想」「思惟」「思考」の異同は、「思考」が思念の対象・主題をめぐる展開・動態‐面を含意するに対し、「思惟」はそのような（いわば内的な）展開動のすべてを行為・行動・実践、等の（外的）活動にたいしてひとくくりにする――あるいは「思索」と言い換えてもよい――対照化言表、「思想」とはその一般的な言辞化、ということであるが、こうなると今度は、では「思念」とは何の謂いか、ということになり、これも実に興味深い哲学的問題ではあるが、しかしここでは主題化する余裕のない問題でもあるから、とりあえず深入りは避けて、常識・良識レヴェルで前提しておくに止めてよいだろう。

（20） 前掲拙著『現代思想と〈幾何学の起源〉』、二八五、二六〇頁他、参照。

（21） *L'Être et l'événement*, 1988. 遅ればせになったかもしれないが、ここで説明しておけば、バディウのいう〈événement〉は邦語では一義的に「出来事」とされはじめているらしいが、筆者は二十世紀哲学の根本特徴とされるいわゆる存在論的転回の典型ともいえるハイデガー思惟が「存在と時間」から出発して、「（存在者的‐）存在と無（‐存在者的‐存在）」「（存在論的）存在（Sein）と（ハイデガー的）〈Seyn〉」を経て、「存在とエルアイクニス（Ereignis. 性起、生起）」さらに「存在とリヒトゥウング（Licht-ung)」へと至ることを承け、その存在思惟的‐静寂主義への閉塞から脱する途をバディウの「存在と〈événement〉」に期待してバディウ研究に入ったので、その〈événement〉もおおむね「生起」と邦語化して進むことにする。むろん「出来事」含意も尊重するが、これに「できごと」ではなく「しゅったいじ」とルビにして差異化する場合もある。バディウ的には大宇宙の「存在」も〈événement〉と相反‐相伴するかたちになり、これを「できごと」の「軽み」において言表するのも一理はあることだが、しかし、「できごと」より「生起」とするほうがより無難であろう。またバディウ最大の重要概念〈générique〉も、この〈événement〉の新たな方向づけの問題として、訳語上も後者に合わせて「成‐起」とする。より詳しくは第三章・第四章を参照。

(22)　「場」とは通常のフランス語では〈lieu〉であるが、バディウはこの仏語を使用しながらも自らの「生起」論的‐哲学語としては昨今の情報論語彙としての〈site〉を用い、これをわれわれ（筆者）は「サイト」もしくは「原‐場」と訳しておこう。これも後述「第六章Ⅴ4」参照。

(23)　拙著『ドゥルーズ　魂の技術と時空・生起‐動——〈意味〉を現動化する』、水声社、二〇一九年、他。

(24)　ギリシャのゼウスはほぼ唯一神であるが、ゼウスがそこから分離してきた元のケルト・ゲルマン神は三神構造（テウタニス／タラニス／ルゴス（?）、オーディン／トール／フレイ（?））。「テウタニス」はその後の「テュートン人」に通じ、「ルゴス」は「ルーク（光）」か？　ヒトラーはナポレオンと違って皇帝位階には関心なく、プロシャ追従もなく、活動的な戦闘神「トール」がお気に入りだった。とまれ、ケルト・ゲルマンの第三神は曖昧で、第一神「嵐の神」（オーデン）や第二神「戦闘の神」（トール）のように北欧風土には適さず、「光の神」として途中から脱離し、これが南下してギリシャの「ゼウス」になっていくのではないかと、筆者は憶測する。他方、ギリシャはやがてヘブライ・オリエントの「聖vs俗」二元論に「三位一体論」を与えてキリスト教を成立させるわけだが、それにはるかに先立つ時代、ゼウス以前の時代に、いまだ未然のギリシャが北方（ケルト・ゲルマン）民族に「三神」構造を与えたとは考えられない。ギリシャ・ヨーロッパの限界を超えようとする上記のユングやハイデガーが汎世界的‐四元論に向かうのは、ギリシャ・ヨーロッパの三元論、というより、原‐ヨーロッパ・ギリシャ・キリスト教・近代‐弁証法の三元論、さらには原‐ヨーロッパ（ゲルト・ゲルマン）に、三的・数‐神秘主義的‐宇宙論が自生・自成していたことを示すものではあるまいか。ただ、これは目下のところ筆者という素人‐古代・神話論者の試論（私論）にすぎない。

(25)　Cf. J.-P. Sartre, *Le Diable et le bon Dieu*. 主人公ゲッツの科白。バディウはサルトルに私淑するところ大きく、哲学力もそれに値するいうことで、この同種言辞を並記しておく。

(26)　拙著『ドゥルーズ＝ガタリ　哲学、真理か、創造か』、水声社、二〇二二年、参照。

（1）　あの年のあの出来事を「革命」と呼ぶべきか否か筆者には疑念が残るが、ここでは通称に従う。

（2）　第一期はデカルト期、第二期は仏革命期、第三期は第二次世界もしくは欧州大戦後、とする。

（3）　西川長夫『パリ五月革命・私論――転換点としての六八年』、平凡社、二〇一一年、参照。

（4）　本稿、既述二七頁参照、後述「第六章Ⅳ」参照。いわば、哲学が諸概念・諸名称を相互連関的-体系性においてそこに見出している事象の総体のこと。カントの場合は哲学者側の超越論的-主観の統覚が構成する対象であったが、バディウ的には後述（本著三五五頁）するように、「諸事象が哲学者側の意識作用のなかに入ってきて、哲学者側の主観によってそれなりの変形を受けるにしても、それ以上にそれら諸事象がそこで自己変容する、あるいは自己変容している、そのかぎりで客観的な事象」（LM. p. 254）のこと。重要でもっと詳述すべき問題のように思われるが、バディウにはその種の認識論的詳説がほとんどない。ときに素朴・神話論的な物活論議のように見えてくることさえある。バディウのいう「唯物論」においては説明の要なき自明の事態なのか。なお、〈transcendant〉の方は、これは西欧的には超越神やそのたぐいの実体で、はじめから「主観」「客観」を超えており、ここでは、とりわけ「神の死」の後の今日では、問題になりえない。本題に戻れば、バディウのいう〈transcendantal〉とは、カントのいう超越論的-主観が対象へと構成する、その事象の、その対象化・主観化され（てい）ない部分・側面・局面（cf. indiscernable）、そのかぎりで客観といいうる事態、といってよいだろう。よりバディウ的には、集合における、「元」化されて帰属（appartenance）している部分に対する、そこから漏れ（てい）る含有（inclusion）部分、後者を〈transcendantal〉と呼び、われわれがカント流の超越論的-主観に対してこれを、（M・セール派に倣って）、超越論的-客観と呼んでいることになる。

（5）　拙著『ドゥルーズ　魂の技術と時空・生起-動――〈意味〉を現動化する』、一三五頁以降参照。この著の副題はもうひとつ「魂の奥底の技倆と時空-生起動」であり、ドゥルーズがカントのいう（ただし、カントの先験主義・超越論的-主観が排除したかたちになった）「人間の魂の奥底に作動する技倆」なるものを、二十世紀の存在論的転回の一であるドゥルーズが「時空-生起動」として捉えなおした、その根源的観念のことをいっている。ただ、「魂の奥底の技倆」などという発想は古臭くて陰気臭いとの（真意を知らぬ一部少数からの）批評も受けたので、省いて支障のない場合は省いている。

（6）　この拙稿は「思考」と「思惟」を使い分けているように見え、とりわけ若い読者諸氏は「思惟」という語には不慣れかもしれないが、あまり気にしなくてよい。「思考」と「思惟」の違いは一応上記「まえがき」注19に記したが、「思惟」を「思索」と置き換えてもよいと一言加えれば簡単に解決可能な問題かもしれない。われわれ（筆者）の世代は、徹底的に思考しぬくことを至高視するハイデガーの洗礼を受け、その風潮のなかで「思惟」という稀語を使用するようになり、それはそれで間違ったことではないが、当の「思考」に支障をきたすようなことになれば、本末転倒ということになる。
（7）M. Heidegger, *Der Satz vom Grund*, Neske, 1957, 1971.
（8）拙著『ドゥルーズ＝ガタリ　哲学、真理か、創造か』、結章、および「あとがき」参照。
（9）村上勝三編『真理の探究――十七世紀合理主義の射程』、知泉書館、二〇〇五年、吉田謙二編『現代哲学の真理論――ポスト形而上学時代の真理問題』、世界思想社、二〇〇九年、山岡渇郎『現代真理論の系譜――ゲーデル・タルスキからクリプキへ』、海鳴社、一九九六年。また、目下のデカルトに関しては、筒井一穂「デカルトの永遠真理創造説における懐疑論への対応――標準的解釈の批判的検討を通じて」、東京大学哲学研究室、『論集』第三九号、二〇二〇年。筒井論稿は他にも複数あるらしいが、まだ学内刊行物中心なので、入手不可能。ここでのわれわれの論稿も、参照は後日にまわす。なお、本国フランスでも、著名なJ.-L. Marion の *Sur la théologie blanche de Descartes, Analogie, création des vérités eternelles, fondement*, P. U. F. 1981 が現代的に主題化している。別途、取り上げる。

第一章　存在

（1）哲学とはもともと信仰からの脱却なのであるから「キリスト教哲学」とするのは問題含みだろうが、ここでは通称に従う。
（2）「思考」と「思惟」の区別については既述したが、通常はおおむね同義語としてよい。
（3）通常は、〈existence〉は「実存」、〈être〉を「存在」と訳すが、人間存在の場合は、通例、〈exister〉を「存在する」とも訳す。仏語哲学界では〈être〉を〈existence〉ではない〈essence〉とまで表記する場合もある。
（4）「哲学者」と呼ぶか「思想家」と呼ぶか、等についても、既述もしたが、さほど拘泥しなくてよい。
（5）ハイデガーの場合は、上記の理由で「哲学」と「思惟」を区別するが、既述のとおり、あまり拘泥しなくてもよい。
（6）ハイデガーの場合、厳密にいえば、前期は「哲学」でよいが、後期は「思惟」としなければならないが、ここでは後期をもって前後期の総括と見て、「思惟」とする。
（7）バディウの場合は、上記の理由から、「哲学」とするほうがよいだろうが、これも上記のポジティブな理由から、「思惟」「思想」と呼んでもよい。（これら本章注1から注7のような諸問題は本稿の主題ではないので、以後は常識的処理に委ねる。）
（8）「存在」と「生起」の異同・関係については、とりあえず、上記「まえがき」注21を参照。詳しくは後述「第三章」のほか全体を参照。
（9）「生起」以上に〈générique〉にも注意。後述「第四章」ほか、本著全体を参照。

(10) 前掲拙著『現代思想と〈幾何学の起源〉』、一七八頁他。
(11) 拙著『現代を哲学する　時代と意味と真理――A・バディウ、ハイデガー、ウィトゲンシュタイン』、理想社、二〇〇八年、二二三頁以下、他。
(12) 前掲拙著『ドゥルーズ＝ガタリ　哲学、真理か、創造か』、一五三頁以下。
(13) 前掲拙著『現代を哲学する』、一六三頁以下、「真理の現前論と控除論――A・バディウのハイデガー批判を検討する」、参照。
(14) 同右、二二三頁以下。
(15) 同右、第三部「フランス弁証法――または、A・バディウにおける反‐弁証法的・弁証法」、三三五―四一三頁参照。
(16) 『聖パウロ――普遍主義の創建』、原題 *Saint Paul, La fondation de l'universalisme*, PUF, 1998.
(17) 後述「第六章Ⅲ1（5）（iii）」参照
(18) ヴェイユは、幾何学は比例関係を求めての、世俗的・算数・代数‐行為への拒否、とする。
(19) 例えば、最新刊 *L'Immanence de la Vérité*, Fayard, 2018 に付載の著作目録（pp. 709-711）を見よ。
(20) 拙著『政治と哲学』（上・下）、岩波書店、二〇〇二年、参照。
(21) 関係論集、多少集めてきたが、いまは論及する余裕はない。
(22) 拙著『創造力の論理――テクノ・プラクシオロジー序論』、創文社、二〇一五年、および一連の「本論」、参照。
(23) ドゥルーズにおけるイジチュールの自死部分。前掲拙著『ドゥルーズ＝ガタリ　哲学、真理か、創造か』、一九七頁以下。
(24) 「存在は在る」（L'être est en soi. L'être est ce qu'il est.）。サルトルもそう断言する。*L'Etre et le néant*, p. 34.
(25) ハイデガーの〈Licht-ung〉については、巻末掲示の関係拙著、参照。もっとも端的には、「リヒトゥング、セザンヌ、エリオット、渡辺教授」、『渡邊二郎著作集』第二巻「ハイデガーⅡ」、月報四、四―六頁、または、『ハイデガー哲学は反ユダヤ主義か』、水声社、二〇一五年、二二三―二二五頁、参照。
(26) 「空」概念、バディウ自身、他のどこかで語っているかも知れない。
(27) 川田熊太郎「空の思想の体系論的研究――知見の哲学のために」、川田熊太郎著・三枝充悳編『比較思想研究Ⅰ』、法蔵館、一九八五年、三―一一〇頁。
(28) A. Badiou, *Court Traité d'Ontologie transitoire*, Ed. du Seuil, 1998.
(29) ドゥルーズにおける「反覆」vs「反復」、後者は、「同じもの」の反復、前者は、「別のもの」をもって反覆。前掲拙著『ドゥルーズ』、五五頁以下他。

第二章　思惟

（1）「思考」と「思惟」の区別については既述し、「思考」とは「思惟」の実際上の展開動態をいい、「思惟」とはそのような「思考」展開のすべてを例えば肉体行動等と類別する名称とした。両者はしたがって重合するものでもあり、区別にさほど拘る必要はないともした。他方、ここでは、以下のところで「公理論的・実存的-」と言表することになるが、この場合、「実存論的-」とすると「実存主義的-」に近くなるが、「実存的-」とは既述のように単に一般論的に「人間的-」の意味に止めることが可能、つまり両者ははっきり区別しうるにたいし、「公理論的-」と「公理的-」は、後者は「公理に則る思惟・思考」、前者は「公理に則るか則らないこともありうるか」両者を区別することからはじめる公理-「論」的-思惟・思考、として、違いもあるが、重合度がより大きくなる。要するに、われわれは「公理論的・実存的-思惟・思考」を論じて、「公理論的・実存論的-、公理的・実存的-思惟・思考」とは一応区別して論考するということである。ただし、これも、一般読者はさほど拘泥しなくてよい。

（2）*Cf.* J.-P. Sartre, *Carnets de la drôle de guerre, novembre 1939-1940*, Gallimard, 1983.

（3）D. Hilbert, *Axiomatisches Denken*, 1918. 中村幸四郎訳「公理論的思惟」、『幾何学基礎論』、ちくま学芸文庫、二〇〇五年。

（4）R. Blanché, *L'Axiomatique*, PUF, 1955. 以下、Ax と略記する。

（5）ドゥルーズ＝ガタリはネガティヴな意味でしか直接的には触れないが、潜在的にはブランシェ／バディウ的なポジティヴな側面も含んでいる。（i）ネガティヴな側面。資本主義以前の人間社会は、まず、①自然現象に律せられる社会・大地機械-社会、ついで、②専制君主というより宗教権威に律せられる社会・封建機械-社会、両者が所与的コードによって律せられているとすれば、③資本主義社会は、「脱コード」社会、人間群のカオスを「貨幣という公理系」をもって再秩序化する社会、とする（拙著『ドゥルーズ＝ガタリ　資本主義、開起せよ、幾千のプラトー』、市倉宏祐氏による注釈、一〇九頁以下）。（ii）ポジティヴな側面。「哲学とは概念の創造」「優れた哲学とは新しい概念の創造」にあり、概念（concept）とは単に事象を知的に定義・規定することではなく、諸・全-事象の「総体」（con-）を、そのつどの歴史的制約の内部においてであれ、多くの・大部分の人々が納得しうるかたちで、「相互連関的（con-）に把握（-cipio）」することにある。「植物」においてすらそのような能力が展開している（*Qu'est-ce que la philosophie ?*, p. 105）が、哲学史的にはそれが「アリストテレスの実体、デカルトのコギト〔思考〕、ライプニッツのモナド（単子）、カントの〔可能性の〕条件、ベルクソンの持続、……」（Ibid., p. 13）であり、とする。これらは、単におのおのの哲学を特色づける「個性」ではなく、各時代が自覚的・無自覚的に「共有」(con-)している事象・世界‐全体把握(con-cipio)の方式・方途を、すぐれた哲学者たちが言語化したものにほかならない。こうした(ドゥルーズ＝ガタリやわれわれの)理解に、幾何学の新たな展開を「公理論」的に捉える現代数学のアプローチと類同するものを見ることは、大過あることではないだろう。バディウの場合、それが、後述するように、現代数学おける「集合論」への創造的‐刷新であった。

(6) この公理論的な問題アプローチが、単にブランシェ個人のものでなく、同時代の例えば上記の数学史の大展開への哲学側からの対応の所産であることは、ブランシェ著作が当時のフランス哲学界のリーダーたちの主宰する叢書の一巻であることからも、明らかだろう。

(7) 前掲拙著『現代思想と〈幾何学の起源〉』、一九頁以下、参照。

(8) 前‐算数期とは、〈arithmétique〉(算数、算術)という総体概念が成立する以前、単なる数勘定レヴェル、ということ。

(9) 前掲拙著『現代思想と〈幾何学の起源〉』、二三頁。

(10) ドゥルーズ＝ガタリの著の頻用するこの語・概念、バディウはほとんどまったく用いない。

(11) 前掲拙著『現代思想と〈幾何学の起源〉』、第V章「超越論的地平、理象性の範域、理象圏」、参照。「理象圏」とか「理象態の自己開展」などという発想は、奇異の観があるかもしれないが、諸(大!)家の論から取り出さざるをえない概念であった。

(12) 前掲拙著『現代を哲学する』、二〇九頁以下、他、参照。数学概念としての「対角線態」(diagonal)は定義・説明が難しいが、バディウ哲学では、例えば「可算数」と「非‐可算数」が「一対一」のように直線的には対応しないことをいう。もっとも解りやすい例は、下記する「主体と客体・対象」の関係で、近代哲学やその衣鉢をつぐ現代の常識では「主体と対象」の「一対一」関係で捉えられるが、バディウ的には、「主体」は「対象(客体)」の対称概念ではなく、いわば「対象なき生起」の所産であり、「対象(客体)」も「主体」なき「生起としての客体」であって「対象」ですらなく、「主体」と「客体(対象)」は二種の「生起」の所産として、おのおのお互いの「生起」を介して「斜交」(diagonal)的に「出会う」にすぎない。「主体と客体(対象)」は、精確には、「算定的な〈二〉」(〈deux calculé〉)を構成するものでなく、「根源的な〈二〉」(deux originaire)を構成し、「愛」は「二者の合一」ではなく、「ウルトラ‐ワン」であるか、一方の「ウルトラ‐ワン」と他方の「ウルトラ‐ワン」の、「一対一」ならぬ、非‐「一対一」としての、「離接的‐斜交態」(diagonal)ということになる。

(13) 既述、第一章注16参照。

(14) A. Badiou, *L'Immanence de la Vérité*, Chapitre C6, 4. Dieu 1: Religion et mataphysique. Descartes, pp. 180-184, 6. Commentaire de la pièce: immanentiser Descartes par la médiation de l'inconscient, pp. 187-189. Cf. EE. VIII Descartes / Lacan, pp. 471-475. 追記——本稿脱稿

後、*Le Séminaire: L'Un. Descartes, Platon, Kant, 1983-1984* を入手し、ここでの「(4) デカルト」が執筆可能となった。

(15) EE. V. *L'événement: intervention et fidelité. Pascal / Choix; Hölderlin / Deduction* 21. Pascal, pp. 235-245.

(16) A. Badiou, *Théorie du sujet*, Ed du Seuil, 1982.

(17) 拙著『創造力の論理――テクノ・プラクシオロジー序論』、創文社、二〇一五年（オンデマンド版、講談社、二〇二〇年）、第一章「基準の創定、世界の賦活――カント」、三三頁。Cf. Kant, *Kritik der Urteilskraft*, ed. K. Vorlander, F. Meiner, 1974, p. 359.

(18) Cond. pp. 108-129. 'La méthode de Mallarmé: soustraction et isolement'. 拙著『意味と脱-意味――ソシュール、現代哲学、そして……』、水声社、二〇一八年、二六九―二八〇頁。付論「「虚構、偶然性、投擲」――マラルメ、菅野昭正」。前掲拙著『現代を哲学する』、第三部「五　マラルメ――全体と消失項：欠如の原因性」。

(19) Cf. 前掲：M. Heidegger, *Der Satz vom Grund*, 1957.

(20) Cond. pp. 108-129. 'La méthode de Mallarmé: soustraction et isolement'.

(21) A. Badiou, *Le Séminaire. Lacan. L'antiphilosophie 3*, 1994-1995, Fayard, 2013.

(22) A・バディウ著、原和之訳『ラカン　反哲学3――セミネール　1994-1995』、法政大学出版局、二〇一九年、一―四頁。

(23) A. Badiou, *À la recherche du réel perdu*, Fayard, 2015.

(24) G. Deleuze, *Différence et répétition*, PUF, 1968, p. 1.

(25) M. Heidegger, *Einfuhrung in die Metaphysik*, Max Niemeyer, 1966, p. 150.

(26) 今道、カロス・アガトス、本著二九八―二九九頁他、参照。

(27) 前掲拙著『現代を哲学する』、第三部「フランス弁証法――または、A・バディウにおける反-弁証法的・弁証法」、参照。

第三章　生起

(1) 本著巻末にも掲示してあるが、掲示の主旨は異なるわけであるから、あえてここでも列挙しておけば、……。『抗争と遊戯――ハイデガー論攷』、『政治と哲学――〈ハイデガーとナチズム〉論争史（一九三〇―一九九八年）の一決算』（上・下）、『現代を哲学する：時代と意味と真理――A・バディウ、ハイデガー、ウィトゲンシュタイン』、『哲学とナショナリズム――ハイデガー結審』、『ハイデガー哲学は反ユダヤ主義か』（共著）。

(2) 大高保二郎、松田健児『もっと知りたいピカソ――生涯と作品』、東京美術、二〇〇六年、神吉敬三訳「証言ピカソ」、神吉編『ピカソ全集』第五巻「幻想の時代」、講談社、一九八一年、所収。高階秀爾『ピカソ――剽窃の論理』、筑摩書房、一九六四年、

A. Blunt, *Picasso's Guernica*, Oxford U.P., 1969（荒井信一訳『ピカソ〈ゲルニカ〉の誕生』、みすず書房、一九八五年）, P. Cabanne, *Le Siècle de Picasso*, Ed. Denoël, 1975, H. B. Chipp, *Picasso's Guernica, History, Transformation Meanings*, Themes & Hudson, 1988, P. Desalmond, *Picasso par Picasso, pensées et anécdotes*, Ramsay, 1996, J. L. Ferrier, *De Picasso à Guernica*, Ed. Denoël, 1985（根本美作子訳『ピカソからゲルニカへ』、筑摩書房、一九九〇年）, R. Martin, *Picasso's War*, Dutton NY, 2007（木下哲夫訳『ピカソの戦争――《ゲルニカ》の真実』、白水社、二〇〇三年）.

（3）　ただし、右記フェリエ著は、サルトルは『ゲルニカ』をあまり評価していなかった、と記している。筆者は、これとは別に、ボードレール、ジュネ、フローベール、等に関する「存在投企論」を念頭に置いて記してる。

（4）　K. Herding, *P. Picasso les demoiselle d'Avignon*. 井面信行訳『アヴィニョンの娘たち――アヴァンギャルドの挑発』、三元社、二〇〇八年。

（5）　上記『全集』第五巻、一三二頁。

（6）　上記フェリエ、訳書、一三頁。

（7）　上記『全集』第五巻、一三〇頁。Desalmond, Ibid. p. 104.

（8）　同右、一三一頁。

（9）　同右、頁数、不明化。

（10）　Cabanne, p. 14.

（11）　Deslmond, p. 105.

（12）　右記『全集』、一三七頁。

（13）　前掲拙著『現代を哲学する』、第二部第二章「真理の現前論と控除論――A・バディウのハイデガー批判を検討する」、参照。

（14）　西村和泉訳『ベケット　果てしなき欲望』、水声社、二〇〇八年、六〇―六一頁より引用。訳語、一部変更。

（15）　Cf. *Der Satz von Grund*.

（16）　〈site〉問題は後述再論。ここでは基本問題にのみ言及。

（17）　前掲拙著『現代を哲学する』、第三部「フランス弁証法――または、A・バディウにおける反弁証法的・弁証法」、参照。

第四章　成起

（1）　拙著『ドゥルーズ＝ガタリ　哲学、真理か、創造か』、二三頁以下。

（2）　Cf. P. Hallward, *BADIEU, a subject to truth*, Univ. of Minesota Pr., p.xxi. すべての研究者による解釈を検討している余裕はないので、以下われわれ（筆者）流の解釈で進むことにする。

第五章　真理

（1）　筆者はバディウの真理論については、すでに別途、詳しく検討してある。前掲拙著『現代を哲学する』、第二部「真理のプラクシス」他、参照。

（2）　ハイデガー的には、詳しくは、「存在論」ではなく、「メタ存在論」でもなく、「存在思惟」としなければならない。旧来の存在論の鉄則・前提を超えての存在についての（限定名なき）「思惟」(Denken)である。

（3）　この種の系譜論議はすでにあちこち（下記参照）の関係書でなされている。拙著としては前掲『ドゥルーズ＝ガタリ　哲学、真理か、創造か』等、参照。

（4）　村上勝三編『真理の探究——十七世紀合理主義の射程』、所収、山田弘明「真理と神——無神論の幾何学者は真理を語りうるか」、参照。Cf. LM. pp. 14-15 , 250.

（5）　最近の研究者では筒井一穂氏が多くの論稿で考究しているらしいが、学内発表が多いらしく、目下、充分に検討できない。本国フランスでのJ.-L. Marion関係書については、先述、序章注9、参照。双方、別途、扱う。

（6）　たしか、プラトンであったか、「真理は太陽と同じだ。直視すれば眼が潰れる」との名言を残している。ただし、「肉眼」とは別に「心眼」「知眼」「理眼」というものも考えうるだろう。後者は「潰れない」（？）から、これまで多くの哲学・思想が「真理」について語ってきた。現代思想はフロイト精神分析以後、「肉眼」では見えない〈Es〉に真理問題を帰すようになったが、逆に、これは、「下衆の勘繰り」を通用させることにもなった。「憲法とソーセージの製作過程だけは見てはならない」という別の名言からすれば、〈Es〉は「見るに堪えない」ものということになるのかもしれない。バディウでは、「認識」はできないが「思考」（数学的・メタ存在論的・存-起-論的-思考）はできる「控除・脱去」「純粋-多」「空」「生起」から、「公理論的・実存的-思惟・判断・決定」を介しての「成-起」の裡・果てに位置づけられるはずである。

同様に、バディウはまったく触れないが、現代最先端の天体物理学のいう宇宙を支えるいわゆる「ダーク・マター」あるいはむしろ「ダーク・エネルギー」にバディウ流「生起」に対応する事態を考えることもできるかもしれない。「真理」はプラトン以来、永らく「太陽」イメージで語られてきたが、〈cogito〉が〈Es〉に取って代わられるとほぼ同様に、「太陽」（「太陽系」）も数多存在する銀河系の一にすぎない「天の川」銀河の一隅に漂う数億個の恒星の一にすぎないことが明らかになり、全銀河-動を支える「ダーク・エネルギー」が「見えざる控除・脱去」真理のイメージとなる。だが、天体物理学がいずれその「ダーク・エネルギー」の「何か」(Was-sein)を「知」にもたらすとしても、われわれ人間がかようであるかぎりわれわれは自らの「公理論的・実存的‐思惟・判断・決定」により、そこから「真理」を「成起」させるに努めるであろう。「アフター・マン」も語られ始めているが、その時点ではじめて「哲学」「思惟」「真理」は失効するということかもしれない。

(7) 上記、第二章注12参照。ちなみに、下記二二四頁の引用文EE. p. 371も参照。動詞的使用も可能だということである。「一」や「知」を「対角線態化」(diagoniser)することによって、「純粋‐多」「空」に達し、さらに「生起」から「成‐起」へと向かうこと可能である、と。

(8) ドゥルーズの「生起」との違いについては、とりあえず、上記「第四章」の冒頭の引用文(EE. p. 22)とわれわれによるその後《あと》の説明を参照。

(9) 〈suspendu à〉と〈suspendu sur〉は多少違い、当訳は後者に近くなっているが実質的には大差ない。

(10) 細部問題だが、「一化・算定」と区別するために「統一化」とは言わず「統合化」とする。「合」の内実も〈disjonctif〉なのだが、いまはバディウ自身が〈un-anime〉などと言っているのであるから、やむをえない。

(11) 前掲拙著『現代を哲学する』、四〇一頁、参照。ただし、むろん、というべきか、この「Z」図式と「γ」図式も大部分において相互に重なる。

(12) 「正しさ」「精確」「正確」は本来は相異なるが、ここでは文意が通りやすいように、あえて重ね合わせて使う。

(13) 本書、既述、参照。今日いうところの〈iPS〉についても、どのような生命体の〈iPS〉も、移植先の生命体に準じて創造的に機能するのではなく、相当程度の制約の裡でしか、存続・機能しないということになっているのではないか。素人知識で申し訳ないが、ここでも問題は、その種のそれである。

(14) 科学全般についての本格的な考察はないように思われる。バディウ論稿は極めて多量であるから、断言はできないが。最新刊の一つである *L'Immanence de la Verité*, p. 575 での言及も通り一遍のものにすぎない。バディウ哲学は既述のとおり重要であるから、われわれはバディウ哲学に立脚する科学一般論を整序する必要を感じるが、ここでは、とりあえず、数少ない言及と数学論義から、暫定的に、「科学と真理」論を纏めておくに止める。

(15) 前掲拙著『ドゥルーズ――〈意味〉を現動化する』、二六六頁。Cf. G. Deleuze, *Logiqe du sens*, Minuit, 1969, p. 123.

(16) A. Badiou, *Cinq leçons sur le 'cas' Wagner*, ōus, 2010. 長原豊訳『ワーグナー論』、青土社、二〇一二年、等。

(17) A. Badiou, *Petit manuel d'insesthétique*, Seuil, 1998. 坂口周輔訳『思考する芸術――非美学への手引き』、水声社、二〇二一年、

等、参照。
(18) 前掲拙著『現代を哲学する』、三八七頁以下。
(19) 前掲、A. Badiou, *Théorie du sujet*, 1982.
(20) 前掲拙著『現代思想と〈幾何学の起源〉』、一七八頁以下、他。
(21) 例えば、Être という語の上に、×を乗せて消すかたちにする。
(22) A. Badiou avec N. Truong, *Éloge de l'amour*, Flammarion, 2009. 市川崇訳『愛の世紀』、水声社、二〇一二年。水声社の下平尾氏と初めて御会いしたとき、この邦訳本が出て、氏から頂いた。筆者向きのテーマではなかったが、とにかくいただいてしまった。その後、氏は同じ水声社から『ナチスのキッチン』のようなベスト・セラーを世に出し、やがて書肆「共和国」を創設するにいたったが、遅ればせながら、謝意をこめて、ここにこの邦訳書を記す。
(23) 拙著『意味と脱-意味――ソシュール、現代哲学、そして……』、水声社、二〇一八年、所収、「「虚構、偶然性、投擲」――マラルメ、菅野昭正」、等、参照。
(24) 〈configuration〉を〈相共（con-）に-諸形象（figures）が-動的に相関し合っている（-ation）〉として、こう、不自然な日本語だが、試訳する。このような事象については筆者は通常「協成」というが、ここではバディウ語として〈figures〉を活かしながら、こう試訳する。
(25) 「真理の内在性」とバディウが盛んに強調するのは、「真理」は「超越的なものではない」ことを主張するためである。「真理は一つ！」ではなく、「真理は超越的なもの」ではなく、「真理」はわれわれの日々の人生実践のなかで「知」的に処理できないものとして「生起」するものから、われわれが「成起」させていくもの、そういう意味で「内在的」なのだが、さて、その場合、「生起」とは？　「成起」とは？　「知的に処理できない、しかし、ネガティヴでないもの」とは？　……簡単にいえば、それがバディウの問題なのである。

第六章　主体

(1) 仏語原本は、*Après le sujet, qui vient ?*, Ed. Aubier-Montagne, 1989.
(2) ただし、筆者が読んだ時期、なぜかこの仏語原本は手に入らず、英訳本で済ませた。ところが、目下、その英語版の所在が（当宅で）不明となり、英訳題名・出版社名等を記すことができない。以下の引用および頁数は英訳版によるものだが、この場合は文献学のように一字一句に拘泥する必要はなく、執筆者の発言主旨をを示しうればそれでよいはずであるから、英訳版のままとする。今日では邦語訳も出ているので、必要であれば御参照のほど。

（3） 原題は、前掲 *Théorie du sujet*, 1982.

（4） 拙著『創造力の問題』、第二章「世-開・リヒトゥングへと〈構〉え〈想〉う——ハイデガー」、参照。

（5） *Théorie du Sujet*, 1982 以後、少なくとも二つのラカン論がある。EE, 1988, VIII, 37, pp. 471-474, 'Descartes / Lacan' および、Cond. 1992, pp. 306-326, 'L'antiphilosophie: Lacan et Platon'. 題名からして興味深いはずだが、ここでは、文脈上、深入りは省く。一部は後述に、他は別巻に、まわす。ゼミナール叢書の単独版『ラカン』もあったわけだが。

（6） A. Badiou, *L'Éthique, Essai sur la conscience du Mal*, Hatier, 1993 参照。

（7） 拙著『正義・法-権利・脱-構築——現代フランス実践思想研究』、創文社、二〇〇八年（オンデマンド版、講談社、二〇二二年）、参照。

（8） 上記注6の副題〈du Mal〉、参照。

（9） M. Heidegger, *Einführung in die Metaphysik*, Max Niemeyer, 1966, p. 150.

（10） 上記、第二章注2、参照。

（11） 拙著『ドゥルーズ＝ガタリ　資本主義、開起せよ、幾千のプラトー』、九八頁以下、三二四頁以下。

（12） 前掲拙著『現代を哲学する』、第三部「フランス弁証法——または、A・バディウにおける反-弁証法的・弁証法」、参照。

（13） カント『啓蒙とは何か』、篠田英雄訳、岩波文庫、一九七四年、五四頁。

（14） この問題については多くの研究書が語っているが、ここでは前掲、川田熊太郎著・三枝充悳編『比較思想研究Ⅲ』、所収、「二種のイデア論」「虚無からの創造——原理論の変革」「"Creatio ex nihilo" の起源」、等、参照。

（15） たびたびの言及で恐縮だが、前掲拙著『現代を哲学する』、第三部「フランス弁証法——または、A・バディウおける反-弁証法的・弁証法」、参照。

（16） 「再（-考察・根拠づけ）」とは、従来の、伝統的哲学のそれとは異なるバディウ独自の「新たな-」の意である。

（17） こちらの「再-」は、バディウ哲学内部での、バディウ思想としての、「控除・脱去」していた「主体」の、「状況」への、ただしなんらかの変容はしているはずの、それゆえ「新-到来」ともいえる、「再-到来」「再-現出」の謂いである。

補記。ちなみに、この問題は重要であるように思われる。バディウ的には、既述のところからして、「存在」は「生起」してくるが、どのようにしてか、その初源は不可解である。かつて人類はそれを自然や神による創造の所産とし、認識哲学のカントは、現象を理解するための悟性レヴェルの因果律カテゴリーを存在論に持ち込むのは錯覚と批判し、とはいえ、その錯覚も常識・良識レヴェルでは許容可能、とし、これに対して、現代哲学はシェリングの無底概念以来、とりわけハイデガーの無-根拠律を通って、バディウにおいても、「存在」の「生起」のどのようにしてかは、不問の問題、それゆえにこそ、「生起」「出来事」なのであった。他方、われわれは、「存在」と「無」「生起」は「相反-相伴」的、「存在」あってこそわれわれは「無」「生起」を語りうるのであり、例えばバディウの考える「存在における生起の出来《しゅつらい》」とは、もともと「存在」から「相反」した「生起」の（「新-到来」ともいえるが）「再-到来」というべき事態なのではないか、結局、「存在」は「生起」から由来するが、「生起」も「存在」から由来し、――そしてその一面が「成起」ともなる――両者の「相反-相伴」の動態性こそが事態の根本なのではないか、ということであった。しかし、この問題提起は哲学的に多くの関連問題を呼び起こし、簡単に結論づけうるものではない。加えて、「空」概念をめぐって、「有と空」の「相待」という「縁起」観念（「起」なのだ！）にも逢着することになり。問題はさらに大きく……、ということで、われわれ（筆者）は、バディウ問題からも外《は》み出し、中断したのであった。とまれ、たとえば（「存在」と）「生起」（や「主体」「無」「成起」）をめぐる「到来」「再-到来」「新-到来」……等の問題は、さらに問いただすに値する問題である。

(18)　この〈déploiement〉という語は、バディウはほとんど用いない。バディウ語としては〈procédure〉にあたる。ここではわれわれ（筆者）語として用いる。

(19)　A. Crahay, *Michel Serres, La Mutation du cogito. Genèse du transcendandal objectif*, D. Boeck — Wesmael, 1993. この語は Crahay の個人的造語ではなく、すくなくともM・セールのグループでは、共通・相互に認知されている発想・語らしい。われわれ（筆者）のこの著『現代思想と〈幾何学の起源〉』は、セール・グループのみならず、現代思想一般にもかなり広範な規模で抱懐・認知されているようだ、との推測の裡で執筆された。

(20)　バディウは〈dialectique matérialiste〉といい、これを本著では「唯物-弁証法」と訳す。

(21)　LM 裏表紙に〈Une vie où l'individu démocratique s'incorpore à ce dépassement de sa propre existence qu'on appelle un Sujet〉とあり、〈un Sujet〉は〈dépassement〉に同格とも取れるが、ここでは〈sa propre existence〉に同格と取り、〈dépassement〉は人間的〈sujet〉の彼方の〈Vérité générique〉へのそれ、と解することにする。

(22)　第五章注18参照。「協成」とは筆者の自分のための造語なので、バディウ用には「共成」とする。

(23)　J.F. Lyotard, *L'Enthousiasme. La critique kantienne de l'histoire*, Galilée, 1986.

(24)　〈affect〉〈enthousiasme〉〈plaisir〉〈bonheur〉とバディウの重視する〈vide〉がどう関係するのか、一考してみる必要もあるだろう。私事ながら、筆者はかつて、ヴェイユにおけるギリシャ思惟とキリスト教は、既述の「苦悶する正義者」（本書「まえがき」注2参照）とは別に、プラトンのいう「天空に刻み込まれた黄道・赤道の交錯によって支えられる世界美」と「十字架上で

〈主よ、何故、我を棄てたもう?〉」と叫ぶイエスの「絶望、〈目的意識喪失の窮境〉、空白」の双方に、カントのいう「美とは目的無き合目的性（finalité sans fin）である」という発想が臨在していることを指摘して、両者（ギリシャ思惟とキリスト教思惟）を連結させたことがある。両者を歴史学的に見る専門家にとっては馬鹿げた解釈とされるだろうが、思想・哲学的にはこの「目的なき究極性」（finalité sans fin）に「美」の本質と「空」の純粋さの離接的‐相即性を見ることは、充分に可能であると思われる。

(25)「世界の分析論」（analytique du monde）という語はこの著のこの部分に相応しい名称であるが、ただ一度しか使用されておらず、加えて筆者はその箇所を見失ってまった。〈Livre IV〉あたりか。申しわけない。

(26)『世界の論理』の末尾近くに、多少の言及はある。

(27)この引用文、市川崇訳を使用。市川崇訳『コミュニズムの仮説』、水声社、二〇一三年、一八一頁。市川訳の一部文言語順を変更。

(28)拙著『ドゥルーズ――〈意味〉を現働化する』、二六六頁以下、参照。

(29)既述、第一章注25、参照。

第七章　創造

(1) A. Badiou, *L'Aventure de la philosophie française depuis les années 1960*, Le Fablique, 2012.

(2)筆者は他稿で、自然‐必然性に対して、思惟‐必然性、詩惟‐必然性、と試論した。拙著『意味と脱‐意味――ソシュール、現代哲学、そして……』、参照。

(3)既述、第五章注25、参照。

(4)バディウは「個人」の創造行為に触れることは少ないが、「芸術」活動領域などでは、上記ピカソ『ゲルニカ』の場合等、自ずから含んでいる。

結章　ゲルニカを活きる――〈ガザに盲いて〉――

(1)J・ヒルシュベルガー、高橋憲一訳『西洋哲学史Ⅰ　古代』、理想社、一九七九年、一三三頁。J. Hirschberger, *Geschichte der Philosophie*, Herder, 1965, 1976, pp. 86-87.

(2)K・ポパー、小河原誠訳『開かれた社会とその敵』、第一巻、「プラトンの呪縛」下、岩波文庫、二〇二三年、一七一―一七二、三七九頁。

（3）アテネといえどもまだ都市国家で、人口は数万規模だったのではあるまいか。そこで国内権力筋が国民千五百名を殺害するとは、かなり異様な事態と思われる。
（4）A・ブラント、前掲、荒井信一訳『ピカソ――〈ゲルニカ〉の誕生』、みすず書房、一九八五年。
（5）J＝L・フェリエ、前掲、根本美作子訳『ピカソからゲルニカへ』、筑摩書房、一九九〇年。
（6）山田明『ピカソのミッシング・リンク――20世紀芸術の隠れたルーツを暴く』、東洋出版、一九九四年、二五三―二五四頁。
（7）A・バディウ、市川崇訳『コミュニズムの仮説』、第三章「パリ・コミューン――政治に関する政治宣言」、水声社、二〇一三年、一四五頁。
（8）「世界史のなかの68年」、『環』、三三号、藤原書店、二〇〇八年、一三―五五頁。
（9）A・バディウ、上掲、市川崇訳『コミュニズムの仮説』、四五頁以下、一一頁以下。
（10）Cf. A. Badiou, *D'un désastre obscure 'Droit, État, Politique'*, Ed de l'Aube, 1991 他。

あとがき

本書は筆者がここ十年試みている『創造力の論理――テクノ・プラクシオロジー序論』の一巻をなす。「創造力」とは、カントの〈Einbildungskraft〉を、三木清が「構想力の論理」（〈exhibitio originaria〉、世界の根源的‐自己形成）（一九三七年）として捉え直しながら途中放棄し、サルトルが「想像力」（〈imagination, projet d'existence〉、人間実存の存在論的‐自己投企）（一九三六年）としてあたかも近代コギト哲学の最後の自己超越であるかのように先鋭化した企てを、二つの大戦によって自己崩壊した観のある近代西欧、その尊ぶべき巨大な錯誤への批判・審問としての、二十世紀哲学の存在論的‐転回、ポスト・モダン思惟による差異・差延律の展開、その他を踏まえて、筆者なりに存在思惟から実践論への、筆者のいう人類史の第一サイクルから第二サイクルへの開展の営みとして、再・新‐考察する試みである。

副題「テクノ・プラクシオロジー」の「プラクシオロジー」とは〈praxis〉（実践）と〈axiologie〉（価値・基準‐創出の営み）を意味し、「テクノ‐」とはよく知られているように今日における実践とは「技術‐操作」を別にしてはありえないことを含意する。価値哲学・価値論（philosophie-, théorie des valeurs）という哲学思惟は二十世紀初頭にいっとき主題化されたが、二つの大戦の惨禍のなかであえなく自然消滅し、若年期の筆者がフランス留学中にベルクソン生命哲学を通じてカント倫理学の捉え直しを試みるにあたって、この語・名称を嫌って随時提出する試験論文（dissertations）にほとんど私造語のかたちで、当時多用はされていなかった〈axiologie〉の語・名称を使用しつづけたところ、教授たちは黙認してくれていたようなので、結局、筆者の御気に入りの語になってしまった。問題は、したがって、これからのテクノロジー専横の時代に、いかに人間の尊厳を護って、などという甘いヒューマニズムのためではなく、テクノロジーそのものの尊厳をも護りつづける、そのような歴史的時代をどのように創出・展開させていくか、という問いとなる。

考察・陳述にあたっては、独創的な天才ではありえぬ筆者自身の発想の提示ではなく、研究者としての筆者の習い性の結果として、現代・同時代の優れた思想家たちが、この問題をどのように思惟・言語化していくか、それを入念にフォロー・探出しながら、哲学・思想史の長大な過去・伝統を筆者なりに担いつつ、未来を伺う、あるいは、未来に向かって人類史的な存在投企を試みていく、というかたちになった。バディウは、同時代・最現代における哲学思惟の退潮を非とし、哲学の今日的再建のために努力しつづけた。筆者の主眼は哲学そのものにはない。この本著もまた読者諸氏を哲学へと誘《いざな》うためのものなどではない。ただ、長大な人類史的・宇宙論的-過去を反省的に背負いながらこれからの長大な惑星的-アフター人類的-未来へと血路の一歩を踏みだすためには、やはり哲学への参照・配視が必要なのだ。現代諸哲学の基軸をたどりながら、「公理論的・実存的-思惟・判断・決定」の敢為を反覆しつづけなければならない。

存在論はそれなりに配視したから、それを踏まえて、近代哲学のように認識論からではなく、存在論から、実践論へと向かう、と控えめに触れ込んだおかげで、加藤尚武氏から毎回、立派な筆書き封書と美しい切手の批評文をいただくことになった。感謝に堪えない。加藤氏がこのような美的センスの持ち主であるとは存じ上げなかったが、目下のところ、加藤‐実践哲学と筆者の研究考察は主題上重なることが少ない。なぜそうなのかも反省しながら、今後も進めていく心算である。

美しい切手といえば、もうひとつ心温まる記憶がある。五十年前、フランスで正規の学位を得て帰国すると、出身大学・出身学科の年長の下衆政治屋どもの陰湿なネガティヴ・キャンペーンによって数々の苦境に立たされることになった。そういう状況のなかで彼らとの交流もある江藤淳氏は、怯むことなく堂々と、筆者に礼を尽くしてくださった。いま思い出すのは戴いた封書の美しい切手である。単なる市販の通常の切手ではなく、おそらく奥様がコレクションしておられたのであろう、豪華で美しい切手で、もうひとつの立派な礼節であった。苦境を余儀なくされている若輩に、どういう振る舞いをしてやるべきか、それを知っている立派な人間の所作といわなければならない。いずれ世間的に成熟してその資格を得てから然るべく謝意と敬意の表明をと心がけていたが、こちらは未熟のまま、御二人はなんとも早々と逝ってしまわれた。遺憾に思う。

そういえば、もうひとつの、記憶ではなく、実際がある。フランス留学中に御指導を賜ったP・トロティニョン教授は、――ドゥルーズやバディウとも御知り合いだが――、封書に一枚の切手ではなく、同じ金額の枠内で沢山のいろいろな趣向の切手を貼ってくださる。はじめは特に気づかなかったが、これもやはり異国の学生への異国からの配慮の徴であろう。当方もその後、同じように沢山の切手を貼って御送りするようになった。(多少ちまついた話で、「男」の話とはいえまいが、ま、ときには佳いだろう。)

本著刊行につき、水声社と編集部の廣瀬覚氏、装幀家の宗利淳一氏に厚く御礼申し上げる。前著までは小泉直哉氏の御世話になったが、今回は廣瀬氏が、地を奔る餌物を天空から見定める荒鷲の眼力をもってゲラ原稿から諸遺漏を摘出し、御援助くださった。有難うございました。

著　者

著者について——

中田光雄（なかたみつお）　一九三九年、東京・小石川生まれ。一九四四年より、群馬県。東京大学教養学部教養学科（フランス科）卒。同大学大学院人文科学研究科（比較文化）博士課程中退。パリ大学大学院（仏国政府給費招聘留学）哲学科博士課程修了。仏国文学博士（哲学）（Doc. es Lettres）。筑波大学名誉教授。仏国学術勲章。

主な著書に、『現代を哲学する：時代と意味と真理——A・バディウ、ハイデガー、ウィトゲンシュタイン』（理想社、二〇〇八年）、『政治と哲学——〈ハイデガーとナチズム〉論争史（一九三〇～一九九八）の一決算』（上下、岩波書店、二〇〇二年）、『哲学とナショナリズム——ハイデガー結審』（水声社、二〇一四年）、『抗争と遊戯——ハイデガー論攷』（勁草書房、一九八七年）、『ハイデガー哲学は反ユダヤ主義か——「黒ノート」をめぐる討議』（共編著、水声社、二〇一五年）、『ベルクソン哲学——実在と価値』（東京大学出版会、一九七七年）、『ベルクソン読本』（共著、法政大学出版局、二〇〇五年）、『文化・文明——意味と構造』（創文社、一九九〇年、講談社、二〇二〇年）、『正義、法‐権利、脱‐構築——現代フランス実践思想研究』（創文社、二〇〇八年、講談社、二〇二〇年）、『現代思想と〈幾何学の起源〉——超越論的主観から超越論的客観へ』（水声社、二〇一四年）、『差異と協成——B・スティグレールと新ヨーロッパ構想』（水声社、二〇一四年）、『創造力の論理：テクノ・プラクシオロジー序論——カント、ハイデガー、三木清、サルトル、……から、現代情報理論まで』（創文社、二〇一五年、講談社、二〇二〇年）、『デリダ脱‐構築の創造力——メタポリアを裁ち起こす』（水声社、二〇一七年）、『二十一世紀のソシュール』（共著、水声社、二〇一八年）、『意味と脱‐意味——ソシュール、現代哲学、そして……』（水声社、二〇一八年）、『ドゥルーズ　魂の技術と時空・生起‐動——〈意味〉を現働化する』（水声社、二〇一九年）、『ドゥルーズ＝ガタリ——資本主義、開起せよ、幾千のプラトー』（水声社、二〇二一年）、『ドゥルーズ＝ガタリ　哲学、真理か、創造か』（水声社、二〇二二年）、などがある。

装幀――宗利淳一

A・バディウ――出来事、空-集合、真理の成起
二〇二四年八月三〇日第一版第一刷印刷　二〇二四年九月一〇日第一版第一刷発行
著者――中田光雄
発行者――鈴木宏
発行所――株式会社水声社
東京都文京区小石川二―七―五　郵便番号一一二―〇〇〇二
電話〇三―三八一八―六〇四〇　FAX〇三―三八一八―二四三七
［編集部］横浜市港北区新吉田東一―七七―一七　郵便番号二二三―〇〇五八
電話〇四五―七一七―五三五六　FAX〇四五―七一七―五三五七
郵便振替〇〇一八〇―四―六五四一〇〇
URL: http://www.suiseisha.net
印刷・製本――精興社
ISBN978-4-8010-0813-7